OCÉANO ATLÁNTICO

Miami

Estrecho de Florida

LAS BAHAMAS

La Habana ★
• Matanzas
• Pinar del Río
• Cienfuegos

Canal de Yucatán

CUBA

• Camagüey

Santiago de Cuba • • Guantánamo

REPÚBLICA DOMINICANA

HAITÍ
Port-au-Prince ★ ★ Santo Domingo PUERTO RICO
★ San Juan
Mayagüez • • Ponce
ISLAS VÍRGENES

★ Kingston
JAMAICA

ANTIGUA
GUADALUPE
DOMINICA
MARTINICA
SANTA LUCÍA
SAN VICENTE
BARBADOS

ANTILLAS MENORES

HONDURAS
Tegucigalpa

NICARAGUA
★ Managua
L. de Nicaragua

MAR DEL CARIBE

ARUBA CURAÇAO
BONAIRE   GRANADA
ISLA DE MARGARITA
TRINIDAD Y TOBAGO
★ Port of Spain

COSTA RICA
Puntarenas • ★ San José
Canal de Panamá
• Colón
★ Panamá
PANAMÁ

★ Caracas

VENEZUELA

R. Magdalena

R. Orinoco

GOLFO DE PANAMÁ

COLOMBIA

★ Bogotá

GUYANA

BRASIL

FOURTH EDITION

Intercambios
Spanish for Global Communication

Guiomar Borrás A.
Thunderbird, The American School
of International Management

James M. Hendrickson

Australia • Canada • Mexico • Singapore • Spain • United Kingdom • United States

Intercambios, 4/e
Borrás / Hendrickson

Acquisitions Editor: Helen Richardson
Managing Editor: Glenn Wilson
Senior Production Editor: Esther Marshall
Director of Marketing: Lisa Kimball
Marketing Manager: Jill Garrett
Manufacturing Manager: Marcia Locke
Photo Research Manager: Sheri Blaney

Compositor: Pre-Press Company, Inc.
Project Manager: Kris Swanson
Interior Designer: Susan Gerould, Perspectives
Illustrator: Dave Sullivan
Cover Designer: Ha Nguyen
Printer: Quebecor World

Copyright © 2003 Heinle, a division of Thomson Learning, Inc. Thomson Learning™ is a trademark used herein under license.

Printed in the United States of America
1 2 3 4 5 6 7 8 9 10 07 06 05 04 03 02

For more information contact Heinle, 25 Thomson Place, Boston, Massachusetts 02210 USA, or you can visit our Internet site at http://www.heinle.com

All rights reserved. No part of this work covered by the copyright hereon may be reproduced or used in any form or by any means—graphic, electronic, or mechanical, including photocopying, recording, taping, Web distribution or information storage and retrieval systems—without the written permission of the publisher.

For permission to use material from this text or product contact us:
Tel   1-800-730-2214
Fax   1-800-730-2215
Web   www.thomsonrights.com

Library of Congress Cataloging-in-Publication Data

Borrás Alvarez, Guiomar.
  Intercambios: Spanish for global communication / Guiomar Borrás A., James M. Hendrickson.—4th ed.
    p. cm
  Hendrickson's name appears first on the earlier edition.
  Includes index.
  ISBN 0-8384-2506-2 (student ed.)
  ISBN 0-8384-2507-0 (instructor's annotated ed.)
    1. Spanish language—Textbooks for foreign speakers—English. I. Hendrickson, James M. II. Title.

PC4129.E5 B67 2002
468.2'421—dc21   2002068659

For Gisela, my courageous Mom.
For Santiago Enrique, my inquisitive son.
For Tommy, Gloria and María Rebeca, my persevering family.
For Gary, Mary Ellen, Kirsten, Marianella and Anne-Sophie, my encouraging friends.
For all of my creative students in the United States and Venezuela.

                                                 Guio

To my adventurous friends,
Verlen and Becky Kruger.

                                                 Jim

CONTENIDO

NOTE TO STUDENT xii

LECCIÓN PRELIMINAR

Communicative Goals 2
You will be able to meet your classmates, express your nationality, name in Spanish the different geographical regions of the world, and ask and follow directions in relation to class activities.

Language Functions 2
Greeting others
Discussing nationality and country of origin
Communicating in the classroom

En contexto 3

Vocabulario esencial 4
Greetings
Nationalities
Countries
Commands for activities in the classroom
Objects in the classroom
Numbers 0–30

Gramática esencial 12
Definite and indefinite articles
The contractions *al* and *del*
Gender and number of nouns
The verb form *hay*
Sentence negation

Cultura 10
Spanish around the world

PASO 1 Nuevos amigos en México
■ Setting: Mexico

LECCIÓN 1 ¡Bienvenida a Monterrey!

Communicative Goals 22
You will be able to greet others, introduce yourself and others, and describe yourself and your family.

Language Functions 22
Greeting others
Introducing yourself and others
Saying where you and others are from
Describing people
Saying good-bye

En contexto 23

Vocabulario esencial 24
Greetings
Personal introductions
Personal titles
Leave-taking expressions

Gramática esencial 28
Subject pronouns
Present tense of the verb *ser*
Agreement of descriptive adjectives

Cultura 27, 31
Customs for greeting and meeting others
Addressing others: *tú* and *usted*
Cultural Challenge: When you are visiting a Spanish-speaking country and a person wants to introduce you to another person, what form, *tú* or *usted* (*Ud.*), will that person use? When and with whom do you use these two forms? Why is it important for you to be introduced by a respected person to a new group?

LECCIÓN 2   ¿Te gusta estudiar y trabajar en la universidad?

Communicative Goals 42
You will be able to learn more about your classmates and their daily activities in the class as well as in the job market.

Language Functions 42
Saying your telephone number
Saying your age and address
Stating ownership
Expressing likes and dislikes
Describing daily activities

En contexto 43

Vocabulario esencial 45
Classmates and friends
Academic and job-related subjects
Home/Office terms
Numbers 30–100
Colors
Idioms with *tener* (años, calor, frío, hambre, sed, sueño)

Gramática esencial 49
Present tense of the verb *tener*
Possessive adjectives
Possession with *de(l)*
Present tense of regular *-ar* verbs
Me gusta + infinitive / *No me gusta* + infinitive

Cultura 44
University Life in Spain and Latin America
Cultural Challenge: Discuss the similarities and differences among students from Spain, Latin America and the United States in relation to the following topics:
- Living quarters for the students
- Duration of studies
- Scholarships
- Work during courses

LECCIÓN 3   ¡Necesito una pasantía de trabajo para junio!

Communicative Goals 62
You will be able to make appointments and invitations, describe more of your daily activities, and discuss some of your upcoming plans.

Language Functions 62
Telling time
Extending invitations
Making appointments
Expressing likes and dislikes
Accepting and declining invitations
Accepting and declining appointments
Describing daily activities
Expressing wants and intentions

En contexto 63

Vocabulario esencial 64
Telling time
Days of the week
Months of the year

Gramática esencial 73
Present tense of regular *-er* and *-ir* verbs
Present tense of the verb *querer*
Present tense of the verb *ir + a*
Demonstrative adjectives / pronouns
Neuter demonstrative pronouns

Cultura 68
Twenty-four-hour system of time
Gestures

Cultural Challenge: How do you write the date in Spanish? How is this different from the English way to do it? When is the 24-hour system used in Spain and Latin America? When is the 24-hour system used in the United States?

Perspectivas 84
Imágenes	La etiqueta o "netiquette" en la Red Comercio entre los Estados Unidos y México
¡A leer!	Using background knowledge and organizational features
¡A escribir!	Organizing information and combining sentences

Contenido   cinco   v

PASO 2   Ecoturismo en Centroamérica

■ Setting: Guatemala, Costa Rica, Panamá

LECCIÓN 4   ¡Tenemos que estar de acuerdo!

Communicative Goals 92
You will be able to describe your family and other relatives and some activities you and they do. You will also be able to describe your house and household chores.

Language Functions 92
Naming family members
Describing your family
Describing your house and household chores
Stating location
Expressing physical and mental states
Discussing your daily activities
Expressing knowledge and familiarity
Describing how and how often

En contexto 93

Vocabulario esencial 95
Family members
The house
Marital status
Expressions with *tener que*

Gramática esencial 99
Some uses of the verb *estar*
Present tense of other irregular *yo* verbs
Uses of the verbs *saber* and *conocer*
Adverbs and adverbial expressions

Cultura 99, 106
Hispanic families
Hispanic names
Cultural challenge: The importance of the grandparents in families' lives in Spain and Latin America. How are grandparents treated in the United States in relation to Spain and Latin America?

LECCIÓN 5   ¿Qué carrera quieres seguir?

Communicative Goals 112
You will be able to describe your career plans, some of your work-related activities, and what you do on weekends.

Language Functions 112
Describing your career plans
Describing workplaces
Describing your work-related activities
Expressing wants and preferences
Stating intentions and obligations
Describing actions in progress

En contexto 113

Vocabulario esencial 114
Professions
Buildings

Gramática esencial 119
Present tense of verbs with stem-vowel change (*e → ie*)
Present tense of verbs with stem-vowel change (*o → ue, e → i*)
Present progressive tense

Cultura 126
Higher education in Spanish-speaking countries
Cultural Challenge: Differences and similarities between higher education in Spanish–speaking countries and the United States.

LECCIÓN 6 ¡Hace mucho calor en Panamá!

Communicative Goals 130
You will be able to comment on the weather and describe it. You will be able to depict your daily routine in the present as well as the activities that you and your friends did in the past.

Language Functions 130
Describing the weather
Commenting on the seasons
Saying the year when you were born
Specifying dates
Describing daily routines
Discussing past activities

En contexto 131

Vocabulario esencial 132
Weather expressions
Seasons of the year
More expressions with *tener*
Numbers 100–2,000

Gramática esencial 138
Present tense of reflexive verbs
Preterite tense of regular verbs
The verb form *hace* + time (ago)

Cultura 135
Climate around the world
Cultural Challenge: Weather differences around the world. Weather expressions that could cause misinterpretation in the Hispanic world.

Perspectivas 148
Imágenes   La Ruta Maya
            Ecoturismo en la Ruta Maya
¡A leer!   Skimming and scanning for information
¡A escribir! Writing a narrative

PASO 3 ¡Buena onda!   ■ Setting: Chile

LECCIÓN 7 ¡Tengo ganas de ir a la playa!

Communicative Goals 156
You will be able to talk and write about how you and others spend your free time.

Language Functions 156
Expressing likes and dislikes
Describing leisure-time activities
Expressing preferences
Discussing past activities

En contexto 157

Vocabulario esencial 158
Pastimes
Sports

Gramática esencial 163
Preterite tense of irregular verbs
Preterite verbs that have special meanings: *poder, saber, querer*
Preterite with stem-changing verbs
Indirect object pronouns with *gustar*
Por / para

Cultura 161, 163, 168
Pastimes in Spanish-speaking countries
Sports in the Spanish-speaking world
International recruitment of athletes
Cultural Challenge: Differences and similarities among North Americans and the Hispanics in relation to activities during weekends and hobbies.

Contenido   siete   vii

LECCIÓN 8 ¡Salud y buen provecho!

Communicative Goals 176
You will be able to describe different meals, to order a meal in a restaurant, and describe some of your daily activities.

Language Functions 176
Naming common foods
Stating preferences
Ordering a meal
Referring to specific things
Referring to things already mentioned

En contexto 177

Vocabulario esencial 178
Common foods
Common snacks
Restaurant expressions

Gramática esencial 184
Direct object pronouns
Double object pronouns
Imperfect tense

Cultura 183, 189, 192
Hispanic restaurant customs
Mealtimes in Latin America and Spain
Tapas bars
Cultural Challenge: Which one is the most important meal for Hispanics? At what time do Hispanics have their meals? What are the differences and similarities between Hispanics and North American society?

LECCIÓN 9 ¿Vacaciones de verano en diciembre?

Communicative Goals 198
You will be able to name many kinds of gifts, describe family gatherings, and describe some of your childhood activities.

Language Functions 198
Naming gifts you have received
Naming gifts you need or want
Suggesting what gifts to buy
Expressing negative ideas
Expressing likes and dislikes
Describing childhood experiences

En contexto 199

Vocabulario esencial 200
Jewelry
Electronic equipment
Sports equipment
Other common gifts

Gramática esencial 204
Affirmative and negative expressions
Preterite tense vs. imperfect tense
Verbs with different meanings in the preterite and imperfect

Cultura 203, 206
Religious holidays in Spanish-speaking countries
Christmas
Cultural Challenge: How do people in Argentina, Chile, Uruguay and Paraguay celebrate the holidays and when? How do you celebrate December holidays in the United States?

Perspectivas	219
Imágenes	Los pasatiempos en Chile
	Centro de ski El Fraile
¡A leer!	Guessing from context and printed clues
¡A escribir!	Editing your writing

PASO 4 De compras

Setting: Argentina, Venezuela, Colombia

LECCIÓN 10 ¿Desea algo más?

Communicative Goals 220
You will be able to talk and write about more common foods, compare them, and speak with people who sell food products. You will also be able to give advice to your friends and family as well as to make formal requests to other people.

Language Functions 220
Naming fruits and vegetables
Specifying preferences
Expressing likes and dislikes
Expressing grocery needs
Comparing and contrasting
Expressing opinions
Giving advice
Making requests

En contexto 221

Vocabulario esencial 224
Fruits
Vegetables
Shopping expressions

Gramática esencial 227
Informal *(tú)* commands
Comparatives
Superlatives
Formal *(usted)* commands

Cultura 223, 226, 237
Specialized grocery stores
Open-air markets
Buenos Aires, Argentina
Cultural Challenge: What are the options in Hispanic countries when buying meats, fruits and vegetables? What types of places are there in the United States to buy fresh food products?

LECCIÓN 11 ¡Vamos de compras! ¡Qué chévere!

Communicative Goals 240
You will be able to talk about your future activities as well as to ask questions and express your needs and wants in department stores.

Language Functions 240
Stating preferences
Discussing what to wear
Speaking with salesclerks
Talking about future plans
Persuading others
Expressing wants
Expressing intentions

En contexto 241

Vocabulario esencial 242
Clothing
Clothing accessories
Colors
Shopping expressions
Numbers over 2,000

Gramática esencial 247
The future tense
Present subjunctive following the verb *querer*

Cultura 247, 255
Carolina Herrera
American vs. European clothing sizes
Cultural Challenge: What types of stores are there in the Hispanic countries to buy cloth and accessories? Are the sizes the same here in the United States and in Hispanic countries?

Contenido nueve ix

LECCIÓN 12 ¡Qué delicioso el café!

Communicative Goals 258
You will be able to conduct several common business transactions in Spanish and to express your opinions about some economic matters.

Language Functions 258
Discussing personal money management
Communicating with a bank teller
Expressing your emotions
Discussing travel plans
Giving advice and suggestions
Expressing your opinions

En contexto 259

Vocabulario esencial 262
Common business transactions
Money management and banking terminology

Gramática esencial 267
Present subjunctive following other verbs of volition
Present subjunctive following expressions of emotion and impersonal expressions

Cultura 261, 266, 270
Coffee in the Spanish-speaking world
Changing money abroad
International Monetary Fund
Cultural Challenge: How would you do business in a Colombian banking system? Is there any difference between the United States and the Colombian banking system?
Why is coffee and the "coffee break" relevant around the world?

Perspectivas   276
Imágenes   De compras
              Parque Nacional del Café
¡A leer!   Summarizing a reading passage
¡A escribir! Writing a summary

PASO 5 ¡Buen viaje!

■ Setting: Spain, U.S.A.

LECCIÓN 13 ¡Te esperamos en Galicia!

Communicative Goals 282
You will be able to communicate with hotel personnel, discuss your travel plans, and describe a trip you have taken.

Language Functions 282
Specifying your lodging needs
Complaining about a hotel room
Describing a vacation trip
Expressing doubt and indecision
Expressing confidence and certainty
Extending an invitation
Describing your travel plans
Expressing cause-and-effect relationships

En contexto 283

Vocabulario esencial 286
Lodging (hotel)

Gramática esencial 290
Present subjunctive following verbs and expressions of uncertainty
Present subjunctive in purpose and time (adverbial) clauses

Cultura 285, 289, 293
Finding lodging in Spain
Hotel advice
Traveling around Spain
Cultural Challenge: What are the differences and similarities between Hispanic countries, Spain and the United States when traveling domestically?

X diez   Contenido

LECCIÓN 14   ¡Lo siento, pero no me siento bien!

Communicative Goals 300
You will be able to discuss health-related matters and to describe past incidents and experiences.

Language Functions 300
Communicating with medical personnel
Giving advice on health care
Describing past wishes and emotions
Stating previous uncertainties
Describing childhood experiences
Speculating on future actions

En contexto 301

Vocabulario esencial 303
Common medical problems
The human body

Gramática esencial 308
Past (Imperfect) subjunctive
Conditional

Cultura 307, 310
Medical precautions abroad
Medical assistance abroad
Cultural Challenge: Where do people from Spain or Latin America usually go for advice when they are ill with the flue, stomachache, and headache? Do they go to the pharmacy or do they go to the doctor?
What type of medicines can a person buy in Spain and Latin America?

LECCIÓN 15   ¿Qué podríamos hacer nosotros por nuestro medio ambiente?

Communicative Goals 316
You will be able to discuss some global environmental concerns and other problems affecting the world.

Language Functions 316
Expressing opinions
Discussing possible solutions
Expressing environmental concerns
Describing possible scenarios
Giving ecological advice
Making recommendations

En contexto 317

Vocabulario esencial 318
Environmental problems
Solutions to environmental problems
Other global concerns

Gramática esencial 322
If clauses
Infinitive versus subjunctive uses (summary)

Cultura 321, 325
Education without borders
Noise pollution
Cultural Challenge: In what ways can we improve the environment in our own homes, schools or communities?

Perspectivas   330
Imágenes   La población hispana en los Estados Unidos
                     Si es GOYA… ¡tiene que ser bueno!
¡A leer!   Reading critically
¡A escribir! Writing persuasively

Apéndices

Apéndice A: El alfabeto español 335
Apéndice B: Los verbos regulares 336
Apéndice C: Los verbos con cambios en la raíz 337
Apéndice D: Los verbos con cambios de ortografía 338
Apéndice E: Los verbos irregulares 340

Glosario español-inglés 346
Glosario inglés-español 357
Índice 367

Note to Student

Learning Spanish Successfully

Welcome to **Intercambios**. This program was carefully designed with you in mind. It contains many different components that are all integrated to help you learn Spanish successfully, efficiently, and enjoyably. Being proficient in two or more languages can be rewarding to you personally and professionally. But learning to communicate in a language other than your native language takes patience, concentration, and practice.

Be patient. It takes time and patience to learn another language, so take your time and be patient with yourself as you learn to communicate in Spanish. At first, you may feel that spoken Spanish sounds "faster" than English (it isn't) or that some sounds in Spanish seem a bit "strange" to your ear. But as you become accustomed to listening to Spanish in class and on the **Intercambios** audio program, that "strange" feeling will fade. Remember that nobody is perfect! Because you are a beginning student of Spanish, your instructor won't expect you to speak with near-native pronunciation, to write grammatically perfect sentences, or always to use the most appropriate words to express your thoughts and feelings. Making errors is a normal part of learning any skill for the first time, especially communicating in another language. So be tolerant of your mistakes, laugh at them, and learn from them. And most importantly—be patient with yourself.

Concentrate on the message. Research shows that good language learners focus their attention on understanding the meaning of a message. Rather than concentrating on individual words or translating word for word, try to get the gist or general idea of the speaker or writer. As you listen to or read Spanish, focus your attention on what the speaker or writer is trying to express. For example, ask yourself, "What is the most important information that he or she wants me to understand?" Your ability to understand spoken or written Spanish also depends on your personal motivation. Most of the exercises and activities in the **Intercambios** program were written to encourage you to share personal information with your classmates. For instance, you will talk and write about your family and friends, how you spend your free time, what foods you like and dislike, and where you plan to take your next vacation.

Practice, practice, practice! A major goal of the **Intercambios** program is to help you become more proficient in Spanish. You will have plenty of opportunities to practice listening, speaking, reading, and writing Spanish in the same ways that Hispanics use the language in everyday situations: meeting people, talking with friends, ordering food in a restaurant, reading the newspaper, writing a letter to a friend, listening to the radio, and so forth. Of course, you should try to practice Spanish outside of class whenever you can with your classmates, with international students on your campus, and with other native speakers in your community. If your area has a Spanish-language radio station, listen to it frequently, even if you understand very little at first. If you have access to Spanish-language television programs, watch the soap operas and children's programs because they are easier to understand than many of the other programs. Many Spanish-language movies are now available on videocassette; watching one or two of them every week will significantly improve your proficiency in Spanish.

With patience, concentration, and practice, you will become more proficient in Spanish . . . with **Intercambios**.

Acknowledgments

The authors and editors wish to express our sincere appreciation to the following people at Heinle who contributed to the production of the ***Intercambios, Fourth Edition,*** program. Thanks go to Helen Richardson who helped us put our new ideas in order. Thanks also go to Marisa Garman who encouraged us with patience, understanding and knowledge throughout the review and completion of this project. She was always ready to help, and offered exciting ideas for the project. ¡Gracias, Marisa! Producing a textbook with a large ancillary package is a monumental task. We thank and appreciate Esther Marshall for spearheading the production effort with the invaluable cooperation of the dedicated freelancers and in particular: Kris Swanson, Susan Lake, Luz Garcés Galante, Peggy Hines, Lois Poulin, and Dave Sullivan.

We also wish to thank all the instructors who have reviewed and commented on the manuscript of the fourth edition, and those who helped shape previous editions with their insightful comments:

Catherine Angel
  Austin Community College

M. Isabel Bacon
  University of Arkansas at Monticello

Kim Barraker-Bohnenkamp
  Mineral Area College

Lydia Bernstein
  Bridgewater State College

Linda Britt
  University of Maine at Farmington

Carol Brown
  California State University, Sacramento

Helen Brown
  Community College of Philadelphia

Clara Chávez Burchardt
  Rose State University

Paul Michael Chandler
  University of Hawaii

Manuel Cortes
  Eastern Kentucky University

Gerry Fisher
  Delaware Community College

Kenneth Fleak
  University of South Carolina, Columbia

Juan Franco
  Tarrant County Junior College, Northeast Campus

Susana de los Heros
  University of Rhode Island

Paula Heusinkveld
  Clemson University

Harriet Hutchinson
  Bunker Hill Community College

Brother Herman Johnson O.P.,
  Xavier University

Nieves Knapp
  Brigham Young University

Todd Lakin
  Richard J. Daley College

Hilary Landwehr
  Northern Kentucky University

Leora Lev
  Bridgewater State College

Anthony J. Madonia
  Onondaga Community College

Fernando Mayoral
  Edison Community College

David McAlpine
  University of Arkansas at Little Rock

Bette McLaud
  Onondaga Community College

Ruben Pelayo
  Southern Connecticut State University

Christopher Scheiderer
  Christopher Newport University

Engracia A. Schuster
  Onondaga Community College

Peggy Snook
  Bridgewater State College

Cary Sommers
  Bridgewater State College

Domenico Sottile
  College of the Desert

Octavio de la Suarée
  William Paterson College

Eligio Velasquez
  Santa Rosa Junior College

Barbara Ward
  Bridgewater State College

David Wren
  Indiana University, Bloomington Campus

LECCIÓN PRELIMINAR

ENFOQUE

COMMUNICATIVE GOALS

You will be able to meet your classmates, express your nationality, name the different geographical regions of the world, and ask and follow directions in relation to class activities.

LANGUAGE FUNCTIONS

Greeting others
Discussing nationality and country of origin
Communicating in the classroom

VOCABULARY THEMES

Greetings
Nationalities
Countries
Commands for activities in the classroom
Objects in the classroom
Numbers 0–30

GRAMMATICAL STRUCTURES

Definite and indefinite articles
Gender of nouns
The contractions **al** and **del**
Number of nouns
The verb form **hay**
Sentence negation

CULTURAL INFORMATION

Spanish around the world

EN CONTEXTO

RAÚL: ¡Buenos días, Antonio!
ANTONIO: ¡Buenos días, Raúl!
RAÚL: ¿Qué tal?
ANTONIO: Muy bien, gracias. ¿Y tú?
RAÚL: Bien, gracias. Adiós.
ANTONIO: Chao.

Saludos

The following are different ways you can greet people:

—¡Buenos días, Antonio! *Good morning, Antonio!*
—¡Buenos días, Raúl! *Good morning, Raúl!*
—¿Cómo estás? *How are you?*
—Muy bien, gracias. ¿Y tú? *Very well, thanks. And you?*
—Bien, gracias. Adiós. *Fine, thanks. Bye.*
—Chao. *Bye.*

Here are ways to meet people:

—¡Hola! ¿Cómo te llamas? *Hello! What is your name?*
—Me llamo Alex. Y tú, ¿cómo te llamas? *My name is Alex. And what is your name?*
—Me llamo Teresa. ¿De dónde eres? *My name is Teresa. Where are you from?*
—Soy de Nuevo México. ¿Y tú? *I'm from New Mexico. And you?*
—Yo soy de New Jersey. *I'm from New Jersey.*

—¡Buenos días!
—¡Hola! ¿Cómo estás?

VOCABULARIO esencial

In this section, you will learn how to greet and meet people.

Buenos días. **Buenas tardes.** **Buenas noches.**

¿Cómo te llamas?   *What is your name?*   ¿De dónde eres?   *Where are you from?*

¿Cómo estás?   *How are you?*

Estoy muy bien.   **Estoy más o menos.**   **Estoy mal.**

¡Hola!	*Hello!*
¿Qué tal?	*What's up?*
Adiós.	*Good-bye.*
Chao.	*Bye.*

Lección preliminar

Practiquemos

P-1 Saludos. Answer the following greetings properly.

MODELO: —Adiós.
—Chao.

1. ¡Hola!
2. ¡Buenas noches!
3. ¡Buenos días!
4. ¿Qué tal?
5. ¡Buenas tardes!
6. Adiós.

P-2 ¿Cómo te llamas? You want to meet your new fellow classmates. Ask several of them their names.

MODELO: —¡Hola! ¿Cómo te llamas?
—Me llamo Mary Ellen. ¿Y tú?
—Me llamo Sonia.

P-3 ¿De dónde eres? You want to know more about your classmates. Ask where several of them are from.

MODELO: —¿De dónde eres?
—Soy de Nueva York. ¿Y tú?
—Soy de Seattle, Washington.

P-4 ¡Hola! Learn more about your classmates: Move around the class and ask classmates their names. When you find a person who is from a state listed below, write that person's name on the line. Continue until you have found the names for all the states. Be ready to answer questions from your instructor.

MODELO: Wisconsin
—¡Hola! ¿Cómo te llamas?
—Me llamo Eric .
—¿Eres de Wisconsin?
—Sí.

Eric (Write the name of the person on the line.)

1. California _____
2. Nueva York _____
3. Nevada _____
4. Montana _____
5. Florida _____
6. Illinois _____
7. Georgia _____
8. Oregón _____

Lección preliminar   cinco   **5**

VOCABULARIO esencial

In this section, you will learn the nationalities of people from different parts of the world and from Spanish-speaking countries.

Nacionalidades de algunos países *(some countries)* del mundo

Norteamericanos
canadiense
estadounidense
mexicano(a)

Caribeños
cubano(a)
dominicano(a)
puertorriqueño(a)

Centroamericanos
costarricense
guatemalteco(a)
hondureño(a)
nicaragüense
panameño(a)
salvadoreño(a)

Europeos
alemán (alemana)
español(a)
francés (francesa)
griego(a)
inglés (inglesa)
portugués (portuguesa)

Suramericanos
argentino(a)
boliviano(a)
brasileño(a)
chileno(a)
colombiano(a)
ecuatoriano(a)
paraguayo(a)
peruano(a)
uruguayo(a)
venezolano(a)

Africanos y asiáticos
chino(a)
guineo(a) ecuatorial
japonés (japonesa)

¡Cuidado! *(Be aware!)*: Note the words that describe males end in **-o** (mexican**o**, colombian**o**), and the words that describe females end in **-a** (cuban**a**, español**a**).

Practiquemos

P-5 Países y nacionalidades. Say each national group of people along with their country.

MODELO: Panamá
Los panameños son de Panamá.

1. Chile
2. México
3. España
4. Bolivia
5. El Salvador
6. Honduras
7. Guatemala
8. Puerto Rico
9. Argentina
10. Estados Unidos
11. Portugal
12. Inglaterra

P-6 Personas famosas del mundo. Say where the following people are from and give their nationality. Remember that the masculine words end in **-o** and the feminine in **-a**.

MODELOS: el presidente Vicente Fox / México
El presidente Vicente Fox es de México. Es mexicano.

la autora Isabel Allende / Chile
La autora Isabel Allende es de Chile. Es chilena.

1. la actriz Kate Winslet / Inglaterra
2. la cantante Gloria Estefan / Cuba
3. el novelista Carlos Fuentes / México
4. la actriz Penélope Cruz / España
5. el cantante Ricky Martin / Puerto Rico
6. la cantante Shakira / Colombia
7. el futbolista Ronaldo / Brasil
8. el político Robert Menéndez / los Estados Unidos
9. el beisbolista Sammy Sosa / República Dominicana
10. el actor Andy García / Cuba

P-7 Más personas famosas. Match the following famous world figures with their importance.

MODELO: Arantxa Sánchez-Vicario
Arantxa Sánchez-Vicario es una tenista de España.

Personas famosas	Importancia
1. Ileana Ros-Lehtinen	es un líder político de África del Sur.
2. Pedro Martínez	es una actriz de México.
3. Nelson Mandela	es un beisbolista de la República Dominicana.
4. Elizabeth Hurley	es una actriz de Inglaterra.
5. Isabel Allende	es una autora contemporánea de Chile.
6. Salma Hayeck	es una líder política de la Florida en los Estados Unidos.

Isabel Allende es una autora contemporánea de Chile.

Nelson Mandela es un líder político de África del Sur.

P-8 Las capitales de Centroamérica y del Caribe. Say the capital of each country, using the map at the bottom of the page.

MODELO: México
   La capital de México es la Ciudad de México.

1. Guatemala
2. El Salvador
3. Honduras
4. Nicaragua
5. Costa Rica
6. Panamá
7. Cuba
8. República Dominicana
9. Puerto Rico

P-9 Las capitales de Suramérica. Using the map, match each country with its capital.

MODELO: Chile
   La capital de Chile es Santiago.

1. Venezuela
2. Colombia
3. Ecuador
4. Perú
5. Bolivia
6. Chile
7. Argentina
8. Uruguay
9. Paraguay
10. Brasil

P-10 **¿Cierto o falso?** Read each sentence. Then look at the maps and answer true **(cierto)** or false **(falso)** to the following statements. If a statement is false, restate it as a true sentence.

1. La capital de España es Barcelona.
2. La capital de Portugal es Lisboa.
3. Portugal y España forman una península.
4. Las Islas Baleares pertenecen a Portugal.
5. La capital de Guinea-Ecuatorial es Malabo.

"No soy de Atenas. No soy de Grecia. Soy ciudadano del mundo". *Sócrates*

CULTURA

Spanish Around the World

Spanish is the native language of over 400 million people. It is the language of Spain, Mexico, Puerto Rico, Cuba, the Dominican Republic, every Central American country except Belize, and all South American nations except the Guayanas and Brazil.

Spanish developed from Latin and had influences from other languages such as Greek and Arabic. When the Spanish conquistadors came to America in the 16th century, the indigenous languages also influenced Spanish. In addition, different historical events produced regional differences in spelling, vocabulary, and pronunciation that throughout the years have made Spanish a shifting and living language.

In the United States, Spanish is spoken by almost 30 million people. In addition, millions of people study Spanish, which is the most popular foreign language among American students of all ages. Your proficiency in Spanish will enable you to communicate with over a half billion people worldwide!

Bailarines folklóricos de México

P-11 ¿Español o inglés? Cognates are words that have a similar meaning and spelling in two or more languages. Spanish and English have a lot of cognates since Spanish and much of English are derived from Latin. Read the following words and identify the cognates by expressing each word in English.

arte	auto	base
béisbol	burro	combinación
cultura	doctor	ejemplo
estudiante	famoso	fútbol
gigante	historia	Los Ángeles
patio	televisión	tímido
tradicional	variedad	zoológico

Lección preliminar

VOCABULARIO esencial

The following phrases will help you when communicating in class.

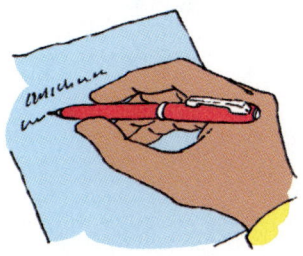
Escriba en la hoja de papel.

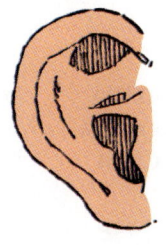
Escuche a la profesora.

Lea el libro.

Levántese del asiento.

Siéntese en el asiento.

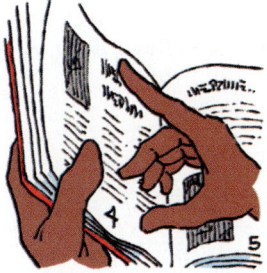
Abra el libro en la página 4.

Cierre el cuaderno.

Mire el pizarrón.

Dígale (Pregúntele) a su compañero(a)...

Muéstreme su tarea.

Más objetos de la clase

el borrador	*eraser*	**la silla**	*chair*
el escritorio	*desk*	**la tarea**	*homework*
la mochila	*backpack*	**la tiza**	*chalk*

Practiquemos

 P-12 ¿Cómo se dice... ? Think of a word that you want to know in Spanish and ask your instructor.

MODELO: *¿Cómo se dice trash basket?*
*Trash basket se dice **papelera**.*

P-13 Combine. Match the commands (**siéntese, levántese, muéstreme, abra**) with the different objects from the class. There can be more than one answer for each item.

1. Siéntese en _____
2. Muéstreme _____
3. Cierre _____
4. Abra _____
5. Lea _____
6. Escriba en _____
7. Escuche _____
8. Mire _____

a. el cuaderno
b. el libro
c. el asiento
d. el pizarrón
e. la tarea
f. la hoja de papel
g. a la profesora
h. al profesor

GRAMÁTICA esencial

Definite and Indefinite Articles

In this section you will learn to specify people, places, and things.

A noun names a person **(Isabel, autora)**, a place **(Paraguay, país)**, a thing **(bolígrafo, borrador)**, or a concept **(clase, español).** In Spanish, all nouns are classified as having a gender—either masculine or feminine. Even though the nouns are either masculine or feminine, there is no direct correlation with biological genders. A noun is often preceded by a definite article *(the)*, which can be singular **(el, la)** or plural **(los, las)** or by an indefinite article *(a, an)*, which can be singular **(un, una)** or plural **(unos, unas).** Definite and indefinite articles must match the gender (masculine or feminine) of the nouns they modify.

How to determine gender of nouns

1. In Spanish, nouns referring to males and most nouns ending in **-o** are masculine. Nouns referring to females and most nouns ending in **-a** are feminine.

el/un amigo	*the/a (male) friend*
la/una profesora	*the/a (female) professor*

   Two common exceptions to this rule are **el día** *(day)* and **la mano** *(hand)*. Other common exceptions include nouns of Greek origin that end in **-ma**, such as **el problema, el programa, el poema, el sistema.**

el/un día	*the/a day*
la/una mano	*the/a hand*

2. Most nouns ending in **-l** or **-r** are masculine, and most nouns ending in **-d** or **-ión** are feminine.

el/un españo**l**	*the/a Spanish person*
el/un profeso**r**	*the/a (male) professor*
la/una universida**d**	*the/a university*
la/una lecc**ión**	*the/a lesson*

3. Some nouns do not conform to the rules stated above. One way to remember the gender of those nouns is to learn the definite articles and the nouns together: **la clase, el día.**

How to form the contractions *al* and *del*

The definite article **el** combines with the words **a** *(to)* and **de** *(of, from)* to form the words **al** and **del.**

El libro es **de** + **el** = **del** profesor.	El libro es **del** profesor.	*The book is the professor's.*
Mire **a** + **el** = **al** profesor.	Mire **al** profesor.	*Look at the professor.*

Do not contract **a** or **de** with **el** when the definite article is capitalized since it is part of the proper noun.

Lima es la capital **del** Perú.   BUT: San Salvador es la capital **de El** Salvador.

Practiquemos

P-14 Geomundo. Complete the following sentences with an appropriate singular definite article **(el, la)**. Use the contraction **del** when necessary. Continue this activity on page 14.

1. *La* lengua oficial de los Estados Unidos es _____ inglés.
   _____ lengua oficial de Francia es _____ francés.
   _____ lengua oficial de Argentina es _____ español o castellano.
   En Portugal y en Brasil, _____ lengua oficial es _____ portugués.
2. Costa Rica es _____ país más democrático _____ mundo. _____ democracia y _____ educación son dos aspectos importantes en _____ sociedad costarricense.
3. México es _____ país más misterioso _____ América del Norte por _____ historia de las pirámides y por _____ cultura indígena.

P-15 ¿Sabe usted? Complete the following sentences with the appropriate singular indefinite article (**un** or **una**) plus the appropriate word in parentheses.

MODELO: Corea es... (país / continente).
Corea es un país.

1. Kiwi es... (fruta / isla).
2. El Caribe es... (océano / mar).
3. Managua es... (persona / ciudad).
4. La Paz es... (capital / montaña).
5. Fuji-Yama es... (montaña / isla).
6. San Juan es... (capital / país).
7. El portugués es... (lengua / provincia).
8. La Florida es... (estado / continente).

P-16 Un país sudamericano. Complete the following paragraph with the appropriate definite and indefinite articles. Use contractions **(al, del)** when necessary.

Ecuador es _____ país _____ sur de Colombia, en Los Andes, que es _____ cadena de montaña más importante _____ continente. _____ capital _____ Ecuador es Quito, _____ ciudad maravillosa. _____ lengua oficial _____ país es _____ español.

Plural of Nouns
How to make nouns plural

In Spanish, all nouns are either singular or plural. Definite and indefinite articles must match the gender (masculine or feminine) and the number (singular or plural) of the nouns they modify.

To make Spanish nouns plural, add **-s** to nouns ending in a vowel **(a, e, o).** Otherwise, add **-es.**

Singular	Plural	Singular	Plural
la tarea	las tareas	una clase	unas clases
el borrador	los borradores	un profesor	unos profesores

Two additional rules for making nouns plural:

For nouns ending in **-án, és,** or **-ión,** drop the accent mark before adding **-es.**

el/un alem**án**   **los/unos** alem**anes**
el/un japon**és**   **los/unos** japon**eses**
la/una lecc**ión**   **las/unas** lecc**iones**

For nouns ending in **-z,** drop the **-z** before adding **-ces.**

el/un lápi**z**   **los/unos** lápi**ces**

Practiquemos

P-17 En la clase de español. Write the plural of all the things we find in our classroom along with their respective articles.

MODELO: borrador
los borradores

1. profesora _____
2. estudiante _____
3. libro _____
4. lápiz _____
5. bolígrafo _____
6. hoja _____
7. asiento _____
8. cuaderno _____
9. pizarrón _____
10. tarea _____

P-18 Geografía. Complete the following sentences logically by using the plural form of the words in the right-hand column.

MODELO: Luisiana y la Florida son... estado
Luisiana y la Florida son estados.

1. Everest y Kilimanjaro son...   montaña
2. Europa, África y Asia son...   continente
3. París, Moscú y Auckland son...   ciudad
4. Colorado y Nuevo México son...   estado
5. El Atlántico y el Pacífico son...   océano
6. México, el Japón y Francia son...   país
7. Ontario, Alberta y Quebec son...   provincia
8. Nueva Inglaterra y el Oeste son...   región

VOCABULARIO esencial

In this section you will learn the numbers 1–30.

Los números 0–30

0	cero	16	dieciséis (diez y seis)
1	uno	17	diecisiete (diez y siete)
2	dos	18	dieciocho (diez y ocho)
3	tres	19	diecinueve (diez y nueve)
4	cuatro	20	veinte
5	cinco	21	veintiuno (veinte y uno)
6	seis	22	veintidós (veinte y dos)
7	siete	23	veintitrés (veinte y tres)
8	ocho	24	veinticuatro (veinte y cuatro)
9	nueve	25	veinticinco (veinte y cinco)
10	diez	26	veintiséis (veinte y seis)
11	once	27	veintisiete (veinte y siete)
12	doce	28	veintiocho (veinte y ocho)
13	trece	29	veintinueve (veinte y nueve)
14	catorce	30	treinta
15	quince		

- The numbers 16–19 and 21–29 can be written as one word or as three words. Spanish-speaking people prefer to use one word, especially in the case of numbers 16–19.
- **Uno** drops the final **-o** before a masculine singular noun, *un estudiante*. This also happens with the number 21: *veintiún estudiantes*. **Una** remains the same: *una estudiante* or *veintiuna sillas*.

 P-19 En la clase. In this classroom, there are many things and people. Describe what you see to your classmate and write the numbers.

MODELO: 13 libros de español
trece libros de español

1. 1 profesor _____
2. 27 estudiantes _____
3. 20 mochilas _____
4. 15 cuadernos _____
5. 3 tizas _____
6. 12 libros _____
7. 10 bolígrafos _____
8. 29 asientos _____
9. 2 pizarrones _____
10. 21 tareas _____

P-20 Números de teléfono. Write out the following telephone numbers and practice them out loud with a classmate.

MODELO: 985-4321
   Nueve ocho cinco cuatro tres dos uno

1. 862-9665
2. 642-8902
3. 719-4389
4. 356-0412
5. 285-8319
6. 590-1673
7. 978-7285
8. 439-5978

P-21 ¿Cuál es tu número de teléfono? Ask your classmate what his/her phone number is.

MODELO: —¿Cuál es tu número de teléfono?
        —Mi número es el _____.

P-22 Matemáticas. Solve the following math problems. Use **y** (+) and **son** (=).

MODELO: 5 + 3 = 8
   Cinco y tres son ocho.

1. 4 + 9 =
2. 5 + 7 =
3. 3 + 1 =
4. 18 + 7 =
5. 15 + 5 =
6. 27 + 3 =
7. 8 + 8 =
8. 21 + 3 =

The Verb Form *hay*

A useful Spanish verb form is **hay,** which means *there is* and *there are* (or *is there* and *are there* in questions). Use **hay** to indicate the existence of people, places, and things; remember that *a singular or plural noun may follow* **hay.**

—¿Cuántas personas **hay** en tu clase de español?
*How many persons **are there** in your Spanish class?*

—**Hay** una profesora y veintisiete estudiantes.
***There is** a teacher and twenty-seven students.*

—¿**Hay** unos estudiantes japoneses?
***Are there** some Japanese students?*

—No **hay** japoneses, pero **hay** tres estudiantes de Taiwan.
***There are** no Japanese, but **there are** three students from Taiwan.*

How to make a sentence negative

To negate a Spanish sentence, place the word **no** in front of the verb.

—¿**No hay** europeos en tu clase?
***Aren't there** Europeans in your class?*

—Sí, hay una, pero ella **no es** estudiante. ¡Es la profesora!
*Yes, there is one, but **she's not** a student. She's the instructor!*

Practiquemos

P-23 En la mochila. Tell a classmate what you have in your backpack and show it to him/her.

MODELO: *En la mochila, hay un lápiz, hay dos bolígrafos, hay cuatro libros, hay tres cuadernos, hay dos tareas, hay un borrador...*

P-24 ¿Y usted? State some facts about your state, city, school, and Spanish class.

MODELO: *En mi estado no hay montañas.*

1. En mi estado hay (no hay)...
   a. montañas.
   b. ciudades *(cities)* importantes.
   c. islas *(islands)*.
   d. un océano.
   e. un mar *(sea)*.
   f. un río *(river)* importante.
2. En mi ciudad hay (no hay)...
   a. un restaurante cubano.
   b. una cafetería mexicana.
   c. dos restaurantes italianos.
   d. un supermercado *(supermarket)*.
   e. estudiantes internacionales.
   f. un equipo de fútbol *(soccer team)*.
3. En mi universidad hay (no hay)...
   a. un gimnasio.
   b. una cafetería.
   c. un laboratorio de lenguas *(language lab)*.
   d. clases de japonés.
   e. profesores internacionales.
   f. estudiantes internacionales.
4. En mi clase de español hay (no hay)...
   a. exámenes.
   b. computadoras.
   c. mapas en español.
   d. puertorriqueños.
   e. cubanos-americanos.
   f. tizas y borradores.

Practiquemos más

For additional practice on the material covered in this chapter, go to **Lección preliminar** of the *Intercambios* Workbook/Laboratory Manual.

For additional practice on grammar, vocabulary, and conversation, go to **Lección preliminar** of the *Flex-Files.*

Atajo Writing Assistant Software for Spanish can be used to complete the writing activities in your *Workbook/Laboratory Manual.*

Intercambios Video: Activities to accompany the *Intercambios Video* can be found in the *Flex-Files.*

Visit *Intercambios* on the World Wide Web at
http://intercambios.heinle.com.

ASÍ SE DICE

Sustantivos Nouns
el día day
el (la) estudiante student
el (la) profesor(a) professor

Para saludar To greet
Buenos días. Good morning.
Buenas tardes. Good afternoon.
Buenas noches. Good night.
¡Hola! Hello! Hi!
¿Qué tal? What's up?

Para contestar To answer greetings
Estoy muy bien. I'm very well.
Estoy más o menos. I'm not so well.
Estoy mal. I'm not well.
Bien, gracias. Fine, thanks.

Para despedirse To say good-bye
¡Adiós! Good-bye!
¡Chao! Bye!

Para conocer a la gente To meet people
¿Cómo te llamas? What do you call yourself?/What is your name?
Me llamo… I call myself… / My name is…
¿De dónde eres? Where are you from?
Soy de… I'm from…
¿Cómo estás? How are you?

Ciudadanía Nationality
Caribeños Caribbeans
cubano(a) Cuban
dominicano(a) Dominican
puertorriqueño(a) Puerto Rican

Centroamericanos Central Americans
costarricense Costa Rican
guatemalteco(a) Guatemalan
hondureño(a) Honduran
nicaragüense Nicaraguan
panameño(a) Panamanian
salvadoreño(a) Salvadoran

Norteamericanos North Americans
canadiense Canadian
estadounidense American (from the United States)
mexicano(a) Mexican

Suramericanos South Americans
argentino(a) Argentinean
boliviano(a) Bolivian
brasileño(a) Brazilian
chileno(a) Chilean
colombiano(a) Colombian
ecuatoriano(a) Ecuadorian
paraguayo(a) Paraguayan
peruano(a) Peruvian
uruguayo(a) Uruguayan
venezolano(a) Venezuelan

Europeos Europeans
alemán (alemana) German
español(a) Spanish
francés (francesa) French
griego(a) Greek
inglés (inglesa) English
portugués (portuguesa) Portuguese

Africanos y asiáticos Africans and Asians
chino(a) Chinese
guineo(a) ecuatorial Equatorial Guinean
japonés (japonesa) Japanese

Para comunicarse en la clase To communicate in the class
Abra. Open.
Cierre. Close.
Dígale a su compañero(a)… Tell your male/female classmate…
Escriba. Write.
Escuche. Listen.
Lea. Read.
Levántese. Stand up.
Mire. Look.
Muéstreme. Show me.
Pregúntele a su compañero(a)… Ask your male/female classmate…
Siéntese. Sit down.

Objetos de la clase Objects from the class
el asiento seat
el bolígrafo pen
el borrador eraser
el cuaderno notebook
el escritorio desk
la hoja de papel piece of paper
el lápiz pencil
el libro book
la mochila backpack
la página page
la papelera trash can
el pizarrón chalkboard
la silla chair
la tarea homework
la tiza chalk

Expresiones Expressions
¿Cómo se dice…? How do you say…?
Se dice… You say…
¿Qué significa…? What's the meaning of…?
Significa… It means…
hay there is/are
¿Dónde? Where?
¿Qué? What?
¿Cuál es tu número de teléfono? What's your telephone number?

Los números Numbers
(See page 16.)

PASO 1

Nuevos amigos en México

Jóvenes del D.F.

Faro de Comercio y Catedral, Monterrey, México

La Pirámide de la Luna, Teotihuacán, México

Alicia Benson, a student from Wisconsin, meets the González family in Monterrey, Mexico, where she has come to study for a year. She has joined a study abroad program at the Tecnológico de Monterrey in Monterrey, Mexico. At school, Alicia gets acquainted with students from many different countries. Later, one of her Mexican friends invites her to a conference given by the Mexican writer Carlos Fuentes.

LECCIÓN 1
¡Bienvenida a Monterrey!

ENFOQUE

■ COMMUNICATIVE GOALS

You will be able to greet others, introduce yourself and others, and describe yourself and your family.

■ LANGUAGE FUNCTIONS

Greeting others
Introducing yourself and others
Saying where you and others are from
Describing people
Saying good-bye

■ VOCABULARY THEMES

Greetings
Personal introductions
Personal titles
Leave-taking expressions

■ GRAMMATICAL STRUCTURES

Subject pronouns
Present tense of the verb **ser**
Agreement of descriptive adjectives

■ CULTURAL INFORMATION

Customs for greeting and meeting others
Addressing others: **tú** and **usted**

■ CULTURAL CHALLENGE

When you are visiting a Spanish-speaking country and a person wants to introduce you to another person, what form, **tú** or **usted (Ud.)**, will that person use? When and with whom do you use these two forms?

Why is it important for you to be introduced by a respected person to a new group?

En contexto

Alicia Benson has just arrived at the home of her host family in Monterrey, Mexico (1), where she will spend the year studying business at the Tecnológico de Monterrey (TEC), also called ITESM (2). This afternoon, a representative from the ITESM will introduce her to her Mexican host family (3). Alicia meets Ernesto González and his wife, Blanca, their 27-year-old son, Gerardo, their 16-year-old daughter, Teresa, and their maternal grandmother, doña Carmen (4).

BLANCA:	Buenas tardes, Alicia. Me llamo Blanca González.
ALICIA:	Mucho gusto°, señora.
BLANCA:	El gusto es mío°. Éste es° mi esposo°, Ernesto, y mi mamá, doña Carmen.
ALICIA:	¡Mucho gusto!
DOÑA CARMEN:	Encantada°, Alicia. Bienvenida° a Monterrey.
ALICIA:	Muchas gracias, señora.
ERNESTO:	Soy Ernesto. Mucho gusto. Mi hijo°, Gerardo...
GERARDO:	Encantado, Alicia. ¿De dónde eres?
ALICIA:	Soy de Madison, Wisconsin... en los Estados Unidos.
ERNESTO:	...y mi hija°, Teresa.
ALICIA:	¡Hola, Teresa!
TERESA:	¡Hola, Alicia! ¿Qué tal?
ALICIA:	Muy bien. Gracias.

Mucho gusto. *Nice to meet you.*
El gusto es mío. *The pleasure is mine.*
Éste es *This is*
esposo *husband*
Encantada(o) *Delighted*
Bienvenida(o) *Welcome*
hijo *son*

hija *daughter*

Notas de texto

1. Monterrey is the capital of the state of Nuevo León. It has a population of 2,154,441 and is located in northeastern Mexico, 962 kilometers (601 miles) north of Mexico City, but only 240 kilometers (150 miles) from the border of the United States. NAFTA (North American Free Trade Association) has positioned Monterrey as an important financial, cultural, and industrial bridge between Mexico and the international community since it is considered a principal link between the United States and the Mexican border.

2. The Instituto Tecnológico y de Estudios Superiores de Monterrey (ITESM) was founded in Monterrey in 1943. The school is known as the TEC by the students and faculty. Many students complete high school at the TEC and then continue on to the university level. The TEC offers bachelor's degrees, or **licenciaturas,** in social sciences, engineering, and humanities.

3. Mexicans tend to place great importance on family relationships. When a respected person introduces a new person to a group, respect is then extended to that new person. Therefore, it is important for a student to be introduced to his/her host family by a representative from the school at which he/she is studying.

4. In the Spanish-speaking world, several generations of a family often live together in the same household. This arrangement provides emotional, and sometimes financial, stability in the family. Children often live at home until they marry, regardless of their age.

1-1 ¿Comprendió usted? Read each statement. Then answer **cierto** *(true)* or **falso** *(false)*. If the statement is false, correct it according to what you read.

1. Alicia es de México.
2. La familia González es colombiana.
3. Monterrey es la capital de México.
4. La esposa de Ernesto se llama Blanca.
5. Gerardo es el hijo de doña Carmen.

VOCABULARIO esencial

In this section you will learn how to greet people and make introductions.

Para saludar y conocer a la gente (To greet and meet people)
Situaciones formales

Más saludos

Encantado. (men say this)	*Delighted.*
Encantada. (women say this)	*Delighted.*
Mucho gusto.	*Nice to meet you.*
El gusto es mío.	*The pleasure is mine.*
Quiero presentarte a mi amigo(a)…	*I want to introduce you to my friend . . .*

Practiquemos

1-2 ¡Mucho gusto, profesor(a)! Your instructor is going to greet you, ask your name, and ask where you are from. Answer him/her, using the following example and phrases appropriately.

MODELO: —Buenas tardes. Soy Javier Gómez. ¿Cómo se llama usted?
—*Me llamo Alicia Benson.*
—Encantado, Alicia.
—*Mucho gusto, profesor.*
—El gusto es mío. ¿De dónde es usted?
—*Soy de Madison, Wisconsin.*

Personal titles

The following personal titles and their abbreviations are used in formal interactions between people.

señor (Sr.)	Mr., sir	**doctor (Dr.)**	Doctor (male)
señora (Sra.)	Mrs., ma'am	**doctora (Dra.)**	Doctor (female)
señorita (Srta.)	Miss		

Some Spanish speakers use the titles **don** and **doña** when speaking or referring to a highly esteemed or older person. These two titles are used with the first name of a man **(don)** or a woman **(doña)** to convey a feeling of affection and respect, while maintaining formality.

Buenas tardes, don Ernesto. *Good afternoon, Ernesto.*
Buenas noches, doña Carmen. *Good evening/night, Carmen.*

Situaciones informales

Practiquemos

1-3 ¡Hola! ¿Qué tal? Greet several of your classmates and introduce yourself to them by modifying the following conversation.

ENRIQUE: ¡Hola! ¿Qué tal?
ALICIA: Bien. ¿Y tú?
ENRIQUE: Muy bien, gracias. Me llamo Enrique. ¿Cómo te llamas?
ALICIA: Me llamo Alicia.
ENRIQUE: Mucho gusto, Alicia.
ALICIA: El gusto es mío. ¿De dónde eres, Enrique?
ENRIQUE: Soy de Caracas, Venezuela. ¿Y tú, Alicia?
ALICIA: Soy de Madison, Wisconsin, en los Estados Unidos.

A: ¡Hola! ¿Qué tal?
B: _____. ¿Y tú?
A: _____, gracias. Me llamo _____. ¿Cómo te llamas?
B: _____.
A: ¡Mucho gusto!
B: _____. ¿De dónde eres, _____?
A: Soy de _____. Y tú, ¿_____?
B: _____.

1-4 En una recepción. Imagine that you are attending a reception for students and faculty at the Tecnológico de Monterrey (TEC). Create short conversations with one or more classmates, using the following cues.

1. A: ¡Hola! ¿Qué tal?
   B: _____. ¿Y_____ ?
   A: _____, gracias.

2. A: ¡Hola! Me llamo _____. ¿Y tú?
   B: Me llamo _____.
   A: _____.
   B: _____.

3. A: ¿De dónde eres?
   B: Soy de _____. ¿Y tú?
   A: Soy de _____.

4. A: ¡Hasta mañana!
   B: _____.
   A: _____.

1-5 Los amigos. Introduce one of your friends to a classmate, following the model.

MODELO: ALICIA: *Nancy, quiero presentarte a* (I want to introduce you to) *Enrique.*
NANCY: *¡Hola, Enrique!*
ENRIQUE: *¡Hola! Mucho gusto, Nancy.*
NANCY: *¡Encantada!*

A: ____, quiero presentarte a ____.
B: ¡Hola, ____!
C: ¡____! ____, ____.
B: ¡Encantado(a)!

CULTURA

■ Meeting and Greeting Others

Being warm, friendly, and affectionate are traits of Spanish-speaking cultures. In social situations, Spanish speakers usually exchange physical hellos and good-byes; for example, Hispanic men and women often shake hands when meeting each other for the first time, and if they become friends they will greet each other with a kiss or a hug.

In business, men and women shake hands the first time they are introduced and announce their full name while shaking hands. A nod of the head, a wave of the hand, or saying ¡Mucho gusto! are not enough. In fact, if you do not shake hands when introduced to a Spanish speaker, he or she may think you are unfriendly or ill-mannered.

Close male friends who have not seen each other for a long time give each other an **abrazo**, which is a hearty embrace accompanied by several slaps on the back. Two women, or a male and female who are good friends, often greet each other by placing their cheeks lightly together and kissing the air. In Spain, friends kiss on both cheeks while in Latin America, as in the United States, friends kiss only on one cheek.

During conversation, Spanish speakers tend to stand closer to each other than North Americans; backing away is interpreted as rejection. Do not be surprised if a Spanish speaker touches your arm during the conversation.

Hispanic culture tends to give a lot of significance to family and friend relationships. Therefore, when a respected person introduces another as a good friend to a group, the group tends to respect and welcome this new person as a friend or as a new partner.

Estas dos mujeres estudian en la universidad y son amigas.

Estas dos personas son hombres de negocios de México.

Preguntas

1. How do you greet your friends here in the United States?
2. Is there any difference between greeting your friends in Spain, Latin America, and the United States?
3. What is the difference when handling space between people in the United States and in Hispanic countries?
4. Why are friend relationships important to a newcomer?

GRAMÁTICA esencial

Subject Pronouns and Present Tense of *ser*

What are verbs and subject pronouns?

In this section, you will learn to refer to people and indicate where they are from.

A verb is a word that expresses action (e.g., *speaks*) or indicates a state of being (e.g., *is*). A subject pronoun identifies who performs the action of a verb (e.g., *She studies in Mexico.*). Study the Spanish subject pronouns along with the present-tense forms of the verb **ser** *(to be)*. Then read how they are used in the examples that follow.

ser *(to be)*

Singular
(yo)	soy	*I am*
(tú)	eres	*you are* (informal)
(usted, él, ella)	es	*you are* (formal); *he/she is*

Plural
(nosotros/nosotras)	somos	*we are*
(vosotros/vosotras)	sois	*you are* (informal)
(ustedes, ellos/ellas)	son	*you are, they are*

The latin root for **ser** is *essere*, which is like *essence* in English. These are some of the uses of the verb **ser:**

1. Origin

In the following conversation the verb **ser** expresses origin:

—¿De dónde **eres,** Pierre? *Where **are you** from, Pierre?*
—**Soy** del sur de Francia. ***I'm** from southern France.*
—Mi familia **es** de Toronto. *My family **is** from Toronto.*
—¡Mi papá **es** de Montreal! *My Dad **is** from Montreal!*

2. Nationality

The verb **ser** is also used when expressing nationality:

—Usted y yo **somos** canadienses. *You and I **are** Canadian.*
—Ustedes **son** estadounidenses. *You **are** from the United States.*

3. Profession or occupation

In the following case, the verb **ser** is used to state one's occupation or profession:

—¿**Eres** estudiante? ***Are you** a student?* (informal)
—Sí, **soy** estudiante de francés. *Yes, **I'm** a French student.*

—¿**Es** Ud. profesor de español? *Are **you** a Spanish professor? (formal)*
—Sí, **soy** profesor de español. *Yes, **I'm** a Spanish professor.*

4. Characteristics

The verb **ser** is used to describe personality traits and physical characteristics:

—¿Cómo **eres**? *How do you describe yourself? (What **are** you like?)*

—**Soy** trabajador y también **soy** muy simpático. *I'm a hardworking person and I'm also very nice.*

5. Happenings

The verb **ser** is also used to express where events take place.

La clase de español **es** en el salón número 15. *The Spanish class **is** in room number 15.*

> **"El tiempo es oro"**. Anónimo

How to use subject pronouns

1. In Latin America, **ustedes** is the plural form of both **tú** and **usted.**
2. **Ellos** can refer to males or to a group of males and females; **ellas** refers only to a group of females.
3. Because Spanish verb endings usually indicate the subject of a sentence, subject pronouns (e.g., **yo, ella, ustedes**) are used less often than in English. However, Spanish speakers do use subject pronouns to clarify or to emphasize the subject of a sentence.

   —¿Son **ustedes** de México? *Are **you** from Mexico?*
   —No, señor. Somos de Centroamérica. **Ella** es de Nicaragua y **yo** soy de Honduras. *No, sir. We're from Central America. **She** is from Nicaragua and **I** am from Honduras.*

4. In most of Spain, the plural form of **tú** is **vosotros** (referring only to males or to a mixed group of males and females) and **vosotras** (referring only to females).

   Enrique y Luisa, ¿de dónde **sois** vosot**ros**? *Enrique and Luisa, where **are you** from?*
   Alicia y Beatriz, ¿de dónde **sois** vosot**ras**? *Alicia and Beatriz, where **are you** from?*

5. In Guatemala and the Andean zone, children often address their parents as **usted.** In Argentina, Uruguay, Paraguay, some parts of Chile, Ecuador, Colombia, and most of Central America, most Spanish speakers use **vos** instead of **tú.** You will be perfectly understood, however, if you use the **tú** form.

Practiquemos

1-6 ¿Quiénes son? *(Who are they?)* Complete the following sentences with appropriate names and the correct verb form: **es** or **son.**

MODELO: _____ → un actor famoso
Benecio del Toro es un actor famoso.

Persona(s)		Profesión
1. _____	→	un actor famoso
2. _____	→	dos actrices famosas
3. _____	→	artistas importantes
4. _____	→	unos profesores interesantes
5. _____	→	un jugador *(player)* de béisbol latinoamericano
6. _____	→	un presidente muy inteligente
7. _____	→	una jugadora *(player)* de fútbol
8. _____	→	una escritora *(writer)* famosa

1-7 ¿De dónde son? Say where Alicia, her new friends, and some people you know are from, using appropriate forms of the verb **ser.** Express their nationality.

MODELO: Ernesto → Monterrey, México
Ernesto es de Monterrey, México. Es mexicano.

1. Alicia, tú → Madison, Wisconsin
2. Los González → Monterrey, México
3. Enrique Ramírez → Caracas, Venezuela
4. mi profesor(a) → ?
5. yo → ?
6. nosotros → ?

1-8 ¿Y usted? Complete the following sentences, adding information that applies to you and your parents. Report to the class.

Me llamo _____. Soy de _____. Mi papá se llama _____ y mi mamá se llama _____. Mi papá es de _____ y mi mamá es de _____.

1-9 Entrevista. Interview one of your classmates and report the information gathered to the class. Introduce your classmate to the class.

MODELO: *¿Cómo te llamas?*
¿De dónde eres?
¿Eres estudiante?
REPORTE: *Él/Ella se llama _____. Es de _____ y es estudiante/profesor(a).*

1-10 ¿Dónde *(Where)* es la clase? Your friend Alfredo/Marisa (a classmate) is new to your school and you need to tell him/her the rooms where the following classes take place.

MODELO: la clase de español / salón 24
　　　ALFREDO/MARISA: ¿Dónde es la clase de español?
　　　　　　　　TÚ: *La clase es en el salón 24.*

1. la clase de matemáticas / salón 13
2. la clase de biología / salón 7
3. la clase de negocios *(business)* / salón 28
4. la clase de ciencias / salón 14

CULTURA

■ Addressing Others: *tú* and *usted*

When Spanish speakers address one person, they express the word *you* in one of two ways: **tú** or **usted**.

Tú is an informal form of address. In general, use **tú** with someone with whom you are on a first-name basis. For example, Spanish speakers use **tú** when addressing a relative, a close friend, a person of the same age or social position, a classmate, and a child. You will use the **tú** form when speaking to a classmate of the same age or younger while participating in the oral activities in *Intercambios*.

Usted (abbreviated **Ud.**) is a formal form of address. In general, use **usted** when speaking or writing to a person with a title such as **señor(a)**, **señorita**, **doctor(a)**, and **profesor(a)**. Spanish speakers use **usted** when addressing a stranger, an acquaintance other than a child, a person much older than themselves, and a person in a formal position or in a position of authority, such as a supervisor, business partner, or store clerk. When you are unsure about whether to use **tú** or **usted**, it is wisest to use **usted**. When starting a business relationship, always use the **usted** form until the person asks you to use the **tú** form. This action is referred to as **tutearse**. The person will say **Puedes tutearme** *(You can use the **tú** form with me)*.

¿*Tú* o *usted*? How would *you* address the following people?

1. your Spanish instructor/professor
2. one of your classmates
3. Teresa González, a 16-year-old student
4. Blanca González, the host mother
5. Alicia Benson, an American student
6. doña Carmen, the grandmother of Teresa González
7. Gerardo Gonzáles, the accounting professor at the TEC
8. your new business partner
9. a new person that is introducing you to a new group of people
10. an old friend

GRAMÁTICA ESENCIAL

Agreement of Descriptive Adjectives

In this section you will learn how to describe people more accurately.

Adjectives **(generoso, inteligente)** are words that describe nouns **(amigo)** or pronouns **(ellos, ellas)**. In Spanish, descriptive adjectives must match the gender (masculine or feminine) and number (singular or plural) of the noun or pronoun they describe.

How to match adjectives with their nouns

1. Adjectives ending in **-o** change to **-a** to indicate feminine gender, and add **-s** to indicate plural.

	Singular	Plural	
Masculine	amigo generoso	amigos generosos	*generous friends* (masculine)
Feminine	amiga generosa	amigas generosas	*generous friends* (feminine)

2. Most other adjectives (those that end in **-e** or a consonant) have only two forms, singular and plural.

Singular	Plural	
amigo (amiga) inteligente	amigos (amigas) inteligentes	*intelligent friends* (masculine/feminine)

3. When one adjective is used to describe masculine and feminine nouns together, the masculine plural form is the correct one to use.

Marta y Ernesto son **estudiosos**.   *Marta and Ernesto are **studious**.*

Where to place adjectives

Numerical: precedes noun	Noun	Descriptive: follows noun
2 *(dos)*	*amigos*	*generosos*

1. Most Spanish adjectives follow the nouns they describe.

   los amigos **simpáticos**.   *the **nice** friends*
   la clase **interesante**.   *the **interesting** class*

2. Spanish adjectives of *quantity,* however, precede the nouns they describe, as in English.

   —¿Cuántos estudiantes hay en la clase?   *How many students are there in the class?*
   —Hay **veinticinco** estudiantes.   *There are **twenty-five** students.*

Las características físicas

alta   baja

gordo   delgado

joven   anciano

bonita

fea

Otras características

débil	*weak*	**nuevo(a)**	*new*
fuerte	*strong*	**pelirrojo(a)**	*red-haired*
grande	*big, large*	**pequeño(a)**	*small*
guapo(a)	*good-looking, handsome/pretty*	**rubio(a)**	*blond*
		viejo(a)	*old*
moreno(a)	*dark-complected*		

La personalidad

aburrido(a)	*dull*	**extrovertido(a)**	*extroverted*
ambicioso(a)	*ambitious*	**honesto(a)**	*honest*
antipático(a)	*unpleasant*	**interesante**	*interesting*
bueno(a)	*good*	**introvertido(a)/**	*introverted/*
conservador(a)	*conservative*	**tímido(a)**	*timid*
cortés	*polite*	**liberal**	*liberal*
descortés	*impolite*	**malo(a)**	*bad*
deshonesto(a)	*dishonest*	**perezoso(a)**	*lazy*
encantador(a)	*charming*	**simpático(a)**	*nice*
estudioso(a)	*studious*	**trabajador(a)**	*hardworking*

Practiquemos

1-11 ¿Cómo son los estudiantes? Choose the best adjective to describe the students in your Spanish class.

MODELO: La profesora es (trabajador / trabajadora).
La profesora es trabajadora.

1. Joe y María son (estudiosos / estudiosas).
2. Kirsten es (encantador / encantadora).
3. John y James son (tímido / tímidos).
4. Alicia es (rubio / rubia).
5. Ed y Louise son (morenos / morenas).
6. El profesor es (conservador / conservadora).
7. Los estudiantes de fútbol son (grande / grandes).
8. Las estudiantes son (delgados / delgadas).
9. Patrick y Claire son (cortés / corteses).
10. Santiago y Chris son (pelirrojos / pelirrojas).

1-12 ¿Cómo son? Describe the following people, using the appropriate form of the adjective in parentheses. The three dots (...) indicate that you should use an appropriate adjective you know.

MODELO: Doña Carmen es una señora *simpática* .
(simpático)

1. Blanca y Ernesto González son _____. (trabajador)
2. Doña Carmen y Blanca no son personas _____. (perezoso)
3. Alicia es una persona _____. (estudioso)
4. Gerardo y Teresa son _____. (extrovertido)
5. Ernesto y Arnaldo son _____. (fuerte)
6. La familia González es _____. (encantador)
7. Mis libros de español (no) son _____. (nuevo)
8. Mi profesor(a) de español es _____. (...)
9. Mis compañeros de clase son _____. (...)
10. Yo soy un(a) estudiante _____ y muy _____. (...) / (...)

1-13 ¿Quién es? Your instructor will describe aloud each person illustrated. Listen to each description; then write the person's name next to the appropriate number.

1. _____
2. _____
3. _____
4. _____
5. _____
6. _____

Lección 1   **treinta y cinco**   **35**

1-14 ¿Cómo es? Ask two or three of your classmates to describe the following people and places.

MODELO: tu profesor de español
    Tú: *¿Cómo es tu profesor de español?*
    Compañero(a): *Es interesante y trabajador.*

1. el (la) compañero(a) de cuarto (roommate)
2. los compañeros de clase (classmates)
3. la universidad
4. la cafetería
5. el (la) profesor(a) de historia / biología / matemáticas
6. el (la) director(a) de la universidad

1-15 ¿Quién (Who) es? In a group of four, try to guess whom your classmate is describing.

MODELO: Compañero(a): *Es artista, es alta, es bonita y extrovertida...*
    Tú: *Es Julia Roberts.*
    Compañero(a): *Es estudioso(a), es estudiante y es pelirrojo(a).*
    Tú: *Es _____ de la clase de español.*

1-16 Opiniones personales. Speak with a classmate. One person asks the following questions, and the other answers them with his or her book closed.

1. ¿Es nuestra *(our)* universidad nueva o vieja? ¿Es bonita o fea? ¿Es conservadora o liberal?
2. ¿Cómo son los estudiantes aquí? ¿jóvenes o ancianos? ¿corteses o descorteses?
3. Y los profesores aquí, ¿son simpáticos o antipáticos? ¿honestos o deshonestos?
4. ¿Es nuestra clase de español pequeña o grande? ¿Es buena o mala? ¿Es interesante o aburrida?
5. Y tú, ¿eres un(a) estudiante trabajador(a) o perezoso(a)? ¿Eres extrovertido(a) o tímido(a)?

1-17 La familia de Alicia. Read Alicia's description of her Mexican family on page 37. Then, fill in the chart beneath it with the appropriate information from the description.

Me llamo Alicia Benson. Soy de Madison, Wisconsin, en los Estados Unidos. Tengo veintidós años y ahora soy estudiante de negocios (business) en el TEC de Monterrey, México. Soy muy estudiosa y ambiciosa. Aquí en Monterrey vivo con una familia muy simpática. Mi papá mexicano se llama Ernesto y mi mamá mexicana se llama Blanca. Ernesto es un hombre alto, un poco gordo, cortés, honesto y muy trabajador. Blanca es muy bonita, extrovertida, honesta y muy trabajadora también. Ella es secretaria de la universidad. Gerardo es hijo de Blanca y Ernesto, tiene veintisiete años y es profesor de contabilidad (accounting) en el TEC. Él es liberal, cortés, estudioso y guapo. También tienen una hija de dieciséis años; se llama Teresa. Ella es morena, delgada, alta y muy guapa. Doña Carmen es la mamá de Blanca y es muy extrovertida, conservadora y simpática. Es una familia encantadora.

La familia de Alicia Benson

Nombre	Años	Adjetivos
Alicia	22	*estudiosa, ambiciosa*
Ernesto		
Blanca		
Gerardo		
Teresa		
doña Carmen		
la familia González		

1-18 Mi familia y yo. Talk to your classmate, using the cues provided and appropriate adjectives from page 33.

MODELO: ALICIA: *Soy joven. No soy perezosa. ¿Y tú?*
               ENRIQUE: *Soy trabajador.*

A: Soy _____. No soy _____. ¿Y tú?
B: Soy _____. No soy muy _____.
A: Mi mamá es _____, pero no es muy _____. ¿Y tu mamá?
B: Mi madre es _____, pero no es _____. (Mi madre no vive.) *(My mother is no longer alive.)*
A: Mi padre es _____ y un poco _____. ¿Y tu padre?
B: Mi papá es muy _____ y un poco _____. (No tengo padre.)
A: Mi esposo(a) es _____, pero es un poco _____. ¿Y tu novio(a) *(boy-girlfriend)*, esposo(a), hijo(a)?
B: Mi novio(a), esposo(a), hijo(a) es _____ pero es un poco _____. ¿Y tu novio(a), esposo(a), hijo(a)?

1-19 Situaciones. Get together in groups of three or four to solve the following situations.

Describa a su profesor(a) de español para convencer *(to convince)* a sus compañeros(as) de estudiar *(to study)* español.

MODELO: *El/La profesor(a) de español es simpático(a), trabajador(a), inteligente.*

Describa su universidad para convencer a sus amigos(as) de estudiar en la universidad.

Descríbales a su novio(a)/esposo(a)/hijo(a) a sus amigos(as).

Usted entrevista *(interview)* a unos compañeros de clase. La entrevista es para el periódico *(newspaper)* de la universidad. Describa a sus compañeros.

1-20 Los signos del zodíaco. Describe two or three people you know, using information from the horoscope on page 39. Express your opinions freely, as in the example.

MODELO: *Mi esposa es Libra. Ella es muy atractiva y sincera, pero no es romántica. Yo soy Tauro. Soy tolerante y agradable, pero no soy próspero y no soy extravagante.*

Aries (21 marzo–20 abril): valiente, independiente, impaciente, ambicio

Tauro (21 abril–21 mayo): tolerante, próspero, extravagante

Géminis (22 mayo–21 junio): intelectual, flexible, enérgico, intranquilo

Cáncer (22 junio–23 julio): tímido, práctico, modesto, idealista

Leo (24 julio–23 agosto): responsable, arrogante, dramático, generoso, ambicioso

Virgo (24 agosto–23 septiembre): inteligente, lógico, organizado, intolerante

Libra (24 septiembre–23 octubre): atractivo, justo, sincero, romántico, tolerante

Escorpión (24 octubre–22 noviembre): nervioso, determinado, extremista

Sagitario (23 noviembre–22 diciembre): sincero, honesto, optimista, generoso

Capricornio (23 diciembre–20 enero): reservado, organizado, determinado

Acuario (21 enero–19 febrero): original, dinámico, idealista

Piscis (20 febrero–20 marzo): generoso, idealista, extrovertido, modesto, pacífico

▍RETO CULTURAL

In groups of three or four, discuss the following topics with your classmates and try to solve the following challenges.

- You are going to study at the university or at a Spanish language institute in Mexico for a trimester or a semester, and you are going to live with a Mexican family. Who do you think should introduce you to your host family? Why?
- You have just met your host family. What pronoun (**tú** or **usted**) would you use with the father, mother, or grandparents of the family? What pronoun would you use with the children of the family?
- You have just met your new professors and your new classmates at your new school. What pronoun would you use to talk to the professors? to your classmates?
- **Role play:** With a classmate, ask each other questions as if you were arriving at your new host family and visiting your new school, institute, or university. Remember the proper pronouns and verb forms that you have to use. Example: ¿Cómo se llama? ¿Cómo te llamas? ¿De dónde es usted / eres tú? ¿Cómo es/eres? (Descripción)

Practiquemos más

 For additional practice on the material covered in this chapter, go to **Lección 1** of the *Intercambios* Workbook/Laboratory Manual.

 For additional practice on grammar, vocabulary, and conversation, go to **Lección 1** of the *Flex-Files*.

 Atajo Writing Assistant Software for Spanish can be used to complete the writing activities in your Workbook/Laboratory Manual.

 Intercambios Video: Activities to accompany the *Intercambios* Video can be found in the *Flex-Files*.

 Visit *Intercambios* on the World Wide Web at **http://intercambios.heinle.com**.

Así se dice

■ Para saludar y conocer a la gente To greet and meet people
Hola. ¿Qué tal? Hello. How are you?
Bien. Gracias. Fine. Thank you.
Buenos días. Good morning.
Buenas tardes. Good afternoon.
Buenas noches. Good evening/night.
¿Cómo te llamas? What do you call yourself? (informal)/What is your name?
¿Cómo se llama usted (Ud.)? What do you call yourself? (formal)/What is your name?
Me llamo… I call myself…
Quiero presentarte a mi amigo/a… I want to introduce you to my friend…
Encantado(a). Enchanted.
Mucho gusto. Nice to meet you.
El gusto es mío. The pleasure is mine.
¿Cómo está Ud.? How are you? (formal)

■ Para despedirse To say good-bye
¡Hasta luego! See you soon!
¡Hasta mañana! See you tomorrow!
Adiós. Good-bye.

■ Títulos personales Personal titles
señor (Sr.) Mr., sir
señora (Sra.) Mrs., ma'am
señorita (Srta.) Miss
doctor (Dr.) Doctor (male)
doctora (Dra.) Doctor (female)
don Mr. (to show respect to an elder)
doña Mrs. (to show respect to an elder)

■ Características físicas Physical characteristics
alto(a) tall
anciano(a) elderly
bajo(a) short (in height)
bonito(a) pretty
débil weak
delgado(a) thin
feo(a) ugly
fuerte strong
gordo(a) fat
grande big, large
guapo(a) good-looking, handsome/pretty
joven young
moreno(a) dark-complected
nuevo(a) new
pelirrojo(a) red-haired
pequeño(a) small
rubio(a) blond
viejo(a) old

■ Características personales Personality traits
aburrido(a) dull
ambicioso(a) ambitious
antipático(a) unpleasant
bueno(a) good
conservador(a) conservative
cortés polite
descortés impolite
deshonesto(a) dishonest
encantador(a) charming
estudioso(a) studious
extrovertido(a) extroverted
honesto(a) honest
interesante interesting
introvertido(a) introverted
liberal liberal
malo(a) bad
perezoso(a) lazy
simpático(a) nice
tímido(a) timid
trabajador(a) hardworking

■ Pronombres Pronouns
yo I
tú you (informal)
él he
ella she
Ud. you (formal)
nosotros(as) we
vosotros(as) you (informal)
ellos(as) they
usted(es) you (formal)

■ Verbo Verb
ser to be
(soy, eres, es, somos, sois, son)

■ Preguntas Questions
¿Cómo? How? What?
  ¿Cómo es/eres? What are you like?
¿De dónde? From where?
  ¿De dónde es/eres? Where are you from?
¿Dónde? Where?
  ¿Dónde es…? Where is…? (event taking place)
¿Quién? Who?
  ¿Quién es? Who is?

■ Otras palabras Other words
bien well, fine
con with
mi(s) my
muy very
y and

■ Expresión Expression
¡Bienvenido(a)! Welcome!

LECCIÓN 2
¿Te gusta estudiar y trabajar en la universidad?

ENFOQUE

COMMUNICATIVE GOALS

You will be able to learn more about your classmates and their daily activities in the class as well as in the job market.

LANGUAGE FUNCTIONS

Saying your telephone number
Saying your age and address
Stating ownership
Expressing likes and dislikes
Describing daily activities

VOCABULARY THEMES

Classmates and friends
Academic and job-related subjects
Home/Office terms
Numbers 31–100
Idioms with **tener (años, calor, frío, hambre, sed, sueño)**

GRAMMATICAL STRUCTURES

Present tense of the verb **tener**
Possessive adjectives
Possession with **de(l)**
Present tense of regular **-ar** verbs
Me gusta + infinitive/**No me gusta** + infinitive

CULTURAL INFORMATION

University Life in Spain and Latin America

CULTURAL CHALLENGE

Discuss the similarities and differences among students from Spain, Latin America, and the United States in relation to the following topics: living quarters for the students, duration of studies, scholarships, work during courses.

EN CONTEXTO

Alicia Benson y Enrique Ramírez son estudiantes de negocios° en el Instituto Tecnológico de Monterrey (TEC) (1). Ahora ellos toman° café en la cafetería.

ENRIQUE: ¿Te gusta° la clase de negocios de México?
ALICIA: Sí, me gusta° mucho. El profesor Gómez es muy interesante y cortés, pero° habla° muy rápido. ¿A ti te gusta la clase?
ENRIQUE: Sí, a mí me gusta la clase también. Es buena. Oye°, Alicia, ¿te gusta la clase de contabilidad°?
ALICIA: Pues°... sí, me gusta, pero es difícil°.
ENRIQUE: ¿Cuántas clases tienes°?
ALICIA: Tengo° dos clases y también enseño° una clase de inglés.
ENRIQUE: ¡Increíble, Alicia! ¿Tomas dos cursos y también enseñas aquí en el TEC...?
ALICIA: Sí, como estudiante extranjera°, tengo la oportunidad de trabajar° en la universidad. Enseño inglés en el Departamento de Economía (2).
ENRIQUE: Pues, ¿cómo son los estudiantes?
ALICIA: Los estudiantes son muy estudiosos y simpáticos.
ENRIQUE: Son trabajadores como° nosotros, ¿verdad°? ¿Tomas otro café?
ALICIA: No, gracias. Ahora trabajo. Hasta luego, Enrique.
ENRIQUE: Chao, Alicia. ¡Hasta mañana!

negocios... *business*
toman... *they drink*
Te gusta... *Do you like*
me gusta... *I like it*
pero... *but*
habla... *he speaks*
Oye... *Listen*
contabilidad... *accounting*
Pues... *Well*
difícil... *difficult*
tienes... *do you have*
Tengo... *I have*
enseño... *I teach*
estudiante extranjera... *foreign student*
trabajar... *to work*
como... *like*
¿verdad?... *isn't that true?*

Notas de texto

1. Higher education in Mexico could be divided into the following main institutions:

   a. Technological institutes or universities that offer studies in the fields of industrial, mechanical, and electrical engineering, as well as industrial maintenance, production procedures, marketing, electronics, computer science, and sometimes a bachelor's degree in business administration.

   b. Private institutions that have been growing rapidly due to the quick expansion of the private sector. Between 1980 and 1999 the number of students who had enrolled in private institutions was tripled. There are around 320,000 students who have enrolled in these types of institutions, such as the Universidad Iberoamericana (UIA) and the Instituto de Estudios Tecnológicos y de Estudios Superiores de Monterrey (ITESM), which has twenty-six campuses all over Mexico.
   One of the priorities of the Program for Education 1999–2002 is to develop a "graduate school," which has around 90,000 students enrolled in different programs now.

2. At the TEC, students have the opportunity to work in an internship.

Instituto de Estudios Tecnológicos y de Estudios Superiores de Monterrey

2-1 ¿Comprendió Ud.? Complete the following sentences with words from the conversation.

1. ¿Qué toman Alicia y Enrique en la cafetería? Ellos toman _____.
2. ¿Qué enseña el profesor Gómez? Enseña _____.
3. ¿Qué clases estudian Alicia y Enrique? Ellos estudian _____ y _____.
4. ¿Cómo es la clase de contabilidad? La clase es _____.
5. ¿Dónde trabaja Alicia? Ella trabaja en _____.
6. ¿Cómo son los estudiantes de la universidad? Son _____ y _____.
7. ¿Cómo son Alicia y Enrique? Son _____.
8. ¿Cómo son Uds. en la clase de español? Nosotros somos _____ y _____.

CULTURA

Biblioteca, Universidad de México, México D. F.

■ University life in Latin America and Spain

There are some similarities among Spanish-speaking countries in relation to university life.

- In Latin America, most students live with their parents or relatives while they attend the university since dorms are not common. In Spain, on the contrary, dorms are more common and students are able to stay in them when attending the university.

- In Latin America, private schools and universities are usually very expensive and only students' families who can afford them send their children there. There are also public institutions, which are inexpensive or free. In Chile, though, there are no free universities, and the average school year costs $2,000–$2,500.

- Students usually do not work during the school year. However, many students do work during the summer months in internships to gain work experience.

- Length of study is usually four years in Mexico and five years in Venezuela, Colombia, Argentina, and Ecuador. When students finish their studies they receive the title of **licenciado(a)** in whatever subject they studied, for instance, **licenciado(a) en economía, licenciado(a) en administración.** In order to get a master's degree, students have to study two more years, at which time they receive a **maestría en educación,** for instance. Some studies, such as medicine, require longer to complete, and medical students receive the title of **doctor(a) en medicina.** Technical careers take three years and students graduate with the diploma of **técnico(a) en computación,** for example.

Preguntas

1. What do you think is the main difference among students from the United States, Spain, and Latin America in relation to university life?
2. Do Spanish-speaking students have some similarities with students from the United States?
3. Would you like to study abroad? Where would you like to study? What would you like to study and why?

VOCABULARIO esencial

In this section, you will learn to describe your classmates and friends, name the courses you are taking, and state your address, telephone number, and age.

Los amigos

Alicia   Enrique

Enrique es **el compañero de clase** de Alicia. Alicia es **la compañera de clase** de Enrique. Enrique **tiene 28 años**. Alicia **tiene 22 años**.

Trinidad Vargas

Adriana Jaramillo

Adriana Jaramillo y Trinidad Vargas son **compañeras de cuarto**. Adriana y Trinidad **tienen 21 años**.

Adriana   Arturo

Arturo es **el novio** de Adriana. Adriana es **la novia** de Arturo. Arturo **tiene 25 años** y Adriana **tiene 21 años**.

Practiquemos

2-2 Mis amigos. Complete the following sentences. Then read them to your classmate.

MODELO: Mi compañero de clase se llama *Steve*.
          Él es *bajo*.

1. Mi compañero de clase se llama _____.
   Él es _____ (moreno/rubio/pelirrojo).
2. Mi compañera de clase se llama _____.
   Ella es _____ (alta/delgada/baja).
3. Mi compañero(a) de cuarto se llama _____.
   Él (Ella) es _____ (débil/fuerte/grande).
4. Mi amigo favorito se llama _____.
   Él es _____ (guapo/feo/alto/bajo).
5. Mi amiga favorita se llama _____.
   Ella es _____ (bonita/fea/alta/baja).
6. Mi novio(a) se llama _____.
   Él (Ella) es _____ (guapo[a]/joven/delgado[a]/gordo[a]).

Lección 2   **cuarenta y cinco**   45

2-3 En mi opinión... Express your opinion, using the following descriptive words: **aburrido(a), ambicioso(a), simpático(a), antipático(a), conservador(a), honesto(a), deshonesto(a), estudioso(a), extrovertido(a), tímido(a), trabajador(a), perezoso(a), liberal, cortés, descortés.**

MODELO: *El amigo ideal es simpático y honesto.*
La novia ideal es extrovertida y romántica.

1. El (La) compañero(a) de clase ideal es...
2. El (La) amigo(a) ideal es...
3. El (La) novio(a) que **no** es ideal es...
4. El (La) compañero(a) de cuarto que **no** es ideal es...
5. La clase de español ideal es...

¿Qué cursos estudia Ud.?

Plan de estudios para la licenciatura en administración de empresas y plan de estudios para la licenciatura en relaciones internacionales

Licenciado en administración de empresas	Licenciado en relaciones internacionales	Las carreras *(Majors)*
introducción a la computación	introducción a la computación	la informática *(computer science)*
Inglés I-II-III-IV	Inglés I-II-III-IV	la ingeniería *(engineering)*
matemáticas	matemáticas	la agricultura *(agriculture)*
contabilidad	administración de empresas	el derecho *(law)*
economía	historia	los negocios *(business)*
psicología	ciencias políticas	el periodismo *(journalism)*
estadística	ecología	la arquitectura *(architecture)*
mercadotecnia	literatura	la educación *(education)*
		la medicina *(medicine)*
		los idiomas *(languages)*

Practiquemos

2-4 ¿Qué cursos estudia Ud? Write a list of the courses you take at school. Ask your professor the name of some of these courses: **¿Cómo se dice _____?**

2-5 Asociaciones. Look at the list of textbooks on page 47. Identify the classes in which these books are most likely to be used.

MODELO: *Intercambios*
Es para una clase de lenguas. (**para** = *for a purpose:* **para una clase de lenguas**)

Libros de texto	Clases
1. ___ *Plantas raras de Costa Rica*	a. literatura
2. ___ *Las novelas de Carlos Fuentes*	b. ecología
3. ___ *Las teorías de Albert Einstein*	c. medicina
4. ___ *Introducción a Microsoft*	d. matemáticas
5. ___ *Cardiología*	e. economía
6. ___ *Historia de los negocios de Chile*	f. informática
7. ___ *Problemas sociales de México*	g. ciencias políticas

2-6 Mis estudios y mis libros. What do you study and what are the names of your books?

MODELO: Estudio *español*. Mi libro de *español* se llama **Intercambios**.

1. Estudio _____. Mi libro de _____ se llama _____.
2. Estudio _____. Mi libro de _____ se llama _____.
3. También estudio _____. Mi libro de _____ se llama _____.

VOCABULARIO esencial

In this section you will learn the numbers 31–100.

Los números 31–100

30 treinta	y uno
40 cuarenta	y dos
50 cincuenta	y tres
60 sesenta	y cuatro
70 setenta	y cinco
80 ochenta	y seis
90 noventa	y siete
100 cien, ciento	y ocho
	y nueve

- Like **uno** and **veintiuno**, other numbers such as **treinta y uno, cuarenta y uno**, etc., drop the **-o** before a masculine noun. Before a feminine noun, **uno** changes to **una**. When counting, **uno** or **treinta y uno** remain the same.

    Cuarenta y un libros *(masculine)*   ***forty-one*** books
    Cuarenta y una revistas *(feminine)*   ***forty-one*** magazines

- The number **ciento** is shortened before nouns. And it is usually shortened when counting.

    Cien estudiantes.   ***One hundred*** students.

> "Más vale pájaro en mano que cien volando". *Anónimo*

Practiquemos

2-7 A contar. Count by fives from 30 to 100 with a classmate. Then have your classmate count by twos. Change roles when you finish so that you both practice counting.

MODELO: *Treinta, treinta y cinco, cuarenta...*
Treinta, treinta y dos, treinta y cuatro, treinta y seis...

2-8 Información personal. Talk to a classmate and ask his/her phone number and address.

1. MODELO: —¿Cuál es tu número de teléfono?
   —Es el 238-4678 (dos, treinta y ocho; cuarenta y seis, setenta y ocho).

   A: ¿Cuál es tu número de teléfono?
   B: _____. ¿Y tu número?
   A: _____.
   B: Gracias.

2. MODELO: —¿Cuál es tu dirección?
   —Avenida Pickford, número 2640 (veintiséis, cuarenta), Madison, Wisconsin 53711.

   A: ¿Cuál es tu dirección?
   B: _____. ¿Y tu dirección?
   A: _____.
   B: Muchas gracias.

2-9 Inventario. Your instructor wants to make an inventory of all the objects in the classroom. Read the inventory to your classmate, who then has to write out the numbers. Change the objects into the plural form.

MODELO: 45 bolígrafo
cuarenta y cinco bolígrafos

1. 60 lápiz
2. 57 asiento
3. 78 cuaderno
4. 34 tarea
5. 41 hoja de papel
6. 66 libro
7. 81 borrador
8. 75 mochila
9. 91 silla
10. 100 bolígrafo

2-10 Más matemáticas. Solve the following math problems, using **y** (+), **menos** (−), and **son** (=).

MODELO: 32 + 2 =
Treinta y dos y dos son treinta y cuatro.

1. 35 + 7 =
2. 41 + 12 =
3. 58 + 6 =
4. 53 + 3 =
5. 48 − 9 =
6. 83 − 13 =
7. 72 − 29 =
8. 67 + 11 =
9. 62 + 4 =
10. 78 + 2 =
11. 33 − 18 =
12. 79 − 47 =
13. 94 − 39 =
14. 86 + 13 =
15. 99 + 1 =

GRAMÁTICA esencial

In this section, you will learn how to state ownership and describe social relationships.

Present Tense of **tener**

One way to indicate ownership or social relationships is to use the verb **tener**, which means *to have*. Its present tense forms are as follows:

tener *(to have)*

Singular
(yo) **tengo** — I have
(tú) **tienes** — you have *(informal)*
(Ud., él, ella) **tiene** — you have *(formal)*; he/she has

Plural
(nosotros/nosotras) **tenemos** — we have
(vosotros/vosotras) **tenéis** — you have *(informal)*
(Uds., ellos, ellas) **tienen** — you have *(formal)*; they have

Tengo dos clases en la universidad: contabilidad y negocios de México.
I have two classes at the university: accounting and business in Mexico.

Tenemos ochenta y cinco libros en el inventario.
We have eighty-five books in the inventory.

Practiquemos

2-11 ¿Qué tienen? Tell what these persons have, using **tengo, tienes, tiene, tenemos,** or **tienen.**

MODELO: Don Ernesto *tiene* una esposa simpática.

1. Ernesto y Blanca _____ una familia pequeña.
2. La familia González _____ una casa *(house)* grande.
3. Alicia, tú _____ amigos de otros países.
4. Teresa _____ padres simpáticos y trabajadores.
5. Alicia y Enrique _____ dos cursos en el Tecnológico.
6. El profesor Gómez _____ muchos estudiantes.
7. Mis amigos y yo _____ cursos interesantes.
8. Y yo_____...

2-12 ¿Qué tenemos en la mochila? Check your backpack and write four sentences describing the objects you have (**libros, lápices, bolígrafos, cuadernos, tareas, hojas de papel,** etc.). Try to guess the number and the items a classmate has, as well as your professor.

MODELO: *Yo tengo cinco libros y tengo quince tareas y...*

2-13 ¿**Y Uds.?** Ask your classmate if he/she has the following things.

MODELO: —¿Tienes un auto?
—Sí, tengo un Ford que es muy bueno.
o —No, no tengo auto, pero tengo una bicicleta.

En la casa de los González

En el dormitorio de Alicia

La oficina del profesor Gómez

Expressions with the verb *tener*

An expression, or an idiom, consists of a group of words that cannot be translated literally from one language to another. For instance, in English to do something *once in a blue moon* has nothing to do with the moon being blue, but with something rarely being done.

The following Spanish expressions consist of the verb **tener** + noun. They are usually equivalent to the English *to be* + adjective.

Expresiones con tener

tener... años	to be ... years old		
Alicia **tiene 22 años.**		Alicia *is 22 years old.*	
tener calor	to be hot/warm		
Tenemos calor en el parque.		We *are hot* at the park.	
tener frío	to be cold		
José **tiene frío** en las montañas.		Joe *is cold* in the mountains.	
tener hambre	to be hungry		
Ellos **tienen hambre** en clase.		They *are hungry* in class.	
tener sed	to be thirsty		
Cuando tengo calor, **tengo sed.**		When I'm hot, *I'm thirsty.*	
tener sueño	to be sleepy		
Tengo sueño en la clase de contabilidad.		*I'm sleepy* in accounting class.	

2-14 Y tú, ¿qué tienes? With a classmate, take turns expressing how you each feel in the following places and countries. Be sure to use the verb **tener.**

MODELO: en la clase de biología

—*Tengo sueño* en la clase de biología. ¿Y tú?
—*No tengo sueño* en la clase de biología.

1. en la clase de estadística
2. en la clase de matemáticas
3. en la clase de gimnasia
4. en el parque
5. en el desierto
6. en las montañas
7. en la playa *(beach)*
8. en Puerto Rico
9. en Canadá
10. en Panamá

2-15 ¿Cuántos años tienes? Complete the dialog between Alicia and Enrique about their age. Then ask your classmates their age and make a graph with this information. Discuss the results with the whole class.

ALICIA: Enrique, ¿cuántos años _____?
ENRIQUE: _____ años. ¿Y tú?
ALICIA: _____ .

A: ¿Cuántos _____?
B: _____ . ¿Y tú?
A: _____ .

Possessive Adjectives

Another way to indicate ownership or possession is to use possessive adjectives. Possessive adjectives always precede the noun they modify.

Mis compañeras de cuarto son estudiosas.   *My roommates are studious.*
Sus profesores son trabajadores.   *Their professors are hardworking.*

In Spanish, possessive adjectives must match the gender (masculine or feminine) and number (singular or plural) of the nouns they describe.

1. The possessive adjectives **mi, tu,** and **su** have two forms: singular and plural.

	Singular	Plural
my	**mi** amigo(a)	**mis** amigos(as)
your (informal)	**tu** compañero	**tus** compañeros
his, her, its, your (formal), *their*	**su** profesor(a)	**sus** profesores(as)

2. The possessive adjectives **nuestro** *(our)* and **vuestro** *(your)* have four forms: masculine, feminine, singular, and plural. In Spain, **vuestro(a)** *(your)* is used to express the possessive of more than one person in a familiar way; in Latin America, **su** is used instead.

	Masculine	Feminine
Singular	nuestro compañero / vuestro compañero	nuestra profesora / vuestra profesora
Plural	nuestros compañeros / vuestros compañeros	nuestras profesoras / vuestras profesoras

Practiquemos

2-16 ¿De quién? *(Whose?)* Using the information provided, identify the owner of the different objects.

MODELO: Alicia tiene tres cuadernos nuevos.
         Son sus cuadernos nuevos.

1. Enrique tiene dos motocicletas.
2. El profesor Gómez tiene dos clases de negocios.
3. Tú y Ramiro tienen una clase de matemáticas interesante.
4. Yo tengo unas tareas difíciles.
5. Nosotros tenemos una casa nueva.
6. El profesor Gómez tiene un escritorio organizado.
7. Tú tienes clases importantes.
8. Nosotras tenemos un auto.

2-17 Entre amigos *(Among friends).* Complete the following conversation by describing possession with **mi(s), tu(s),** or **nuestro(a)(s).**

ALICIA: ¿Es grande _____ familia, Enrique?
ENRIQUE: No, _____ familia es pequeña. Somos cuatro personas en _____ casa en Venezuela. Y, ¿cómo es _____ familia, Alicia?
ALICIA: En _____ casa en Madison somos nueve: _____ padres *(parents)*, _____ tres hermano *(brothers)*, _____ tres hermanas *(sisters)* y yo.
ENRIQUE: _____ hermanas, ¿cómo se llaman?
ALICIA: Jean, Karen y Sue. Son muy inteligentes. ¿Cómo se llaman _____ hermanos, Enrique?
ENRIQUE: _____ hermana se llama María Rebeca y _____ hermano se llama Tomás.
ALICIA: Y _____ padres, ¿son trabajadores?
ENRIQUE: Sí, son muy trabajadores y generosos.

2-18 Posesiones. Write sentences using the appropriate form of the words from each column.

MODELOS: *Nuestra clase de ecología es aburrida. / Nuestra clase de ecología no es aburrida.*

Nuestro Nuestra Nuestros Nuestras	clase de mercadotecnia autos bicicleta amigos presidente televisión universidad profesores de psicología clases	es (no es) son (no son)	bueno moderno violento trabajador progresivo tradicional dinámico generoso aburrido

How to use possessive adjectives and *de*

1. The possessive adjectives **su** and **sus** are equivalent to the English *his, her, its, your, their.* The context of the sentence usually clarifies their meaning.

   Aquí tiene usted **su** diccionario, profesor. Gracias.
   ¿Ya tienen **sus** exámenes?

   *Here is **your** dictionary, professor. Thank you.*
   *Do you have **your** tests?*

2. You can clarify or emphasize the meaning of **su** and **sus** by using the word **de** with a subject pronoun: **(de él, de ella, de Ud., de ellos, de ellas, de Uds.).**

   Blanca es la mamá **de ella,** no **de él.**   *Blanca is **her** mom, not **his**.*

3. English speakers express possession by attaching an *'s* to a noun. Spanish speakers show this same relationship by using **de** with a noun.

   Adriana es la compañera de cuarto **de** Trinidad.   *Adriana is Trinidad's roommate.*

Practiquemos

2-19 Clarificar. Clarify the following potential owners by using the possessive with **de.**

MODELO: Es su oficina. (el profesor Gómez)
Es la oficina del profesor Gómez.

1. Son sus cuadernos. (Luisa)
2. Son sus bolígrafos. (Ian)
3. Es su casa. (Blanca y Ernesto)
4. Son sus hojas importantes. (el profesor Miranda)
5. Son sus libros de matemáticas. (la profesora Moreno)
6. Es su clase de economía. (Santiago)

2-20 Album de fotos. Complete the following conversation with the verb **ser** + **del, de la, de los** o **de las.**

MODELO: ALICIA: ¿De quién es el auto?
             TERESA: Es *del* compañero de oficina de mi papá.

ALICIA: ¿De quiénes son los gatos?
TERESA: _____ amigas de mi mamá.
ALICIA: ¿Y el perro?
TERESA: El perro _____ amigo de papá.
ALICIA: ¿De quién es la casa en la foto? ¡Es una casa muy bonita!
TERESA: _____ hermana de mi mamá.
ALICIA: ¿Son tus amigos?
TERESA: Sí, _____ universidad.

2-21 Conversación. Ask a classmate the following questions, taking turns asking and answering.

Tus amigos *(Your friends)*

1. ¿Cómo se llama tu amigo favorito? ¿Cuántos años tiene él?
2. ¿Cómo se llama tu amiga favorita? ¿Cómo es ella? Por ejemplo, ¿es alta, simpática?
3. ¿Tienes un(a) compañero(a) de cuarto o vives en casa? ¿Cómo es él (ella)?
4. ¿Tienes novio(a) o esposo(a) *(husband/wife)* ahora? ¿Cómo se llama? ¿Cómo es él (ella)?

Tu universidad *(Your university)*

1. ¿Cuántas clases tienes?
2. ¿Qué clases tienes?
3. ¿Cuál es tu clase favorita?
4. ¿Tienes profesores interesantes?
5. ¿Cómo se llama tu profesor(a) favorito(a)?
6. Describe la oficina de tu profesor(a) favorito(a).

GRAMÁTICA esencial

In this section, you will learn how to describe some of your everyday activities.

Present Tense of Regular *-ar* Verbs
How to form the present tense

An infinitive is a nonpersonal verb form, for example, **hablar** *(to speak, to talk)*. Spanish infinitives end in either **-ar** (**hablar** = *to speak*), **-er** (**comer** = *to eat*), or **-ir** (**vivir** = *to live*). All Spanish infinitives have two parts: a stem and an ending.

- To form the present tense of Spanish infinitives ending in **-ar,** drop the infinitive ending from the verb and add a personal ending to the stem.

hablar *(to speak, to talk)*

Singular
(yo) hablo — *I speak*
(tú) hablas — *you speak* (informal)
(Ud., él, ella) habla — *you speak* (formal), *he/she speaks*

Plural
(nosotros/nosotras) hablamos — *we speak*
(vosotros/vosotras) habláis — *you speak* (informal)
(Uds., ellos, ellas) hablan — *you speak, they speak*

How to use the present tense

Spanish speakers use the present tense to express 1) what people do over a period of time, 2) what they do habitually, and 3) what they intend to do at a later time.

por in idiomatic expressions: **por la noche**

1. Alicia **estudia** negocios en México.
2. **Estudia** mucho por la noche.
3. Mañana **estudia** con Enrique.

*Alicia **is studying** business in Mexico.*
***She studies** a lot in the evening.*
*Tomorrow **she's studying** with Enrique.*

In this lesson, you have already seen several **-ar** verbs. Study these useful verbs with the following phrases:

por = *for* (a duration of time): **por una hora**

caminar a la universidad *to walk to the university*
llegar a clase *to arrive at class*
hablar español en clase *to speak Spanish in class*
tomar exámenes *to take tests*
escuchar música *to listen to music*
necesitar dinero *to need money*
visitar a mi familia *to visit my family*
contestar el teléfono *to answer the phone*

por in idiomatic expressions: **por teléfono**

explicar el problema *to explain the problem*

trabajar por la noche *to work at night*
tomar un café *to drink a cup of coffee*
descansar por una hora *to rest for an hour*
estudiar en la biblioteca *to study in the library*
bailar en la fiesta *to dance at the party*
cantar canciones mexicanas *to sing Mexican songs*
comprar en la tienda *to buy in the store*
llamar por teléfono *to call on the phone*
enseñar la lección *to teach the lesson*

Me / Te gusta + infinitive

You may also use a special form, **(no) me / te gusta** + infinitive to say what you like or don't like.

—¿**Te gusta** bailar?
—Sí, **me gusta** bailar.
—No, **no me gusta** bailar.
—¿**Te gusta** estudiar?
—Sí, **me gusta** estudiar.
—No, **no me gusta** estudiar.

***Do you like** to dance?*
*Yes, **I like** to dance.*
*No, **I don't like** to dance.*
***Do you like** to study?*
*Yes, **I like** to study.*
*No, **I don't like** to study.*

Practiquemos

2-22 Mis preferencias. Express your likes **(Me gusta)** and your dislikes **(No me gusta)** to a classmate.

MODELO: *Me gusta hablar por teléfono.*
No me gusta tomar exámenes.

Me gusta... *(I like . . .)* / No me gusta... *(I don't like . . .)*

tomar exámenes

hablar por teléfono

caminar con mi perro

escuchar música

estudiar con amigos

trabajar por la noche

hablar con el profesor en su oficina

estudiar en la biblioteca

2-23 Actividades. Fill in the blanks with the appropriate form of the verb to show what all these people do. Continue this activity on page 58.

MODELO: Víctor *estudia* (estudiar) biología en clase.

1. Nosotros _____ (caminar) a las clases todos los días *(every day)*.
2. Tú _____ (hablar) español en clase.
3. Gabriela _____ (necesitar) dinero para la universidad.
4. Damon y Ángela _____ (trabajar) en la oficina del profesor García.
5. Yo _____ (tomar) café en la cafetería.

6. Nosotros _____ (descansar) en el parque.
7. Ud. _____ (escuchar) música clásica.
8. Los estudiantes _____ (contestar) las preguntas *(questions)* de la profesora Rosales.
9. Uds. _____ (cantar) canciones cubanas.
10. Tú _____ (visitar) a tus amigos regularmente.
11. Tania _____ (llamar) por teléfono a su novio todos los días.
12. Jaime _____ (comprar) una casa nueva.
13. Ian y Trevor _____ (llegar) temprano *(early)* a clase.
14. Nosotros _____ (tomar) exámenes finales pronto.
15. El profesor Martínez _____ (enseñar) bien economía.
16. Ellas _____ (explicar) su dirección.

2-24 Arturo y Adriana. Arturo habla por teléfono con su novia, Adriana. ¿Cómo responde ella?

MODELO: ARTURO: ¿Cómo llegas a la universidad? (en autobús)
         ADRIANA: *Llego a la universidad en autobús.*

Arturo   **Adriana**
1. ¿Estudias mucho o poco?   (mucho)
2. ¿Con quién estudias?   (con Trinidad)
3. ¿En qué lengua hablas con ella?   (en inglés)
4. ¿Tomas muchos exámenes?   (No,... pocos)
5. ¿Trabajas también?   (Sí, en casa)
6. ¿No descansas, Adriana?   (Sí, por la tarde)
7. ¿Escuchas música clásica?   (No,... música rock)
8. ¿Caminas por la noche?   (Sí,... por la noche)

2-25 Situaciones. Get together in groups of three or four to solve the following situations.

MODELO: Descríbale las clases que toma en la universidad a su esposo(a)/ novio(a)/ hijo(a). ¿Cómo son las clases? ¿Cómo son los profesores y los estudiantes?

Tomo clases de español, contabilidad, matemáticas, historia de la economía y literatura. Mis clases son difíciles pero son interesantes. El profesor de contabilidad es trabajador... y los estudiantes son dinámicos y...

Entreviste *(Interview)* a sus compañeros(as). La entrevista es para la revista *(is for the magazine)* de la universidad. ¿Cómo te llamas? ¿De dónde eres? Describe tu personalidad. ¿Cuántos años tienes? ¿Qué cursos tomas? ¿Cuál es tu clase favorita? ¿Te gusta el (la) profesor(a) de... ?

Ud. habla por teléfono con su mamá o con su compañero(a) de cuarto. Descríbale todas sus actividades diarias (caminar, estudiar, trabajar, tomar, escuchar, descansar, visitar, etcétera).

2-26 Adriana. Complete the paragraph with the correct form of the verbs.

tomar
llegar
hablar
caminar
escuchar
estudiar
trabajar
necesitar
descansar

¡Hola! Me llamo Adriana Mercedes Jaramillo R. Soy de Colombia. _____ en el TEC. Mi compañera de cuarto, Trinidad, y yo _____ tres clases: negocios, inglés y economía de México. Ella y yo _____ a la universidad a las nueve de la mañana. Nuestros profesores _____ rápidamente. Trinidad y yo _____ escuchar muy bien en nuestras clases. Los profesores _____ muchas horas en la universidad. Por la tarde (yo) _____ por una hora. Mis amigos y yo _____ al centro de Monterrey, _____ un café y _____ música mexicana. Me gusta la música de los mariachis. Por la noche Trinidad _____ un poco en casa, y luego _____ con su amigo Enrique por teléfono cuando él no _____ trabajar. Por la noche, yo _____ mis lecciones, luego _____ por teléfono con Arturo y _____ por una hora.

■ RETO CULTURAL

Talk to your classmate, who is a Foreign Studies adviser, and ask him/her the following questions in order to solve the following challenges:

I want to study in Latin America for one trimester or semester and I would like to know the following:
- Can I stay at the university dorm?
- May I work at the university as a teacher assistant?
- May I apply for a scholarship from any of those Latin American countries?
- Will I be able to afford to study at a private university?

Practiquemos más

 For additional practice on the material covered in this chapter, go to **Lección 2** of the **Intercambios** Workbook/Laboratory Manual.

 For additional practice on grammar, vocabulary, and conversation, go to **Lección 2** of the **Flex-Files**.

 Atajo Writing Assistant Software for Spanish can be used to complete the writing activities in your Workbook/Laboratory Manual.

 Intercambios Video: Activities to accompany the **Intercambios** Video can be found in the **Flex-Files**.

 Visit **Intercambios** on the World Wide Web at **http://intercambios.heinle.com.**

ASÍ SE DICE

■ Sustantivos Nouns
el café coffee
la clase class
el examen test
la música music
el teléfono telephone
la universidad university

■ Gente People
el (la) amigo(a) friend
el (la) compañero(a) de clase
   classmate
el (la) compañero(a) de cuarto
   roommate
la novia girlfriend
el novio boyfriend

■ Cursos Courses
las ciencias políticas political science
la computación computer science
la contabilidad accounting
la ecología ecology
la economía economy
la estadística statistics
la historia history
el inglés English
la literatura literature
las matemáticas mathematics
la mercadotecnia marketing
la psicología psychology

■ Carreras Majors
la administración de empresas
   business administration
la agricultura agriculture
la arquitectura architecture
el derecho law
la educación education
los idiomas languages

la informática computer science
la ingeniería engineering
la medicina medicine
los negocios business
el periodismo journalism
las relaciones internacionales
   international relations

■ Números Numbers
treinta thirty
cuarenta forty
cincuenta fifty
sesenta sixty
setenta seventy
ochenta eighty
noventa ninety
cien, ciento one hundred

■ Expresiones con *tener*
Expressions with *tener*
tener to have
tener... años to be . . . years old (age)
tener calor to be hot
tener frío to be cold
tener hambre to be hungry
tener sed to be thirsty
tener sueño to be sleepy

■ Para pedir información
To ask for information
¿Cuántos años tienes? How old are
   you?
¿Cuál es tu dirección? What's your
   address?
¿Cuál es tu número de teléfono?
   What's your telephone number?

■ Adjetivos posesivos
Possessive adjectives
nuestro(a, as, os) our
mi(s) my
su(s) his, her, its, your (formal), their
tu(s) your (informal)
vuestro(a, as, os) your (informal)

■ Verbos Verbs
bailar to dance
caminar to walk
cantar to sing
comprar to buy
contestar to answer
descansar to rest
enseñar to teach
escuchar to listen
estudiar to study
explicar to explain
hablar to speak, to talk
llamar to call
llegar to arrive
necesitar to need
tomar to take, to drink
trabajar to work
visitar to visit

■ Gustar To be pleasing
me/te gusta + *infinitive* to do
   something is pleasing to me/you . . .
me/te gusta + estudiar to study is
   pleasing to me/you

■ Expresiones Expressions
como like, as
oye listen, hey
por teléfono on the phone
pues well
¿verdad? isn't that true?

LECCIÓN 3
¡Necesito una pasantía para junio!

ENFOQUE

■ COMMUNICATIVE GOALS

You will be able to make appointments and invitations, describe more of your daily activities, and discuss some of your upcoming plans.

■ LANGUAGE FUNCTIONS

Telling time
Extending invitations
Making appointments
Expressing likes and dislikes
Accepting and declining invitations
Accepting and declining appointments
Describing daily activities
Expressing wants and intentions

■ VOCABULARY THEMES

Telling time
Days of the week
Months of the year

■ GRAMMATICAL STRUCTURES

Present tense of regular **-er** and **-ir** verbs
Present tense of the verb **querer**
Present tense of the verb **ir** + **a**
Demonstrative adjectives and pronouns
Neuter demonstrative pronouns

■ CULTURAL INFORMATION

Twenty-four-hour system of time
Gestures

■ CULTURAL CHALLENGE

How do you write the date in Spanish? How is this different from the English way you do it? When is the twenty-four-hour system used in Spain and Latin America? When is the twenty-four-hour system used in the United States?

EN CONTEXTO

Alicia necesita un trabajo para junio°. Gerardo habla con Alicia sobre la oportunidad de hacer su pasantía° en el Centro de Resolución de Controversias (CRC) de México–Estados Unidos (1). Luego, ellos hablan sobre la conferencia de Carlos Fuentes (2) y la cena° que la universidad va a dar en honor° del escritor° mexicano.

GERARDO: Bueno, Alicia, en mayo terminas° el semestre. ¿Qué te gustaría hacer° en junio, julio y agosto°?
ALICIA: Pues... me gustaría° trabajar en negocios, aquí en México, y así practicar español...
GERARDO: Bueno, Alicia, tengo un amigo, Mark Fullerton, que trabaja en el Centro de Resolución de Controversias (CRC) de México–Estados Unidos aquí en México. Ellos necesitan estudiantes como tú para trabajar en sus pasantías.
ALICIA: ¿Qué hace° el CRC de México–Estados Unidos?
GERARDO: El CRC de México–Estados Unidos es un centro para discutir° los problemas de las compañías que tienen negocios con México o con los Estados Unidos. ¿Te gustaría el trabajo?
ALICIA: ¡Qué padre!° ¡Claro que sí!°
GERARDO: Muy bien... hablo con él y luego tú llamas por teléfono al Sr. Mark Fullerton. Oye, Alicia, ¿tienes planes para el sábado°?
ALICIA: No, no tengo planes...°
GERARDO: Bueno, el escritor mexicano Carlos Fuentes va a hablar° sobre la política y la educación en México. ¿Te gustaría escuchar la conferencia el sábado, Alicia?
ALICIA: ¡Sí, qué padre! ¿Cuándo y a qué hora es° la conferencia?
GERARDO: Es el sábado a las siete de la noche. Luego a las nueve vamos a comer° quesadillas, enchiladas, tamales y tacos.
ALICIA: Ay, ¡qué rico! ¡Me gusta la comida mexicana! Gracias, Gerardo.
GERARDO: De nada°, Alicia. Hasta° el sábado.

junio... *June*
pasantía... *internship*
cena... *dinner*
va a dar en honor... *is going to give in honor*
escritor... *writer*
terminas... *you finish*
¿Qué te gustaría hacer... *What would you like to do*
julio y agosto... *July and August*
me gustaría... *I would like*
¿Qué hace... *What do they do*
discutir... *to discuss*
¡Qué padre!... *Amazing! Wonderful!* (Mexico)
¡Claro que sí!... *Of course!*
¿tienes planes para el sábado?... *do you have plans for Saturday?*
No, no tengo planes... *No, I don't have plans*
va a hablar... *is going to talk*
¿Cuándo y a qué hora es... *When and at what time is . . .*
vamos a comer... *we are going to eat*
De nada... *You're welcome*
Hasta... *Until*

Notas de texto

1. The U.S.–Mexico Conflict Resolution Center was created in 1994 as a result of a U.S. congressional initiative to provide education and training in the area of Alternative Dispute Resolution for groups engaged in private commercial trade between the United States and Mexico. Statistics suggest that private commercial trade within the NAFTA region could exceed $646.2 billion by the year 2003, and the number of conflicts could also increase.

2. Carlos Fuentes is one of Latin America's most renowned and eloquent authors. He has written novels, short stories, and essays discussing freedom of speech. The son of a Mexican diplomat, Fuentes was born in Panama in 1928 and spent his early years in the United States, Chile, and Argentina. He attended college in Mexico City and studied law. He has served in the United Nations and was the Mexican ambassador to France from 1974 to 1977.

   In Latin America, writers have used their writings as a vehicle to criticize and even denounce the social, economic, and political injustices in their respective countries. The work of Isabel Allende (Chile), Gabriel García Márquez (Colombia), Arturo Uslar Pietri (Venezuela), Carlos Fuentes, Octavio Paz, and Elena Poniatowska (Mexico) exemplifies this political consciousness.

3-1 ¿Comprendió Ud.? Answer the following questions about the conversation.

1. ¿Cuándo *(When)* termina Alicia el semestre?
2. ¿Qué necesita Alicia para junio, julio y agosto?
3. ¿Qué discute el CRC de México–Estados Unidos?
4. ¿Qué planes tienen Alicia y Gerardo para el sábado?
5. ¿A qué hora es la conferencia del escritor Carlos Fuentes?
6. ¿Le gusta a Alicia la comida mexicana?

Now, talk to your classmate and ask him/her the following questions.

7. ¿Qué planes tienes tú para el sábado? Voy a...
8. ¿Te gustaría trabajar en el Centro de Resolución de Conflictos? ¿Te gustaría trabajar en México? ¿Dónde *(Where)* te gustaría trabajar? Me gustaría trabajar...
9. ¿Qué trabajo te gustaría tener como pasantía? ¿Dónde y cuándo te gustaría una pasantía? Me gustaría...

VOCABULARIO esencial

In this section, you will learn how to tell time and to express the days of the week and the months of the year in order to make invitations and appointments.

¿Qué hora es? *(What time is it?)*

This question can be answered in three ways, depending on the time.

1. On the hour

Es la una.

Son las siete.

2. On the quarter or the half hour

Son las siete y cuarto.

Son las siete y media.

Son las ocho menos cuarto.

3. Minutes before and after the hour

Es la una y diez.

Son las ocho menos diez.

—¿A qué hora es el almuerzo?   At what time is lunch?
—Es **temprano**. A **mediodía**.   It's **early**. At **noon**.
—¿A qué hora es la fiesta del Día de las brujas?   At what time is the Halloween party?
—Es **tarde**. A **medianoche**.   It's **late**. At **midnight**.

Additional information

- Use **es** to tell time between 12:31 and 1:30. Otherwise, use **son**.
- After a specific time, use **de la mañana** *(in the morning/a.m.)* from midnight until lunchtime, **de la tarde** *(in the afternoon/evening/p.m.)* until it gets dark, and then **de la noche** *(at night / in the evening/p.m.)*.
- To ask or tell when an event occurs, use the word **a**.
   —¿**A** qué hora es la conferencia del escritor Carlos Fuentes?   *(At) What time is the writer Carlos Fuentes' conference?*
   —**A** las siete **de la noche**.   *At seven o'clock in the evening.*

Practiquemos

3-2 ¿Qué hora es? Ask a classmate the time. Take turns asking and answering.

MODELO: —¿Qué hora es?
          —Son las ocho menos diez.

1.  2.  3.  4.

5.  6.  7.  8.

Los días de la semana y los meses del año (Days of the week and months of the year)

—¿Qué día es hoy?	What day is today?
—Hoy es lunes.	Today is Monday.
martes	Tuesday
miércoles	Wednesday
jueves	Thursday
¿Cuándo visitamos a los amigos?	When do we visit our friends?
Visitamos a los amigos el fin de semana.	We visit our friends on the weekend.
el viernes por la noche	on Friday night
el sábado por la mañana	on Saturday morning
el domingo por la tarde	on Sunday evening/afternoon

When writing the date for an invitation or an appointment in Spanish, the day is written first and then the month. On the contrary, when writing the date in English, the month is written first and later the date.

—¿Cuál es la fecha de hoy?	What is today's date?
—Hoy es 23 de noviembre de 2003.	Today is November 23, 2003.
(23/11/03)	(11/23/03)
—¿Cuál es la fecha de mañana?	What is tomorrow's date?
—Mañana es 24 de noviembre.	Tomorrow is November 24.
(24/11/03)	(11/24/03)

	Lunes	Martes	Miércoles	Jueves	Viernes	Sábado	Domingo
	7:00	1:00	7:00	1:00	7:00	1:00	7:00
	8:00	2:00	8:00	2:00	8:00	2:00	8:00
	9:00	3:00	9:00	3:00	9:00	3:00	9:00
	10:00	4:00	10:00	4:00	10:00	4:00	10:00
	11:00	5:00	11:00	5:00	11:00	5:00	11:00
	12:00	6:00	12:00	6:00	12:00	6:00	12:00

Enero, Febrero, Marzo, Abril, Mayo, Junio, Julio, Agosto, Septiembre, Octubre, Noviembre, Diciembre

Practiquemos

3-3 Los planes. Using the planner provided on page 66, write in some of the activities you do and the times that you have to do them. You may use activities from the following list or any other activities you know how to say in Spanish.

estudiar ciencias, literatura, español
caminar por el parque
llamar por teléfono
trabajar en la cafetería
visitar a mis amigos
descansar
comprar los libros y los cuadernos

enseñar biología en la escuela primaria *(primary school)*
llegar a la universidad
tomar exámenes
estudiar matemáticas
hablar con el (la) profesor(a) en su oficina

Then, use your planner and ask your classmate about his/her activities during the week and the times they take place. Take turns asking the questions.

MODELOS: —¿Estudias matemáticas los lunes a las nueve?
—¿Caminas por el parque los sábados por la tarde?
—¿Llamas por teléfono a Luisa los jueves a las cinco?
—¿Qué días trabajas en la cafetería?

3-4 ¿Cuándo es tu cumpleaños? Ask different classmates in what months they celebrate their birthdays and write them in the calendar below. Share your findings with the class.

MODELO: —¿Cuándo es tu cumpleaños?
—Mi cumpleaños es en noviembre.

ENERO [Año Nuevo]	FEBRERO [San Valentín]	MARZO [San Patricio]	ABRIL [Pascua]
MAYO [Día de la Madre]	JUNIO [Día del Padre]	JULIO [Independencia de los Estados Unidos]	AGOSTO [Verano]
SEPTIEMBRE [Independencia de México]	OCTUBRE [Día de las Brujas]	NOVIEMBRE [Día de Acción de Gracias]	DICIEMBRE [Navidad] [Hanukkah] [Kwanza]

Lección 3 sesenta y siete

se usa... is used
horarios... schedules
se cuentan... are counted
citas... appointments
comienzan... begin
a la hora... on time
más tarde... later
duda... doubt
¿En punto? On the dot?

CULTURA

El sistema de veinticuatro horas

El sistema de veinticuatro horas se usa° en algunos países *(some countries)* para dar la hora en los horarios° de trenes, aviones y autobuses, programas de radio y televisión y también en invitaciones formales y oficiales. Para usar el sistema, se cuentan° las horas consecutivamente comenzando desde la medianoche.

Uso oficial	**Uso de conversación**
(twenty-four-hour system)	(twelve-hour system)
10:00 diez	las diez de la mañana
13:00 trece	la una de la tarde
23:00 veintitrés	las once de la noche

En España y en Latinoamérica, las entrevistas de negocios, las citas° médicas, los servicios religiosos y los eventos deportivos normalmente comienzan° a la hora°. Pero las cenas y las fiestas frecuentemente comienzan treinta minutos o una hora más tarde°. Si usted tiene duda° a qué hora es la fiesta o la cena, pregunte ¿En punto?° para llegar a la hora correcta. Hay que preguntar la fecha también. Aquí en los Estados Unidos van a dar el mes primero y luego el día; en España y Latinoamérica la persona va a dar el día primero y luego el mes para las invitaciones o citas.

Museo Universitario del Chopo

Exposiciones:
El Laberinto
Instalación de Antonio Ortiz.
El Color del Instante
Pinturas, dibujos, obra en papel y esculturas de Ana Brandón.
Visitas de martes a domingos de 10:00 a 14:00 y de 15:00 a 19:00 hrs.

Teatro:
Romeo y Julieta
De William Shakespeare
Dirección: Magdalena Solórzano
Sábados 13:00 hrs.
La Llorona
De Roberto Blanco Jacinto
Dirección: Arturo Ramírez
Jueves 22 19:00 hrs.

Danza:
Sabadanza en el Chopo
Hora Incierta
Sábados 13:00 hrs.

Cinematógrafo del Chopo
Ciclo: Patrice Leconte
Francia 1989
Sábado 24 al lunes 26
Funciones 12:00, 17:00 y 19:30 hrs.

Sala José Revueltas

Triciclo
Dirección: Tran Anh Hung
Vietnam-Francia 1995
Martes 20 18:30 hrs.
Miércoles 21 12:00 y 18:30 hrs.
Jueves 22 12:00 y 16:30 hrs.

El Perfume de la Papaya Verde
Dirección: Tran Anh Hung
Vietnam-Francia 1993
Martes 20 y miércoles 21
16:30 y 20:30 hrs.
Jueves 22 20:30 hrs.

El Convento
Viernes 23 12:00, 16:00 y 18:30 hrs.
Sábado 24, domingo 25 y martes 27
16:30, 18:30 y 20:30 hrs.

Cine Club Infantil
Matilda
Dirección: Danny DeVito
EUA 1996
Sábado 24 y domingo 25 12:00 hrs.

¿Qué hay en el teatro y en el cine? You want to go to the theater and the movies in Mexico. Answer when the activities take place, using the twelve-hour system.

MODELO: En el Museo Universitario, ¿qué día y a qué hora es *La Llorona?*
Es el jueves a las siete de la noche.

1. En el Museo Universitario, ¿qué días y a qué hora es *Romeo y Julieta?*
2. En la Sala José Revueltas, ¿qué días y a qué horas es la película *El Perfume de la Papaya Verde?*
3. En la Sala José Revueltas, ¿qué días y a qué hora es la película *Matilda?*
4. En la Sala José Revueltas, ¿qué días y a qué hora es la película *Triciclo?*

> "Martes trece, ni te cases ni te embarques ni de tu casa te apartes". —*refrán popular*

Las preferencias

ir al cine

mirar la televisión

leer novelas

bailar en las fiestas

escribir cartas

ver películas en video

pasear con mis amigos

comer con mi familia

—¿**Qué te gusta** hacer?   *What do you like to do?*
—**Me gusta**...   *I like to . . .*

—¿**Qué te gustaría** estudiar?   *What would you like to study?*
—**Me gustaría** estudiar medicina.   *I would like to study medicine.*

Practiquemos

 3-5 ¿Te gusta... ? Ask your classmates what is pleasing for them to do, using the illustrations on page 69 as examples.

MODELO: —¿Te gusta escribir cartas?
—No, pero me gusta leer novelas.
—¿Te gusta comer comida italiana?
—Sí, me gusta comer comida italiana.

 3-6 ¿Te gustaría... ? Ask your classmates what would be pleasing for them to do during the weekend. Use the illustrations on page 69.

MODELO: —¿Te gustaría bailar el sábado por la noche?
—¡Claro que me gustaría!
—¿Te gustaría ir al cine el viernes por la noche?
—No, pero me gustaría ver películas en video en casa.

Una cita de trabajo   (A job appointment)

Para pedir información sobre la fecha de una entrevista de trabajo...
(To ask for information about the date for a job interview . . .)

ALICIA:	Buenos días, señor Fullerton. **Me gustaría tener una entrevista** para **una pasantía** en su compañía.	*Good morning, Mr. Fullerton.* ***I would like to have an interview*** *about **an internship** with your company.*
SR. FULLERTON:	**¡Claro que sí,** señorita Benson!	***Of course,*** *Ms. Benson!*
ALICIA:	**¿Qué día y a qué hora,** señor Fullerton?	***What day and at what time,*** *Mr. Fullerton?*
SR. FULLERTON:	**El 14 de mayo a las nueve y media de la mañana.**	***Friday, May 14, at nine-thirty in the morning***.
ALICIA:	Tengo que trabajar en la universidad, pero descanso **a las once y media de la mañana.**	*I have to work at the university, but I have a break **at eleven-thirty in the morning**.*
SR. FULLERTON:	**¡Perfecto! A las** once y media.	***Perfect! At*** *eleven-thirty!*
ALICIA:	**¡Excelente! Muchas gracias,** señor Fullerton, por la oportunidad.	***Excellent! Thank you*** *for the opportunity, Mr. Fullerton.*

English speakers usually use ordinal numbers *(first, second, third)* to express dates with days of the month (e.g., the second of February). But Spanish speakers use ordinal numbers only to refer to the first day of the month **(primero);** otherwise, they use cardinal numbers **(dos, cinco, quince)** with dates. To say what happens *on* a certain date, use **el** with the date, as shown in the conversation on page 71.

Para aceptar una invitación *(To accept an invitation)*

—¿**Te gustaría** ir al cine esta noche?   ***Would you like*** *to go to the movies tonight?*

—Hmm... ¿al cine? Bien.   *Hmm . . . to the movies? Okay.*

Para no aceptar una invitación *(To decline an invitation)*

—¿**Te gustaría** ir a una fiesta?   ***Would you like*** *to go to a party?*
—¿**Qué día?**   ***On what day?***
—**El 31 de octubre.**   ***On October 31.***
—¡Ay, **lo siento!** Pero tengo un examen.   *Oh,* ***I'm sorry.*** *But I have an exam.*

Para aceptar una entrevista de trabajo *(To accept a job interview)*

—La entrevista es **el 14 de mayo.** ¿**Bien?**   *The interview is* ***on May 14.*** *Okay?*
—Sí, perfecto.   *Yes, perfect.*

Para no aceptar una entrevista de trabajo *(To decline a job interview)*

—La entrevista es a las diez de la mañana.   *The interview is at ten in the morning.*
—¡**Lo siento! Pero** trabajo a las nueve y media.   *I'm sorry! But I work at nine-thirty.*

Practiquemos

3-7 Una invitación. Imagine that you are talking on the phone with a friend. Complete the following conversation.

A: ¿Aló?
B: ¡Hola, _____ ! Habla _____. ¿Qué tal?
A: _____. ¿Y tú?
B: _____. Oye, ¿te gustaría ir a una fiesta?
A: ¿Una fiesta? ¡Perfecto! ¿En qué fecha?
B: El _____ de _____.
A: ¿A qué hora?
B: A la(s) _____. ¿Bien?
A: Sí, perfecto. Muchas gracias. ¡Adiós!

3-8 Una entrevista de trabajo. Alicia wants an interview with Mr. Fullerton. Complete the conversation she has with Mr. Fullerton's assistant to make an appointment.

ALICIA: Buenas tardes. Me gustaría hablar con el señor Fullerton.
SECRETARIO: Buenas tardes. Necesita hacer una cita para hablar con él. ¿En qué fecha necesita hablar con él?
ALICIA: Pues, me gustaría hablar con él, el _____ de _____.
SECRETARIO: ¿A qué _____?
ALICIA: Pues, a las _____ está muy bien.
SECRETARIO: Bueno, así usted necesita hablar con el señor Fullerton el _____ de _____, a las _____ de la tarde.
ALICIA: Gracias.

gestos... *gestures*
las manos... *hands*
tacaño... *stingy*

CULTURA

■ Los gestos°

Los españoles y los latinoamericanos usan muchos gestos con las manos° cuando hablan. Por ejemplo, hay gestos para expresar **tacaño°**, **¡Cuidado!** y **¡Un momento!** Es posible tener una breve conversación con las manos, ¿verdad?

Los turistas de otros países necesitan tener mucho cuidado con los gestos cuando visitan España o Latinoamérica. ¿Por qué? Porque los gestos no son iguales en todas las culturas. Por ejemplo, los norteamericanos usan algunos gestos que no tienen equivalentes en la cultura hispánica. Y unos gestos en una cultura son incorrectos en otras culturas. Aquí tiene usted algunos gestos del mundo hispano.

¡No!   Vamos a tomar algo.   Un momento.   dinero

¡Cuidado!   ¡Fantástico!   ¡Estás loco(a)!   tacaño(a)

¿Comprendió Ud.? Responda con **cierto** o **falso**.
1. Es importante comprender los gestos cuando las personas visitan Latinoamérica o España.
2. No es posible tener una breve conversación con el uso de los gestos en el mundo hispano.
3. Los hispanos tienen gestos para expresar una variedad de conceptos.
4. Todos los gestos norteamericanos son iguales que los gestos del mundo hispano.

GRAMÁTICA esencial

Present Tense of Regular -er and -ir Verbs

In this section you will learn to describe some common activities that you and others do.

To form the present tense of most Spanish infinitives ending in **-er** and **-ir,** add a personal ending to their verb stem.

	com + er	viv + ir		com + er	viv + ir
Singular			**Plural**		
(yo)	como	vivo	(nosotros/nosotras)	com**emos**	viv**imos**
(tú)	com**es**	viv**es**	(vosotros/vosotras)	com**éis**	viv**ís**
(Ud., él, ella)	com**e**	viv**e**	(Uds., ellos, ellas)	com**en**	viv**en**

Study these useful **-er** and **-ir** verbs with the example phrases:

aprender mucho	to learn a lot
beber un refresco	to drink a soft drink
comer en casa	to eat at home
comprender bien	to understand well
correr por el parque	to run by the park
creer en los amigos	to believe in your friends
deber descansar	ought to (should) rest
***leer** un periódico	to read a newspaper
***ver** la película	to see the movie
abrir el libro	to open the book
asistir a la universidad	to attend the university
decidir los planes para el fin de semana	to decide the plans for the weekend
describir la rutina diaria	to describe the daily routine
discutir sobre política y economía	to discuss politics and economics
escribir una carta/mensajes electrónicos	to write a letter/e-mails
recibir un regalo	to receive a gift
vivir en casa	to live at home

—¿A qué hora **comes,** Arturo? — (At) What time **do you eat,** Arturo?
—En casa **comemos** a las dos. — At home **we eat** at two o'clock.
—Tengo un examen de matemáticas mañana. — I have a math test tomorrow.
—¿**Comprendes** los ejercicios? — **Do you understand** the exercises?
—Sí. **Comprendo** los ejercicios muy bien. — Yes. **I understand** the exercises very well.

—¿Dónde **vives,** Enrique? — Where **do you live,** Enrique?
—**Vivo** en Caracas, Venezuela. — **I live** in Caracas, Venezuela.

*The verbs **ver** and **leer** have an irregular **yo** form:
  leer: **leo,** lees, lee, leemos, leéis, leen
  ver: **veo,** ves, ve, vemos, veis, ven

Practiquemos

3-9 Actividades. Fill in the blanks with the appropriate form of the verb to find out what these people do.

MODELO: Tú ___ves___ (ver) la película en la universidad.

1. Nosotros _____ (aprender) mucho en clase de historia.
2. Luisa y Berta _____ (comprender) español bien.
3. Yo _____ (beber) un refresco.
4. Ellos _____ (comer) en casa los sábados.
5. Yo _____ (ver) las películas en casa en la videocasetera.
6. José _____ (creer) en su amigo Raúl.
7. Tú _____ (correr) por el parque en las mañanas.
8. Ud. _____ (asistir) a la conferencia del escritor Carlos Fuentes.
9. Luis y Marcos _____ (abrir) la puerta de la clase.
10. Uds. _____ (deber) descansar antes del *(before the)* examen.
11. Margarita y Patricia _____ (leer) en la biblioteca de la universidad.
12. Yo _____ (escribir) la tarea por la noche.
13. El profesor Perdomo _____ (recibir) el periódico *(newspaper)* todos los días.
14. Tú _____ (vivir) en un apartamento grande.

3-10 El fin de semana. Complete the following conversation about the weekend by choosing the best verb and by writing the appropriate form of the verb chosen when necessary.

CARLOS: Trish, ¿qué te gustaría _____ (beber / comer) el viernes por la noche?
TRISH: Me gustaría _____ (beber / comer) comida italiana. Carlos, ¿te gustaría _____ (leer / ver) una película de video?
CARLOS: Sí, me gustaría. Entonces *(Then)*, nosotros _____ (beber / comer) comida italiana y _____ (leer / ver) una película de video. Y, tú ¿_____ (asistir / vivir) a la conferencia en la universidad el sábado?
TRISH: Sí, _____ (asistir / vivir) a la conferencia del profesor Valencia sobre la educación en los Estados Unidos. ¿Y tú?
CARLOS: _____ (Correr / Asistir) por el parque en la mañana. Y por la noche, nosotros _____ (escribir / discutir) sobre la conferencia del profesor Valencia. ¿Bien?
TRISH: ¡Perfecto!

3-11 Mis preferencias. Share your preferences with your classmate by forming sentences with elements from each column.

Me gusta...	leer en mi dormitorio	escribir mensajes electrónicos
No me gusta...	comer comida italiana/	vivir en el dormitorio
Me gustaría...	mexicana/china	aprender sobre otras culturas
No me gustaría...	beber café por la mañana	beber un refresco porque
	correr por el parque	tengo sed
	creer en todos los amigos	leer una novela / el periódico
	recibir regalos	abrir un restaurante /
	comprender bien español	una cafetería
		ver unas películas extranjeras
		(foreign movies)

3-12 Dos amigos. Trinidad is talking with her friend Arturo. What does she ask?

MODELO: TRINIDAD: ¿Dónde vives?
            ARTURO: (en Saltillo) *Vivo en Saltillo.*

Trinidad	**Arturo**
1. ¿Con quién vives, Arturo?	(con mi familia)
2. ¿A qué hora comes?	(a las dos de la tarde)
3. ¿Qué comes normalmente?	(comida mexicana/americana/italiana/china)
4. ¿Bebes refrescos, Arturo?	(Sí, pero no... muchos)
5. ¿Comprendes otra lengua?	(Sí,... un poco de inglés)
6. ¿En qué lengua lees?	(en español y en inglés)
7. ¿Qué lees normalmente?	(periódicos y libros)
8. ¿Escribes en tu computadora?	(Sí,... en mi computadora)

3-13 ¿Y Uds.? Go around the class and ask your classmates the following questions. Then ask them to write their names on the lines provided.

MODELO: aprender mucho español
         —*¿Aprendes mucho español?*
         —*Sí, aprendo mucho.*
         —*Escribe tu nombre aquí, por favor.*

1. vivir en un apartamento _____
2. comprender matemáticas _____
3. leer periódicos en la Red (Internet) _____
4. escribir en la computadora _____
5. beber un refresco por la mañana _____
6. aprender mucho en nuestra clase _____
7. recibir muchos mensajes por correo electrónico *(e-mail)* _____
8. comer comida china _____
9. discutir sobre política _____
10. asistir a conciertos/conferencias _____

3-14 Actividades diarias. Tell what you and other people do in the following situations.

MODELOS: *(Yo) No bebo refrescos en clase.*
          Mi familia come la cena en casa.

¿Quién?	**¿Qué?**	**¿Dónde?**
(yo)	comer	en casa
mi familia	leer periódicos	en clase
tú	beber refrescos	en mi trabajo
mis compañeros	aprender español	en la cafetería
mis amigos y yo	escribir en inglés	en la universidad
		tarde/temprano

Lección 3   **setenta y cinco**   **75**

3-15 Entrevista. Ask a classmate the following questions, and then switch roles.

1. ¿Dónde vives ahora? ¿Con quién vives? ¿Cuál es tu dirección y tu número de teléfono?
2. ¿Tienes muchas o pocas clases? ¿Cuántas? ¿Son difíciles o fáciles?
3. ¿Aprendes mucho o poco en nuestra clase de español? ¿Debes estudiar mucho para nuestros exámenes? En general, ¿eres un(a) estudiante bueno(a) o malo(a)?
4. ¿Lees mucho o poco? ¿Qué lees frecuentemente? ¿Lees novelas históricas o novelas románticas?
5. Los lunes por la tarde, ¿comes en la cafetería o en casa? ¿Comes mucho o poco, normalmente? ¿Bebes café o un refresco? ¿Comes para vivir o vives para comer?

para = purpose *(in order to)*
¿Comes para vivir o vives para comer?

GRAMÁTICA esencial

Present Tense of the Verb *querer*

In this section, you will learn how to express your wants and intentions.

querer *(to want)*		
Singular		
(yo)	quiero	*I want*
(tú)	quieres	*you* (informal) *want*
(Ud., él, ella)	quiere	*you* (formal) *want, he/she wants*
Plural		
(nosotros/nosotras)	queremos	*we want*
(vosotros/vosotras)	queréis	*you* (informal) *want*
(Uds., ellos, ellas)	quieren	*you* (formal) *want, they want*

En casa...

—¿**Quieres** comer en casa esta noche?
—Sí, **quiero** comer en casa.

Do you want to eat at home tonight?
Yes, **I want** to eat at home.

En la oficina...

—¿Cuándo **quiere** hablar con el Sr. Fullerton?
—**Quiero** hablar con él, el martes 10 de abril a las tres de la tarde, por favor.

When **do you want** to talk to Mr. Fullerton?
I want to talk to him on Tuesday, April 10, at three in the afternoon, please.

Practiquemos

3-16 ¿Qué quieren hacer? A group of friends wants to do something different this week. Fill in the blanks with the appropriate form of the verb **querer**.

1. Lorna y Luis _____ ver una película el martes.
2. Roberto y yo _____ comer comida cubana.
3. Tú _____ bailar el viernes.
4. Nosotros _____ correr por el parque el jueves.
5. Uds. _____ comer temprano el lunes.
6. Yo _____ pasear con los amigos el domingo.
7. Ella _____ asistir a la conferencia el miércoles.
8. Tú _____ caminar por el parque el sábado.

3-18 ¿Qué quiere Ud.? Tell another student your wishes by completing the following sentences.

MODELO: vivir en (Europa / África / Australia / ...)
   Quiero vivir en Europa.
 o *Quiero vivir en Australia.*

1. vivir en (Europa / África / Australia / ...)
2. comprender (español muy bien / alemán un poco / ...)
3. aprender (a hablar francés / a bailar muy bien / ...)
4. recibir (un regalo bonito / un buen libro / ...)
5. comer (en un restaurante chino / en un restaurante italiano / ...)
6. asistir (a clases de historia / a la conferencia / ...)
7. leer (un periódico en español / libros en alemán / ...)
8. escribir (cartas en español / una novela en inglés / ...)
9. beber (agua / un refresco / ...)
10. discutir sobre (política / economía / ...)
11. correr (por el parque / por la universidad)

Martín quiere aprender a jugar fútbol.

Present Tense of the Verb *ir*

ir *(to go)*		
Singular		
(yo)	voy	*I am going*
(tú)	vas	*you* (informal) *are going*
(Ud., él, ella)	va	*you* (formal) *are going, he/she is going*
Plural		
(nosotros/nosotras)	vamos	*we are going*
(vosotros/vosotras)	vais	*you* (informal) *are going*
(Uds., ellos, ellas)	van	*you* (formal) *are going, they are going*

To tell where people are going, use a form of the verb **ir** plus the preposition **a,** followed by a destination.

—¿**A**dónde **vas,** Alicia? — *Where **are you going (to)**, Alicia?*
—**Voy a** la conferencia de Carlos Fuentes. — *I'm **going to** the Carlos Fuentes conference/lecture.*
—Y tú, ¿**a**dónde **vas,** Enrique? — *And you, where **are you going (to)**, Enrique?*
—**Voy al** cine con Trinidad. — *I'm **going to the** movies with Trinidad.*

Ir a + infinitive

To express future plans, use a form of the verb **ir** plus the preposition **a,** followed by an infinitive.

—¿Qué **vas a hacer** ahora? — *What **are you going to do** now?*
—**Voy a mirar** la televisión. — *I'm **going to watch** television.*

—¿Con quién **vas a estudiar** esta noche? — *With whom **are you going to study** tonight?*
—**Voy a estudiar** con Marisa. — *I'm **going to study** with Marisa.*

—¿Adónde **van a ir** el viernes por la noche? — *Where **are you going to go** Friday night?*
—**Vamos a bailar** en casa de Trinidad. — *We **are going to dance** in Trinidad's house.*

78 setenta y ocho   Paso 1

Practiquemos

3-19 ¿Adónde van? Select the appropriate persons to complete the sentences. Sometimes there is more than one correct answer.

MODELO: *Ud.* va a un restaurante italiano muy elegante.

yo	nosotros
tú	Ud.
Ana	ellas
María y José	

1. _____ vamos a la conferencia.
2. _____ voy a la universidad.
3. _____ van a comer en la cafetería.
4. _____ va a un restaurante italiano muy elegante.
5. _____ vas a ver una película.
6. _____ voy a la clase de portugués.
7. _____ va a la clase de economía de México.
8. _____ van a cenar tarde en un restaurante.

3-20 Una invitación. Complete the following conversation using the verb **ir,** and then role-play it with a classmate.

ENRIQUE: ¡Hola, Alicia! ¿Adónde _____ el viernes por la tarde?
ALICIA: _____ al cine. ¿Quieres _____ al cine?
ENRIQUE: Lo siento. Trinidad y yo _____ a comer.
ALICIA: ¿Adónde _____ el sábado por la noche, Enrique?
ENRIQUE: ¡_____ a una fiesta! ¿Quieres _____ con nosotros?
ALICIA: Sí, gracias. ¿Quiénes _____ a la fiesta?
ENRIQUE: _____ mi amiga Trinidad, Adriana y su novio Arturo.
ALICIA: ¿A qué hora va a ser la fiesta?
ENRIQUE: La fiesta _____ a ser a las diez. ¡Hasta el sábado!

3-21 ¿Adónde van? Complete the sentences using the verb **ir** and the appropriate definite article. Be sure to use the contraction **al** when necessary.

MODELO: El domingo Gerardo *va al* cine con dos amigos.

1. Ahora el profesor Gómez _____ oficina para trabajar.
2. Enrique, tú _____ comer con Trinidad hoy, ¿verdad?
3. Alicia y sus amigos _____ ciudades de Saltillo y San Luis.
4. El viernes la familia González _____ concierto de Ricky Martin.
5. Ernesto y Blanca _____ cine con sus amigos.
6. Y yo _____ ...

Demonstrative Adjectives

In this section, you will learn to specify certain people, things, places, and ideas. Demonstrative adjectives point out a specific person, place, thing, or idea and distinguish it from others of the same class. They must agree in gender (masculine or feminine) and number (singular or plural) with the noun they modify.

este periódico	***this*** *newspaper*	**estos** regalos	***these*** *gifts*
esta fiesta	***this*** *party*	**estas** películas	***these*** *movies*
ese cine	***that*** *movie theater*	**esos** autos	***those*** *cars*
esa grabadora	***that*** *tape recorder*	**esas** computadoras	***those*** *computers*

—¿Vas a ir a **este** cine o a **ese** cine? *Are you going to **this** movie theater or to **that** movie theater?*

—Voy a **este** cine. La película es más interesante. *I'm going to **this** movie theater. The movie is more interesting.*

—¿Quién va a comprar **esas** computadoras? *Who is going to buy **those** computers?*

—Yo voy a comprar **esas** computadoras en la librería de la universidad. *I'm going to buy **those** computers at the university bookstore.*

While demonstrative adjectives modify nouns (person, place, thing, or idea), demonstrative pronouns are used in place of nouns (person, place, thing, or idea) and use a written accent, for instance, **éste/ésta** *(this one)* and **ésos/ésas** *(those over there)*.

—¿Vas a ir a **este** cine o a **ése**? *Are you going to **this** movie theater or to **that one**?*

—Voy a ir a **ése**. La película es interesante. *I am going to **that one**. The movie is interesting.*

—¿Adónde vas a comprar las computadoras? *Where are you going to buy the computers?*

—En **esta** tienda porque en **ésa** son caras. *At **this** store because at **that one** they are expensive.*

Neuter Demonstrative Pronouns

The words **esto** *(this)* and **eso** *(that)* refer to nonspecific things that are not yet identified or to ideas that were already mentioned.

—¿Qué es **esto,** Enrique? *What's **this,** Enrique?*
—Es un ejercicio de contabilidad. *It's an accounting exercise.*
—¿Comprendes **eso,** Enrique? *Do you understand **that,** Enrique?*
—Sí, pero es difícil. *Yes, but it's difficult.*

Practiquemos

3-22 Vamos a comprar. Alicia and Gerardo are going to buy electric appliances for her room and Gerardo's office. Use **este, esta, estos, estas,** and **esto**.

GERARDO: Alicia, ¿te gusta _____ estéreo y _____ disco compacto?
ALICIA: Sí, son perfectos. Gerardo, _____ computadora es económica, ¿verdad?
GERARDO: ¡Oh, sí! Es muy económica. Alicia, ¿te gusta _____ impresora?
ALICIA: Sí, es muy práctica. _____ teléfonos son económicos también. Un teléfono para mi cuarto y un teléfono para tu oficina.
GERARDO: ¡Sí, excelente idea, Alicia!
ALICIA: Mira *(Look)*, Gerardo, _____ películas de video son para Teresa.
GERARDO: Sí, vamos a comprar todo _____. Gracias.

3-23 Vamos a pagar. Gerardo and Alicia are going to pay for what they bought. Now they are talking to the salesperson **(el vendedor)** and he is a little bit confused since they are buying many things... Choose the appropriate demonstratives.

VENDEDOR: Señor, por favor. ¿Quiere usted comprar (este / éste) estéreo o (ese / ése)?
GERARDO: Señor, (ese / ése) estéreo es muy caro.
VENDEDOR: ¡Bien! Y Ud., señorita, ¿quiere comprar (este / éste) teléfono o (ese / ése)?
ALICIA: Quiero comprar (este / éste) teléfono, señor. ¡(Ese / Ése) es de mi amigo!
VENDEDOR: ¡Gracias! Ahora, ¿quieren ustedes comprar (esta / ésta) película romántica o (esa / ésa) película de drama?
GERARDO: Queremos (esa / ésa) de drama, ¿verdad, Alicia?
ALICIA: Sí, queremos (esta / ésta) de drama. Señor, yo compro (esto / eso) aquí y él compra (esto / eso) allí. ¿Claro? *(Clear?)*
VENDEDOR: Sí, bien... ahora...

3-24 Situaciones. Get together in groups of three or four to solve the situations on page 82.

MODELO: Usted llama por teléfono a la compañía Trabajo Seguro porque Ud. quiere trabajar allí. Hable con el (la) asistente (compañero[a] de clase) para hacer la cita y pregunte: **a.** la fecha **b.** el día 4 **c.** la hora. Ud. tiene que trabajar a la hora de la cita. Cambie *(Change)* la hora de la cita.

    Ud.: *Quiero trabajar en la compañía Trabajo Seguro y necesito una cita para hablar con el (la) director(a). ¿Qué fecha y a qué hora puede ser la cita?*
    Compañero(a): *El director quiere hablar con Ud. el 23 a las dos de la tarde.*
    Ud.: *¡Lo siento! Pero...*

Situación 1: Ud. quiere invitar a su amigo(a) al cine. Discutan la hora, el día, la fecha y la película que quieren ver. El problema es que ustedes no quieren ver la misma *(same)* película. ¿Qué película van a ver?

Situación 2: Ud. tiene que describir todas sus actividades esta semana a su novio(a), esposo(a), padre o madre (compañero[a] de clase). Esta persona pregunta mucho: ¿A qué hora vas a la universidad? ¿A qué hora vas a cenar? ¿A qué hora estudias? ¿Qué vas a estudiar este fin de semana? etc.

■ RETO CULTURAL

A. You are going to make an appointment with your school's adviser in Mexico. Your classmate is the assistant to the adviser and he/she gives you a note that says **"Su próxima cita con la profesora Romero es 4/8/01"**. Ask your classmate a few questions in order to pin down when the appointment is, such as:
- ¿Qué día es la cita?
- ¿Qué fecha es la cita o la reunión?
- ¿Aquí en México, va primero *(first)* el día o el mes?

B. You are in Mexico and want to buy tickets for the next concert for the rock group Maná. You call to buy the tickets and the salesperson, who is your classmate, will answer some questions about the concert (the month, the time, etc.). Remember to use the 24-hour system of time.
- ¿Cuándo es el concierto?
- ¿A qué hora es el concierto?
- ¿El concierto es...?

Practiquemos más

 For additional practice on the material covered in this chapter, go to **Lección 3** of the *Intercambios* Workbook/Laboratory Manual.

 For additional practice on grammar, vocabulary, and conversation, go to **Lección 3** of the *Flex-Files*.

 Atajo Writing Assistant Software for Spanish can be used to complete the writing activities in your Workbook/Laboratory Manual.

 Intercambios Video: Activities to accompany the *Intercambios* Video can be found in the *Flex-Files*.

 Visit *Intercambios* on the World Wide Web at **http://intercambios.heinle.com**.

ASÍ SE DICE

■ Sustantivos Nouns
la carta letter
la casa house
el cine movie theater
la conferencia conference/lecture
la entrevista interview
la fecha date
la fiesta party
el mensaje electrónico e-mail
el parque park
la pasantía internship
la película en video video
el periódico newspaper
el refresco soft drink
el regalo gift
la rutina diaria daily routine
la televisión television
la universidad university

■ Los días de la semana Days of the week
lunes Monday
martes Tuesday
miércoles Wednesday
jueves Thursday
viernes Friday
sábado Saturday
domingo Sunday

■ Los meses del año Months of the year
enero January
febrero February
marzo March
abril April
mayo May
junio June
julio July
agosto August
septiembre September
octubre October
noviembre November
diciembre December

■ Verbos Verbs
abrir to open
aprender to learn
asistir a to attend
bailar to dance
beber to drink
comer to eat
comprender to understand
correr to run
creer to believe
deber ought to (should)
decidir to decide
describir to describe
discutir to discuss
escribir to write
ir to go
leer to read
mirar to watch, to look (at)
pasear to stroll
querer (e → ie) to want
recibir to receive
ver to see, to watch
vivir to live

■ Adjetivos demostrativos Demonstrative adjectives
este this
estos these
esta this
estas these
ese that
esos those
esa that
esas those

■ Pronombres demostrativos Demonstrative pronouns
éste this one
éstos these ones
ésta this one
éstas these ones
ése that one
ésos those ones
ésa that one
ésas those ones

■ Pronombres demostrativos neutros Neuter demonstrative pronouns
esto this
eso that

■ Preguntas Questions
¿Adónde? Where to?
¿A qué hora? (At) What time?
¿Con quién? With whom?
¿Cuándo? When?
¿Por qué? Why?

■ Para pedir información To ask for information
¿Cuál es la fecha de hoy? What's today's date?
Hoy es 25 de enero de 2004. Today is January 25, 2004.
¿Qué día es hoy? What day is today?
Hoy es sábado. Today is Saturday.
¿A qué hora es...? (At) What time is...?

■ Para invitar y pedir más información To invite and ask for more information
¿Quieres ir al cine? Do you want to go to the movies?
¿Te gustaría comer en un restaurante...? Would you like to eat in a... restaurant?
hoy today
mañana tomorrow
el fin de semana weekend
por la mañana in the morning
por la noche at night
por la tarde in the afternoon/evening

■ Para pedir la hora y contestar To ask for the time and answer
¿Qué hora es? What time is it?
Es mediodía. It's noon.
Es medianoche. It's midnight.
Es la una de la mañana. It's one in the morning.
Son las dos de la tarde. It's two in the afternoon.
Son las siete y cuarto. It's seven fifteen.
Son las siete y media. It's seven-thirty.
Son las ocho de la noche. It's eight in the evening.
Es tarde. It's late.
Es temprano. It's early.

■ Conjunción Conjunction
pero but

■ Expresiones Expressions
¡Bien! Okay!
¡Claro que sí! Of course!
¡Lo siento! I'm sorry!
¿Te gustaría...? Would you like...?
Me gustaría... I would like to...
mucho a lot

PERSPECTIVAS

IMÁGENES La etiqueta o "netiquette" en la Red *(Web)*

Antes de leer *(Before reading):*

Look at the pictures and discuss the following questions with two or three classmates:

1. ¿Qué hace la persona en la foto? ¿En qué trabaja?
2. ¿Trabajan Uds. mucho en la computadora / el ordenador? (En España la computadora es el ordenador.)
3. ¿Mandan Uds. muchos mensajes electrónicos *(e-mails)*?
4. ¿Usan Uds. las reglas de etiqueta cuando mandan mensajes electrónicos?

La etiqueta o "netiquette" en la Red

Si a Ud. le gusta trabajar en la computadora / el ordenardor, Ud. debe practicar ciertas reglas de cortesía *(courtesy rules)* o de etiqueta en la Red. Estas reglas de cortesía son las siguientes:

- Ud. debe escribir mensajes cortos *(short)*. Las personas reciben muchos mensajes electrónicos *(e-mails)* todos los días, así que los mensajes deben ser cortos y al grano *(get to the point)*.

- Ud. debe leer y revisar su mensaje con el programa que revisa cómo se escriben o se deletrean *(spell)* las palabras.

- Ud. no debe escribir muchas abreviaturas *(abbreviations)*. Ud. debe ser cortés en su mensaje electrónico y no debe escribir con letras mayúsculas *(all caps)* porque significa que Ud. le grita *(yell)* a la persona que recibe el mensaje.

- Ud. debe escribir **siempre** *(always)* el asunto *(subject)* de su mensaje para las personas que reciben muchos mensajes electrónicos y que necesitan decidir si mirar o no el mensaje que Ud. manda *(to send)*. Así, más tarde, las personas buscan el mensaje que necesitan por el asunto.

- Ud. debe escribir sus datos personales *(personal data)* después de escribir su mensaje. Es importante escribir su nombre, su dirección, su número de teléfono y su dirección de correo electrónico.

- Ud. debe revisar su correo electrónico regularmente y contestar los mensajes rápidamente *(rapidly)*.

¡Antes de leer!

Using Background Knowledge

The more you know about a topic, the better you will be able to understand a reading in Spanish about that topic.

▶ 1. Indicate what background knowledge you have of the following elements, using the point system in the following scale.

0 = no knowledge 1 = some knowledge 2 = much knowledge

___ Using a computer

___ Finding all kinds of information via the Internet

___ Following courtesy rules or etiquette when sending messages

___ Receiving/Sending messages through the computer

___ TOTAL POINTS

▶ 2. Add up your points. The higher your total score, the better you will be able to read and understand the following descriptions.

Using Organizational Features

You can also become a more proficient reader in Spanish by paying attention to how a reading passage is presented. Here are four suggestions to help you.

1. Read the *title;* it introduces the main topic of the reading.

▶ 2. Before reading the text, look at the *illustrations* that accompany it, especially those with *captions;* they provide clues about the passage content.

▶ 3. If you encounter a long paragraph, read the *first sentence;* it sets the tone for the rest of the passage.

▶ 4. Notice *key words* and *phrases* that are repeated throughout the passage; they can help you discover its main ideas.

Existen muchas redes de uso privado pero la red más grande es Internet.

¿Comprendió Ud.?

Read the following sentences and decide if they are true **(cierto)** or false **(falso).** If the sentence is false, rewrite the sentence so that it becomes a true statement.

1. La etiqueta de la Red tiene varias reglas de cortesía.

2. Los mensajes deben ser muy largos.

3. Los mensajes deben tener muchas abreviaturas.

4. Los mensajes siempre deben tener escrito el asunto.

5. Después del mensaje, Ud. debe escribir su nombre y su número de teléfono solamente *(only).*

6. Ud. debe contestar los mensajes rápidamente.

Perspectivas

¡A leer!

Discuss the following with your classmates.

- ¿Qué significa NAFTA o el TLCNA (Tratado de Libre Comercio de Norte América)?
- ¿Qué países participan en el TLCNA?
- Mire el cuadro con las estadísticas del Centro de Censo de los Estados Unidos, y observe el comercio entre los Estados Unidos y México. ¿En qué año suben *(rise)* las exportaciones de los Estados Unidos a México? ¿Es esto importante para la economía de los Estados Unidos? ¿Por qué?
- ¿Qué oportunidades tiene Ud. para trabajar con una compañía del TLCNA? ¿Le gustaría hacer negocios para el TLCNA? ¿Dónde le gustaría trabajar, en los Estados Unidos, en México o en el Canadá? ¿Por qué?

México:
Un socio° del Tratado de Libre Comercio de Norte América (TLCNA)*

Un acuerdo° internacional

Comenzando el primero de enero de 1994, México, los Estados Unidos y el Canadá escriben y firman° un acuerdo económico importante, que se llama el Tratado de Libre Comercio de Norte América (TLCNA). Este acuerdo es la fuerza económica más grande y poderosa° del mundo, y representa una población de más de 414 millones de personas.

* En inglés el Tratado de Libre Comercio de Norte América se llama *North American Free Trade Agreement (NAFTA)*.

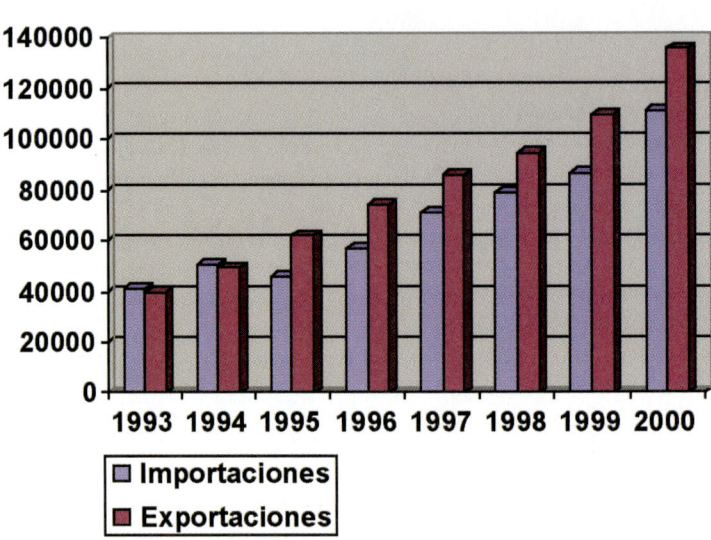

Fuente: U.S. Census Bureau.

COMERCIO ENTRE LOS ESTADOS UNIDOS Y MÉXICO

Los beneficios del TLCNA

Algunos beneficios importantes de este tratado para los tres socios son los siguientes:

- La eliminación de las tarifas° y los obstáculos comerciales entre los tres socios
- Más trabajo para los mexicanos, los canadienses y los norteamericanos
- Productos más económicos, especialmente los de autos, ropa° y productos agrícolas
- Mejores relaciones políticas y económicas entre los tres socios

El tratado de TLC ayuda a esta mujer y a sus compañeras.

Fuente: U.S. Census Bureau, 2000. **COMERCIO ENTRE LOS ESTADOS UNIDOS Y MÉXICO**

socio... *business partner* / **acuerdo...** *agreement* / **firman...** *sign* / **más grande y poderosa...** *the biggest and most powerful* / **tarifas...** *tariffs, taxes* / **ropa...** *clothing* / **productos agrícolas...** *produce*

¿Comprendió Ud.?

Read the following sentences and decide if they are true **(cierto)** or false **(falso)**.

1. Cinco países escriben y firman el TLCNA.
2. Hay muchos beneficios para los socios del TLCNA.
3. Este tratado no tiene fuerza económica en el mundo.
4. Vea el cuadro con las estadísticas del Comercio entre los Estados Unidos y México. En 1994 no hay mucha diferencia entre los productos exportados y los importados entre los Estados Unidos y México.
5. En el año 2000, los Estados Unidos exporta más productos a México que los que importa.

Perspectivas

¿Qué dice Ud.?

Read the following questions, think about them, and then discuss them with your classmates.

1. ¿Es el TLCNA una buena o mala idea para América del Norte?
2. ¿Cuáles de los beneficios del TLCNA son importantes para México?
3. ¿Cuáles de los beneficios de este tratado son importantes para la economía mundial?

¡A escribir!

Organizing Information

1. Look at the chart below and familiarize yourself with the information about Alicia Benson.

Nombre	Alicia Benson	Edad	veintidós años
Ciudad	Madison, Wisconsin	Escuela	ITESM/TEC en Monterrey
País	los Estados Unidos	Curso(s)	negocios, contabilidad
Lengua(s)	inglés, español	Planes	ser mujer de negocios (business woman)

2. Now read the following description of Alicia and note that it includes information from the preceding chart.

Alicia Benson es de Madison, Wisconsin, en los Estados Unidos. Ella habla inglés y español muy bien. Alicia tiene veintidós años. Estudia en una universidad importante en México, el Tecnológico de Monterrey (ITESM). Alicia estudia negocios en México y contabilidad y quiere ser mujer de negocios.

3. Create a new chart similar to the one made for Alicia Benson. Fill in the chart with information about one of your classmates. Then write a similar descriptive paragraph about him/her.

4. Now fill in a new chart with information about yourself. Then write a descriptive paragraph about yourself.

5. Exchange both of your paragraphs with a classmate. Check each other's work for errors, and correct any you find. Discuss the results together, then return each other's work.

Combining Sentences

One way to improve your writing style is to combine short sentences that fit together logically. Here are four Spanish words you can use to combine sentences and parts of sentences:

| y | and | porque | because |
| pero | but | que | that, which, who |

Querida Rosario:

¿Qué tal? ¿Cómo está la familia?
Mis estudios en la universidad van bien porque estudio mucho. Tomo tres cursos: inglés, negocios y economía de México. Mis profesores son excelentes y aprendo mucho con ellos.
Tengo una compañera de cuarto que se llama Trinidad. Ella es inteligente pero necesita estudiar mucho. Tengo un novio mexicano que se llama Arturo. Tiene veinticinco años y es guapo y simpático. Este fin de semana él va a tener una fiesta porque es su cumpleaños.
Bueno, voy a estudiar. ¡Chao!
Tu amiga,
Adriana

Srta. Rosario Álvarez
calle "Los Naranjos"
Nº 72 Mayorca
Islas Canarias
ESPAÑA

Activity

1. Read Adriana's postcard to her friend in the Canary Islands, Rosario Álvarez, and circle all the sentence connectors.
2. Combine the following sets of sentences, using **y**, **pero**, **que**, and **porque** appropriately.

MODELO: Hablo inglés bien. Hablo español un poco.
Hablo inglés bien, pero hablo español un poco.

   a. Tengo dos profesores. Son excelentes. Son simpáticos.
   b. Trinidad es inteligente. El inglés es difícil para ella.
   c. Alicia quiere ser mujer de negocios. Quiere vivir en México.
   d. Necesito estudiar ahora. Tengo un examen el miércoles.

3. Imagine that Adriana is your pen pal. Using her postcard as a model, write to her about yourself, your studies, your friends and their activities, what you do during the week, and how you spend your free time. Don't forget to combine sentences appropriately.

PASO 2
Ecoturismo en Centroamérica

El Canal de Panamá

El Parque Nacional Volcán Poás, Costa Rica

La Ciudad de Panamá

We meet Luis Chávez from Guatemala, Ileana Gamboa from Costa Rica, and Tomás Álvarez from Panama. The three students met each other at the University of Wisconsin, where they also met and became friends with Alicia Benson. During the summer, they plan to visit one another's home countries, work in Panamá, and do some eco-tourism in Guatemala and Costa Rica. They first travel to Guatemala, where they meet Luis and his family.

LECCIÓN 4
¡Tenemos que estar de acuerdo!

ENFOQUE

COMMUNICATIVE GOALS

You will be able to describe your family and other relatives and some activities they and you do.
You will also be able to describe your house and household chores.

LANGUAGE FUNCTIONS

Naming family members
Describing your family
Describing your house and household chores
Stating location
Expressing physical and mental states
Discussing your daily activities
Expressing knowledge and familiarity
Describing how and how often

VOCABULARY THEMES

Family members
The home
Marital status
More expressions with **tener que**

GRAMMATICAL STRUCTURES

Some uses of the verb **estar**
Present tense of other irregular **yo** verbs
Uses of the verbs **saber** and **conocer**
Adverbs and adverbial expressions

CULTURAL INFORMATION

Hispanic families
Hispanic names

CULTURAL CHALLENGE

What is the importance of family members, such as grandparents, aunts, uncles, and cousins, and close friends in families' lives in Spain and Latin America? What are the differences and similarities between Hispanic families and North American families?

EN CONTEXTO

Es el 2 de noviembre y Luis Chávez está° en la Ciudad de Guatemala (1) en casa° de sus padres° para celebrar el Día de los Muertos (2). Sus amigos de la Universidad de Wisconsin, Ileana Gamboa y Tomás Álvarez, van a visitar a Luis para conocer° a su familia.

LUIS:	¡Hola! ¡Bienvenidos a Guatemala! ¿Cómo están?°
ILEANA:	Muy bien, Luis, y muy contentos de estar° aquí con tu familia.
TOMÁS:	¡Hola, Luis! ¿Cómo estás? ¿Cómo están las cosas?°
LUIS:	Muy bien, Tomás, pero, por favor, están en su casa°. Quiero presentarles° a mis padres, Luis y María Cristina, a mi hermana mayor°, Cristina, a su esposo°, Rafael, a mis sobrinos°, José Rafael y María Cristina. Mi hermano menor°, Rodrigo, y su familia van a llegar más tarde.
ILEANA:	¡Encantada, don Luis y doña María Cristina!
TOMÁS:	¡Mucho gusto, don Luis! ¡Encantado, doña María Cristina!
DON LUIS:	El gusto es nuestro°. ¿Conocen° la Ciudad de Guatemala?
ILEANA:	No, yo no conozco Guatemala.
TOMÁS:	Yo sí conozco la Ciudad de Guatemala, pero quiero conocer otros lugares interesantes del país.
DOÑA MARÍA CRISTINA:	Pues, ustedes deben conocer el Lago Atitlán (3) y Tikal (4). ¿Saben° ustedes que las ruinas de Tikal son de origen maya? Es un lugar muy importante para nuestra cultura.
TOMÁS:	¡Sí, claro! Me gustaría visitar las ruinas mayas este fin de semana.
ILEANA:	A mí me gustaría pasear por el Lago Atitlán este fin de semana.
LUIS:	¡Tenemos que estar de acuerdo! Este fin de semana vamos a las ruinas de Tikal y el próximo vamos al Lago Atitlán. ¿Está bien°, amigos?
TOMÁS E ILEANA:	¡Está bien, Luis!

está... *is*
casa... *house*
padres... *parents*
conocer... *to meet, to know*
¿Cómo están? *How are you?*
estar... *to be*
¿Cómo están las cosas? *How are things going?*
están en su casa... *make yourselves at home*
Quiero presentarles... *I want to introduce you.*
hermana mayor... *older sister*
esposo... *husband*
sobrinos... *nephew and niece*
hermano menor... *younger brother*
El gusto es nuestro. *The pleasure is ours.*
¿Conocen...? *Do you know... (place)?*
¿Saben...? *Do you know... (fact)?*
¿Está bien...? *Is that okay...?*

Notas de texto

1. Guatemala City is the capital of Guatemala and has a population of twelve and a half million people. Its territory is characterized by high mountains and volcanoes, plains and tropical jungles, as well as numerous rivers and lakes. Coffee is the main source of revenue, with tourism a close second. Guatemala has a democratic government.
2. **El Día de los Muertos,** All Souls' Day, is celebrated every year in most Latin American countries. On this day, November 2, people celebrate by visiting the graves of their relatives. In Mexico and Guatemala, families leave food on their relatives' graves. In Guatemala, the food is often prepared by the grandmother and is called

fiambre, a stew made of chicken, meat, and vegetables. This pre-Columbian tradition allows the family to maintain a continuity from one generation to the next, since it is believed that the soul of the deceased returns to visit his/her family and friends on this day.

3. Lake Atitlán (Panajachel) is of volcanic origin and is located ninety miles from Guatemala City. Atitlán is 5,125 feet above sea level, covers an area of fifty square miles, and is 1,600 feet deep. Several species of fish, including the black bass, make their homes in the lake.

4. Tikal was one of the most important urban centers of the Mayan era during the height of Mayan civilization (300-900 A.D.). Some ten square miles of central Tikal have been mapped, showing more than 3,000 buildings: temples, shrines, residences, ball courts, terraces, and plazas. This center is of such importance to human history that UNESCO has declared it both a Cultural and Natural Patrimony of Humanity.

4-1 ¿Comprendió Ud?

A. Complete las oraciones según *(according to)* la lectura.

1. La familia Chávez vive en...
   a. el Lago Atitlán.
   b. Tikal.
   c. la Ciudad de Guatemala.

2. Ellos van a celebrar...
   a. el Día de Todos los Santos.
   b. el día del cumpleaños de Luis.
   c. el Día de los Muertos.

3. Doña María Cristina es...
   a. la madre de Teresa.
   b. la madre de Luis.
   c. la madre de Ileana.

4. Rodrigo es el hermano menor...
   a. de Luis.
   b. de Teresa.
   c. de Tomás.

B. Converse *(Talk)* con un compañero(a) y conteste las siguientes preguntas.

1. ¿Cuántos hermanos y hermanas tiene Luis?
2. ¿Cómo se llaman los amigos de Luis?
3. ¿Qué lugares quieren conocer Ileana y Tomás?
4. ¿Cuántos hermanos tienes?
5. ¿Cómo se llaman tus hermanos?
6. ¿Dónde vive tu familia?
7. ¿Qué lugares interesantes hay en tu estado *(state),* ciudad *(city)* o región *(region)*?
8. ¿Celebran en tu ciudad el Día de los Muertos? ¿Cómo celebran el Día de los Muertos en tu región? ¿Celebran otro *(another)* día importante?

VOCABULARIO esencial

In this section, you will learn to describe your family and other relatives and to ask your classmates about their relatives. You will also be able to describe some activities that you have to do, using the expression **tener que.**

Para conversar sobre la familia

El hogar — Home

La familia — *Family*
La casa — *House*

Los parientes — Relatives

el abuelo	*grandfather*	la abuela	*grandmother*
el padre/papá	*father*	la madre/mamá	*mother*
el padrastro	*stepfather*	la madrastra	*stepmother*
el esposo	*husband*	la esposa	*wife*
el hijo	*son*	la hija	*daughter*
el nieto	*grandson*	la nieta	*granddaughter*
el hermano	*brother*	la hermana	*sister*
el cuñado	*brother-in-law*	la cuñada	*sister-in-law*
el primo	*male cousin*	la prima	*female cousin*
el tío	*uncle*	la tía	*aunt*
el sobrino	*nephew*	la sobrina	*niece*

El estado civil — Marital status

Es...
soltero(a).	*single*		
viudo(a).	*widowed*		

Está...
casado(a).		*married*	
divorciado(a).		*divorced*	

Practiquemos

4-2 Los familiares (Family members). Complete las oraciones con el nombre del familiar apropiado.

MODELO: El hermano de mi papá es mi *tío*.

Familiar

1. La hija de mis tíos es mi _____. tía
2. La esposa de mi tío es mi _____. tío
3. La hija de mi hermana es mi _____. prima
4. La madre de mi papá es mi _____. nietos
5. Soy el (la) nieto(a) de mis _____. abuela
6. El padre de mis primos es mi _____. abuelos
7. Los niños de mis hijos son mis _____. primos
8. Los hijos de mis tíos son mis _____. sobrina

4-3 Preguntas personales. Pregúntele a un(a) compañero(a) de clase.

1. ¿Tienes abuelos? ¿Cuántos abuelos tienes? ¿Cuántos años tiene(n)? ¿Dónde vive(n)?
2. ¿Tienes tíos? ¿Cuántos tíos tienes? ¿Cómo se llama(n)? ¿Eres tío(a)? ¿Tienes sobrinos? ¿Cuántos sobrinos tienes? ¿Cómo se llaman? ¿Cuántos años tienen?
3. ¿Tienes muchos o pocos primos? ¿Quién es tu primo(a) favorito(a)? ¿Dónde vive? ¿Cómo es él (ella)?
4. ¿Quién está casado en tu familia? ¿Cuántos niños tiene(n)?
5. Y tú, ¿eres soltero(a) o estás casado(a)? ¿Tienes niños?
6. ¿Quién está divorciado en tu familia? ¿Dónde vive(n) ahora?
7. ¿Tienes un hermano mayor *(older)* o menor *(younger)* que tú? ¿Cómo se llama? ¿Cuántos años tiene?
8. ¿Tienes una hermana mayor o menor que tú? ¿Cómo se llama? ¿Cuántos años tiene?

4-4 Mi familia. Dibuje su árbol familiar *(Draw your family tree)*. Luego escriba una descripción de su familia, usando el siguiente modelo.

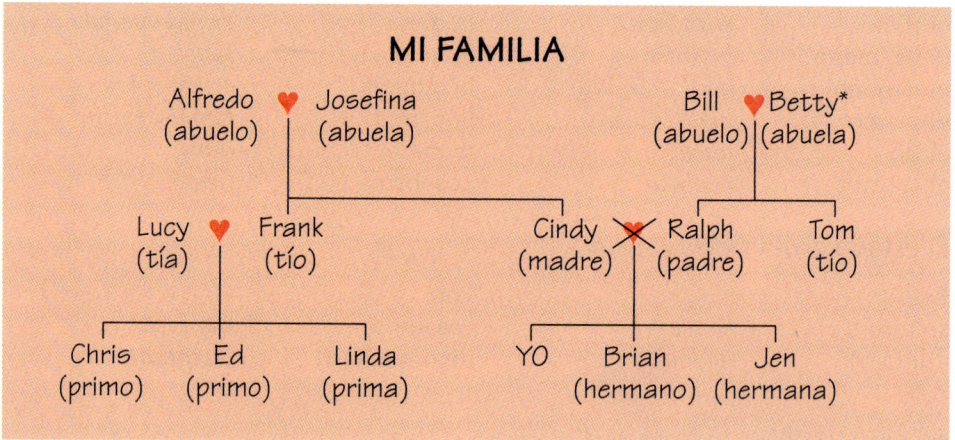

MODELO: *Tengo una familia grande. Mis padres están divorciados y ahora vivo con mi papá. Tengo un hermano mayor y una hermana menor. Mi hermano se llama Brian; tiene veinticinco años. Brian es guapo y simpático. Mi hermana se llama Jen; tiene dieciocho años. Ella es menor que yo. Ella es una estudiante inteligente y trabajadora. También tengo una madrastra y un hermanastro. Ellos son muy amables. Tengo dos tíos, una tía y tres primos, que viven en Alabama. También tengo un abuelo que se llama Bill; es el padre de mi mamá. Mi abuelito, que es viudo, tiene setenta años y vive en California.*

 Ahora, usando su descripción, hable sobre su familia con un(a) compañero(a) de clase, que debe hacerle a Ud. preguntas apropiadas.

Para describir la casa

In this section you will learn to describe your house and to ask your classmates to describe their houses. You will also be able to express some activities that you have to do, using the expression **tener que**.

La casa

La cocina	*The kitchen*	**El comedor**	*The dining room*
la estufa	*stove*	la mesa	*table*
el fregadero	*sink*	la silla	*chair*
el horno	*oven*		
el lavaplatos	*dishwasher*		
el refrigerador	*refrigerator*		

La habitación	*The bedroom*	**El cuarto de baño**	*The bathroom*
el armario	*wardrobe*	la bañera	*bathtub*
la cama	*bed*	la ducha	*shower*
la lámpara	*lamp*	el inodoro	*toilet*
la mesa de noche	*night table*	el lavamanos	*washbasin*

La sala	*The living room*	**El garaje**	*The garage*
el sillón	*armchair*		
el sofá	*sofa*		

Los quehaceres del hogar   *Household chores*

arreglar la habitación, la cocina   *to straighten up the bedroom, the kitchen*
hacer la cama   *to make the bed*
limpiar la sala, el cuarto de baño   *to clean the living room, the bathroom*

4-5 ¿Dónde... ? Describa en qué lugar de la casa Ud. hace las siguientes actividades.

1. leer el periódico
2. comer
3. descansar
4. escuchar música
5. estudiar
6. mirar la televisión
7. tomar un baño
8. hacer la tarea

4-6 ¿Qué hay en el dormitorio? Describa su dormitorio a un(a) compañero(a) de clase (con los aparatos eléctricos).

MODELO: *En mi dormitorio hay...*
¿Qué hay en tu dormitorio?

4-7 ¿Qué le gustaría tener en su casa nueva? Escriba cómo es su casa ideal. Luego descríbale su casa a un(a) compañero(a) de clase.

MODELO: *Me gustaría tener dos televisores a colores, una videocasetera en mi habitación y una en la sala...*

4-8 Tengo que hacer muchas cosas en casa. Pregúntele a su compañero(a) todas las cosas que él (ella) tiene que hacer.

MODELO: —*¿Qué tienes que hacer hoy en casa?* (limpiar el cuarto de baño)
—*Tengo que limpiar el cuarto de baño.*

1. hacer la cama
2. arreglar la habitación
3. limpiar la cocina
4. arreglar el garaje
5. limpiar el comedor
6. limpiar el cuarto de baño

4-9 Fiesta en casa. Ud. y su compañero(a) de cuarto van a hacer una fiesta el sábado por la noche. Conversen para hacer un plan para limpiar la casa. Pongan las actividades en orden de importancia *(Put the activities in order of importance)*. Expliquen por qué y cuáles actividades son importantes para toda la clase *(Explain why certain activities are important to the whole class)*.

MODELO: limpiar la sala

—*Tenemos que limpiar la sala.*
—*Sí, pero tenemos que limpiar la cocina y luego la sala. La cocina es importante porque nosotros preparamos la comida en la cocina.*

1. limpiar la sala
2. arreglar las habitaciones
3. hacer las camas
4. limpiar el cuarto de baño
5. arreglar el garaje
6. limpiar la cocina
7. arreglar el comedor
8. arreglar el refrigerador

CULTURA

Familias hispanas

En la cultura hispana la unidad social *(social unit)* más importante es la familia. Además del padre, la madre y los hermanos, la familia incluye *(includes)* a los abuelos, los tíos, los primos y los sobrinos.

Las familias hispanas son muy unidas *(close-knit)*; cuando algún miembro *(any member)* de la familia necesita ayuda, la familia da ayuda material y emocional. Muchas veces hay dos o más generaciones que viven en una casa. Los abuelos viven con sus hijos y así contribuyen *(contribute)* a la educación de los nietos; también ayudan a los padres que trabajan fuera de *(away from)* casa. Muy pocas veces *(Rarely)*, los abuelos viven en casas de ancianos *(nursing homes)*. Los abuelos son un elemento muy importante dentro de la unión y la tradición familiar hispana.

¡Viva la familia!

¿Qué significa la palabra **familia** para ti?

Preguntas

1. ¿Qué significa la palabra **familia** para ti?
2. ¿Son importantes los abuelos en la educación de los niños estadounidenses?
3. ¿Cuáles son las semejanzas *(similarities)* y las diferencias entre lo que significa familia en el mundo hispano y en el mundo norteamericano?
4. ¿Son los perros y gatos parte de tu familia?

GRAMÁTICA esencial

Present tense of the verb *estar*

In this section you will be able to describe people, things, places, and conditions.

The verb **estar** means *to be* in English. **Estar** is used to describe conditions that show a change from what is the norm for a person or thing being described, or to indicate location, either permanent or temporary.

estar *(to be)*		
Singular		
(yo)	estoy	*I am*
(tú)	estás	*you* (informal) *are*
(Ud., él, ella)	está	*you* (formal) *are, he/she is*
Plural		
(nosotros/nosotras)	estamos	*we are*
(vosotros/vosotras)	estáis	*you* (informal) *are*
(Uds., ellos/ellas)	están	*you are, they are*

How to use **estar**

1. Location
Use **estar** to indicate where people, places, and things are located.

—¿Dónde **está** mi hermana Cristina? *Where **is** my sister Cristina?*
—**Está** en casa ahora. *She **is** at home now.*

2. Marital status
Use **estar** to indicate marital status.

—¿**Estás** casada, Jane? ***Are you** married, Jane?*
—No. **Estoy** divorciada. *No. **I'm** divorced.*

3. Physical or emotional states
Use **estar** with adjectives to describe physical or emotional states or the condition of a person or a thing in a certain or specific moment.

Estoy **cansado(a)** hoy. *I'm **tired** today.*
¿Estás **contento** hoy? *Are you **happy** today?*
¿Estás **triste** esta noche? *Are you **sad** tonight?*
Estamos **enfermos(as)** con gripe. *We're **sick** with the flu.*
Estamos **preocupados(as)** por el examen. *We're **worried** about the exam.*
Están **interesados(as)** en la clase de geografía. *They're **interested** in the geography class.*
Están **aburridos(as)** con los quehaceres de la casa. *They're **bored** with the household chores.*

4. More adjectives to be used with *estar*:
adelantado(a)   *ahead/advanced*
atrasado(a)   *behind*
desocupado(a)   *empty, without work*
emocionado(a)   *eager*
enojado(a)   *angry*
loco(a)   *crazy*
ocupado(a)   *busy*

5. Fixed expressions
Estar is used in a number of fixed expressions:

(no) **estar** bien/mal   *(not) **to be** well/bad*
(no) **estar** claro   *(not) **to be** clear*
(no) **estar** de acuerdo   *(not) **to** agree*
(no) **estar** de vacaciones   *(not) **to be** on vacation*
(no) **estar** de buen/mal humor   *(not) **to be** in a good/bad mood*

> "Nadie está contento con su suerte". —*refrán popular*

Practiquemos

4-10 ¿Cómo están Uds.? Describa cómo están las siguientes personas usando el verbo **estar**.

MODELO: Cristina *está* ocupada con sus hijos.

1. Nosotros _____ contentos con la clase de portugués.
2. Yo _____ triste porque mi hermano menor _____ enfermo hoy.
3. Tú _____ atrasada en tu trabajo de la escuela.
4. Alicia y Gerardo _____ preocupados por sus tareas de la universidad.
5. Ellas _____ interesadas en la clase de economía.
6. Tú _____ loco con el trabajo de hoy.
7. Marisa estudia mucho y _____ adelantada en sus estudios.
8. Yo _____ muy ocupada hoy con los quehaceres de la casa.

4-11 ¿Cómo está la familia Chávez? Describa cómo está la familia Chávez usando los siguientes adjetivos.

| interesados(as) | cansados(as) | alegres | atrasados(as) |
| enfermos(as) | preocupados(as) | emocionados(as) | enojados(as) |

MODELO: Doña María Cristina está *contenta* porque no está *ocupada* hoy.

1. Luis está _____ porque sus amigos van a ir a visitar Guatemala.
2. Cristina y Rafael están _____ porque su hijo está _____.
3. Rafael, el cuñado de Luis, está _____ en su trabajo y por eso debe trabajar más.
4. La sobrina de Luis, María Cristina, está _____ porque va a estar con sus primos.
5. Don Luis y doña María Cristina están _____ en estar con los amigos de Luis.
6. Tú estás _____ de limpiar la casa hoy para tus amigos.
7. Luis y Cristina están _____ porque la computadora no funciona bien.
8. Nosotros estamos _____ porque vamos a visitar Guatemala.

4-12 Preguntas del (de la) profesor(a). ¿Cómo va a contestar Ud. las siguientes preguntas? Use las expresiones idiomáticas con el verbo **estar**.

estar bien/mal   estar de vacaciones   estar claro   estar de acuerdo
estar de buen/mal humor

MODELO: PROFESOR(A): ¿Cómo están Uds. hoy?
              UDS.: *Estamos bien.*

PROFESOR(A): ¿Comprenden el verbo **estar**? ¿Está claro?
UDS.: Sí, _____ _____.
PROFESOR(A): ¿Están de acuerdo de no tener tarea para mañana?
UDS.: Sí, _____ de _____.
PROFESOR(A): ¿Quién está de vacaciones esta semana?
UDS.: Francisco y Raúl _____ de _____ esta semana.
PROFESOR(A): ¿Están Uds. de buen o mal humor hoy? ¿Por qué?
UDS.: _____ de _____ humor hoy, profesor(a) porque _____.

4-13 Situaciones. En grupos de tres o cuatro personas, traten de resolver *(try to solve)* las siguientes situaciones *(the following situations)*.

MODELO: ¿Cómo está Ud. cuando tiene que hacer mucha tarea para su clase de contabilidad?

Estoy muy preocupado(a) porque tengo que hacer mucha tarea de contabilidad para mañana. Pero después de terminar la tarea voy a estar contento(a)...

- Ud. tiene que arreglar su habitación y el cuarto de baño. Descríbales a sus compañeros(as) cómo está Ud. ahora y cómo va a estar después de arreglar su habitación y el cuarto de baño.

- Ud. tiene que llamar a su hermano(a) por teléfono porque él (ella) está enfermo(a). Descríbales a sus compañeros(as) cómo está Ud. ahora y cómo va a estar después de mejorarse *(to get better)* su hermano(a).

- Ud. tiene que escribir un trabajo con su compañero(a), pero Uds. no están de acuerdo con el tema *(topic)*. Descríbales a sus compañeros(as) cómo están Uds. ahora y cómo van a estar después de discutir el tema.

Present Tense of Other Irregular *yo* Verbs

How to form irregular *yo* verbs

1. Some common Spanish verbs have irregular **yo** forms in the present tense.

		yo forms		
conocer	to know, to meet	conozco	**Conozco** la Ciudad de Guatemala.
dar	to give	doy	**Doy** una fiesta en casa este viernes.
estar	to be	estoy	**Estoy** un poco cansada hoy.
hacer	to do, to make	hago	**Hago** muchos quehaceres en la casa.
poner	to put, to put on	pongo	**Pongo** la mesa para comer todos los días.
saber	to know (how/facts)	sé	**Sé** que en Tikal hay ruinas mayas.
salir	to leave, to go out	salgo	**Salgo** con mis tíos a cenar.
traer	to bring	traigo	**Traigo** mis libros a clase.

2. The other present tense forms of these verbs are regular.

hacer (to do)	**dar** (to give)	**estar** (to be)	**saber** (to know how/facts)	**conocer** (to know, to meet)
hago	doy	estoy	sé	conozco
haces	das	estás	sabes	conoces
hace	da	está	sabe	conoce
hacemos	damos	estamos	sabemos	conocemos
hacéis	dais	estáis	sabéis	conocéis
hacen	dan	están	saben	conocen

The personal *a*

The personal **a** is used to introduce specific people, groups of people, or pets.

Conozco **a** Ileana.   *I know Ileana.*
Conozco **a** Luis y **a** Tomás.   *I know Luis and Tomás.*

Before Ileana, Luis, and Tomás, we need to include a preposition that is called the personal **a** since Ileana, Luis, and Tomás are the direct object of the verb **conocer.** Remember that the direct object of a verb is the person or thing that receives the action of the verb. This personal **a,** which has no English equivalent, is usually repeated before each noun (person) or pronoun.

Conozco **a** Luis, **a** Tomás y **a** Ileana.

Practiquemos

4-14 La carta de Ileana. Ileana le escribe una carta a su amiga Alicia que está en México. Complete la carta para saber lo que Ileana hace en Guatemala. Recuerde *(Remember)* usar la **a** personal si es necesario.

¡Hola, Alicia!
¿Cómo estás? Yo (estar) _____ muy bien aquí en Guatemala. (Ver) _____ Luis y _____ su familia todos los días y (hacer) _____ muchas cosas con ellos. (Conocer) _____ su familia muy bien; es muy amable y simpática. (Salir) _____ todas las noches a conocer restaurantes con su hermana, Cristina, y con Luis, y ahora (saber) _____ bailar salsa también.
¡Me gusta mucho Guatemala!
¡Hasta pronto!

Ileana

4-15 ¿Quién es Cristina Chávez? Complete el siguiente párrafo, usando las formas apropiadas de los verbos. Puede repetir unos verbos.

ir	estar	traer	dar
ser	salir	hacer	conocer

¡Hola, Ileana! ¡Hola, Tomás! Me llamo Cristina y _____ la hermana de Luis. ¡Encantada! Guatemala les va a gustar mucho. La ciudad _____ muy moderna y las personas _____ muy amables. Si a Uds. les gusta comer, yo _____ unos restaurantes típicos excelentes; también _____ restaurantes italianos y americanos. Todos los domingos, yo _____ con mi esposo y mis hijos a un restaurante nuevo. Por la tarde, yo _____ a casa de mis padres y _____ a mis hijos a visitar a sus abuelos. Los abuelos siempre _____ contentos de ver a los nietos. En la semana, yo _____ muchas cosas: trabajo, estudio y también _____ clase de inglés en el colegio de los niños. ¡Tengo que hacer muchas cosas, pero quiero ser su guía turística en Guatemala!

How to use *saber* and *conocer*

Although the verbs **saber** and **conocer** both mean *to know*, they represent two different kinds of knowledge. Here is how to use them:

1. Use **saber** to express *to know something* (information/facts) or *to know how to do something*.

    —¿**Sabe** Ud. que las ruinas de Tikal son de origen maya?
    —Sí, **sé** que son de origen maya.
    —¿**Saben** Uds. jugar al tenis?
    —Sí, ¡claro que sí **sabemos** jugar al tenis!
    —¿**Saben** Uds. de dónde es la profesora?
    —Sí, **sabemos.** Ella es de México.

    Do you know that the ruins from Tikal are Mayan?
    Yes, I know that they are Mayan.
    Do you know how to play tennis?
    Yes, of course we know how to play tennis.
    Do you know where the professor is from?
    Yes, we know. She is from Mexico.

2. Use **conocer** to express *to be acquainted with a person, place, or thing*.

    —¿**Conocen** Uds. la Ciudad de Guatemala?
    —No, no **conocemos** la ciudad.
    —¿Ileana, **conoces** a mi hermana?
    —Sí, **conozco** a Cristina.
    —¿**Conoces** el juego de jai-alai?
    —Sí, **conozco** el juego.

    Do you know (Are you familiar with) Guatemala City?
    No, we don't know the city.
    Ileana, are you acquainted with my sister?
    Yes, I know Cristina.
    Are you acquainted with the game of Jai-Alai?
    Yes, I am acquainted with the game.

Practiquemos

4-16 **¿Qué saben Uds. de Guatemala?** Exprese lo que saben estas personas de Guatemala.

MODELO: Yo *sé* que los guatemaltecos hablan español y maya.

1. Nosotros _____ que la capital es la Ciudad de Guatemala.
2. Víctor y Rosa _____ que el Lago Atitlán está a noventa millas de la capital.
3. Tú _____ que los guatemaltecos son conservadores.
4. La profesora Camacho _____ hablar maya muy bien.
5. Yo _____ que Tikal es un lugar muy misterioso e interesante.
6. Los padres de Luis _____ que Ileana y Tomás son los amigos de Luis.

4-17 **¿Qué conocen Uds. de Guatemala?** Exprese lo que estas personas conocen de Guatemala.

MODELO: Uds. *conocen* las ruinas de Tikal.

1. Tú _____ todos los edificios *(buildings)* de las ruinas de Tikal.
2. Nosotros _____ la ciudad de Antigua. ¡Es muy bonita!
3. Tomás e Ileana _____ a la familia de Luis.
4. Yo _____ dos restaurantes de comida típica guatemalteca.
5. Luis _____ su país muy bien.
6. Yo _____ el juego de pelota que los mayas practican.

4-18 **¿Qué sabe Ud.?** Hágale estas preguntas a otro(a) estudiante, usando una forma del verbo **saber** o **conocer**. Él (Ella) debe responder apropiadamente. Recuerde la **a** personal.

MODELO: ¿Sabes... / ¿Conoces...
        a alguna *(any)* persona divorciada?
        —¿*Conoces a alguna persona divorciada?*
        —*Sí. Mi tío está divorciado.*
        —*No, no conozco a ninguna* (anybody) *persona divorciada.*

1. a todos tus familiares?
2. los nombres de ellos?
3. jugar al básquetbol muy bien?
4. una ciudad como la Ciudad de Guatemala?
5. a alguna persona de Guatemala?
6. cuál es la capital de Guatemala?

Apellidos *(Last names)* hispanos

En la tradición hispana, los niños reciben más de un nombre, por ejemplo, María Rebeca, Tomás Enrique. Algunas veces, los niños reciben el nombre del santo o de la santa *(saint)*, dependiendo del *(depending on the)* día en que nacen *(they are born)*. Por ejemplo, el 25 de julio es el día de Santiago Apóstol, así que el nombre del niño va a ser Santiago. Muchas veces, los padres escogen *(choose)* el nombre del niño o de la niña para honrar *(to honor)* a otro miembro de la familia. También, casi siempre el primer hijo varón *(first son)* lleva el nombre de su padre.

Los hispanos usan sobrenombres *(nicknames)*. Por ejemplo, **Natividad** se transforma en *(is changed to)* **Nati**, **Guillermo** en **Memo**, **Teresa** en **Tere**. Los nombres compuestos *(compound)* se abrevian *(are shortened)*: **María Teresa** se transforma en **Maritere** y **María del Carmen** se transforma en **Maricarmen**. Los sobrenombres más comunes terminan *(end)* en **-ita** para niñas (Cristina = Cristinita, Isabel = Isabelita) y en **-ito** para niños (Miguel = Miguelito, Rafael = Rafaelito).

Los hispanos tienen dos apellidos. El primero es el apellido del padre y el segundo *(second)* es el apellido de la madre: Olga Álvarez González. A veces solamente se usa el apellido del padre y se usa la inicial del apellido de la madre: Olga Álvarez G. Los dos apellidos se necesitan para propósitos legales *(legal purposes)*.

Cuando una mujer se casa *(gets married)*, generalmente ella toma el apellido de su esposo. Por ejemplo, si Olga Álvarez González se casa con José Antonio Marcano R., su nombre es Olga Álvarez de Marcano. Para propósitos legales, sus papeles se archivan *(are filed)* bajo el apellido de su padre.

Preguntas

1. Ponga los nombres en orden alfabético como aparecen *(as they appear)* en la guía telefónica *(telephone directory)*.
   Ana María Ross Muñoz
   Juan Carlos Monge Facio
   Josefina Orozco de Méndez
   Luis Alberto Alvarado Ramírez
   Marta Mercedes González de Darce
2. ¿Cuál es su nombre, su apellido paterno *(father's last name)* y su apellido materno *(mother's last name)* según el sistema hispano?
3. ¿Qué deben hacer las mujeres con su apellido al casarse *(upon getting married)*?
4. ¿Cuál es su sobrenombre en español?

SERVICIOS DETECTIVES PRIVADOS
INVESTIGACIONES — ESTUDIOS DE TITULO
EMPLAZAMIENTOS — COBRO DE DINERO
SERVICIOS A ABOGADOS
PRESENTACIONES DE ESCRITURAS
DILIGENCIAMIENTOS ANTE TRIBUNALES Y AGENCIAS
ADMINISTRATIVAS

OSVALDO BERRIOS BERRIOS
Ex-Comandante Policía
Lic. Núm. 1827

Calle 9 GA-4
Urb. Magnolia Gardens
Bayamón, P. R. 00619

TELS. 740-5329
780-7725

DR. E. MERCADO IGUINA
MEDICO VETERINARIO

Urb. Brazilia, Calle 4, B20
Vega Baja, P.R. 00763

Tel. (809) 855—0125

GRAMÁTICA esencial

In this section, you will learn to describe the manner and frequency in which actions take place.

Adverbs

An adverb is a word that modifies a verb, an adjective, or another adverb. You already know some adverbs, such as **muy** and **rápidamente.**

Ella es **muy** inteligente y trabajadora.   *She is **very** intelligent and hardworking.*

El profesor habla **rápidamente.**   *The professor speaks **rapidly.***

How to form adverbs ending in *-mente*

1. Add **-mente** (English *-ly*) to an adjective; if an adjective ends in **-o,** change the **-o** to **-a** and then add **–mente.**

correcto	→	correctamente	*correctly*
exacto	→	exactamente	*exactly*
fácil	→	fácilmente	*easily*
frecuente	→	frecuentemente	*frequently*
impaciente	→	impacientemente	*impatiently*
incorrecto	→	incorrectamente	*incorrectly*
inmediato	→	inmediatamente	*immediately*
natural	→	naturalmente	*naturally*
normal	→	normalmente	*normally*
paciente	→	pacientemente	*patiently*
perfecto	→	perfectamente	*perfectly*
puntual	→	puntualmente	*punctually*
rápido	→	rápidamente	*rapidly*
regular	→	regularmente	*regularly*
tranquilo	→	tranquilamente	*calmly*

2. If an adjective has an accent mark, the adverb retains it.

fácil	→	fácilmente	*easily*
rápido	→	rápidamente	*rapidly*

¡CUIDADO! Because adverbs do not modify nouns, they do not change for agreement of gender and number; therefore, they have only *one* form.

—Voy al cine **frecuentemente.**   *I go to the movies **frequently.***
—¿Ves películas muy buenas?   *Do you see very good films?*
—**Naturalmente.**   ***Naturally.***

Lección 4   ciento siete   **107**

Practiquemos

4-19 Conversaciones en la sala de los Chávez. Complete lógicamente las siguientes conversaciones.

MODELO: MARÍA CRISTINA: José Rafael no quiere jugar conmigo, mamá.
CRISTINA: *Naturalmente* (Natural / Especial), hija. Está cansado.

RAFAEL: ¿Estudias tus lecciones, hija?
MARÍA CRISTINA: _____ (Fácil / Natural), papá. Estudio un poco.
RAFAEL: ¿Un poco? ¡Necesitas estudiar más _____ (inmediato / perfecto)!
DOÑA CRISTINA: Tú abuelito está un poco enfermo hoy.
JOSÉ RAFAEL: Sí, necesita descansar _____ (tranquilo / perfecto).
DOÑA CRISTINA: También debemos hablarle _____ (paciente / frecuente).
CRISTINA: ¿Ileana, hablas inglés _____ (perfecto / exacto)?
ILEANA: Sí, y también hablo inglés _____ (rápido / sincero).
CRISTINA: Yo hablo inglés _____ (frecuente / inmediato). Pero quiero aprender francés _____ (perfecto / normal).
ILEANA: Sí, pero tienes que practicar _____ (tranquilo / frecuente).

 4-20 ¿Y tú? Pregúntele a un(a) compañero(a) de clase lo siguiente.

1. ¿Estudias español frecuentemente?
2. ¿Llegas a nuestra clase puntualmente?
3. ¿Aprendes español fácilmente?
4. ¿Escuchas pacientemente o impacientemente en clase?
5. ¿Vas a la biblioteca frecuentemente?
6. ¿Escribes español correcta o incorrectamente?

Other adverbs and adverbial expressions

1. Use the following adverbs to express how often something is done.

una vez	once	nunca	never
otra vez	again	siempre	always
a veces	sometimes	casi siempre	almost always
muchas veces	very often	todos los días	every day

—¿Visitas Tikal **a veces**?   *Do you visit Tikal **sometimes**?*
—Sí, visito Tikal **muchas veces.**   *Yes, I visit Tikal **very often.***
—¿Hablas español **siempre**?   *Do you **always** speak Spanish?*
—Sí, hablo español **todos los días.**   *Yes, I speak Spanish **every day.***

2. Use the following adverbs to express the order of events.

primero	first	luego	then	después	afterward

—¿Adónde vas **primero**, mamá?   *Where are you going **first,** Mom?*
—Al centro. **Luego** vengo a casa.   *Downtown. **Then** I'll come home.*

Practiquemos

4-21 Una reunión familiar. Complete el siguiente párrafo y la conversación con los adverbios apropiados de la lista.

muy   luego
siempre   primero
dos veces   normalmente

_____ al año la familia Chávez tiene una reunión familiar en la Ciudad de Guatemala. Las reuniones _____ son en la casa de los padres de Luis. _____, llegan los hermanos de Luis con sus niños y _____ llegan los tíos y las tías. _____ todos hablan y comen y beben comida típica. Todos están _____ contentos al final de las reuniones.

Ahora Tomás habla con Luis por teléfono:

bien   mucho
todos los   frecuentemente
aquí

TOMÁS: ¡Hola, Luis! ¿Cómo estás?
LUIS: Muy _____, Tomás. Gracias. ¿Te gusta Guatemala?
TOMÁS: Sí, me gusta _____. _____ en Guatemala hay lugares muy bonitos. Quiero visitar un nuevo lugar _____ días. Luis, ¿conoces Tikal?
LUIS: ¡Claro! Visito Tikal _____ al año *(a year)*. ¡Es un lugar muy misterioso!

4-22 ¿Con qué frecuencia? Pregúntele a otro(a) estudiante con qué frecuencia hace las siguientes actividades.

MODELO: hablar español
—¿Con qué frecuencia hablas español?
—Hablo español todos los días en clase.

dar fiestas   leer el periódico   comer en un restaurante
ir al centro   mirar la televisión   hacer una fiesta en casa
hablar español   ayudar a tus padres   escribir en la computadora
hacer los quehaceres   salir con tus amigos   conocer a personas de otros
  de la casa   países

4-23 Los fines de semana. Escriba un párrafo sobre cómo pasa Ud. típicamente los fines de semana. Use las siguientes frases como guía.

MODELO: *Me gustan los fines de semana. A veces los sábados por la mañana mis amigos y yo vamos a... Allí hacemos diferentes cosas, por ejemplo,... Luego por la tarde vamos a... Allí nosotros... Casi todos los domingos por la mañana me gusta... Después, voy a... Los domingos por la noche...*

■ RETO CULTURAL

Es agosto y Ud. y su amigo(a) están en América Central para practicar español y para hacer ecoturismo. Uds. van a estar en casa de una familia guatemalteca. Ud. llega al aeropuerto y no tiene el teléfono de su familia y no sabe qué hacer. Ud. sabe que la familia vive en Antigua y su apellido es Pérez Luna. Ud. encuentra *(find)* una guía telefónica *(phone book)* y busca el número de teléfono. Ud. y su amigo(a) estudian español en la universidad y se explican/se recuerdan *(remind)* el uno al otro *(to each other)* cómo se usan los nombres y apellidos en el mundo hispano, y cómo son las relaciones familiares, por ejemplo, los abuelos...

- ¿Qué apellido necesita para encontrar *(to find)* el número de teléfono? Explique.
- Ahora Ud. tiene el número de teléfono y llama por teléfono. El abuelo contesta *(answers)* el teléfono y no escucha muy bien. Ud. grita *(scream)* y le recuerda a su amigo(a) el papel del abuelo en esta familia.

Preguntas:
- ¿Dónde está el número de teléfono?
- La familia vive en...
- ¿Cuál es el apellido de la familia?
- ¡Abuelo, necesito su ayuda!
- ¿Por qué el abuelo está en casa y no en una casa de ancianos *(nursing home)*?

Practiquemos más

 For additional practice on the material covered in this chapter, go to **Lección 4** of the ***Intercambios*** Workbook/Laboratory Manual.

 For additional practice on grammar, vocabulary, and conversation, go to **Lección 4** of the ***Flex-Files***.

 Atajo *Writing Assistant Software for Spanish* can be used to complete the writing activities in your *Workbook/Laboratory Manual*.

 Intercambios *Video:* Activities to accompany the ***Intercambios*** *Video* can be found in the ***Flex-Files***.

 Visit ***Intercambios*** on the World Wide Web at **http://intercambios.heinle.com**.

ASÍ SE DICE

La familia
los parientes relatives
la abuela grandmother
el abuelo grandfather
la cuñada sister-in-law
el cuñado brother-in-law
la esposa wife
el esposo husband
la hermana sister
el hermano brother
la hija daughter
el hijo son
la madrastra stepmother
la madre/mamá mother
la nieta granddaughter
el nieto grandson
el padrastro stepfather
el padre/papá father
la prima female cousin
el primo male cousin
la sobrina niece
el sobrino nephew
la tía aunt
el tío uncle

El estado civil
casado(a) married
divorciado(a) divorced
soltero(a) single
viudo(a) widowed

La casa
La cocina Kitchen
la estufa stove
el fregadero sink
el horno oven
el lavaplatos dishwasher
el refrigerador refrigerator
El comedor Dining room
la mesa table
la silla chairs
El cuarto de baño Bathroom
la bañera bathtub
la ducha shower
el inodoro toilet
el lavamanos washbasin
La habitación Bedroom
el armario wardrobe

la cama bed
la lámpara lamp
la mesa de noche night table
La sala Living room
el sillón armchair
el sofá sofa
El garaje garage

Los quehaceres del hogar
arreglar la habitación, la cocina to straighten up the bedroom, the kitchen
hacer la cama to make the bed
limpiar la sala, el cuarto de baño to clean the living room, the bathroom

Adjetivos con *estar*
aburrido(a) bored
adelantado(a) ahead
atrasado(a) behind
cansado(a) tired
contento(a) happy
desocupado(a) empty, without work
emocionado(a) eager
enfermo(a) sick, ill
enojado(a) angry
interesado(a) interested
loco(a) crazy
ocupado(a) busy
preocupado(a) worried
triste sad

Expresiones con *estar*
estar bien/mal to be well/bad
estar claro to be clear
estar de acuerdo to agree
estar de vacaciones to be on vacation
estar de buen/mal humor to be in a good/bad mood

Verbos
conocer to know, to meet
dar to give
estar to be
hacer to do, to make

poner to put, to put on
saber to know (how/facts)
salir to leave, to go out
traer to bring

Adverbios
a veces sometimes
casi siempre almost always
después afterward
luego then
muchas veces very often
muy very
nunca never
otra vez again
primera vez first time
primero first
siempre always
todos los días every day
una vez once

Adverbios (-mente)
correctamente correctly
exactamente exactly
fácilmente easily
frecuentemente frequently
impacientemente impatiently
incorrectamente incorrectly
inmediatamente immediately
naturalmente naturally
normalmente normally
pacientemente patiently
perfectamente perfectly
puntualmente punctually
rápidamente rapidly
regularmente regularly
tranquilamente calmly

Expresiones
¿Cómo están las cosas? How are things going?
¡Estamos de acuerdo! We are in agreement! / We agree!
¡Están en su casa! Make yourselves at home!

LECCIÓN 5
¿Qué carrera quieres seguir?

ENFOQUE

COMMUNICATIVE GOALS

You will be able to describe your career plans, some of your work-related activities, and what you do on weekends.

LANGUAGE FUNCTIONS

Describing your career plans
Describing workplaces
Describing your work-related activities
Expressing wants and preferences
Stating intentions and obligations
Describing actions in progress

VOCABULARY THEMES

Professions
Buildings

GRAMMATICAL STRUCTURES

Present tense of verbs with stem-vowel change (e → ie)
Present tense of verbs with stem-vowel change (o → ue, e → i)
Present progressive tense

CULTURAL INFORMATION

Higher education in Spanish-speaking countries

CULTURAL CHALLENGE

What would you have to do in order to obtain a diploma from a university in Spain or Latin America? What are the differences and similarities in higher education between the United States and Hispanic countries? What are the roles of universities in the United States and in Hispanic countries?

En contexto

Después de dos semanas en Guatemala, Luis y Tomás están en San José, capital de Costa Rica (1), para visitar a Ileana y a su familia. Los padres de Ileana, Miguel y Elena Gamboa, tienen un restaurante. Ileana quiere llevar° a Luis y a Tomás al Parque Nacional Santa Rosa (2) en el océano Pacífico y al Parque Nacional Tortuguero (3) en el mar Caribe.

Ileana, sus padres, Luis, Tomás y los tíos de Ileana, Alejandro y Sara, están hablando° en el Café Tico (4).

llevar... *to bring*
Están hablando... *are talking*
la ciudad... *city*
¡Por supuesto! *Of course!*
todos... *all*
después de... *after*
Entonces... *Then*
usar... *to use*
¡Pura vida! *Excellent! Fabulous!*
gastar... *to spend*
dinero... *money*
muchachos... *guys and gals*

ILEANA:	¡Buenas tardes, papá, mamá, tíos! ¿Cómo están? Les presento a mis amigos de la universidad, Luis de Guatemala y Tomás de Panamá.
SEÑOR GAMBOA:	¡Buenas tardes! Encantado.
SEÑORA GAMBOA:	¡Mucho gusto, Luis! ¡Mucho gusto, Tomás! ¿Cómo están?
LUIS Y TOMÁS:	Bien, gracias. ¿Y Uds.?
TÍO ALEJANDRO:	Muy bien, gracias. ¿Les gusta la ciudad° de San José?
LUIS:	¡Por supuesto!° Es una ciudad muy bonita.
TÍA SARA:	¿Qué lugares quieren conocer aquí en Costa Rica?
LUIS:	Queremos conocer todos° los parques nacionales. Costa Rica es un modelo de ecoturismo (5) para Latinoamérica y a mí me gustaría trabajar en ecoturismo después de° la universidad.
TÍA SARA:	Entonces°... Ileana, ¿quieren usar° nuestra casa que está cerca del Parque Tortuguero?
ILEANA:	¡Pura vida!° (6) Gracias, tía Sara, así no vamos a tener que gastar° dinero° en hoteles.
LUIS:	¡Muchas gracias, señora!
TÍA SARA:	¡De nada, muchachos°!

Notas de texto

1. Costa Rica has a population of 3,710,558 and its capital is San José. According to its constitution, Costa Rica has not had an army, a navy, or an air force since 1948. The Costa Rican literacy rate exceeds 95 percent and its main industries are technology (manufacturing of microchips), tourism, coffee, and bananas. The government has recently developed a plan to maintain and protect its fauna and flora, which has given rise to a new form of tourism, called *ecotourism*.

2. The Parque Nacional Santa Rosa *(Santa Rosa National Park)*, on Costa Rica's Pacific coast, is the country's oldest national park and one of its most visited. The park protects the largest remaining tropical dry forest in Central America and is an important nesting site for the endangered sea turtle.
3. The Parque Nacional Tortuguero *(Tortuguero National Park)* is the most important Caribbean breeding ground of the green sea turtle. The park is home to a great variety of birds, monkeys, and lizards.
4. *Tico(a)* is an affectionate way of referring to a person or thing from Costa Rica.
5. Ecotourism involves traveling to natural environments in order to understand the cultural and natural history of the place. It means to travel without altering the order of the ecosystem, while producing economic benefits that will help the environment and be reinvested in the community as well.
6. **¡Pura vida!** (literally, *pure life*) is a saying Costa Ricans use both as a greeting and a good wish. It expresses their enjoyment for life.

5-1 ¿Comprendió Ud.?

A. Conteste las siguientes preguntas con oraciones completas.
1. ¿Quiénes están en San José para visitar a Ileana?
2. ¿Dónde trabajan los padres de Ileana?
3. ¿Quiénes hablan en el café?
4. ¿Qué lugares quieren visitar Ileana, Luis y Tomás?

B. Ahora, hable con un(a) compañero(a) de clase.
5. ¿Hay un parque nacional donde tú vives? Describe el parque.
6. ¿Conoces tú un parque nacional en los Estados Unidos? Describe este parque.
7. ¿Cuándo usan Uds. la expresión **Pura vida**? Explique una situación.

VOCABULARIO esencial

In this section, you will learn to describe your career plans and ask other people their future career plans. You will also learn to describe different buildings where people go to work.

¿Qué carrera u ocupación sigue Ud.? *(What career or occupation are you pursuing/following?)*

el agente de viajes

la trabajadora social

los guías de turismo

la ingeniera

la médica

el policía

Ser = to specify a profession:
Quiero ser agente de viajes.
Quiero ser abogada.

la programadora

el músico

el hombre / la mujer de negocios

el abogado

Otras profesiones y ocupaciones

arquitecto(a)	*architect*	**gerente**	*manager*
científico(a)	*scientist*	**investigador(a)**	*researcher*
cocinero(a)	*cook*	**maestro(a)**	*teacher*
contador(a)	*accountant*	**oficinista**	*office worker*
enfermero(a)	*nurse*	**periodista**	*journalist*
escritor(a)	*writer*	**vendedor(a)**	*salesperson*

Practiquemos

5-2 Profesiones, ocupaciones y estudios. Haga oraciones lógicas para las profesiones, las ocupaciones y los estudios.

MODELO: *Si quiero ser profesor(a), debo estudiar educación.*

Si quiero ser...	debo estudiar...
1. programador(a)	turismo
2. agente de viajes	derecho/leyes
3. abogado(a) o policía	medicina
4. enfermero(a) o médico(a)	computación
5. hombre/mujer de negocios o vendedor(a)	matemáticas
6. periodista o reportero(a)	ciencias
7. contador(a) o ingeniero(a)	negocios
8. científico(a) o investigador(a)	periodismo

5-3 ¿Qué personalidad tienen estas personas? Discuta con su compañero(a) la personalidad que deben tener estas personas.

MODELO: el (la) policía
ambicioso(a) / cortés / honesto(a) / conservador(a)
El policía debe ser ambicioso, cortés y honesto.

1. el (la) trabajador(a) social — aburrido(a) / antipático(a) / honesto(a) / cortés
2. el (la) ingeniero(a) — estudioso(a) / extrovertido(a) / perezoso(a) / trabajador(a)
3. el (la) guía de turismo — aburrido(a) / extrovertido(a) / cortés / interesante
4. el hombre/la mujer de negocios — ambicioso(a) / conservador / deshonesto(a) / liberal
5. el (la) programador(a) — tímido(a) / perezoso(a) / estudioso(a) / trabajador(a)
6. el (la) vendedor(a) — extrovertido(a) / ambicioso(a) / simpático(a) / deshonesto(a)

5-4 ¿Qué carrera u ocupación sigues? Hable con otro(a) estudiante sobre los estudios.

Estudiante A
1. ¿Qué estudias aquí?
3. _____. ¿Son interesantes o aburridas tus clases?
5. _____. ¿Cuántos créditos tienes?
7. _____. ¿Qué carrera u ocupación sigues?
9. _____. (No tengo idea.)
11. Necesito tomar _____. ¿Y tú?

Estudiante B
2. Ahora estudio _____. ¿Y tú?
4. Son _____. Y tus estudios, ¿cómo son?
6. Ahora tengo _____ créditos. ¿Y tú?
8. Quiero ser _____. (No sé.) ¿Y tú?
10. ¿Qué otros cursos necesitas tomar para tu carrera u ocupación?
12. _____.

para = purpose: **para tu carrera**

5-5 Mi trabajo. Hágale las siguientes preguntas a sus compañeros(as) de clase sobre su trabajo.

1. Ahora trabajo en (el campo *[field]* / la ciudad). ¿Dónde trabajas tú?
2. Generalmente me gusta (no me gusta) mi trabajo. ¿Te gusta tu trabajo?
3. Mi trabajo es (interesante / aburrido / fácil / difícil). ¿Cómo es tu trabajo?
4. Normalmente trabajo (los [días] / todos los días). ¿Cuándo trabajas tú?
5. En mi trabajo gano (poco / suficiente / mucho) dinero. Y tú, ¿cuánto ganas?

¿Dónde trabaja Ud.?
Trabajo en...

la estación de policía

el hospital

el juzgado

un restaurante de comida rápida

una tienda por departamentos

Otros lugares de trabajo/estudio — Other places to work/study

la biblioteca de la universidad	university library
el centro comercial	mall
el laboratorio	lab
la librería de la universidad	university bookstore
la oficina / el restaurante / la tienda	office / restaurant / store

Practiquemos

5-6 ¿En qué edificio trabajan y qué hacen? Con un(a) compañero(a) de clase, decida *(decide)* quiénes trabajan en los siguientes edificios y lo que hacen en estos lugares.

MODELO: la oficina de computación
En esta oficina trabajan los programadores.

1. el hospital
2. el banco
3. el restaurante de comida rápida / la cafetería de la universidad
4. la tienda / la tienda por departamentos
5. la agencia de viajes
6. la estación de policía
7. la librería de la universidad
8. la biblioteca de la universidad

5-7 Un emilio *(e-mail)*. Ileana está leyendo *(is reading)* un mensaje electrónico *(e-mail)* de Alicia, que está en Monterrey, México. Lea el mensaje y luego escríbale un mensaje electrónico a un(a) amigo(a).

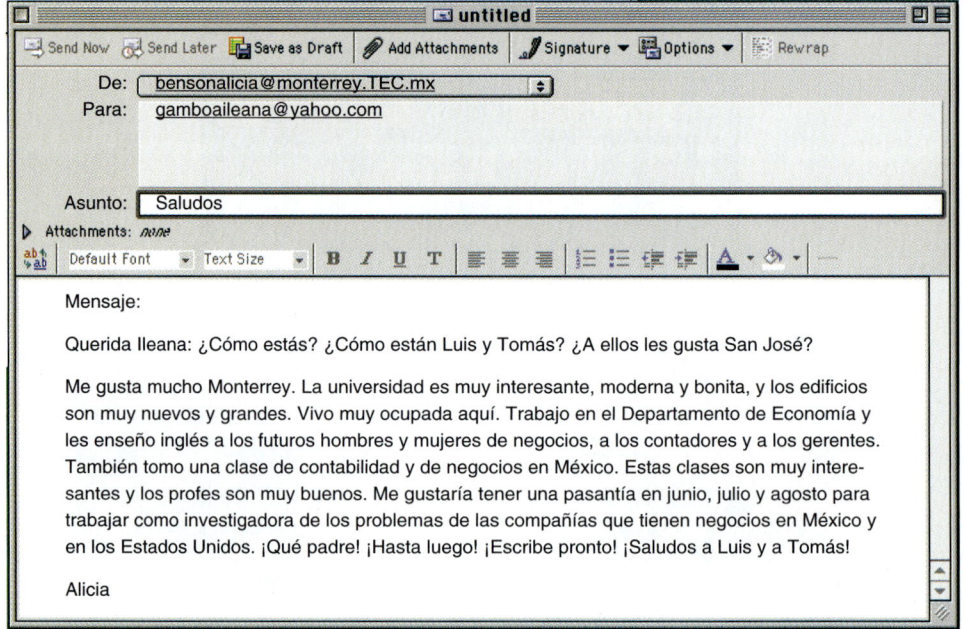

Ahora, escríbale Ud. un mensaje electrónico *(e-mail)* a un(a) amigo(a) sobre lo siguiente (usando la forma tú).

1. sus estudios (dónde toma clases, cuáles son)
2. su trabajo (cómo es el lugar donde trabaja y lo que hace en el trabajo ahora)
3. su futura carrera (su especialización, sus planes)

GRAMÁTICA esencial

In this section you will learn to express your wants, preferences, and intentions and to describe more activities that people do routinely.

Present Tense of Verbs with Stem-Vowel Change: e → ie

quiero	queremos
quieres	queréis
quiere	quieren

1. A stem is the part of an infinitive to which one adds personal endings; for example, the stem of **hablar** is **habl-**. Several types of vowel changes occur within the stem of some Spanish verbs in the present tense. The following verbs change their stem vowel from *e* to *ie*, except in the **nosotros(as)** and **vosotros(as)** forms.

e → ie

comenzar *(to begin)*	pensar *(to think)*	querer *(to want, to love)*	preferir *(to prefer)*
comienzo	pienso	quiero	prefiero
comienzas	piensas	quieres	prefieres
comienza	piensa	quiere	prefiere
comenzamos	pensamos	queremos	preferimos
comenzáis	pensáis	queréis	preferís
comienzan	piensan	quieren	prefieren

—¿Qué **quieres** ser? *What **do you want** to be?*
—**Pienso** ser escritor. *I **plan** to be a writer.*
—Yo **prefiero** ser científica. *I **prefer** to be a scientist.*

Study these useful stem-vowel-change verbs **(e → ie)** with the example phrases:

comenzar a estudiar para el examen de matemáticas — *to **begin** to study for the math exam*
empezar la clase de negocios — *to **begin** the business class*
entender la lección de física y matemáticas — *to **understand** the physics and math lesson*
pensar en mi futura carrera — *to **think** about my future career*
preferir ser periodista — *to **prefer** to be a journalist*
querer tomar cursos de programación — *to **want** to take computer courses*
tener cuatro cursos este semestre — *to **have** four courses this semester*
venir a clase todos los días — *to **come** to class every day*

Two **e → ie** stem-change verbs have an irregular **yo** form.

tener (to have)		**venir** (to come)	
tengo	tenemos	**vengo**	venimos
tienes	tenéis	vienes	venís
tiene	tienen	viene	vienen

—¿Qué **tienes** que hacer hoy?
—**Tengo** que estudiar porque **tengo** mucha tarea.
—¿A qué hora **vienes**?
—**Vengo** a las siete y media.

*What **do you have** to do today?*
*I **have** to study because I **have** a lot of homework.*
*At what time **do you come**?*
*I **come** at seven-thirty.*

Practiquemos

5-8 Futuras carreras u ocupaciones. Complete los espacios en blanco con la forma apropiada del verbo para saber cuáles son las carreras futuras de nuestros amigos.

MODELO: Yo _prefiero_ (preferir) estudiar para ser médico.

1. Olga _____ (pensar) ser contadora.
2. Sara y Blair _____ (preferir) ser programadores.
3. Nosotros _____ (querer) trabajar en el hospital.
4. Tú _____ (comenzar) a estudiar negocios para ser hombre de negocios.
5. Yo _____ (empezar) a trabajar en una agencia de viajes en agosto.
6. Nosotros _____ (pensar) trabajar en el juzgado de la ciudad.
7. Beatriz _____ (querer) ser abogada.
8. Nosotros _____ (preferir) ser músicos.

5-9 Conversación con el tío Alejandro. Complete la siguiente conversación, usando la forma apropiada de los siguientes verbos: **querer, preferir, tener, venir.**

TÍO ALEJANDRO: Ileana, ¿_vienen_ tus amigos a Costa Rica con frecuencia?
ILEANA: No, tío. Ésta es la primera vez que ellos _____ a San José.
TÍO ALEJANDRO: ¿Qué parques _____ visitar tú y tus amigos?
ILEANA: Nosotros _____ visitar el parque Tortuguero y el parque Santa Rosa.
TÍO ALEJANDRO: ¿_____ ustedes usar nuestra casa cerca del parque Tortuguero?
ILEANA: Claro tío, así nosotros no _____ que gastar dinero en hoteles.
TÍO ALEJANDRO: Ileana, ¿qué _____ ustedes visitar primero, el parque Santa Rosa o el parque Tortuguero?
ILEANA: Nosotros _____ visitar el parque Tortuguero primero.
TÍO ALEJANDRO: ¿Cuántos días _____ ustedes para explorar los parques?
ILEANA: Pues, _____ ocho días, tío. ¿Es suficiente tiempo?
TÍO ALEJANDRO: Sí, ustedes _____ suficientes días aquí. ¡Costa Rica es pura vida y les va a gustar mucho!

5-10 ¡La vida no es todo trabajo! Pregúntele a un(a) compañero(a) de clase qué pasatiempos prefiere.

MODELO: ¿escuchar la radio o mirar la tele?
—¿Prefieres escuchar la radio o mirar la tele?
—Prefiero mirar la tele. ¿Y tú?
—Prefiero...

1. ¿ir a una fiesta o hacer una fiesta?
2. ¿leer un libro o escribir una carta?
3. ¿ver películas en video o mirar la tele?
4. ¿correr o caminar con un(a) amigo(a)?
5. ¿comer con tu familia o comer con amigos?

 5-11 ¿A qué lugar tienen que ir las siguientes personas? Lea lo que quieren hacer estas personas y decida con un(a) compañero(a) de clase adónde tienen que ir.

MODELO: Marta y Alex tienen que comprar un libro de medicina.
Ellos tienen que ir a la librería de la universidad.

1. Tú prefieres comer rápidamente hoy.
2. Nosotros no entendemos los problemas de química.
3. Francisco y Magda piensan comprar una computadora nueva.
4. Virginia quiere ir de viaje a Costa Rica.
5. La profesora está muy enferma.
6. Yo tengo un problema con un hombre en la calle *(street)*.

5-12 Mis actividades. Complete la tabla con sus obligaciones y deseos para mañana.

MODELO:

Hora	Obligación	Preferencia
8:00	tomar un examen	descansar en casa
13:00	trabajar en el restaurante	trabajar en...
21:00	estudiar español	mirar la televisión

Hora	Obligación	Preferencia

Ahora, escriba un párrafo, usando la información de su tabla.

MODELO: *A las ocho de la mañana tengo que tomar un examen, pero prefiero descansar en casa. A la una de la tarde tengo que trabajar en el restaurante, pero prefiero trabajar en... A las nueve de la noche tengo que estudiar español, pero prefiero mirar la televisión.*

Present Tense of Verbs with Stem-Vowel Change: o → ue, e → i

As you have just learned, some Spanish verbs have vowel changes in the stem of the present tense.

o → ue Verbs

The following verbs change their stem vowel from **o** to **ue,** except in the **nosotros(as)** and **vosotros(as)** forms. The verb **jugar** has a **u → ue** stem change.

o → ue				
jugar*	**almorzar**	**poder**	**volver**	**dormir**
(to play)	*(to have lunch)*	*(to be able)*	*(to return)*	*(to sleep)*
juego	almuerzo	puedo	vuelvo	duermo
juegas	almuerzas	puedes	vuelves	duermes
juega	almuerza	puede	vuelve	duerme
jugamos	almorzamos	podemos	volvemos	dormimos
jugáis	almorzáis	podéis	volvéis	dormís
juegan	almuerzan	pueden	vuelven	duermen

*The verb **jugar** has a **u** but has **ue** changes:
 Juego al tenis todos los días.   *I play tennis every day.*

—¿**Puede Ud.** almorzar con nosotros?   ***Can you*** *have lunch with us?*
—¿A qué hora **almuerzan** Uds.?   *What time **do you have lunch?***
—**Almorzamos** a las dos en la cafetería.   ***We eat lunch*** *at two o'clock in the cafeteria.*

—Sí, **puedo** ir. Gracias.   *Yes, **I can** go. Thanks.*

Study these useful stem-vowel-change verbs (**o → ue**) with the example phrases:

almorzar en la cafetería de la universidad   ***to have lunch*** *at the university cafeteria*
dormir hasta tarde los sábados   ***to sleep*** *late on Saturdays*
encontrar el libro de ciencias   ***to find*** *the science book*
poder estudiar esta noche   ***to be able*** *to study tonight*
volver a Costa Rica otra vez   ***to return*** *to Costa Rica once again*
jugar al tenis todos los días   ***to play*** *tennis every day*

> "Puedes darle un consejo *(advice)* a alguien, pero no puedes obligarlo *(to force)* a que lo siga *(follow)*". —refrán popular

e → i Verbs

The following three verbs change their stem vowel from **e** to **i,** except in the **nosotros(as)** and **vosotros(as)** forms.

e → i			
servir *(to serve)*	**pedir** *(to ask for, to order)*	**decir*** *(to say, to tell)*	**seguir*** *(to pursue, to follow)*
sirvo	pido	digo	sigo
sirves	pides	dices	sigues
sirve	pide	dice	sigue
servimos	pedimos	decimos	seguimos
servís	pedís	decís	seguís
sirven	piden	dicen	siguen

*Notice that the **yo** forms of **decir** and **seguir** are irregular: **yo digo, yo sigo.**

—¿Qué carrera quieres **seguir**? — *What career do you want **to pursue/follow**?*

—Yo **digo** que quiero ser médica, porque quiero **servir** a las personas enfermas. — *I **say** that I want to become a doctor, because I want **to serve** sick people.*

—Y tú, ¿qué carrera **sigues**? — *And you, what career **are you pursuing/following**?*

—**Sigo** la carrera de periodista. — *I'm **pursuing** a journalist career.*

Study these useful stem-vowel-change verbs **(e → i)** with these example phrases:

decir lo que piensa — ***to say/tell*** *what he/she thinks*
pedir un favor al profesor — ***to ask for*** *a favor from the professor*
seguir una carrera técnica — ***to pursue/follow*** *a technical career*
servir el almuerzo/la cena — ***to serve*** *lunch/dinner*

Practiquemos

5-13 **¿Qué hacen este fin de semana?** Para saber lo que hacen estas personas el fin de semana, seleccione el verbo y escriba la forma apropiada en el espacio en blanco. Este ejercicio continúa en la página 124.

MODELO: Tomás _juega_ (poder / jugar) al fútbol el viernes por la tarde.

1. Luis y Tomás _____ (almorzar / poder) con la familia de Ileana el domingo.
2. Nosotros _____ (poder / dormir) ir a la fiesta el sábado por la noche.
3. Yo _____ (volver / poder) descansar bastante *(enough)* el domingo y por eso _____ (dormir / poder) hasta tarde.
4. Ileana _____ (dormir / volver) al restaurante de sus padres el viernes por la noche.

5. ¿_____ (Seguir / Poder) Tomás con la idea de jugar al fútbol el viernes por la tarde?
6. Nosotros _____ (dormir / jugar) al tenis el viernes por la mañana.
7. Miguel y Rebeca _____ (almorzar / poder) en el Café Tico el sábado a la una y media.
8. Nosotros _____ (poder / dormir) en el Parque Tortuguero el sábado por la noche.
9. ¿_____ (Jugar / Volver) a tu oficina para trabajar el domingo por la tarde?
10. Nosotros _____ (jugar / seguir) con los planes de visitar el Parque Nacional este fin de semana.

5-14 Una invitación a comer. La mamá de Ileana quiere invitar a Luis y a Tomás a comer en su restaurante Café Tico. Complete la conversación, usando formas apropiadas de los siguientes verbos: **jugar, almorzar, poder, volver.**

SEÑORA GAMBOA:	Ileana, Luis y Tomás, ustedes _____ almorzar aquí hoy si quieren.
LUIS:	¡Por supuesto, señora Gamboa! Yo _____ aquí sin problema *(without a problem)*.
TOMÁS:	Yo también.
ILEANA:	¿_____ ver (nosotros) el juego de fútbol en la televisión? Luis y Tomás _____ al fútbol en la universidad.
SEÑORA GAMBOA:	¡Claro! Ustedes _____ ver el juego mientras *(while)* hago la comida.
ILEANA:	Mamá, ¿cuándo _____ mis tíos al café? Queremos hablar con ellos sobre la casa cerca del Parque Tortuguero.
SEÑORA GAMBOA:	Tu tía _____ a las dos de la tarde y tu tío _____ a las cuatro de la tarde.
ILEANA:	Entonces, (nosotros) _____ primero y luego hablamos con ellos.

5-15 En el Café Tico. Ileana y sus amigos van a almorzar en el café y ahora necesitan decidir qué van a pedir. Complete la conversación, seleccione el verbo y escriba la forma apropiada en el espacio en blanco.

ILEANA:	Mi mamá _____ (decir / pedir) que la comida que ella hace es excelente.
SEÑOR GAMBOA:	¡Y ella _____ (servir / decir) la verdad *(truth)*!
SEÑORA GAMBOA:	Gracias. ¿Qué les puedo _____ (servir / pedir), muchachos?
LUIS:	Yo quiero _____ (pedir / servir) arroz con frijoles negros *(rice and black beans)* y agua mineral *(mineral water)*.
ILEANA Y TOMÁS:	Nosotros _____ (decir / pedir) lo mismo.
SEÑORA GAMBOA:	Les _____ (decir / servir) la comida ahora mismo. Deben de tener mucha hambre, ¿verdad?
LUIS:	¡Sí, muchas gracias, señora Gamboa! ¡Es usted encantadora!

5-16 Conversación. Pregúntele a otro(a) compañero(a) de clase.

1. ¿Cuántas horas duermes cada noche? ¿Duermes suficientemente? ¿Prefieres dormir más?
2. ¿Dónde trabajas ahora? ¿A qué hora comienzas a trabajar? ¿Qué tipo de trabajo haces?
3. ¿Dónde almuerzas los días de trabajo? ¿Y los días de clase?
4. ¿Te gusta comer en los restaurantes de comida rápida? ¿Cuál es tu restaurante favorito? ¿Qué pides en tu restaurante favorito?
5. ¿A qué hora vuelves a casa por la noche? ¿Qué haces después de llegar a casa?

 5-17 Situaciones. En un grupo de tres o cuatro personas, traten de resolver *(try to solve)* las siguientes situaciones.

MODELO: Ud. piensa ser médico(a), pero sus amigos dicen que va a tener que estudiar mucho en la universidad y no va a poder ir a fiestas. ¿Qué les dice a sus amigos? (Los amigos dan diferentes razones.)

A mí me gusta estudiar mucho y pienso ayudar a las personas que están enfermas de... con las investigaciones que voy a hacer.

- Ud. piensa ser músico(a), pero sus amigos dicen que no hay muchas oportunidades para triunfar *(to succeed)* en este trabajo. ¿Qué les dice a sus amigos? (Los amigos dan diferentes razones.)

- Ud. quiere trabajar como policía/secretario(a) en la estación de policía, pero sus amigos piensan que ese lugar es muy viejo y que el centro de la ciudad no es un lugar muy bonito. ¿Qué les dice a sus amigos? (Los amigos dan diferentes razones.)

- Ud. prefiere almorzar en un restaurante de comida rápida, pero sus amigos prefieren almorzar en un restaurante italiano. ¿Qué pueden hacer para estar de acuerdo sobre el restaurante donde van a almorzar?

CULTURA

■ Educación superior en España y Latinoamérica

Después de terminar la primaria *(primary school)*, algunos españoles y latinoamericanos empiezan a trabajar o comienzan a estudiar en una escuela técnica o politécnica por dos o tres años para tener un título como técnico(a). Otras personas terminan *(finish)* sus estudios en la secundaria *(high school)*.

La competencia para entrar en las universidades públicas es intensa porque estas universidades están financiadas *(are financed)* por el gobierno. Los alumnos tienen que pasar unos exámenes muy difíciles y luego estudian más de cinco años para obtener un título *(degree)* en programas muy estructurados con pocos cursos electivos *(electives courses)*.

Pocas universidades tienen residencias estudiantiles *(dorms)* como en las universidades en los Estados Unidos o en Canadá. Los estudiantes viven con sus padres o en pensiones.

Las universidades en España y Latinoamérica tienen una función política, social y educacional. Las universidades del estado son autónomas *(autonomous)*, tienen sus propias leyes *(have their own laws)* y profesores y solamente tienen que seguir el plan de estudio *(curriculum)* nacional para la educación básica de los estudiantes.

Preguntas. Lea el anuncio. Luego conteste las preguntas.

1. ¿Para qué es el aviso comercial *(advertisement)*?
2. ¿Quién va a leer este aviso comercial? ¿Por qué?
3. ¿Qué carreras pueden estudiar los alumnos?
4. ¿Qué títulos o diplomas pueden tener los estudiantes? Dé ejemplos.
5. ¿Qué significa **jornada diurna** y **jornada nocturna**?

GRAMÁTICA esencial

Present Progressive Tense

In this section, you will learn to describe actions that are happening at the moment you are speaking.

How to form the present progressive

1. Use a present tense form of **estar** plus a present participle, which is formed by adding **-ando** to the stem of **-ar** verbs and **-iendo** to the stem of **-er** and **-ir** verbs.

estoy		
estás		trabaj**ando** *(working)*
está	**+**	com**iendo** *(eating)*
estamos		escrib**iendo** *(writing)*
estáis		
están		

2. Here are some irregular present participles.

leer: **leyendo**	decir: **diciendo**	pedir: **pidiendo**
traer: **trayendo**	dormir: **durmiendo**	servir: **sirviendo**

How to use the present progressive

Spanish speakers often use the simple present tense to describe routine actions. They use the present progressive tense to describe what is happening right now—at this very moment. Compare the two situations below.

Happens routinely
Normalmente, Ileana almuerza *(eats lunch)* en casa con sus padres.

Happening right now
Pero en este momento está almorzando *(she is having lunch)* con sus amigos Luis y Tomás en el Café Tico.

Practiquemos

5-18 ¿**Aló? Ileana está hablando por teléfono con su tía Sara.**
¿Qué preguntas le hace Ileana, y qué le responde la tía Sara?

MODELO: tía Sara / descansar / sí / descansar
 ILEANA: *Tía Sara, ¿estás descansando?*
 TÍA SARA: *Sí, estoy descansando.*

Ileana
1. tía Sara / mirar la televisión
2. tío Alejandro / comer
3. tía / escribir en la computadora
4. mis padres / estar en tu casa

tía Sara
sí / mirar las noticias en este momento
no / leer el periódico ahora
sí / escribir en la computadora ahora
no / pero / tus padres / llegar a casa ahora

5-19 ¿Qué están haciendo? Describa a un(a) compañero(a) de clase lo que están haciendo estas personas.

hablar   jugar   servir   mirar

5-20 Situaciones. Lea cada situación. Luego escriba una o dos oraciones sobre lo que Ud. piensa que está ocurriendo.

- Ahora es domingo por la tarde. Ileana, Luis y Tomás están en casa de Ileana y hablan de sus visitas a los parques nacionales. ¿Por qué están allí? ¿Qué están haciendo? ¿De qué están hablando?
- Ahora son las nueve de la noche. Tío Alejandro y tía Sara están en su casa y están descansando. ¿Qué están haciendo ellos? ¿Por qué?
- Ud. y su compañero(a) de cuarto tienen mucha tarea. Ud. tiene que escribir una composición en español y su compañero(a) de cuarto necesita hacer unos ejercicios de contabilidad. Ahora Uds. están en su dormitorio. ¿Qué está haciendo Ud.? ¿Y su compañero(a) de cuarto?

▪ RETO CULTURAL

Ud. va a estudiar en la Universidad Latinoamericana de Ciencia y Tecnología (http://www.ulacit.ac.cr) en San José, Costa Rica, y su compañero(a) quiere saber lo que Ud. va a hacer y estudiar en Costa Rica y le pregunta:
- ¿Dónde vas a vivir–en una residencia o con una familia?
- ¿Qué carreras puedes estudiar en esta universidad?
- ¿Qué cursos tienes que estudiar? ¿Puedes tomar cursos electivos?
- ¿Cuántos años tienes que estudiar?
- ¿Cuáles son las similitudes y las diferencias entre el sistema educativo en Costa Rica y en los Estados Unidos?

Practiquemos más

 For additional practice on the material covered in this chapter, go to **Lección 5** of the *Intercambios* Workbook/Laboratory Manual.

 For additional practice on grammar, vocabulary, and conversation, go to **Lección 5** of the *Flex-Files.*

 Atajo Writing Assistant Software for Spanish can be used to complete the writing activities in your *Workbook/Laboratory Manual.*

 Intercambios Video: Activities to accompany the ***Intercambios*** Video can be found in the *Flex-Files.*

 Visit ***Intercambios*** on the World Wide Web at **http://intercambios.heinle.com**.

ASÍ SE DICE

Las profesiones u ocupaciones
el (la) abogado(a)   lawyer, attorney
el (la) agente de viajes   travel agent
el (la) arquitecto(a)   architect
el (la) científico(a)   scientist
el (la) cocinero(a)   cook
el (la) contador(a)   accountant
el (la) enfermero(a)   nurse
el (la) escritor(a)   writer
el (la) gerente   manager
el (la) guía de turismo   tour guide
el hombre / la mujer de negocios
   business/man/woman
el (la) ingeniero(a)   engineer
el (la) investigador(a)   researcher
el (la) maestro(a)   teacher
el (la) médico(a)   physician, doctor
el (la) músico(a)   musician
el (la) oficinista   office worker
el (la) periodista   journalist
el (la) policía   police officer
el (la) programador(a)   computer programmer
el (la) trabajador(a) social   social worker
el (la) vendedor(a)   salesperson

Lugares de trabajo
la agencia de viajes   travel agency
el banco   bank
la biblioteca de la universidad
   university library
el centro comercial   mall
la estación de policía   police station
el hospital   hospital
el juzgado   court
el laboratorio   laboratory
la librería de la universidad
   university bookstore
la oficina   office
la oficina de ingeniería/arquitectura/computación   engineering/architecture/computer office
el restaurante   restaurant
el restaurante de comida rápida
   fast food restaurant
la tienda   store
la tienda por departamentos
   department store

Verbos (e → ie)
comenzar   to start, to begin
empezar   to start, to begin
entender   to understand
pensar   to think
preferir   to prefer
querer   to want, to love
tener (tengo)   to have
venir (vengo)   to come

Verbos (o → ue)
almorzar   to have lunch
dormir   to sleep
encontrar   to find
jugar   to play
poder   to be able
volver   to return

Verbos (e → i)
decir   to say, to tell
pedir   to ask for, to order
seguir   to pursue, to follow
servir   to serve

Verbo   Verb
gastar   to spend

Expresiones
¿Qué carrera u ocupación sigues?
   What career or occupation are you pursuing/following?
¡Pura vida!   Excellent! Amazing! Fabulous!

LECCIÓN 6
¡Hace mucho calor en Panamá!

ENFOQUE

■ COMMUNICATIVE GOALS

You will be able to comment on the weather and describe it. You will be able to depict your daily routine in the present as well as the activities that you and your friends did in the past.

■ LANGUAGE FUNCTIONS

Describing the weather
Commenting on the weather
Commenting on the seasons
Saying the year when you were born
Specifying dates
Describing daily routines
Discussing past activities

■ VOCABULARY THEMES

Weather expressions
Seasons of the year
More expressions with **tener**
Numbers 100–2,000

■ GRAMMATICAL STRUCTURES

Present tense of reflexive verbs
Preterite tense of regular verbs
The verb form **hace** + time (ago)

■ CULTURAL INFORMATION

Climate around the world

■ CULTURAL CHALLENGE

Weather differences around the world; weather expressions that could cause misinterpretation in the Hispanic world

EN CONTEXTO

Hace cuatro semanas Luis, Ileana y Tomás viajan por Centroamérica, y ahora están en Panamá. Ellos tienen que levantarse° temprano° todos los días porque tienen que hacer muchas cosas. Hoy es domingo. Ayer° Luis e Ileana visitaron el Canal de Panamá (1) y el Río° Chagres (2). Por eso, se levantaron a las cinco de la mañana, se ducharon°, se vistieron° y tomaron café muy temprano. Ahora hablan con Tomás de su excursión por el Río Chagres.

ILEANA: ¡Hola, Tomás! ¿Cómo estás? ¿Qué tal el trabajo el viernes?
TOMÁS: Muy bien. Trabajé con mi papá todo el día en la agencia de viajes. Y, ¿qué tal la excursión?
LUIS: ¡Fabulosa! Comenzamos el viaje en la Ciudad de Panamá a las siete de la mañana, salimos de la Esclusa° de Gatún y navegamos° por el Río Chagres hasta llegar al Fuerte San Lorenzo... (3)
ILEANA: ¡Sí! En el Fuerte, observamos° su arquitectura y también el mar Caribe. Luego, almorzamos muy bien en el Restaurante Balboa Club.
LUIS: ¡Sí, pero qué calor°!
TOMÁS: Bueno, ustedes ya° saben cómo es la temperatura aquí en el verano° (4).
LUIS: Sí, también hace mucho calor en Guatemala y en Costa Rica en el verano.
ILEANA: ¿Qué vamos a hacer ahora? ¿Ya cenaste°, Tomás?
TOMÁS: No, vamos a cenar en el Restaurante El Pacífico. ¡Tengo hambre!
ILEANA: ¡Sí, vamos! ¡Yo tengo mucha sed y mucha hambre también!

levantarse... *to get up*
temprano... *early*
Ayer... *Yesterday*
Río... *River*
se ducharon... *they took a shower*
se vistieron... *they got dressed*
Esclusa... *lock, floodgate*
navegamos... *we sailed*
observamos... *we observed*
qué calor... *what heat*
ya... *already*
verano... *summer*
¿Ya cenaste...? *Did you already have dinner*

Notas de texto

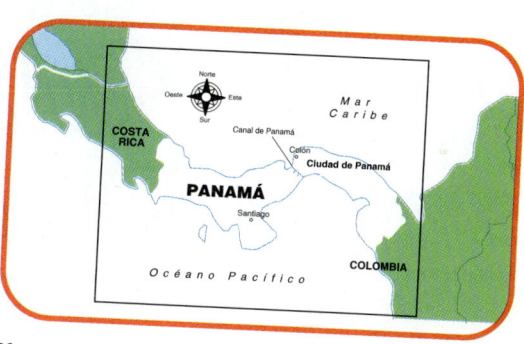

1. The Panama Canal is a lock-type canal, extending approximately fifty miles from Panama City on the Pacific Ocean to the city of Colon on the Caribbean Sea. The canal is capable of receiving fifty ships a day, and it takes nine hours to cross it. Transit time from Alaska to the U.S. Gulf Coast via the canal is sixteen days, in contrast to the forty days it would take a tanker to go around Cape Horn (the southern tip of South America). On December 31, 1999, Panama assumed full responsibility for the canal, which was up to that year controlled by the United States.

2. The Chagres River has an expedition for people interested in birdwatching, fishing, and preserving nature. It leaves from Panama City or the city of Colon every weekend. The expedition passes through the Gatun lock and along the river to the Caribbean Sea, where San Lorenzo Fort is located.

3. San Lorenzo Fort was built in the late sixteenth century as part of the defense system constructed by the Spanish Crown to protect transatlantic trade. In 1980, it was named a World Heritage Site by UNESCO (The United Nations Education, Science, and Cultural Organization).

4. Panama has two seasons: the dry season, which lasts from January to mid-April, and the rainy season, which lasts from mid-April to December.

6-1 ¿Comprendió Ud.?

A. Indique si las siguientes oraciones son ciertas o falsas. Corrija *(Correct)* las oraciones falsas.
1. Tomás tiene una oficina en Costa Rica.
2. Luis e Ileana se levantaron temprano. Luis and Eliana got up early.
3. Luis e Ileana visitaron el Fuerte de San Lorenzo.
4. Ellos navegaron por el Río Magdalena.
5. En Panamá hace mucho calor en el verano.

B. Ahora hable con un(a) compañero(a) de clase.
1. ¿A qué hora se levantaron Luis e Ileana para ir a la excursión?
2. ¿Qué observaron ellos desde el Fuerte San Lorenzo?
3. ¿Cómo se llama el restaurante donde ellos almorzaron?
4. ¿Qué van a hacer ellos después de hablar? ¿Tienen hambre o sed?
5. ¿Qué país te gustaría conocer: Guatemala, Costa Rica o Panamá? ¿Por qué?

VOCABULARIO esencial

In this section, you will learn how to comment on the weather and to talk about the seasons of the year.

Cómo hablar sobre el tiempo (How to talk about the weather)

¿Qué tiempo hace? ¿A cuánto está la temperatura?

Hace muy buen tiempo.
Hace sol.

Hace calor. La temperatura está a 32 centígrados (C°).

Hace fresco. La temperatura está a 15° C.

Está despejado.

Hace viento.
Hace mal tiempo.

Hace mucho frío.
La temperatura está a 0° C.

Está nevando. / Nieva.   Está lloviendo. / Llueve.   Está nublado.

Las estaciones del año

Llueve mucho en primavera.   Hace sol en el verano.   Hace fresco en el otoño.   Nieva mucho en el invierno.

> "Nunca llueve a gusto de todos". —refrán popular

Practiquemos

6-2 El reporte del tiempo. Estas personas hablan con sus parientes por teléfono y describen el tiempo en sus estados. Complete los diálogos lógicamente.

MODELO: UD: Tía, ¿qué tiempo hace en Vermont ahora en octubre?
TÍA: *Hace mucho viento y está nublado.*

1. ALICIA: Mamá, ¿qué tiempo hace ahora en enero?
   MAMÁ: Ahora en Wisconsin, _____.
2. ILEANA: Tío José, ¿qué tiempo hace ahora en julio?
   TÍO JOSÉ: En Costa Rica ahora _____.
3. LUIS: Hermana, ¿qué tiempo hace en Guatemala ahora, en mayo?
   HERMANA: En Guatemala _____.
4. UD: Prima, ¿qué tiempo hace en Arizona ahora, en noviembre?
   PRIMA: Ahora en Arizona _____.

6-3 ¿Tenemos frío o calor? Complete los espacios en blanco para describir si estas personas tienen frío o calor.

MODELO: En el verano en Arizona, Eric y Alex _tienen calor_.

1. Cuando nieva en Boston, nosotros _frío_.
2. Tú _tienes calor_ en las playas de Miami.
3. Cuando llueve en New Hampshire, la familia Romero _tienen frío_.
4. Patrick y su esposa siempre _tienen frío_ en el otoño en Vermont.
5. Cuando hace mucho sol en New York, yo siempre _tengo calor_.
6. En Panamá, Luis e Ileana _tienen calor_.

6-4 ¿Qué te gusta hacer en las estaciones? Pregúntele a un(a) compañero(a) de clase qué le gusta hacer durante las diferentes estaciones y llene *(fill out)* el cuadro con la información. Después, su compañero(a) debe hacerle estas preguntas a Ud. para llenar su cuadro con su información.

Estaciones	Primavera	Verano	Otoño	Invierno
¿Qué te gusta hacer?				
¿Qué tiempo hace?				

6-5 ¡A escribir! Exprese sus preferencias en un párrafo.

En la primavera me gusta (ir al cine / jugar al tenis / ...) porque... En el verano prefiero (ir a / jugar a / ...) porque... En el otoño me gusta (hacer ejercicio / ver películas en video / ...) porque... En el invierno prefiero (leer en casa / ir a _____ /...) porque... En todas las estaciones del año, me gusta _____ porque...

Más expresiones con *tener*...

—¿**Tienes calor**, Luis?
—Sí, Tomás. Hace mucho calor y **tengo mucha sed.**

Are you hot, Luis?
*Yes, Tomás. It's very hot and **I'm very thirsty.***

Elizabeth tiene sed y **tiene mucho cuidado** de tomar agua cuando corre.

Terry tiene hambre, pero **tiene prisa** porque quiere llegar a tiempo a la escuela.

William tiene sueño y **tiene miedo** por el examen de español mañana; por eso estudia mucho.

Cathy **tiene razón** en su tarea de matemáticas. Sus respuestas están correctas. Ella **tiene éxito** en sus estudios.

6-6 Tengo cuidado, prisa, sueño, miedo, éxito y razón. Hable con otro(a) estudiante y diga lo que hace en las siguientes situaciones usando expresiones con **tengo**.

1. Cuando paseo en bicicleta por la calle *(street)*,...
2. Cuando tengo A en mis exámenes,...
3. Cuando no estudio mucho para un examen,...
4. Cuando leo hasta las dos de la mañana,...
5. Cuando vendo *(I sell)* mucha mercancía *(merchandise)*,...
6. Cuando son las siete de la mañana y tengo clases a las siete y media,...
7. Cuando estudio física y matemáticas,...
8. Cuando hablo con mi jefe, él siempre...

CULTURA

■ El clima alrededor del mundo

Los latinoamericanos y los españoles usan grados centígrados cuando se refieren a las temperaturas. Las estaciones del año en el Hemisferio Norte son opuestas a las del Hemisferio Sur. Cuando es invierno en Chicago, Toronto, Madrid, Moscú y Tokio, es verano en Santiago de Chile, Buenos Aires, Johannesburg y Sydney. Cuando los canadienses y los finlandeses están limpiando *(are shoveling)* la nieve de las aceras *(sidewalks)*, los chilenos y los neozelandeses están tomando el sol en las playas *(beaches)*. Tenemos que tener cuidado cuando usamos la frase "está caliente" *(it's hot)*, que describe algo *(something)* que tiene una alta temperatura; por ejemplo, el motor del auto está caliente. Una persona nunca *(never)* se describe como caliente; solamente se usa para describir cosas *(things)*. Para describir una comida *(food)* que tiene mucho chile, se dice que la comida "está picante", y cuando la comida tiene una alta temperatura se dice que "está caliente".

¿Cierto o falso? Lea las siguientes oraciones y diga si son ciertas o falsas. Corrija las oraciones falsas.

1. Cuando los hispanos reportan la temperatura usan grados Fahrenheit.
2. Las estaciones del año en el Hemisferio Sur son opuestas a las del Hemisferio Norte.
3. Los chilenos y los argentinos toman el sol en junio, julio y agosto.
4. Esta comida está picante porque tiene mucho chile.

6-7 ¿A cuánto está la temperatura? / ¿Qué tiempo hace?
Responda a las siguientes preguntas.

1. ¿Qué tiempo hace en Barcelona?
2. ¿A cuánto está la temperatura en la Ciudad de Panamá y en Buenos Aires? (en centígrados y en Fahrenheit)
3. ¿Por qué hay diferencia entre las temperaturas de Buenos Aires y Barcelona?
4. ¿En qué ciudad prefiere estar Ud. hoy? ¿Por qué?

VOCABULARIO esencial

Buenos Aires, Argentina
Temperatura: 15° C
59° F
Está lloviendo. / Hace frío.

Barcelona, España
Temperatura: 26° C
79° F
Está nublado. / Hace fresco.

Ciudad de Panamá, Panamá
Temperatura: 30° C
86° F
Está despejado. / Hace sol.

Los números 100–2.000

100 cien	**400** cuatrocientos(as)	**800** ochocientos(as)
101 ciento uno	**500** quinientos(as)	**900** novecientos(as)
200 doscientos(as)	**600** seiscientos(as)	**1.000** mil
300 trescientos(as)	**700** setecientos(as)	**2.000** dos mil

- Use **cien** to espress 100 alone or followed by a noun, and **ciento** for numbers 101–199.

  | 100 estudiantes | **cien** estudiantes | *one hundred* students |
  | 115 compañeros | **ciento** quince compañeros | *one hundred and fifteen classmates* |

- Use numbers 1–2000 to state a specific year in Spanish.

  1152 mil ciento cincuenta y dos
  1999 mil novecientos noventa y nueve
  2000 el año dos mil
  2003 el año dos mil tres

- Use the preposition **de** to connect a day, a month, and a year.

  Hoy es 12 **de** octubre **de** 2004.

- In Spain and many countries in Latin America, a period is used to separate thousands, and a comma to separate decimals.

  2**.**002 $27**,**47

Repasar cómo se habla de la edad *(Review how to talk about age)*

—¿**Cuántos años tienes,** Tomás? *How old are you, Tomás?*
—**Tengo** veinticuatro años. *I'm twenty-four years old.*
—¿Cuándo **es** tu cumpleaños? *When is your birthday?*
—**Mi cumpleaños es** el 14 de diciembre. *My birthday is on December 14.*
—¿**En qué año?** *In what year?*
—Mil novecientos ochenta. *1980.*

Practiquemos

6-8 Eventos históricos del Canal de Panamá. Lea cada oración con el año correcto.

1. En 1903, el presidente norteamericano Theodore Roosevelt ayuda a Panamá a independizarse *(to get its independence)* de Colombia.
2. Los norteamericanos construyen *(build)* el Canal de Panamá entre los años 1903 y 1914.
3. Theodore Roosevelt abre las puertas del Canal de Panamá al mundo en 1914.
4. El tratado *(treaty)* del presidente Jimmy Carter y el presidente panameño Omar Torrijos en 1977 promete *(promises)* devolver el canal a Panamá.
5. Los Estados Unidos otorgan *(give)* la soberanía *(sovereignty)* del canal a Panamá el 31 de diciembre de 1999.

6-9 El concierto. El panameño Rubén Blades va a cantar en la Ciudad de Panamá en el Teatro Colón. Se venden muchos boletos *(tickets)* para sus cuatro conciertos *(concerts)*. Dígale a su compañero(a) cuántos boletos vende el teatro.

MODELO: 898 boletos el jueves por la noche
—*¿Cuántos boletos vende el Teatro Colón para el concierto de Rubén Blades?*
—*El teatro vende ochocientos noventa y ocho boletos el jueves por la noche.*

1. 940 boletos el viernes por la noche
2. 1.574 boletos el sábado por la tarde
3. 1.603 boletos el sábado por la noche
4. 1.928 boletos el domingo por la noche

GRAMÁTICA esencial

In this section, you will learn how to describe people's daily routines.

Present Tense of Reflexive Verbs

- Spanish speakers often use a reflexive verb to describe their daily routine, such as getting up **(levantarse)**, dressing **(vestirse)**, washing **(lavarse)**, brushing **(cepillarse)** their teeth or hair, and so forth.
- In a reflexive construction, the subject and the object of the sentence are the same person. In the sentence below, **yo** and **me** are the same person.

    Yo me lavo.   *I wash myself.*

- When the action of the verb is performed on another person, a reflexive pronoun *is not used* with these verbs.

    Me despierto a las siete.   *I wake up at seven o'clock.*
    Despierto a mi hermano a las siete.   *I wake up my brother at seven o'clock.*

- When reflexive verbs are used with parts of the body or with articles of clothing, use the definite articles **(el, la, los, las)**.

    Me lavo las manos y **la cara.**   *I wash my hands and face.*

How to form reflexive constructions

levantarse *(to get up)*

(yo)	me levanto	*I get up*
(tú)	te levantas	*you get up*
(Ud., él, ella)	se levanta	*you get up, he/she gets up*
(nosotros/nosotras)	nos levantamos	*we get up*
(vosotros/vosotras)	os levantáis	*you get up*
(Uds., ellos, ellas)	se levantan	*you get up, they get up*

1. Use a reflexive pronoun (e.g., **me**) with its corresponding verb form (e.g., **levanto**), according to the subject of the sentence (e.g., **yo**).
2. Place reflexive pronouns as follows:
    a. Place the pronoun in front of the conjugated verb.
       Luis **se** levanta a las seis.   *Luis gets up at six o'clock.*
    b. When a reflexive verb is used as an infinitive or as a present participle, place the pronoun either before the conjugated verb or attached to the infinitive or to the present participle.
       Él **se** va a levantar pronto.
       Él va a levantar**se** pronto.   *He's going to get up soon.*
       Él **se** está levantando ahora.
       Él está levantándo**se** ahora.   *He's getting up now.*

When a reflexive pronoun is attached to a present participle (e.g., **levantándose**), an accent mark is added to maintain the correct stress.

Reflexive verbs

ponerse (el pijama)   to put on (one's pajamas)
  Mi hermano **se pone el pijama** a las ocho y media.   My brother **puts on his pajamas** at eight-thirty.

acostarse (o → ue)   to go to bed
  Me acuesto muy tarde después de estudiar.   **I go to bed** very late after I study.

dormirse (o → ue)   to fall asleep
  Federico **se duerme** rápidamente.   Federico **falls asleep** rapidly.

despertarse (e → ie)   to wake up
  Nosotros **nos despertamos** temprano.   **We wake up** early.

levantarse   to get up
  Linda **se levanta** inmediatamente.   Linda **gets up** immediately.

quitarse (la ropa)   to take off (one's clothes)
  Roberto **se quita la ropa** rápidamente.   Roberto **takes off his clothes** rapidly.

afeitarse (la cara)   to shave (one's face)
  Ramiro **se afeita** todos los días.   Ramiro **shaves** every day.

bañarse   to take a bath
  ¿**Te bañas** dos veces al día?   **Do you take a bath** twice a day?

ducharse   to take a shower
  No, **me baño** por la mañana y **me ducho** por la noche.   No, **I take a bath** in the morning and **I take a shower** at night.

secarse   to dry off
  Me seco con una toalla muy grande.   **I dry off** with a big towel.

vestirse (e → i)   to get dressed
  Me visto elegantemente para ir a trabajar.   **I get dressed** formally to go to work.

lavarse (las manos)   to wash (one's hands)
  Juan **se lava las manos** antes de cenar.   John **washes his hands** before dinner.

lavarse (los dientes)   to brush (one's teeth)
  Nosotros **nos lavamos los dientes** tres veces al día.   **We brush our teeth** three times a day.

peinarse el pelo   to comb one's hair
  Luis nunca **se peina el pelo.**   Luis never **brushes his hair.**

maquillarse   to put on make-up
  Rosario **se maquilla** perfectamente.   Rosario **puts on make-up** perfectly.

Otros verbos reflexivos

llamarse   to be called
  —¿Cómo **te llamas**?   What's **your name**?
  —**Me llamo** Leonardo.   **My name is** Leonardo.

preocuparse   to worry
  ¿**Te preocupas** por los exámenes finales?   **Do you worry** about final exams?

reírse   to laugh
  Ellas **se ríen** cuando oyen un chiste.   **They laugh** when they hear a joke.

Practiquemos

6-10 Nuestra rutina diaria. Para saber quién, cuándo y cuántas veces estas personas hacen estas acciones, complete los espacios en blanco con la forma correcta del verbo.

MODELO: Alicia *se levanta* (se levantan / se levanta) a las cinco y media todas las mañanas.

1. Luis y Mateo _____ (se ponen / te pones) el pijama para dormir.
2. Mariana _____ (me acuesto / se acuesta) como a las doce de la noche pero no _____ (nos dormimos / se duerme) hasta las dos porque le gusta leer.
3. ¿A qué hora _____ (te despiertas / me despierto) tú por las mañanas?
4. Marcelo nunca _____ (te afeitas / se afeita) la barba *(beard)*.
5. Yo _____ (me ducho / se duchan) dos veces al día en el verano.
6. Nosotros _____ (se secan / nos secamos) con toallas de algodón *(cotton)*.
7. Ellos _____ (te lavas / se lavan) las manos antes de comer.
8. Gloria y Matilde _____ (nos maquillamos / se maquillan) después de _____ (se peinan / peinarse).
9. ¿Cómo _____ (se llaman / se llama) esos nuevos estudiantes?
10. Nosotros _____ (nos reímos / me río) de tus chistes.

6-11 Conversaciones de familia. Complete las conversaciones con el verbo correcto y la forma correcta de los verbos.

TOMÁS: ¿A qué hora _____ (acostarse / levantarse) Uds. por la noche en tu casa?

ILEANA: Pues, mis padres y yo _____ (acostarse / dormirse) a las once. Mi hermano menor, que tiene diez años, _____ (despertarse / acostarse) a las ocho. A veces, él _____ (dormirse / levantarse) rápidamente, pero _____ (levantarse / acostarse) durante la noche y va al baño. Luego _____ (acostarse / levantarse) otra vez.

TOMÁS: ¿A qué hora _____ (acostarse / levantarse) ustedes por la mañana?

ILEANA: Los días de trabajo, (yo) _____ (despertarse / levantarse) a las seis y _____ (despertarse / levantarse) a las seis y media. Mis padres _____ (levantarse / despertarse) a las cinco y media y _____ (levantarse / despertarse) a las seis. Mi hermano Pedro _____ (despertarse / levantarse) a las ocho, pero _____ (levantarse / despertarse) a las ocho y media. Siempre llega tarde a la escuela.

6-12 ¿Qué está haciendo el Sr. Álvarez, el padre de Tomás? Diga lo que el Sr. Álvarez está haciendo en este momento.

MODELO: *El Sr. Álvarez está despertándose a las seis...*
   o *El Sr. Álvarez se está despertando a las seis...*

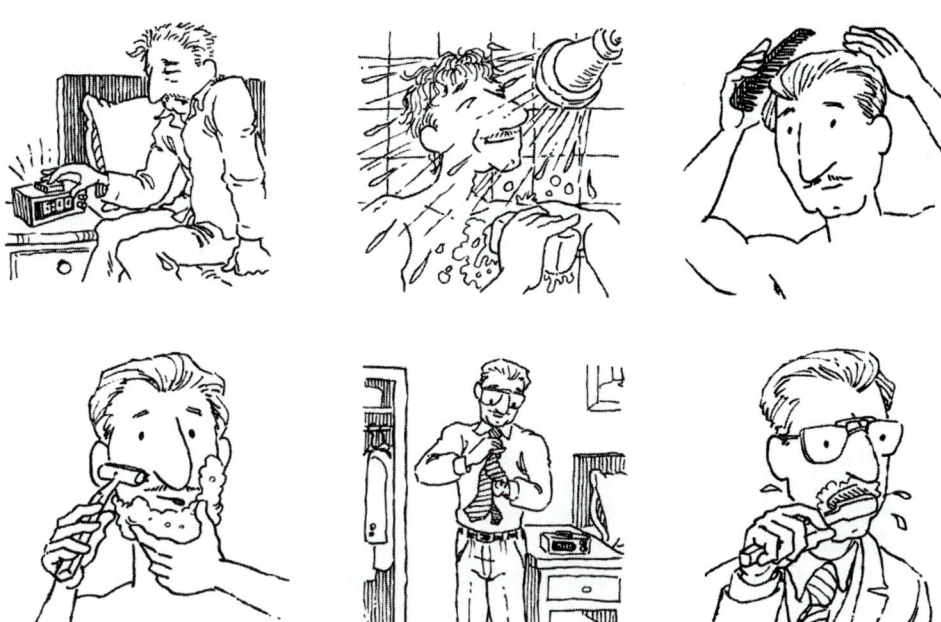

6-13 Imagínense (*Imagine*) que... Imagínese que Ud. es el Sr. Álvarez o la Sra. Álvarez y que está describiendo lo que va a hacer mañana, el lunes. Mire los dibujos de la página 141 y describa su rutina.

MODELO: *Mañana voy a despertarme a las seis...*
   o *Mañana me voy a despertar a las seis...*

6-14 ¡Ah... los fines de semana! Pregúntele a su compañero(a) de clase:

1. a qué hora se acuesta los viernes.
2. a qué hora se levanta los sábados.
3. si se pone los jeans o si se viste elegantemente.
4. si se despierta siempre a la misma hora.
5. a qué hora se acuesta los sábados.
6. si se duerme tarde o si se duerme temprano.
7. cuántas horas duerme los sábados y domingos.

6-15 Mi rutina diaria. Escriba un párrafo sobre su rutina diaria. Luego, léale su descripción a otro(a) estudiante.

Los días de clase (trabajo) me despierto a las _____. Me levanto a las _____. Luego...

GRAMÁTICA esencial

In this section, you will learn to describe activities that occurred in the past.

Preterite Tense of Regular Verbs

Spanish speakers use the preterite tense as one way to describe completed actions, conditions, and events in the past.

How to form the preterite tense

1. To form the preterite for most Spanish verbs, add the following endings to the verb stem. Note the identical endings for **-er** and **-ir** verbs.

	trabajar	comer	vivir
Singular			
(yo)	trabaj**é**	com**í**	viv**í**
(tú)	trabaj**aste**	com**iste**	viv**iste**
(Ud., él, ella)	trabaj**ó**	com**ió**	viv**ió**
Plural			
(nosotros/nosotras)	trabaj**amos**	com**imos**	viv**imos**
(vosotros/vosotras)	trabaj**asteis**	com**isteis**	viv**isteis**
(Uds., ellos, ellas)	trabaj**aron**	com**ieron**	viv**ieron**

—¿Ya **comieron** Luis e Ileana?   *Did Luis and Ileana eat already?*
—Sí. **Comieron** en el restaurante Balboa.   *Yes. They ate at the Balboa Restaurant.*
—¿Hasta qué hora **trabajó** Tomás?   *Until what time did Tomas work?*
—**Trabajó** hasta las siete de la noche.   *He worked until seven at night.*

2. **-Ar** and **-er** stem-change verbs have *no* stem change in the preterite; for these verbs, use the same verb stems as for a regular verb.

> **pensar:** pensé, pensaste, pensó, pensamos, pensasteis, pensaron
>
> **volver:** volví, volviste, volvió, volvimos, volvisteis, volvieron

—¿A qué hora **volvieron** de la excursión?   *At what time did you return from the excursion?*
—**Volvimos** a las cinco de la tarde y **pensamos** mucho en ti, Tomás.   *We returned at five o'clock and we thought a lot about you, Tomás.*
—Lástima que tú no **pensaste** en venir con nosotros.   *It's a shame that you didn't think to come with us.*

3. Several verbs have some spelling changes in the preterite. Verbs ending in **-car, -gar,** and **-zar** have a spelling change in the **yo** form of the preterite tense.

c *changes to* **qu**	**g** *changes to* **gu**	**z** *changes to* **c**
buscar → busqué	llegar → llegué jugar → jugué	comenzar → comencé almorzar → almorcé

4. **-Ir** and **-er** verbs that have a vowel before the infinitive ending require a change in the **Ud./él/ella** and **Uds./ellos/ellas** forms of the preterite tense: an **i** between two vowels changes to a **y**.

	creer *(to believe, to think)*	**leer** *(to read)*	**oír** *(to hear)*
(Ud., él, ella)	creyó	leyó	oyó
(Uds., ellos, ellas)	creyeron	leyeron	oyeron

5. To form the past tense of the reflexive verbs, just add the reflexive pronouns **(me, te, se, nos, os, se)** and the following endings to the verb stem.

levantarse *(to get up)*		**lavarse** *(to wash)*	
(yo)	me levanté	(yo)	me lavé
(tú)	te levantaste	(tú)	te lavaste
(Ud., él, ella)	se levantó	(Ud., él, ella)	se lavó
(nosotros/nosotras)	nos levantamos	(nosotros/nosotras)	nos lavamos
(vosotros/vosotras)	os levantasteis	(vosotros/vosotras)	os lavasteis
(Uds., ellos, ellas)	se levantaron	(Uds., ellos, ellas)	se lavaron

6. Some expressions used with the preterite to denote past time are:

anoche	*last night*	el mes pasado	*last month*
ayer	*yesterday*	la semana pasada	*last week*
el año pasado	*last year*		

When to use the preterite

1. The preterite tense is used to refer to past actions, conditions, or events that the speaker or writer considers as *completed*. In other words, the speaker or writer focuses on a time in the past at which the action, condition, or event began and was completed or was viewed as completed.

> Anoche Ileana y Luis **tomaron** un taxi para el hotel. **Llegaron** al hotel y Tomás **invitó** a Ileana y a Luis a cenar. **Se sentaron** a comer y **pidieron** refrescos. Luis **pensó** en comer tamales e Ileana **comió** tamales también. ¡Qué rico!

2. Spanish speakers use the preterite tense with the following structure to express how long ago an action or event occurred.

hace + *length of time* + **que** + *preterite tense*

—Ileana, ¿**cuánto tiempo hace que conociste** a Luis? *Ileana, **how long ago did you meet** Luis?*
—**Hace tres años que conocí** a Luis. *I **met** Luis **three years ago**.*

Practiquemos

6-16 En la clase. Ahora Uds. están en la clase de español, pero ¿qué pasó antes de esta clase? Forme oraciones con las siguientes frases describiendo lo que pasó.

MODELO: yo / estudiar / los verbos reflexivos / antes de esta clase
Yo estudié los verbos reflexivos antes de esta clase.

1. George y Joyce / comer / en la cafetería
2. tú / practicar / la lección en el laboratorio
3. nosotros / salir / de la clase de estadística
4. Helena / comprar / cuadernos y libros / en la librería
5. Ángela y Pedro / correr / por el parque
6. yo / escribir / un trabajo de investigación *(research paper)*
7. ellos / discutir / los precios del mercado en clase de economía
8. tú / aprender / mucho sobre el Canal de Panamá

6-17 ¿Cuánto tiempo hace que... ? Ud. quiere saber cuánto tiempo hace que su compañero(a) hizo *(did)* las siguientes actividades.

MODELO: —¿Cuánto tiempo hace que escribiste un mensaje electrónico a casa?
—Hace dos días que escribí un mensaje electrónico a casa.

1. comprar una computadora
2. llamar por teléfono a un(a) amigo(a)
3. asistir a un concierto de música rock, salsa, música clásica
4. alquilar *(to rent)* una buena película
5. comer en un restaurante hispano
6. invitar a tus amigos a una fiesta
7. decidir la carrera que sigues
8. llegar a la universidad

por = duration of time: **por dos horas**

6-18 Ileana está ocupada. Describa las actividades de Ileana ayer.

Por la mañana Ileana _____ (levantarse) temprano. Primero, _____ (bañarse y secarse). Luego ella _____ (tomar) café. Cuando _____ (terminar), ella _____ (salir) del hotel y _____ (buscar) un taxi para ir a la oficina de Tomás. Ella _____ (almorzar) con sus amigos. Por la tarde, Ileana _____ (llamar) por teléfono a su familia y _____ (escribir) un mensaje electrónico para ellos. Después, Tomás e Ileana _____ (salir) de la oficina, _____ (comprar) el periódico y _____ (caminar) hasta un restaurante para cenar. Después de cenar, ellos _____ (hablar) por dos horas de sus planes y de sus trabajos. Luego, Ileana y Luis _____ (regresar) a su hotel y _____ (acostarse) para descansar.

6-19 Las actividades del Sr. Álvarez. Dígale a otro(a) estudiante las actividades que el Sr. Álvarez hizo *(did)* ayer según los dibujos en la página 141, **Actividad 6-12.**

MODELO: *El Sr. Álvarez se despertó a las seis...*

6-20 El fin de semana pasado. Descríbale a su compañero(a) de clase lo que pasó el fin de semana pasado.

MODELO: desayunar tarde el sábado
Desayuné tarde el sábado.

1. almorzar en un restaurante panameño
2. jugar al tenis con sus amigos
3. alquilar una película en video
4. acostarse tarde y levantarse temprano
5. salir a tomar café con un(a) amigo(a)
6. escribir un trabajo
7. conocer a personas interesantes
8. buscar trabajo

6-21 Situaciones. En grupos de dos o tres estudiantes, traten de resolver las siguientes situaciones.

MODELO: Ud. no encontró el trabajo sobre historia de Panamá que escribió ayer para la clase de español. Tiene que describirle al (a la) profesor(a) todas sus actividades de ayer y dónde usted cree que está su trabajo.

Profesor(a), ayer me levanté muy temprano y llegué a la universidad para trabajar en mi trabajo sobre Panamá. Terminé el trabajo, pero ahora no lo encuentro. Creo que...

■ Ud. no estudió en su habitación anoche. Cuando su novio(a) llamó por teléfono, no habló con Ud. Cuéntele *(Tell)* a su novio(a) lo que pasó anoche y todas sus actividades de ayer, con quién salió, con quién estudió, con quién cenó, etcétera.

■ Su papá y mamá están preocupados por usted ya que usted no manda mensajes ni llama desde la semana pasada. Así que su padre y madre quiere saber cómo está usted. Cuéntele la hora a que se acostó anoche, la hora a que se despertó y se levantó esta mañana, si se bañó o se duchó, lo que desayunó, lo que almorzó, lo que estudió y con quién habló.

■ RETO CULTURAL

Ud. va a tener una pasantía en una agencia de publicidad *(advertisement agency)* en la Ciudad de Panamá, Panamá, durante los meses de junio y julio. Ud. está muy contento(a) y llama por teléfono al (a la) asistente de este programa en Panamá (su compañero[a] de clase) y le hace las siguientes preguntas:

- ¿Cómo es el tiempo en Panamá? ¿Qué temperatura hace?
- ¿Qué actividades puedo hacer en estos meses?
- ¿Qué lugares puedo visitar en Panamá?

Practiquemos más

 For additional practice on the material covered in this chapter, go to **Lección 6** of the *Intercambios* Workbook/Laboratory Manual.

 For additional practice on grammar, vocabulary, and conversation, go to **Lección 6** of the *Flex-Files*.

 Atajo *Writing Assistant Software for Spanish* can be used to complete the writing activities in your *Workbook/Laboratory Manual*.

 Intercambios *Video:* Activities to accompany the ***Intercambios*** *Video* can be found in the ***Flex-Files.***

 Visit ***Intercambios*** on the World Wide Web at **http://intercambios.heinle.com**.

ASÍ SE DICE

■ Sustantivos
el cepillo de dientes toothbrush
los dientes teeth
las manos hands
la pasta dental toothpaste
el pelo hair
el pijama pajama
la toalla towel

■ Cómo comentar sobre el tiempo
¿A cuánto está la temperatura? What's the temperature?
La temperatura está a... The temperature is . . .
¿Qué tiempo hace? What's the weather like?
Hace (muy buen/mal) tiempo. It's (very nice/bad) weather.
Hace calor. It's hot.
Hace fresco. It's cool.
Hace (mucho) frío. It's (very) cold.
Hace sol. It's sunny.
Hace viento. It's windy.
Está despejado. It's clear.
Está lloviendo. / Llueve. It's raining.
Está nevando. / Nieva. It's snowing.
Está nublado. It's cloudy.
la lluvia rain
la nieve snow

■ Verbos para describir el tiempo
llover (o → ue) to rain
nevar (e → ie) to snow

■ Las estaciones del año
el invierno winter
el otoño fall
la primavera spring
el verano summer

■ Más expresiones con *tener*
tener calor to be hot
tener cuidado to be careful
tener éxito to be successful
tener frío to be cold
tener miedo to be afraid
tener prisa to be in a hurry
tener razón to be right
tener sueño to be sleepy

■ Los números 100–2.000
100 cien one hundred
101 ciento uno one hundred and one
200 doscientos(as) two hundred
300 trescientos(as) three hundred
400 cuatrocientos(as) four hundred
500 quinientos(as) five hundred
600 seiscientos(as) six hundred
700 setecientos(as) seven hundred
800 ochocientos(as) eight hundred
900 novecientos(as) nine hundred
1.000 mil one thousand
2.000 dos mil two thousand

■ Verbos reflexivos
acostarse (o → ue) to go to bed
afeitarse to shave
bañarse to take a bath
despertarse (e → ie) to wake up
dormirse (o → ue) to fall asleep
ducharse to take a shower
lavar(se) to wash (up)
lavarse los dientes to brush one's teeth
levantarse to get up
llamarse to be called
maquillarse to put on make-up
peinarse el pelo to comb one's hair
ponerse to put on clothes
preocuparse to worry
quitarse to take off clothes
reírse to laugh
secarse to dry off
vestirse (e → i) to get dressed

■ Verbos
cenar to have/eat supper/dinner
creer to believe, to think
desayunar to have/eat breakfast
leer to read
oír to hear

■ Adverbios
nunca never
siempre always
tarde late
temprano early

■ Expresiones para describir el pasado
anoche last night
ayer yesterday
el año pasado last year
el mes pasado last month
la semana pasada last week

■ Expresiones
¿Qué tal...? What's going on . . . ?
¿Ya cenaste? Did you already eat supper?

PERSPECTIVAS

IMÁGENES La Ruta Maya

Antes de leer: Discuta estas preguntas con un(a) compañero(a) de clase.

1. ¿Conocen Uds. lugares tales como *(such as)* fuertes, castillos o ruinas?
2. ¿Conocen Uds. lugares antiguos?
3. ¿Les gustaría conocer un lugar con mucha historia?
4. ¿Creen Uds. que debemos cuidar *(to take care of)* nuestra naturaleza y los lugares históricos? ¿Por qué sí? ¿Por qué no?

La Ruta Maya

Un esfuerzo internacional

La Ruta Maya es un proyecto internacional cuyo *(whose)* propósito principal es conservar la rica herencia maya que comparten *(share)* cinco países del Hemisferio Norte: México, Belice, Guatemala, Honduras y El Salvador.

Transporte moderno a sitios antiguos

Un elemento clave *(esencial)* del proyecto sería una ruta de 2.300 kilómetros en forma de 8 que va a conectar miles de sitios arqueológicos mayas para darles a los visitantes acceso a las áreas remotas de esta región selvática *(jungle)*. Para minimizar la construcción de caminos *(roads)*, los planeadores de la Ruta Maya sugieren que se utilicen diferentes medios de transporte alternativos, tales como monoriel, teleférico *(cable car)*, lanchas, mulas o senderos *(trails)*.

Ecoturismo y economía

Otro elemento clave del proyecto es no cortar *(to cut)* más del bosque pluvial *(rain forest)*, lo que hoy día ocurre en esta zona inmensa de una manera irresponsable. El plan de la Ruta Maya incluye la administración cuidadosa de reservas biosféricas que van a beneficiar al pueblo maya local por el ecoturismo y la venta de productos renovables tales como frutas, cacao, café, aceites *(oils)* y medicinas.

Apoyo *(Support)* político y económico

En fin, la Ruta Maya va a desarrollar el ecoturismo de una manera positiva y, al mismo tiempo, el plan va a producir los fondos necesarios para pagar la conservación de una región maravillosa única en el mundo. Recientemente, los presidentes de los cinco países de esa región votaron para darle su apoyo político y económico al proyecto de la Ruta Maya.

El Observatorio del Caracol y El Castillo, Chichén Itzá, México

¿Comprendió Ud.?

Lea las siguientes oraciones. Luego indique si son ciertas o falsas según la lectura. Corrija las oraciones falsas.

1. La Ruta Maya es un proyecto nacional de Guatemala.
2. El ecoturismo es un elemento clave de este proyecto.
3. Los mayas van a beneficiarse del plan de una manera económica.
4. Se van a construir muchos caminos y hoteles en aquella región.
5. Los presidentes de los cincos países de la Ruta Maya están de acuerdo con el proyecto.

¿Qué dice Ud.?

Piense en sus respuestas a las siguientes preguntas. Luego exprese sus ideas y opiniones o por escrito o con un(a) compañero(a) de clase, según las indicaciones de su profesor(a).

1. ¿Cree Ud. que la Ruta Maya es una buena o una mala idea? ¿Por qué?
2. Tiene Ud. interés en visitar la región de la Ruta Maya un día? ¿Por qué?
3. ¿Qué otras regiones debemos conservar en nuestro mundo? ¿Cómo podemos conservarlas?
4. ¿Qué región se debe conservar en su estado *(state)* o región? ¿Por qué?

Antes de leer. ¿Anuncios para la "Ruta Maya"?

¿Comprendió Ud.? Ahora lea los anuncios rápidamente y conteste las siguientes preguntas.

1. La organización Ecoturismo en la Ruta Maya quiere que las personas visiten la Ruta Maya en:
   a. Costa Rica y Belice.
   b. Guatemala y Honduras.
   c. México y Panamá.
   d. Guatemala y El Salvador.

2. La organización Ecoturismo y en la Ruta Maya está en:
   a. Guatemala, Guatemala.
   b. Mérida, Yucatán, México.
   c. Belmopán, Belice.
   d. Tegucigalpa, Honduras.

3. La organización EcoTours en Yucatán ofrece viajes:
   a. al mar Caribe Maya.
   b. a los parques nacionales.
   c. excursiones en kayaks.
   d. visitas a monumentos arqueológicos.

4. ¿A qué ciudad y a qué prefijo *(area code)* llama Ud. si quiere hablar con la organización EcoTours en Yucatán?
   a. Ciudad de México (52) (65)
   b. Mazatlán (52) (378)
   c. Monterrey (52) (83)
   d. Mérida (52) (99)

ECOTURISMO EN LA RUTA MAYA
ESPECIALISTAS EN ECOTURISMO Y AVENTURAS ECOLÓGICAS

Especialistas en ecoturismo, aventuras, turismo ecológico y socialmente responsable. Trabajamos en todo el mundo maya: México, Guatemala, Belice y Honduras.

Estamos localizados en: Avenida La Reforma 6-40, Zona 9,

Edificio Galerías Mayas, oficina 103 Guatemala, Guatemala
Tel: (502) 362 3105   Fax: (502) 338 0541
E-mail: ecoturismo@guatemala.net

¡A leer!

Skimming for Information

When you pick up a newspaper or a magazine or see a Web site, you probably glance through it to see what interests you by looking at the illustrations, the titles, and the words in boldface type. What you are doing is skimming for information—getting a general idea of content.

Skim the following two passages to get a general understanding of what it is about. Then answer the questions.

1. These passages are...
   a. an invitation.
   b. an announcement.
   c. a brief report.
   d. an advertisement.

2. The main purposes of these passages are...
   a. to inform.
   b. to persuade.
   c. to criticize.
   d. to entertain.

3. The main messages of these passages are...
   a. "We are responsible for the visits to natural places."
   b. "We are not responsible for the places you want to visit."
   c. "We are socially responsible to the places we visit."
   d. "We are not responsible for lost objects."

Scanning for Information

Scanning is a reading strategy used for locating specific information in printed material. For example, when looking for a number in a telephone book, you carefully scan for the particular name of a person and his/her address.

EcoTours en Yucatán, México

Aquí presentamos algunos de nuestros tours o viajes. Recuerde que nuestro trabajo es crear aventuras ecológicas únicas en su clase para usted y lo que usted quiere conocer y saber sobre la región maya.

Tenemos las siguientes aventuras:

- Aventura en bicicleta
- Aventura en la selva *(jungle)*
- Excursiones en kayaks
- Naturaleza maya

Para mayor información, escriba un mensaje electrónico a: infortour@ecoturismo.mx.
Ecoturismo Yucatán
Calle 5 No. 532 x 32A y 36 Colonia Pensiones
C.P. 97219
Mérida, Yucatán, México
Teléfono: (52) (99) 925-2185

¡A escribir!

Writing a Narrative

A narrative tells a story of events in chronological order. The writer must help the reader follow these events easily by showing the time relationship between sentences.

To show the sequence of time, use the following expressions, as shown in the model narrative about last weekend. Barbara writes in her diary as much as she can and this entry is about last weekend.

el sábado pasado	last Saturday
tarde	late
hasta las dos de la mañana	until two o'clock in the morning
primero	first
luego	then
por una hora	for an hour
entonces	then
en quince minutos	in fifteen minutes
toda la tarde	all afternoon
por cinco horas	for five hours
después de + infinitive	after (doing something)
por media hora	for half an hour
un poco	a while
el sábado por la noche	on Saturday night
después	afterward
a las doce	at twelve o'clock
el domingo por la mañana	on Sunday morning
por la tarde	in the afternoon
otra vez	again
por la noche	at night
temprano	early

El fin de semana pasado

El sábado pasado me levanté **tarde** porque fui a una fiesta el viernes **hasta las dos de la mañana**. **Primero**, desayuné con mi hermana, que se levantó **tarde** también. **Luego** miré la televisión **por una hora**, **entonces** me duché.

Salí de casa a las doce y cuarto y fui a mi trabajo en la tienda Gap. Llegué allí **en quince minutos** y trabajé **toda la tarde por cinco horas**. **Después de** volver a casa, visité a

...una amiga. Ella se llama Grace Sosa y estudia en mi universidad porque quiere ser abogada. Ella y yo hablamos **por media hora. Luego** volví a casa, donde descansé **un poco. El sábado por la noche** fui al cine con mi novio. **Después,** comimos en un restaurante. Me acosté **a las doce.**

El domingo por la mañana estudié español. **Por la tarde** trabajé **otra vez** en la tienda Gap. Es un trabajo interesante y gano suficiente dinero para vivir. **Por la noche** mi novio y yo vimos una película de video en su apartamento. Por fin, volví a casa y me acosté **temprano.**

Actividad

Write a narrative about **one** of the following topics. Use the list of time expressions and others you know to link together your sentences, as shown in the model composition. Do not use a dictionary; instead, try to use only the Spanish words and phrases you know.

Temas
1. Mi rutina diaria
2. Mi futura carrera
3. El fin de semana pasado
4. Un incidente interesante
5. Un trabajo importante
6. Mi familia y mis responsabilidades

PASO 3

¡Buena onda!

Bandera de Chile

Un viñedo en San Fernando, Chile

Universidad de Santiago

Santiago de Chile

Viña del Mar, Chile

Alicia Benson and David Kerr are friends from the University of Wisconsin. David Kerr will go to Chile to work in a Chilean vineyard as an intern for the fall semester. David is happy to go to Chile since he likes soccer and he is an excellent soccer player. Alicia Benson is planning to meet David in Chile for two weeks since she finished her internship in Monterrey, México. Now, they are planning to go to a soccer game, go to the beach, go dancing, and go to several restaurants.

LECCIÓN 7
¡Tengo ganas de ir a la playa!

ENFOQUE

■ **COMMUNICATIVE GOALS**

You will be able to talk and write about how you and others spend your free time.

■ **LANGUAGE FUNCTIONS**

Expressing likes and dislikes
Describing leisure-time activities
Expressing preferences
Discussing past activities

■ **VOCABULARY THEMES**

Pastimes
Sports

■ **GRAMMATICAL STRUCTURES**

Preterite tense of irregular verbs
Preterite verbs that have special meanings: **poder, saber, querer**
Preterite with stem-change verbs
Indirect object pronouns with **gustar**
Por and **para**

■ **CULTURAL INFORMATION**

Pastimes in Spanish-speaking countries
Sports in the Spanish-speaking world
International recruitment of athletes

■ **CULTURAL CHALLENGE**

Differences and similarities among North Americans and Hispanics in relation to weekend activities and hobbies.

En contexto

Alicia Benson llegó a Santiago de Chile (1), para sorprender° a su amigo David Kerr. David tiene veinticuatro años y estudia negocios en la Universidad de Wisconsin al igual que° Alicia. David está en Santiago porque va a trabajar en un viñedo° (2) durante el semestre del otoño. David y Alicia hablan en un café y planean visitar los viñedos, ver partidos de fútbol° e ir a la playa° juntos.

DAVID: Alicia, ¡qué sorpresa°! ¿Cuándo pensaste en venir a Chile?
ALICIA: Después del verano, cuando recibí° tu último mensaje electrónico y me dijiste° tus planes de venir a trabajar aquí en Chile en un viñedo.
DAVID: Y, ¿qué tal México? ¿Te gustó tu experiencia en Monterrey? ¿Te gustaron tus cursos y tu trabajo?
ALICIA: Mi experiencia fue° muy buena, mis cursos fueron° muy interesantes y mi trabajo fue muy intenso. Aprendí mucho.
DAVID: Y, ¿qué tal tu familia mexicana?
ALICIA: Mi familia fue fabulosa y muy cariñosa°. Gerardo y Teresa me presentaron° a todos sus amigos y...
DAVID: ¿Lo pasaron bien?°
ALICIA: ¡Sí, muy bien! Un fin de semana fuimos° al rancho de un amigo de Gerardo para montar a caballo° y nadar en la alberca°. Y con los amigos de Teresa fuimos a un partido de fútbol muy emocionante°.
DAVID: Alicia, ¿sabes algo° de nuestros amigos Ileana, Luis o Tomás?
ALICIA: Sí, hablé con ellos un día de la oficina de Tomás en Panamá. Ellos están muy bien. Ileana me mandó un mensaje electrónico y me dijo° que conocieron lugares muy bonitos y llenos de historia.
DAVID: ¡Qué bueno! Y a ti, Alicia, ¿qué lugares te gustaría conocer aquí en Chile?
ALICIA: Me gustaría visitar el viñedo donde vas a trabajar. ¡También tengo ganas de comer comida chilena, de ver otro partido de fútbol y de ir a la playa en diciembre!
DAVID: ¡Buena onda!° (3), Alicia.

sorprender... to surprise
al igual que... just like
viñedo... vineyard
partidos de fútbol... soccer games
playa... beach
¡qué sorpresa!... what a surprise!
recibí... I received
dijiste... you told
fue... was
fueron... were
cariñosa... sweet, affectionate
me presentaron... introduced me
¿Lo pasaron bien? Did you have a good time?
fuimos... we went
montar a caballo... to ride horses
nadar en la alberca... swim in the swimming pool
emocionante... exciting
algo... something
me dijo... she told me
¡Buena onda! All right! Great!

Notas de texto

1. Santiago is the capital of Chile and has 5 million inhabitants. The city is laid out in a grid pattern and has plazas lined with public buildings and churches, which are surrounded by parks. The grid layout was imposed by the Spanish and, unfortunately, is conducive to traffic jams and pollution.

2. Chilean wine is recognized all over the world due to Chile's splendid weather and rich soil, especially in the country's central valley. The mild summers with their cool nights and the moderate rains during the rainy season make this region one of the best for producing Cabernet Sauvignon, Merlot, Sauvignon Blanc, and Chardonnay.

3. **¡Buena onda!** means *all right!* It expresses a positive reaction to an idea statement, person, or relationship, for example, **La familia de Alicia en México es buena onda.** You can also use the phrase **¿Qué onda?** to ask your friend *What's going on?*

7-1 ¿Comprendió Ud.? Con un(a) compañero(a) de clase, conteste las siguientes preguntas.

1. ¿Quién es David Kerr?
2. ¿Qué va a hacer David en Chile? ¿Cuándo?
3. ¿Cómo fue la experiencia de Alicia Benson en México? Fue...
4. ¿Son David y Alicia amigos de Ileana, Luis y Tomás?
5. ¿Adónde quiere ir Alicia en Chile?
6. ¿Te gustaría tener una pasantía en un viñedo en Chile? ¿Qué trabajo te gustaría hacer?
7. ¿Qué tienes ganas de hacer este fin de semana?

VOCABULARIO esencial

Para describir los pasatiempos

In this section, you will learn to describe the pastimes that you and others enjoy.

Los pasatiempos

—¿Qué tienes ganas de hacer hoy?
—Tengo ganas de...

sacar fotos

ir de compras

jugar cartas

tocar la guitarra y cantar

pasear en el parque

pasear por los viñedos

ver un partido de fútbol

Más pasatiempos...

acampar en el lago / en las montañas	to camp at the lake / in the mountains
ir a un concierto	to go to a concert
ir a la playa	to go to the beach
ir al teatro	to go to the theater
navegar	to sail
navegar por la Red	to surf the Web
practicar deportes (jugar al fútbol/ al béisbol/al tenis/etc.)	to practice sports (to play soccer/baseball/tennis/etc.)
pescar en el río	to fish in the river
tomar el sol	to sunbathe
visitar museos	to visit museums

¡CUIDADO! The verb **jugar** means *to play* a sport or a game. The verb **tocar** means *to play* a musical instrument, a stereo, a radio, or a tape recorder.

Practiquemos

7-2 Actividades. ¿Qué hacen Uds. en estos lugares? Asocie las actividades con los siguientes lugares.

MODELO: ___h___ en el cine

1. ____ en el concierto
2. ____ en el parque
3. ____ en el museo
4. ____ en la playa
5. ____ en la casa
6. ____ en el lago
7. ____ en el río

a. practicar deportes
b. discutir sobre el arte
c. navegar por la Red
d. escuchar música
e. acampar con los amigos
f. tomar el sol
g. pescar
h. ver una película

7-3 Los pasatiempos. Hágale preguntas a un(a) compañero(a) de clase, que debe responder sí o no. También debe dar más información (dónde, cuándo, con quién).

MODELO: salir con tus amigos los viernes
—¿Te gusta salir con tus amigos los viernes?
—Sí, me gusta salir con ellos, y siempre vamos al cine.
o —No, salgo con mi familia los viernes.

1. pasear en el parque
2. ir de compras
3. ver telenovelas *(soap operas)* en la televisión
4. ir a la playa
5. ir al teatro o ir a un concierto
6. sacar fotos
7. ver partidos de fútbol en la tele
8. practicar deportes
9. jugar cartas con tus amigos o familiares
10. visitar museos
11. escuchar la radio
12. acampar en la montaña o en el lago

7-4 ¿Te gusta la música? Hágale estas preguntas a un(a) compañero(a) de clase.

1. ¿Te gusta escuchar música? ¿Qué tipo de música te gusta más: música clásica o el jazz? ¿Tienes muchos o pocos discos compactos? ¿Vas a los conciertos con mucha o poca frecuencia? ¿A qué tipo de conciertos vas?
2. ¿Con qué tipo de música te gusta bailar: música rock, salsa, música rap, etcétera? ¿Te gusta ver películas de rock en video? (¿Sí? ¿Cuál es tu película de rock favorita?)
3. ¿Tocas la guitarra, el piano, el violín u otro instrumento musical? Si no, ¿qué instrumento quieres aprender a tocar?
4. ¿Te gusta cantar? ¿Cantas bien o mal? ¿Cómo se llama tu cantante *(singer)* preferido(a)? ¿Por qué te gusta?

Los deportes

¿Qué te gustaría hacer?

Me gustaría... *(I would like . . .)*

hacer ejercicio	jugar al fútbol	nadar en una piscina
correr en un parque	montar en bicicleta	esquiar
patinar	montar a caballo	bucear

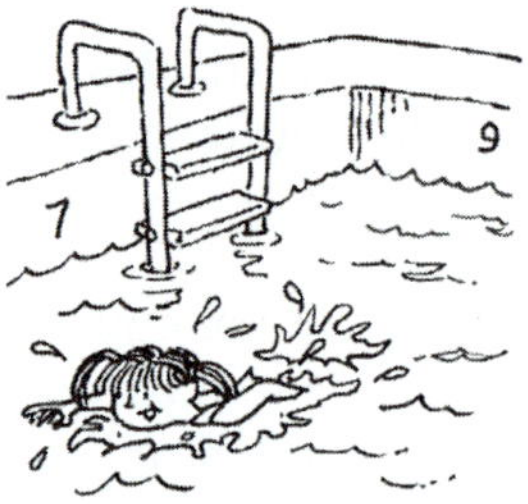

Otros deportes	Other sports
jugar al baloncesto	to play basketball
al béisbol	baseball
al vólibol	volleyball

Los pasatiempos en los países hispanos

Los pasatiempos más populares entre los hispanos son principalmente sociales. A mucha gente le gusta hablar en la plaza central, tomar un café o un té en algún café e ir al cine. Los fines de semana muchos hispanos visitan a los amigos y a la familia y comen juntos en casa o en un restaurante, pasean por el parque, visitan un museo, van a la playa, van a juegos de béisbol o de fútbol o van a un concierto. Durante los fines de semana es muy importante visitar y salir con la familia. Muchas veces se visitan a los abuelos donde se prepara el almuerzo o la parrillada (barbacoa) para toda la familia.

Preguntas.
1. ¿Cómo pasas tu tiempo libre?
2. ¿Qué pasatiempos son populares entre tus amigos y familiares?
3. ¿Qué actividades haces con tu familia durante los fines de semana?
4. ¿Qué actividades hacen las familias hispanas?

Practiquemos

"Más vale maña *(skill)* que fuerza". —*refrán popular*

7-5 Deportistas famosos. Haga asociaciones entre los siguientes deportistas y sus grandes talentos.

MODELO: Kasey Keller
Kasey Keller juega al fútbol en los Estados Unidos.

1. Tiger Woods (Estados Unidos)
2. La princesa Carlota (Mónaco)
3. Lance Amstrong (Estados Unidos)
4. Adriana Fernández (México)
5. Brian Boitano (Estados Unidos)
6. Pedro Martínez (República Dominicana)
7. Venus y Serena Williams (EE.UU.)
8. Kerry Collins (Estados Unidos)

jugar al fútbol americano en Nueva York
jugar al tenis con las mejores tenistas del mundo
jugar al golf en muchas partes del mundo
ser famoso por el patinaje de figuras en hielo *(ice)*
montar en bicicleta en el Tour de Francia
jugar al béisbol
montar a caballo elegantemente
correr rápidamente en el maratón *(marathon)* de Nueva York

7-6 Mis preferencias. Dígale a un(a) compañero(a) de clase el deporte que le gusta a Ud. o que le gustaría practicar. Los tres puntos (…) indican otra posibilidad.

Me gusta… / Me gustaría…
correr (por la mañana / los domingos / …)
nadar en (una piscina / el mar / …)
montar a caballo (con mis amigos / con …)
esquiar (cerca de mi casa / en el Canadá / …)
bucear en (el Caribe / México / …)
jugar al (béisbol / básquetbol / vólibol / …)
hacer ejercicio (en un gimnasio / en casa / …)
montar en bicicleta en (el campo / la ciudad / …)
patinar por (la playa / el parque / …)

7-7 Deportes preferidos. Pregúntele a un(a) compañero(a) de clase.

1. ¿Cuál es tu deporte favorito? ¿Qué otro deporte te gusta mucho?
2. ¿Qué deporte prefieres más: jugar al tenis o jugar al béisbol?
3. ¿Sabes montar a caballo? (¿Sí? ¿Montas bien o mal? ¿Adónde vas?)
4. ¿Sabes patinar? ¿Sabes patinar en hielo? (¿Sí? ¿Con quién patinas? ¿Dónde patinan Uds.? ¿Cuándo patinas?)
5. ¿Con qué frecuencia haces ejercicio? ¿Qué tipo de ejercicio haces?

7-8 ¡A escribir! Primero, complete la tabla con la información adecuada. Luego, escriba tres párrafos, usando la información de la tabla, como en el modelo.

	Mes	Estación	Tiempo	Actividades
	diciembre	invierno	hace frío nieva mucho	esquiar patinar en el hielo

MODELO: *En diciembre es invierno en New Hampshire. A veces, hace mal tiempo; hace frío y nieva mucho. En invierno me gusta esquiar y patinar en el hielo.*

Los deportes en el mundo hispano

En el mundo hispano, los deportes más populares son el fútbol, el béisbol, el vólibol, el básquetbol y la natación. Todos los países hispanos tienen un equipo *(team)* nacional de fútbol. Estos jugadores semi-profesionales atraen mucha atención y bastante entusiasmo del público porque representan su país. El béisbol es muy popular en los países caribeños como, por ejemplo, en Cuba, Puerto Rico, la República Dominicana y en Venezuela. El boxeo y las carreras *(races)* de bicicleta y de caballo son otros deportes populares en Latinoamérica y en España. A algunos hispanoparlantes les gusta jugar al tenis o al golf. Hoy en día, hay equipos masculinos y equipos femeninos en todos los deportes.

¿Qué dice Ud.? Discuta con un(a) compañero(a) de clase las siguientes preguntas.

1. ¿Qué deportes son populares en su país? ¿y en su ciudad?
2. ¿Qué deportes son populares en su universidad?
3. ¿Qué deportes practican en su familia?
4. ¿Qué deporte practican Uds.? ¿Por qué?

GRAMÁTICA esencial

In this section, you will describe some of your past activities and those of others.

Preterite Tense of Irregular Verbs

As you know, Spanish speakers use the preterite tense to describe actions, conditions, and events that took place and were completed in the past.

How to form irregular preterites

Some Spanish verbs have irregular verb stems in the preterite. Their endings have no accent marks.

Some verbs that reflect physical actions

hacer *(to do, to make):*	hice	hiciste	hizo	hicimos	hicisteis	hicieron
poner *(to put):*	puse	pusiste	puso	pusimos	pusisteis	pusieron
venir *(to come):*	vine	viniste	vino	vinimos	vinisteis	vinieron
dar *(to give):*	di	diste	dio	dimos	disteis	dieron
ver *(to see):*	vi	viste	vio	vimos	visteis	vieron
decir *(to say, to tell):*	dije	dijiste	dijo	dijimos	dijisteis	dijeron
traer *(to bring):*	traje	trajiste	trajo	trajimos	trajisteis	trajeron
ir *(to go):*	fui	fuiste	fue	fuimos	fuisteis	fueron

—¿Qué **hizo** David anoche?   *What **did** David **do** last night?*
—**Hizo** sus compras. ¿Y tú, Alicia?   *He **did** his shopping. And you, Alicia?*
—**Vi** el juego de fútbol aquí en casa.   *I **watched** the soccer game here at home.*

Note the spelling change from **c** to **z** (**hice, hiciste, hizo**) in the **Ud., él, ella** form. This change occurs to retain the soft sound of the **c** in **hacer.**

Some verbs that do not reflect physical actions

estar *(to be)*:	estuve	estuviste	estuvo	estuvimos	estuvisteis	estuvieron
tener *(to have)*:	tuve	tuviste	tuvo	tuvimos	tuvisteis	tuvieron
poder *(to be able to)*:	pude	pudiste	pudo	pudimos	pudisteis	pudieron
saber *(to know)*:	supe	supiste	supo	supimos	supisteis	supieron
querer *(to want)*:	quise	quisiste	quiso	quisimos	quisisteis	quisieron
ser *(to be)*:	fui	fuiste	fue	fuimos	fuisteis	fueron

—¿Dónde **estuviste** ayer, David? *Where **were you** yesterday, David?*
—**Fui** al parque. Mi equipo y yo *I **went** to the park. My team and*
  tuvimos que practicar el fútbol.   *I **had** to practice soccer.*

1. **Ser** and **ir** have identical forms in the preterite; therefore, the context will clarify the meaning.

   - **ser** *(to be)*
     —¿Quién **fue** tu instructor de *Who **was** your scuba-diving*
       buceo el verano pasado?   *instructor last summer?*
     —**Fue** Miguel Carroll. **Fue** un *It **was** Miguel Carroll. **He was** an*
       excelente instructor.   *excellent instructor.*

   - **ir** *(to go)*
     —¿Adónde **fuiste** a bucear con tu *Where **did you go** scuba diving with*
       instructor?   *your instructor?*
     —**Fuimos** a Villa del Mar en Chile. *We **went** to Villa del Mar, Chile.*

2. The preterite of the verbs **poder, saber,** and **querer** have special meanings:

pude	I could (and did)	no pude	I (tried and) could not
supe	I found out	no supe	I never knew
quise	I wanted (and tried)	no quise	I refused

   —**Supe** que José Rafael tuvo un *I **found out** that José Rafael had an*
     accidente en su bicicleta.   *accident on his bicycle.*
   —Sí. **Quiso** montar en su bici *Yes. **He tried** to ride his bike fast, but*
     rápidamente, pero **no pudo.**   *he couldn't.*

3. The preterite of **hay** is **hubo** (there was / there were):

   —¿**Hubo** un partido de fútbol hoy? *Was there a soccer game today?*
   —Sí. **Hubo** tres partidos. *Yes. **There were** three games.*

Uses of the preterite

1. The preterite is used to indicate that an action began or ended in the past.
   Tomás **vio** el partido de fútbol.   *Tomás **saw** the soccer game.*

2. The preterite is used to indicate a series of actions completed in the past.
   Hice mi tarea, **miré** la televisión *I **did** my homework, **watched** TV, and*
     y **fui** a casa de mi amiga.   ***went** to my friend's house.*

3. The preterite indicates a completed event.
   Estuve en Santiago hace dos años.   *I **was** in Santiago two years ago.*

Practiquemos

7-9 Un amigo preocupado. David estuvo preocupado porque Alicia no llegó a Santiago a tiempo. Complete la historia con las formas apropiadas del verbo.

MODELO: El sábado pasado David *supo* (saber) que...

El sábado pasado, David _____ (ir) al aeropuerto para esperar a su amiga Alicia. Cuando los pasajeros del vuelo *(flight)* _____ (llegar), David no _____ (ver) a Alicia. Entonces, David _____ (llamar) por teléfono a su amiga y _____ (saber) que Alicia no _____ (poder) llegar al aeropuerto a la hora de su vuelo; por eso Alicia _____ (tener) que cambiar su vuelo. Luego, ocho horas más tarde, Alicia _____ (llegar) a Santiago de Chile. Cuando David _____ (ver) a Alicia, le _____ (decir), "Alicia, ésta _____ (ser) una gran experiencia para ti, ¿verdad?"

Esa noche Alicia _____ (querer) descansar un poco, pero no _____ (poder). Primero, _____ (hacer) ejercicios por veinte minutos, _____ (ir) al baño y _____ (bañarse) por media hora. Luego _____ (ponerse) el pijama y _____ (acostarse). Pero Alicia no _____ (poder) dormir bien y _____ (tener) que levantarse dos veces. _____ (Ser) una noche terrible, pero afortunadamente *(fortunately)* ella no _____ (tener) que trabajar al día siguiente. Hoy David va a buscar a Alicia para ir de compras y para pasear.

7-10 Una fiesta muy buena. Hágale estas preguntas a un(a) compañero(a) de clase.

1. ¿Cuándo fuiste a una fiesta muy buena?
2. ¿Qué tipo de fiesta fue (por ejemplo, una fiesta de cumpleaños)?
3. ¿Quién hizo la fiesta y dónde fue?
4. ¿A qué hora comenzó la fiesta?
5. ¿Quiénes fueron a la fiesta?
6. ¿A quién(es) conociste allí?

7-11 ¿Qué hicieron ayer? En grupos de tres o cuatro estudiantes, cada estudiante va a decir lo que hizo ayer. Cada uno de Uds. *(Each one of you)* tiene que hacer preguntas con respecto a las frases para tener más información.

MODELO: ir al cine
—*Ayer fui al cine.*
—*¿Qué película viste?*
—*Vi "La momia regresa".*
—*¿Con quién fuiste?*

1. ir a un concierto / escuchar música clásica/rock / ir con mis amigos Rob y John / estar excelente
2. practicar deportes / hacer ejercicio / hacer ejercicio por dos horas / tener tiempo para descansar / hacer mi tarea
3. esquiar / esquiar por cinco horas / ir con mis amigas Rosy y Linda / ir a comer al restaurante del hotel / poder comer muy bien

7-12 Un buen fin de semana. Escriba un mensaje electrónico sobre una experiencia maravillosa *(marvelous)* que Ud. tuvo un fin de semana durante el verano pasado. Use el siguiente mensaje electrónico como modelo.

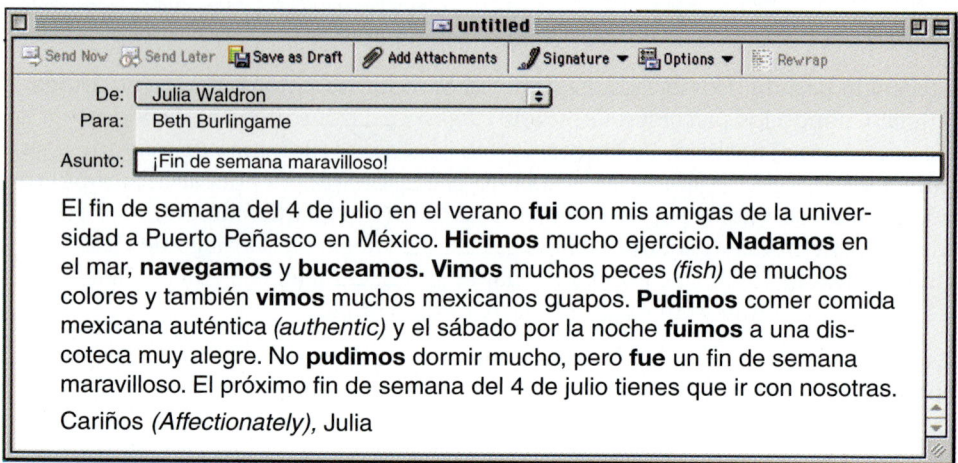

De: Julia Waldron
Para: Beth Burlingame
Asunto: ¡Fin de semana maravilloso!

El fin de semana del 4 de julio en el verano **fui** con mis amigas de la universidad a Puerto Peñasco en México. **Hicimos** mucho ejercicio. **Nadamos** en el mar, **navegamos** y **buceamos**. **Vimos** muchos peces *(fish)* de muchos colores y también **vimos** muchos mexicanos guapos. **Pudimos** comer comida mexicana auténtica *(authentic)* y el sábado por la noche **fuimos** a una discoteca muy alegre. No **pudimos** dormir mucho, pero **fue** un fin de semana maravilloso. El próximo fin de semana del 4 de julio tienes que ir con nosotras.

Cariños *(Affectionately)*, Julia

Si contesta estas preguntas, va a poder escribir un mensaje electrónico.
1. ¿Adónde y cuándo fue Ud.?
2. ¿Quiénes fueron con Ud.?
3. ¿Qué vieron Uds. allí?
4. ¿Qué otras cosas hicieron?
5. ¿Qué no pudieron hacer?
6. ¿Le gustaría regresar a ese lugar?

Preterite with Stem-Changing Verbs

Spanish **-ir** verbs that have a stem change in the present tense also have a stem change in the **Ud., él, ella,** and **Uds., ellos, ellas** forms of the preterite tense: **e** changes to **i,** and **o** changes to **u.**

vestirse (e → i)		dormir (o → ue)	
me vestí	nos vestimos	dormí	dormimos
te vestiste	os vestisteis	dormiste	dormisteis
se vistió	se vistieron	durmió	durmieron

—Alicia **durmió** muy mal anoche. Alicia **slept** very badly last night.
—¿Qué hizo cuando se levantó? What did she do when she got up?
—Se bañó y luego **se vistió** para salir a caminar. She took a shower and then **she got dressed** to go out walking.

Other verbs with stem-change in the past

pedir (e → i) *(to ask for, to order)* — Él **pidió** tacos. — He **asked** for tacos.
preferir (e → i) *(to prefer)* — Ud. **prefirió** agua. — You **preferred** water.
repetir (e → i) *(to repeat)* — Ellas **repitieron** la tarea. — They **repeated** the homework.
sentir(se) (e → i) *(to feel)* — Ud. se **sintió** mal. — You **felt** bad.
servir (e → i) *(to serve)* — Ellos **sirvieron** la comida. — They **served** the meal.

Practiquemos

7-13 Por teléfono. Alicia está hablando por teléfono con su amiga Ileana, que está en Costa Rica ahora. Complete su conversación, usando la forma apropiada de los verbos entre paréntesis.

ALICIA: Hola, Ileana. ¿Cómo estás? ¿Qué tal _____ (estar) el paseo por Panamá el verano pasado?
ILEANA: Estoy bien y Panamá _____ (estar) muy bien. Nosotros _____ (divertirse) mucho.
ALICIA: ¿Adónde _____ (ir) Uds.?
ILEANA: _____ (Hacer) una excursión por el Río Chagres. Y luego _____ (visitar) el Canal de Panamá.
ALICIA: ¡Qué interesante! Y ¿qué _____ (pasar) con Luis y Tomás?
ILEANA: Te mando un mensaje electrónico para contarte lo de la fiesta en casa de Tomás porque esta llamada por teléfono es muy cara.

7-14 La fiesta. Luego, Ileana le escribió un mensaje electrónico a Alicia para contarle que los padres de Tomás les hicieron una fiesta para ellos. Diga lo que pasó allí, usando la forma apropiada de los verbos entre paréntesis.

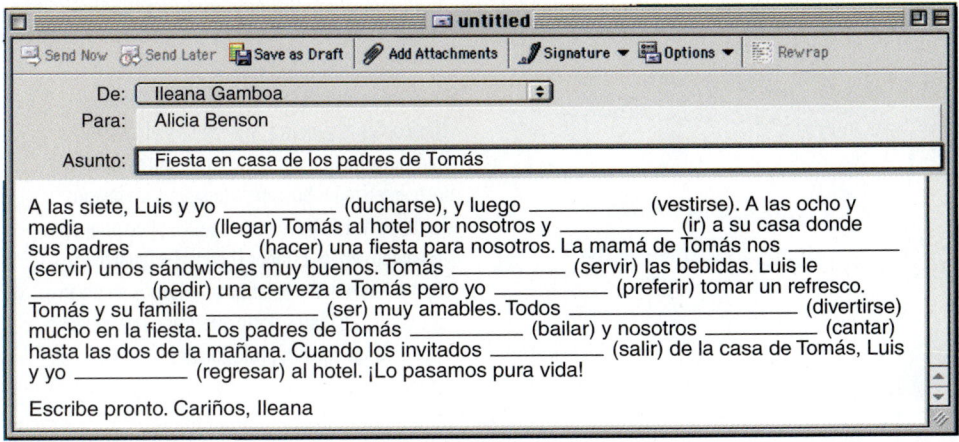

De: Ileana Gamboa
Para: Alicia Benson
Asunto: Fiesta en casa de los padres de Tomás

A las siete, Luis y yo _____ (ducharse), y luego _____ (vestirse). A las ocho y media _____ (llegar) Tomás al hotel por nosotros y _____ (ir) a su casa donde sus padres _____ (hacer) una fiesta para nosotros. La mamá de Tomás nos _____ (servir) unos sándwiches muy buenos. Tomás _____ (servir) las bebidas. Luis le _____ (pedir) una cerveza a Tomás pero yo _____ (preferir) tomar un refresco. Tomás y su familia _____ (ser) muy amables. Todos _____ (divertirse) mucho en la fiesta. Los padres de Tomás _____ (bailar) y nosotros _____ (cantar) hasta las dos de la mañana. Cuando los invitados _____ (salir) de la casa de Tomás, Luis y yo _____ (regresar) al hotel. ¡Lo pasamos pura vida!

Escribe pronto. Cariños, Ileana

 7-15 ¿Qué hicieron estas personas? Pregúntele a un(a) compañero(a) de clase qué hicieron las siguientes personas. Tomen turnos *(Take turns)*.

MODELOS: —¿Quién se sintió mal ayer por la noche?
—Yo me sentí mal ayer por la noche.
—¿Cuándo patinaron Laura y Mateo en el lago?
—Ellos patinaron el sábado por la mañana.

	yo	Laura y Mateo	Susan	el instructor de buceo
el sábado por la mañana	nadar en la piscina	patinar en el lago	montar a caballo por cuatro horas	tener ocho horas de clase de buceo
el martes por la tarde	repetir la lección de francés	vestirse elegantemente para salir	preferir estar en casa y descansar	sentirse mareado *(dizzy)*
ayer por la noche	sentirse mal	servir una cena en su casa	pedir pizza por teléfono	ver la película *Tiburón (Shark)*

7-16 ¿Qué pasó? Escriba una composición de tres párrafos sobre un partido de béisbol, fútbol, básquetbol, etcétera, en el que Ud. se divirtió mucho. Use las siguientes preguntas como guía.

Párrafo 1: ¿Dónde fue el partido? ¿Con quién fue Ud.? ¿Se vistió Ud. (Se vistieron Uds.) de forma diferente?

Párrafo 2: ¿A qué hora llegó Ud. (llegaron Uds.) al partido? ¿Qué comieron y bebieron? ¿Quién pidió la comida y las bebidas? ¿Qué quiso hacer Ud.? ¿Qué no quisieron hacer sus amigos?

Párrafo 3: ¿A qué hora salió Ud. del partido? ¿Adónde fue? ¿A qué hora se acostó Ud.? ¿Se durmió inmediatamente o no? ¿Por qué?

CULTURA

La búsqueda internacional de atletas

El béisbol es uno de los deportes favoritos de México, Centroamérica, Venezuela y el Caribe. Tradicionalmente, muchos entrenadores *(coaches)* norteamericanos buscan y emplean a los buenos jugadores de béisbol de estos países y regiones para sus equipos en los Estados Unidos. De igual manera, algunos entrenadores latinoamericanos emplean a los buenos jugadores norteamericanos de básquetbol para sus equipos profesionales.

Los Beisbolistas de la República Dominicana

Cruzando las lluvias tropicales que con frecuencia caen sobre la República Dominicana, una bola de béisbol surca el cielo para consagrar nuevos ídolos de este deporte en los Estados Unidos.

Desde principios de siglo, la República Dominicana ha sido una verdadera fábrica de beisbolistas talentosos, tanto que hoy 17 de los 26 equipos de las Ligas Mayores tienen academias de béisbol en este país. Desde ahí se desarrolla el talento de algunos de los mejores jugadores.

7-17 Entrevista *(Interview)*. Imagine que Ud. va a entrevistar a un(a) conocido(a) atleta hispano o estadounidense. Escriba tres o cuatro preguntas para saber lo que hizo esta persona en el pasado. Un(a) compañero(a) de clase va a actuar y contestar como el (la) atleta.

MODELOS: ¿De dónde es Ud.? ¿Dónde jugó Ud.? ¿A qué edad comenzó a jugar/ nadar/practicar este deporte? ¿Cuándo comenzó Ud. a tener mucho éxito? ¿Con qué otras personas famosas trabajó Ud.?

GRAMÁTICA esencial

In this section, you will learn how to express your likes, dislikes, and preferences and to ask others about theirs.

Indirect Object Pronouns with **gustar**

The Verb **gustar** + Infinitive

To express likes and dislikes, Spanish speakers often use the verb **gustar** *(to be pleasing)*.

To express *to whom* an action is pleasing, use one of the following indirect object pronouns with the verb form **gusta** + infinitive.

Indirect Object Pronouns				
Singular		**Plural**		**gusta** + infinitive
me	to me	nos		to us
te	to you (informal)	os		to you (informal)
le	to you (formal), to him/to her	les		to you, to them

—¿Qué **te gusta** hacer? *What do you like to do?*
—**Me gusta ir** al cine. *I like to go to the movies.*
    (Going to the movies pleases me.)

—¿**Te gustaría** bucear? *Would you like to scuba dive?*
—Sí, **me gustaría** bucear. *Yes, I would like to scuba dive.*

As you see in the chart, the indirect object pronouns **le** and **les** have more than one meaning. To clarify *to whom* something is pleasing, specify the person or persons with **a** *(to),* such as **a Alicia** and **a tus amigos,** and remember to include the **le** or **les.**

—¿**A Alicia le** gusta nadar? *Does Alicia like to swim?*
—Sí. También **le** gusta patinar. *Yes. She also likes to skate.*
—**A tus amigos les** gusta patinar? *Do your friends like to skate?*
—No. **Les** gusta jugar al tenis. *No. They like to play tennis.*

Practiquemos

7-18 Los gustos. Diga los gustos de los amigos de los Estados Unidos y de Centroamérica, usando **le** o **les.**

1. A David _____ gusta jugar al fútbol.
2. A Ileana, Luis y Tomás _____ gusta estudiar negocios.
3. A los padres de Tomás _____ gusta hacer fiestas.
4. A la mamá de Luis _____ gusta trabajar en el restaurante Café Tico.
5. A Luis _____ gusta pasear por la Ciudad de Panamá.
6. A ellos _____ gusta sacar fotos con su cámara.
7. A Tomás _____ gusta la comida guatemalteca.
8. A Alicia _____ gusta visitar Santiago de Chile.

7-19 Los fines de semana. David y Alicia están haciendo planes para conocer Santiago de Chile. Complete la conversación, usando **me, te, le,** and **nos** para saber a qué lugares les gustaría visitar a ellos.

DAVID: ¿Qué _____ gustaría hacer este fin de semana en Santiago, Alicia?
ALICIA: _____ gustaría correr por el Parque Metropolitano.
DAVID: Ah, ¿sí? A mi amigo Ben _____ gusta correr por allí también.
ALICIA: Y a ti, ¿qué _____ gustaría hacer este fin de semana, David?
DAVID: _____ gustaría ir de compras, comer en un restaurante y pasear por los viñedos.

7-20 Preferencias. Exprese sus preferencias con un(a) compañero(a) de clase.

MODELOS: *Me gusta ir al cine frecuentemente.*
No me gusta escuchar música rock en la radio.

Me gusta… / No me gusta…

ir al cine frecuentemente
jugar cartas con mi familia
escuchar música rock en la radio
ir de compras los fines de semana

ver películas de misterio en la tele
tomar exámenes de español los viernes
divertirme con mis amigos los domingos
hablar español frecuentemente en clase

Ahora, dígale a otro(a) estudiante las preferencias de su compañero(a) de clase.

7-21 Situaciones. En grupos de dos o tres personas, traten de resolver las siguientes situaciones.

MODELO: A Ud. le gustaría jugar al béisbol pero a sus amigos les gustaría jugar al tenis y no quieren practicar con Ud. Déles *(Give)* a sus amigos las razones de por qué es mejor *(it's better)* jugar al béisbol hoy. Los (Las) otros(as) amigos(as) discuten y le dan a Ud. las razones para jugar al tenis.

Me gustaría jugar al béisbol hoy porque tengo mucho tiempo sin practicar béisbol y mañana voy a jugar con el equipo de la universidad. También me gustaría correr porque en béisbol una persona corre mucho…

- A Ud. le gusta comer palomitas de maíz *(popcorn)* en el cine pero a su novio(a) no le gusta comer en el cine porque no puede escuchar bien la película. ¿Qué hacen?

- Ayer por la noche Ud. invitó a unos amigos a ir al teatro. Sus amigos se durmieron en el teatro y ahora estas personas llaman por teléfono para explicarle a Ud. todas las actividades que hicieron ayer y la razón por la que se durmieron en el teatro.

Indirect Object Pronouns with **gustar** (continued)
The Verb **gustar** + Noun

You have just learned to express likes and dislikes in Spanish by using an indirect object pronoun with the verb form **gusta** + infinitive.

—¿Qué **te gusta tomar**?   *What **do you like to drink**?*
—**Me gusta tomar** café.   *I **like to drink** coffee.*

To express to whom something is pleasing, use one of the following indirect object pronouns with the verb form **gusta** (singular) or **gustan** (plural) plus a definite article and a noun. The verb form, the definite article, and the nouns must match; they must all be either singular or plural.

Indirect Object Pronouns

me/te/le/nos/os/les +   { **gusta** + **el/la** + singular noun
                          gustan + **los/las** + plural noun

—¿**Te gustan los partidos de béisbol?**   *Do you like baseball games?*
—No. Pero **me gusta la Serie Mundial.**   *No. But I like the World Series.*

Practiquemos

7-22 David y Alicia. Complete la conversación, usando **me, te, le** o **nos**.

ALICIA: ¿Por qué no _____ gusta el café, David?
DAVID: Porque no _____ gusta, Alicia. Prefiero el té.
ALICIA: Pero a mí, _____ gusta mucho el café. Me gustaría un café ahora.
DAVID: Yo tengo hambre. ¿_____ gusta ese restaurante? ¿Vamos?
ALICIA: Sí, vamos. _____ gusta el lugar también. Tiene un ambiente agradable.
DAVID: Por lo menos, _____ gusta el mismo lugar.

7-23 Los deportes. Complete la conversación, usando **gusta** o **gustan** adecuadamente para saber qué deportes le gustan a David.

ALICIA: ¿Qué deportes te _____, David?
DAVID: Me _____ el fútbol, el béisbol y el tenis.
ALICIA: ¿Qué otro deporte te _____?
DAVID: Me _____ los partidos de fútbol americano por la televisión.
ALICIA: A mí me _____ los partidos de fútbol americano y de béisbol por la tele también.

Ahora, use la conversación entre Alicia y David como modelo para conversar con un(a) compañero(a) de clase. Cambien los deportes según *(according to)* sus propios gustos.

7-24 Los pasatiempos. Complete la conversación entre Alicia y David usando **me, te, le, nos** o **les** con el verbo **gustar** en singular **(gusta)** o en plural **(gustan)**.

DAVID: Alicia, ¿_____ _____ nadar en el mar o en la piscina?
ALICIA: _____ _____ nadar en el mar. ¿Por qué no vamos a Villa del Mar para bucear? A ti, ¿_____ _____ bucear?
DAVID: Sí, y podemos invitar a mis amigos Ben y Steve. A ellos _____ _____ nadar en el mar. Ben fue mi instructor de buceo en la Florida durante el verano pasado.
ALICIA: Pues si a Ben _____ _____ las fiestas también, igual que a nosotros, debemos ir a Villa del Mar. Es el lugar perfecto para nosotros.
DAVID: Claro, porque a nosotros _____ _____ las fiestas y _____ _____ nadar en el mar y bucear, así que...
ALICIA: ¿Qué esperamos para ir a Villa del Mar?

GRAMÁTICA esencial

Uses of *por* and *para*

The prepositions **por** and **para** have different uses and meanings.

1. **Por,** in general, conveys the underlying idea of a cause, reason, or source behind an action. Following are some additional uses of **por.**

    - Duration of time *(for, in, during)*

José descansó **por** una hora.	*José rested **for** an hour.*
Adriana hizo ejercicio **por** la noche.	*Adriana exercised **at** night.*
¿**Por** cuántas horas estudiaste anoche?	***For** how many hours did you study last night?*

    - Idiomatic expressions

        Los profesores trabajaron mucho el semestre pasado; **por ejemplo**, el profesor Gómez trabajó doce horas todos los días.
        *The professors worked a lot during last semester; **for example**, Professor Gómez worked twelve hours a day.*

Ileana habló **por teléfono** con Alicia.	*Ileana talked **on the telephone** with Alicia.*
Por favor, necesito tu libro.	***Please,** I need your book.*
Gracias por todo.	***Thanks for** everything.*
Por nada. / De nada.	***Don't mention it.***

2. In general, **para** conveys the underlying idea of purpose or use, recipient, and destination.

- Purpose *(in order to* + infinitive)

    Forme oraciones **para** expresar sus opiniones.
    *Form a few sentences **in order to** express your opinions.*

    Nosotros jugamos al tenis **para** hacer ejercicio.
    *We play tennis **in order to** get exercise.*

- Recipient *(for)*

    ¿Estudias mucho o poco **para** los exámenes?
    *Do you study a little or a lot **for** the exams?*

    El libro *Intercambios* es **para** la clase de español.
    *The **Intercambios** book is **for** Spanish class.*

- Destination *(for)*

    Alicia sirvió una cena chilena en su casa **para** su familia.
    *Alicia served a Chilean dinner at home **for** her family.*

    De vacaciones, los González fueron **para** Cancún.
    *For their vacation, the González went **to** Cancún.*

Practiquemos

7-25 *Por o para.* Complete las siguientes oraciones con la preposición **por** o **para.**

1. Trinidad estudió inglés _____ la noche.
2. Alicia habló _____ teléfono con Tomás la semana pasada.
3. David camina _____ los viñedos todos los fines de semana.
4. Alicia y Enrique estudiaron _____ la clase de contabilidad el semestre pasado.
5. ¿Estudiaste mucho o poco _____ nuestra clase de español?
6. ¿_____ cuántas horas estudiaste matemáticas?
7. ¿Qué haces _____ practicar español?
8. ¿Escuchas música clásica o de rock _____ descansar?

7-26 Navegar por la Red. Para saber si a Alicia y a David les gusta navegar por la Red, complete el párrafo con la preposición **por** o **para.**

Alicia y David se escribieron mensajes electrónicos _____ la Red el verano pasado. Ellos navegaron por la Red _____ poder estar en contacto y saber lo que hicieron en México y en los Estados Unidos. David también navegó por la Red _____ buscar y encontrar un trabajo en Chile. Alicia usó su computadora _____ escribir sus trabajos en la universidad y _____ trabajar en su pasantía en México _____ tres meses durante el verano. Ahora los dos navegan por la Red _____ hablar con su familia y con sus amigos Ileana, Tomás y Luis en Centroamérica.

■ RETO CULTURAL

Ud. decidió pasar el verano en Valdivia, Chile, para estudiar y practicar español. Ud. vive con una familia chilena y este fin de semana es el primer *(first)* fin de semana que pasa con ellos. Ud. quiere saber lo que van a hacer y lo que hace la familia típicamente *(typically)* durante los fines de semana. Por eso le hace al (a la) hijo(a) de la familia (un[a] compañero[a] de clase) las siguientes preguntas.

- ¿Qué hacen Uds. aquí en Valdivia los fines de semana?
- ¿Qué hacen las familias típicamente? ¿Adónde van?
- ¿A quiénes visitan las personas los domingos?

Practiquemos más

 For additional practice on the material covered in this chapter, go to **Lección 7** of the *Intercambios* Workbook/Laboratory Manual.

 For additional practice on grammar, vocabulary, and conversation, go to **Lección 7** of the *Flex-Files.*

 Atajo Writing Assistant Software for Spanish can be used to complete the writing activities in your *Workbook/Laboratory Manual.*

 Intercambios *Video:* Activities to accompany the ***Intercambios*** *Video* can be found in the *Flex-Files.*

 Visit ***Intercambios*** on the World Wide Web at **http://intercambios.heinle.com**.

ASÍ SE DICE

■ Sustantivos
la guitarra *guitar*
el (la) invitado(a) *guest*

■ Lugares
el gimnasio *gym*
el mar / el océano *sea/ocean*
el museo *museum*
la piscina / la alberca *swimming pool* (Mexico)
la playa *beach*
el río *river*
el teatro *theater*
el viñedo *vineyard*

■ Los pasatiempos
acampar en el lago / en las montañas *to camp at the lake / in the mountains*
cantar *to sing*
ir a la playa *to go to the beach*
ir al teatro *to go to the theater*
ir a un concierto *to go to a concert*
ir de compras *to go shopping*
jugar cartas *to play cards*
navegar *to sail*
navegar por la red *to surf the Web*
pasear *to take a walk*
pescar en el río *to fish in the river*
sacar fotos *to take pictures*
tocar (la guitarra) *to play (the guitar)*
tomar el sol *to sunbathe*
ver un partido de fútbol *to watch a soccer game*
visitar museos *to visit museums*

■ Los deportes
bucear *to scuba dive*
correr en un parque *to jog in a park*
esquiar *to ski*
hacer ejercicio *to exercise*
jugar al fútbol/béisbol/tenis/baloncesto/vólibol *to play soccer/baseball/tennis/basketball/volleyball*
montar a caballo *to go horseback riding*
montar en bicicleta *to go bicycle riding*
nadar en una piscina *to swim in a swimming pool*
patinar *to skate*
practicar deportes *to practice sports*

■ Para los deportes
el equipo *team*
el juego *game*
el partido *game, match*

■ Verbos (Irregulares en el pretérito)
dar *to give*
decir *to say, to tell*
estar *to be*
hacer *to do, to make*
ir *to go*
poder *to be able to*
poner *to put*
querer *to want*
saber *to know*
ser *to be*
tener *to have*
traer *to bring*
venir *to come*
ver *to see*

■ Verbos (Pretérito con cambio en la tercera persona singular y plural)
dormir (o → u) *to sleep*
pedir (e → i) *to ask for, to order*
preferir (e → i) *to prefer*
repetir (e → i) *to repeat*
sentir(se) (e → i) *to feel*
servir (e → i) *to serve*
vestir(se) (e → i) *to dress*

■ Preposiciones
para   purpose *(in order to + infinitive)*
       recipient *(for)*
       destination *(for)*
por   duration of time *(for, in, during)*
       idiomatic expressions **(por favor, por ejemplo, por teléfono, gracias por todo, por nada)**

■ Expresiones idiomáticas
¡Buena onda! *All right!*
¡Lo pasé muy bien! *I had a good time!*
Me/te gustaría… *I/you would like . . .*
tener ganas de + *infinitive* *to feel like (doing something)*

LECCIÓN 8
¡Salud y buen provecho!

ENFOQUE

■ COMMUNICATIVE GOALS

You will be able to describe different meals, to order a meal in a restaurant, and to describe some of your daily activities.

■ LANGUAGE FUNCTIONS

Naming common foods
Stating preferences
Expressing opinions
Ordering a meal
Referring to specific things
Referring to things already mentioned

■ VOCABULARY THEMES

Common foods
Common snacks
Restaurant expressions

■ GRAMMATICAL STRUCTURES

Direct object pronouns
Double object pronouns
Imperfect tense

■ CULTURAL INFORMATION

Hispanic restaurant customs
Mealtimes in Latin America and Spain
Tapas bars

■ CULTURAL CHALLENGE

Which is the most important meal for Hispanics? At what time do Hispanics have their meals? What are some differences and similarities between Hispanics and North American societies?

En Contexto

David Kerr comenzó a trabajar en el viñedo, por la zona del Rengo (1), hace dos semanas. Este fin de semana, David invitó a Alicia a visitar el viñedo y a cenar con él y con su familia chilena. El señor y la señora Torreón son los gerentes del viñedo.

SRES. TORREÓN:	¡Bienvenida a nuestro viñedo, Alicia!
ALICIA:	Gracias, señores Torreón, por invitarme° a su casa.
DAVID:	Te va a gustar la comida chilena. Los señores Torreón son muy buenos cocineros. Y el vino° también te va a gustar, aunque° sé que no tomabas° vino en Madison.
ALICIA:	Sí, tienes razón, David. No tomaba vino antes. Pero todo el mundo° habla del excelente vino chileno. Por eso° voy a probarlo°.
DAVID:	Bueno, cuando estabas° en Madison no hablabas° español todos los días, no montabas a caballo, no nadabas en el invierno como aquí en Chile y no tomabas vino...
ALICIA:	¡Sí, pero este año es diferente!
SRA. TORREÓN:	Muy bien, Alicia. ¡Ahora, sí estás en onda°!
DAVID:	Señora Torreón, ¿sirvo la comida en la mesa?
SRA. TORREÓN:	Sí, gracias, y tú, Rodolfo, por favor, ¿puedes abrir el vino, uno tinto° para la carne° y uno blanco° para el pescado°?
SR. TORREÓN:	¿Qué vino te gustaría primero, Rosario?
SRA. TORREÓN:	Prefiero el vino blanco. ¡Aquí está la cena! Éste es uno de nuestros platos más finos° que se llama curanto (2). Es un guisado° de pescado, mariscos°, carnes y papas°.
SR. TORREÓN:	Antes de comenzar, quiero brindar° por Alicia, por David y por mi esposa, Rosario. ¡Salud!
DAVID:	¡Salud y buen provecho!°

por invitarme... *for inviting me* (me = direct object pronoun)
vino... *wine*
aunque... *although*
tomabas... *you didn't used to drink*
todo el mundo... *everybody*
Por eso... *That's why*
probarlo... *to try it*
estabas... *you were in*
hablabas... *you did not used to speak*
estás en onda... *you're "with it"*
tinto... *red wine*
meat... *carne*
blanco... *white wine*
pescado... *fish*
más finos... *finest*
guisado... *stew*
mariscos... *shellfish*
papas... *potatoes*
brindar... *to toast*
¡Salud y buen provecho! *Cheers and have a good meal!*

Notas de texto

1. Zona del Rengo is the terrain between the Andes Mountains and the Pacific Ocean and is excellent for cultivating and producing quality white and red wine.
2. Curanto is one of Chile's finest dishes. It is a hearty stew made of fish, shellfish, chicken, sausage, pork, lamb, beef, and potato, which are steamed together for many hours in a makeshift underground oven.

8-1 ¿Comprendió Ud.? Diga si las siguientes oraciones son ciertas o falsas según lo que Ud. leyó. Si una oración es falsa, cámbiela para que sea correcta.

1. David y Alicia están trabajando en un viñedo en Argentina.
2. La familia Torreón está triste porque Alicia los está visitando.
3. Alicia no tomaba vino cuando estaba en Madison.
4. Alicia hablaba español todos los días cuando estaba en Wisconsin.
5. La señora Torreón no sabe cocinar.

Lección 8   ciento setenta y siete

VOCABULARIO esencial

In this section, you will learn to name foods you like and dislike, and to order a meal in a restaurant.

Cómo se conversa sobre la comida

¿Qué come Ud. para ¿el desayuno? ¿el almuerzo? ¿la cena?

El desayuno

El pan

El pan francés

La mermelada

El queso blanco

El queso amarillo

El té

El café

El almuerzo

La ensalada

La sopa

El pescado con arroz

La carne con papas fritas

Las bebidas

Los refrescos / Las gaseosas

Una botella de agua

La leche

La cerveza

Los postres

El arroz con leche

La copa de helado

El flan

Las frutas

 Las manzanas

 La papaya

 Las uvas

 Las fresas / Las frutillas

La merienda

 Palomitas de maíz

 Chocolate

 Galletas dulces

 Galletas saladas

 Maní / cacahuates

 Yogurt

La cena

 La sopa

 La carne con arroz

 El sándwich de jamón y queso

 Una copa de vino tinto/blanco

Otras carnes   *(Other meats)*

las chuletas de cerdo	*pork chops*
el guisado de carne	*meat stew*
el pollo con vegetales	*chicken with vegetables*

Otras aves   *(Other poultry)*

los huevos	*eggs*
el pavo / el guajolote (México)	*turkey*

Pescados y mariscos   (Fish and seafood)

los camarones / las gambas (Spain)	*shrimp*
la langosta	*lobster*
los mariscos	*seafood*

Los condimentos   (Condiments)   Los condimentos   (Condiments)

el aceite de oliva	*olive oil*	la sal	*salt*
el azúcar	*sugar*	la salsa de tomate	*ketchup*
la mostaza	*mustard*	el vinagre	*vinegar*
la pimienta	*pepper*		

Verbos para cocinar   (Verbs for cooking)

cocinar la carne	*to cook the meat*
condimentar el guisado	*to spice the stew*
preparar la comida	*to prepare the meal*

En un restaurante   (In a restaurant)

¿Qué le gustaría beber/comer?	*What would you like to drink/eat?*
Me gustaría beber...	*I would like to drink . . .*
un vaso de agua **con/sin hielo.**	* a glass of water **with/without** ice.*
un vaso de agua **con/sin gas.**	* a glass of water **with/without** gas.*
una **taza** de **té con limón/leche.**	* a **cup** of **tea with lemon/milk.***
un café **con/sin azúcar.**	* coffee **with/without sugar.***
Me gustaría comer pollo con ensalada.	*I would like to eat chicken with salad.*
¿Le gustaría tomar postre o café?	*Would you like to have dessert or coffee?*
Sí, un flan de caramelo y un café pequeño.	*Yes, a caramel flan and a small coffee.*
¡**Mesero(a), la cuenta,** por favor. ¡Tengo prisa!	*Mr./Ms., **the bill,** please. I am in a hurry!*
Esta **propina** es para el (la) camarero(a).	*This **tip** is for the server.*

> **"Poner toda la carne en el asador *(grill)*"**. —refrán popular

Practiquemos

8-2 En categorías. En cada grupo, escriba una oración que indique qué palabra es de otra categoría y por qué.

MODELO: el vino, el bistec, el café, el jugo
         El bistec es de otra categoría porque no es bebida.

1. la sopa, el agua, el café, la leche
2. el jugo, el flan, el pastel, el helado
3. el jamón, el pollo, el pescado, el bistec
4. la leche, el refresco, la manzana, el agua
5. el limón, la naranja, el pan, la banana

8-3 Mis bebidas preferidas. Exprese sus preferencias.

1. Con el desayuno prefiero tomar...   café con leche.
2. Cuando estudio en casa, tomo...   leche (chocolate).
3. Cuando tengo mucha sed, bebo...   té caliente/helado *(iced)*.
4. Con el almuerzo me gusta beber...   chocolate caliente.
5. En las fiestas me gusta tomar...   limonada (con hielo).
6. A veces, los fines de semana tomo...   agua mineral (con hielo).
7. Con la cena, prefiero beber...   jugo de tomate/naranja.
8. Cuando estoy en el cine, tomo...   un refresco (frío)/una soda (fría).
                                              una cerveza (fría).
                                              vino tinto/blanco.

8-4 Mis opiniones personales. Primero, complete apropiadamente las siguientes oraciones con diferentes tipos de comida. Luego, léale sus oraciones a otro(a) estudiante, quien responde con su opinión.

MODELO: —El *queso* contiene mucho colesterol.
              —*Estoy de acuerdo.* (I agree.)
    o —*No estoy de acuerdo.*

1. Un sándwich de _____ con sopa es delicioso.
2. Es recomendable tomar vino _____ con pescado.
3. El arroz con _____ es una comida muy nutritiva *(nutritious)*.
4. El pan con _____ y café es un buen desayuno.
5. El bistec con _____ y vino tinto es un almuerzo perfecto.
6. Los mariscos con ensalada y _____ es una buena cena.
7. El _____ de tomate es una bebida nutritiva.
8. Cuando uno tiene mucha sed, es preferible tomar _____.
9. El _____ tiene muchas/pocas calorías.
10. La _____ es una buena bebida para los niños.

8-5 ¡Preparemos el menú! En grupos de tres o cuatro estudiantes, Uds. van a decidir lo que van a comprar para un picnic, un almuerzo con sus amigos de parrillada *(barbecue)* y una cena elegante con su jefe(a) y su esposo(a). Comparta sus respuestas con toda la clase.

MODELO: *Para el picnic con la familia, vamos a comprar agua mineral, refrescos y vinos.*

	Bebidas	Comida	Postres
Picnic con la familia y los amigos en el lago			
Parrillada con la familia y los amigos			
Cena con el (la) jefe(a) y su esposo(a)			

8-6 ¡Buen provecho! *(Have a good meal!)* Imagínese que Uds. están en el restaurante La Barraca en Valencia, España, y que son las dos y media de la tarde, la hora de comida. Un(a) estudiante va a hacer el papel de cliente y otro(a) va a hacer el papel de mesero(a). Usen el vocabulario de las páginas 178–180 en su conversación.

Mesero(a)
1. Buenas _____, (señor/señorita/señora).
3. ¿Qué desea beber?
5. Perdón, pero hoy no hay _____.
7. Sí, (señor/señorita/señora).
9. ¿Qué le gustaría comer, carne o pescado?
11. ¡Muy bien!

Después de almorzar...

12. ¿Quiere usted café, (señor/señorita/señora)?
14. Muy bien. ¿Y de postre?
16. _____.

Cliente
2. _____.
4. Deseo _____, por favor.
6. Ah, ¿no? Bueno, ¿hay _____?
8. Pues, quiero _____.
10. Me gustaría comer _____.

13. Sí, con _____, por favor. (No, prefiero _____.)
15. De postre quiero _____.
17. _____.

Ahora cambien de papel *(switch roles)* y hagan otra conversación.

8-7 Café Monterrey. ¿A Ud. le gusta el café? Lea el siguiente anuncio; luego conteste las preguntas.

1. ¿Dónde se produce el Café Monterrey?
2. ¿Qué palabras describen el café?
3. ¿Cómo se dice **instantáneo en polvo** en inglés?
4. ¿Cómo se prepara el café?

CULTURA

A la hora de comer

En el mundo hispano se toma el desayuno entre las seis y las ocho de la mañana. Es una comida muy sencilla que los europeos llaman un desayuno continental. En algunos países de Latinoamérica y en España el desayuno consiste en una taza de café, pan con mermelada o mantequilla, queso y, a veces, fruta.

La comida principal del día es el almuerzo, que se come entre la una y las tres de la tarde. El almuerzo consiste en una sopa, pescado o carne con vegetales o verduras y papas o arroz, una ensalada, y luego fruta, queso o pastel de postre. Después del almuerzo, los adultos toman café o té y hablan por media hora o más, una costumbre que se llama **la sobremesa.** En algunos países, muchas oficinas se cierran por dos horas o más para permitirles almorzar a los empleados. En otros países, los empleados tienen solamente una hora o media hora para almorzar. En estos casos, el almuerzo consiste en solamente un sándwich y café o té caliente.

En algunos países latinoamericanos se cena después de las ocho de la noche, y en otros países, como España, Chile y Argentina, se sirve la cena entre las nueve y las once. Esta comida es algo más ligera *(light)* que el almuerzo. Puede consistir en un sándwich o una tortilla *(potato omelette in Spain)*. Puesto que la cena se sirve tan tarde, algunos hispanos toman una merienda entre las cinco y las seis de la tarde. La merienda consiste en sándwiches, pasteles servidos con chocolate, té, café con leche o refresco. En Chile, la merienda se llama la once, que se toma a las cinco de la tarde. Se dice que durante la época colonial, cuando los hombres chilenos querían salir a tomar aguardiente *(brandy)*, palabra que contiene once letras, les decían a las mujeres: "Vamos a tomar once", para no ofenderlas *(not to offend them)* con la palabra "aguardiente".

¿Qué dice Ud.?   Hágale preguntas a un(a) compañero(a) de clase.

1. Comparen las horas cuando Uds. desayunan, almuerzan y cenan con la información de esta lectura.
2. ¿A qué hora comen Uds. la merienda? ¿Qué comen y beben?

Parrilla (Barbecue) El Mangrullo.   Lea el anuncio. Luego conteste las preguntas.

1. ¿Qué tipo de restaurante es la Parrilla El Mangrullo?
2. ¿Dónde está este restaurante?
3. ¿Cuál es el teléfono del restaurante?
4. ¿Qué es "comida para llevar"?

GRAMÁTICA esencial

In this section, you will learn to communicate more smoothly in Spanish by not repeating the names of people or things.

Direct Object Pronouns

What are pronouns?

A pronoun is a word that is used in place of a noun to avoid repeating the name of a person, place, or thing. For example, in the following sentences, the subject pronoun **ella** replaces **Alicia,** and the subject pronoun **ellos** replaces **los señores Torreón.**

Alicia recibió un regalo.
(Alicia received a gift.)

Ella está muy contenta.
(She is very happy.)

Los señores Torreón son muy simpáticos.
(Mr. and Mrs. Torreón are very nice.)

Ellos son muy amables.
(They are very nice.)

What are direct object pronouns?

1. All sentences have a subject and a verb. Many sentences also have a direct object, which receives the action of the verb. For example, in the sentence below, the direct object **(un regalo)** receives the action of the verb **(recibió),** which is performed by the subject **(Alicia).**

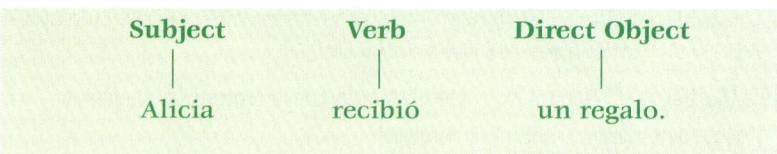

2. Because the direct object of a sentence is usually a person or a thing, it answers the questions *Who(m)?* or *What?* in relation to the action of the verb.

   David quiere a su nueva familia. → *Whom does he love?*

   . . . **Su nueva familia** *(His new family)* answers the question *whom?* Therefore, in this case, **su nueva familia** is the direct object of the verb **quiere**.

   Alicia recibió un regalo. → *What did she receive?*

   . . . **Un regalo** *(A gift)* answers the question *what?* Therefore, **un regalo,** in this case, is the direct object of the verb **recibió.**

3. A direct object pronoun may be used in place of a direct object noun.

   David quiere **a su nueva familia.** → David **la** quiere.
   Alicia recibió **un regalo.** → Alicia **lo** recibió.

   In the preceding sentences, the direct object pronouns **la** and **lo** replace the direct object nouns **su nueva familia** and **un regalo,** respectively.

How to use direct object pronouns

Direct Object Pronouns

Singular		Plural	
me	*me*	nos	*us*
te	*you* (informal)	os	*you* (informal)
lo	*him, you* (masculine formal)*, it* (masculine)	los	*them* (masculine)*, you* (formal)
la	*her, you* (feminine formal)*, it* (feminine)	las	*them* (feminine)*, you* (formal)

lo, la, los, las
- agree in number & gender with the noun they replace

—David, ¿conoces **a los Torreón**?   —Sí, **los** conozco.
  *(David, do you know **the Torreóns**?)*   *(Yes, I know **them**.)*

—¿Comiste **el helado,** Alicia?   —No, no **lo** comí.
  *(Did you eat **ice cream,** Alicia?)*   *(No, I didn't eat **it**.)*

Where to place direct object pronouns

1. Place the pronoun in front of the conjugated verb.

   —¿Comiste **las fresas,** David?   *Did you eat **the strawberries,** David?*
   —Sí, señora Torreón. Ya **las** comí.   *Yes, Mrs. Torreón. I already ate **them**.*

2. In negative sentences, place the **no** in front of the pronoun.

   —¿Preparaste **la cena,** David?   *Did you make **supper,** David?*
   —No, no **la** preparé.   *No. I didn't make **it**.*

3. **Lo, la, los,** and **las** must agree with the gender of the noun they are replacing.

—¿Compraste **la botella de vino,** David?	*Did you buy **the bottle of wine,** David?*
—Sí, **la** compré.	*Yes, I bought **it.***
—¿Compraste **los mariscos** para la cena?	*Did you buy **the shellfish** for dinner?*
—Sí, **los** compré.	*Yes, I bought **them.***

4. When the pronoun is used with an infinitive or a present participle, place it either before the conjugated verb or attach it to the end of the infinitive or the present participle. (A written accent is needed to retain the stressed vowel of a present participle when a direct object pronoun is attached to it.)

La voy a preparar pronto.
or
Voy a preparar**la** pronto. } *I'm going to make **it** soon.*

La estoy preparando ahora.
or
Estoy prepar**á**ndo**la** ahora. } *I'm preparing **it** now.*

Practiquemos

8-8 La comida de los Torreón. Para saber lo que hicieron estas personas en casa de los Torreón, subraye *(underline)* los nombres que contestan las preguntas **¿Qué?** o **¿Quién?** y luego complete la oración.

MODELO: David compró <u>el vino</u>. *Lo* compró.

1. Los Sres. Torreón invitaron <u>a Alicia y a David</u> a cenar con ellos.   _____ invitaron.
2. La Sra. Torreón preparó <u>las carnes</u>.   _____ preparó.
3. El Sr. Torreón abrió <u>el vino</u>.   _____ abrió.
4. Alicia probó *(tasted)* <u>los postres</u>.   _____ probó.
4. Los Srs. Torreón cocinaron *(cooked)* <u>la cena</u>.   _____ cocinaron.
5. David bebió <u>los diferentes vinos</u>.   _____ bebió.
6. Alicia ayudó a la Sra. Torreón con <u>la comida</u>.   _____ ayudó.
7. El Sr. Torreón comió <u>el pescado</u> con papas.   _____ comió.

8-9 La comida. Ahora Ud. y sus compañeros prepararon la comida para cenar y el (la) invitado(a) de honor *(special guest)* hace preguntas sobre la cena. Tiene que contestar las preguntas sin repetir el nombre de la comida que prepararon.

MODELO: INVITADO(A) DE HONOR: ¿Quién preparó _la ensalada_?
          UD.: _La_ preparó Raúl.

INVITADO(A) DE HONOR: Renata, ¿quién _____ ayudó con esta cena?
UD.: _____ ayudaron los compañeros de clase.
INVITADO(A) DE HONOR: ¿Quién preparó la carne y el arroz?
UD.: El arroz, _____ preparó Kelly y la carne, _____ preparó Sonia.
INVITADO(A) DE HONOR: ¿Quién compró los quesos?
UD.: _____ compró Betty.
INVITADO(A) DE HONOR: ¿Quién compró las botellas de agua mineral?
UD.: _____ compraron Frank y Mike.
INVITADO(A) DE HONOR: ¿Quién hizo el postre? ¡Está delicioso!
UD.: _____ hizo Mark.
INVITADO(A) DE HONOR: ¿Quién compró el vino tinto? ¡Está buenísimo!
UD.: _____ compré yo.

8-10 En la cena. Los Srs. Torreón, David y Alicia están cenando en casa. Complete los diálogos con un verbo y el pronombre apropiado.

MODELO: —Sra. Torreón, no quiero comer más carne, gracias.
         —Bueno, puedes comer_la_ mañana.

1. —Rosario, no podemos tomar estas tres botellas de vino.
   —Podemos _____ más tarde, Rodolfo.
2. —David, ¿ya comiste el guisado?
   —Pues... _____ ahora.
3. —Esta noche quiero pescado y arroz, Rosario, por favor.
   —No, Rodolfo, lo siento. Voy a _____ para mañana.
4. —De postre, quiero torta de fresas, o fresillas como dicen en Chile.
   —Bien. Voy a _____ más tarde.

8-11 Preguntas. El Sr. Torreón habla con Alicia y tiene muchas preguntas para ella. ¿Qué dice Alicia?

MODELO: —¿Dónde conociste a David? (...en la universidad, Sr. Torreón.)
         —*Lo conocí en la universidad, Sr. Torreón.*

Sr. Torreón   **Alicia**

1. —Alicia, ¿quieres mucho a David?   (—Sí,... mucho. Somos buenos amigos.)
2. —¿Dónde aprendiste español?   (—...en la universidad.)
3. —Alicia, ¿David practica español contigo? (—Sí, nosotros... todos los días.)
4. —¿Van a visitar la playa?   (—Sí, vamos a... el viernes.)
5. —¿Ven Uds. el fútbol por la tele?   (—Sí,... por la tele.)

8-12 En casa. Lea las siguientes situaciones. Luego, escriba una oración para terminar cada conversación lógicamente. Use los pronombres de objeto directo en cada oración.

MODELO: El Sr. Torreón está en el salón con su esposa.
SRA. TORREÓN: ¿Por qué estás escuchando música clásica, querido?
SR. TORREÓN: *Estoy escuchándola porque quiero descansar un poco.*

1. David y Alicia están comiendo carne con papas fritas, ensalada y vino tinto.
   ALICIA: ¿Por qué preparó una comida tan especial esta noche, Sra. Torreón?
   SRA. TORREÓN: _____
2. El Sr. Torreón está hablando con David, que quiere jugar al fútbol.
   SR. TORREÓN: ¿Por qué no puedes jugar al fútbol hoy, David?
   DAVID: _____
3. Alicia está comiendo un flan cuando David la ve.
   DAVID: ¿Por qué estás comiendo ese flan? Ése es mi flan.
   ALICIA: _____
4. La Sra. Torreón llegó del mercado. Necesita la ayuda de su esposo.
   SR. TORREÓN: ¿Necesitas mi ayuda, Rosario?
   SRA. TORREÓN: _____

8-13 ¡A divertirse! Hágale preguntas a otro(a) estudiante, como en el modelo.

MODELO: ver películas en video (¿Cuándo? / ¿Con quién?)
—*¿Cuándo ves películas en video?*
—*Las veo cuando tengo tiempo.*
—*¿Con quién las ves?*
—*Las veo con mis amigos.*

1. comer la merienda (¿Con quién? / ¿Cuándo? / ¿Dónde?)
2. celebrar tu cumpleaños (¿Cuándo? / ¿Con quiénes?)
3. hacer fiestas (¿Cuándo? / ¿Con qué frecuencia?)
4. sacar fotos (¿En qué ocasiones? / ¿Dónde?)

8-14 Entrevista. Hágale a un(a) compañero(a) de clase las siguientes preguntas.

1. ¿Cómo se llama uno de tus buenos amigos? ¿Dónde lo conociste? ¿Cómo es? ¿Quién es una de tus amigas? ¿Dónde la conociste? ¿Cómo es ella? ¿Cuándo la llamas por teléfono? ¿De qué hablan Uds.? ¿Cómo se divierten Uds.?
2. ¿Cuál es tu deporte favorito? ¿Cuándo y dónde lo juegas? ¿Cuándo aprendiste a jugarlo? Normalmente, ¿con quién lo juegas? ¿Lo juegan Uds. bien o mal? ¿Lo jugaron la semana pasada? ¿Cuándo van a jugarlo otra vez? ¿Qué otro deporte te gusta mucho?
3. ¿Miras mucho o poco la televisión? ¿Por cuántas horas la miras a la semana? ¿Qué programas de televisión te gustan? ¿A qué hora los miras? ¿Con qué frecuencia los miras?

CULTURA

■ Los bares de tapas

Los bares de tapas son como una institución social en España. Entre las cinco y las siete de la tarde, muchos españoles van a los bares de tapas para charlar con sus amigos y para hacer nuevos amigos.

Las tapas son aperitivos *(appetizers)* como, por ejemplo, pedazos *(pieces)* de jamón o queso, salchichas pequeñas, calamares *(squid)*, sardinas y gambas al ajillo *(shrimp with garlic)*. Otra tapa popular es la tortilla española, que es una tortilla de patatas, huevos y cebolla frita *(fried onion)* en aceite de oliva. En los bares de tapas, también se sirven bebidas alcohólicas, como vino y cerveza, y no alcohólicas como gaseosas y café.

Estos jóvenes españoles van frecuentemente a los bares de tapas para charlar con sus amigos.

¿Qué dice Ud.? Hágale preguntas a un(a) compañero(a) de clase.

1. ¿Qué piensas de los bares de tapas?
2. ¿Qué tapas te gustan? ¿Qué tapas te gustarían comer esta tarde?
3. ¿Te gustaría ir a algún bar de tapas? ¿Por qué?
4. ¿Qué te gusta comer entre comidas? ¿Y qué bebes?
5. ¿Se sirve café en los bares en los Estados Unidos?
6. ¿Hay bares aquí en los Estados Unidos como los bares de tapas de España?

GRAMÁTICA esencial

In this lesson, and in **Lección 7,** you learned how to use indirect and direct object pronouns to refer to people and things. Sometimes you may want to use both kinds of pronouns together in the same sentence. When you use an indirect and a direct object pronoun together in the same sentence, this is referred to as a double object pronoun.

Remember, *direct objects* answer the question *Whom?* or *What?*, and are people and things, while *indirect objects* answer the question *To whom?* or *For whom?* and are usually people.

Vamos a servir **la cena** a las nueve.	*We're going to serve **dinner** at 9:00.*
Vamos a servirles la cena a **tus padres.**	*We're going to serve dinner to **your parents.***

La cena is a direct object. (*What* are we going to serve? Dinner.) **Tus padres** is an indirect object. (*To whom* are we going to serve dinner? To your parents.)

Double Object Pronouns

1. Indirect object pronouns always *precede* direct object pronouns. To help you remember this, use the initials of your student ID: Indirect-Direct.

Indirect	before	Direct	Indirect	before	Direct
me		me	nos		nos
te		te	os		os
le (→ se)		lo, la	les (→ se)		los, las

—¿**Me** compraste **las manzanas**, David?
—Sí, **te las** compré.
—David, y los vinos, ¿**me los** compraste también?
—Sí, **te los** compré también.

—¿**Te** puedo comprar **unas peras**?
—Claro que **me las** puedes comprar.

Did you buy **me** *the apples, David?*
Yes, I bought **them** *for* **you**.
David, and the wines, did you buy **them** *for* **me** *also?*
Yes, I bought **them** *for* **you** *as well.*

May I buy **you some pears** *now?*
Of course, you can buy **them** *for* **me**.

2. The indirect object pronouns **le** and **les** always change to **se** when they are used together with the direct object pronouns **lo, la, los,** and **las**.

La Sra. Torreón **les** cocinó algunos platos chilenos a David y a Alicia.
Mrs. Torreón cooked some Chilean dishes for David and Alicia.

Se los cocinó para la cena de ayer.
She cooked them for them for dinner yesterday.

También **le** compró una botella de vino a su esposo.
She also bought a bottle of wine for her husband.

Se la compró en el centro.
She bought it for him downtown.

3. To contrast, emphasize, or clarify the meaning of the indirect object pronoun **se,** use **a Ud., a él, a ella, a Uds., a ellos,** or **a ellas,** as shown.

¡El flan está delicioso! La Sra. Torreón **se** lo hizo **a ella.**
The flan is delicious! Mrs. Torreón made it for her.

Se lo hizo **a ella** para la cena.
She made it for her for dinner.

4. In verb phrases, pronouns may be placed before conjugated verbs or attached to the end of infinitives or present participles. When two pronouns are attached, an accent mark is written over the stressed vowel of the verb.

Alicia quiere comprarles unos regalos a sus amigos de los Estados Unidos.

Se los va a comprar hoy. → Va a comprár**selos** hoy.
Se los está comprando ahora. → Está comprándo**selos** ahora.

Practiquemos

8-15 El almuerzo de los Rodríguez. Uds. tienen una compañía que prepara comidas, y por eso les prepararon el almuerzo a los Sres. Rodríguez. Su supervisor(a) le va a hacer preguntas para saber si todo estuvo bien. Cambie los nombres a pronombres. (Recuerde: ID [Indirecto-Directo] y se lo/se la).

MODELO: SUPERVISOR(A): ¿Le prepararon la carne con condimentos a la Sra. Rodríguez?
UD.: Sí, _se la_ preparamos.

1. ¿Les compraron las botellas de agua con gas a los Sres. Rodríguez?
   Sí, _____ compramos.
2. ¿Le cocinaron bien el pescado a la Sra. Rodríguez?
   Sí, _____ cocinamos bien.
3. ¿Le hicieron el flan al Sr. Rodríguez?
   No, no _____ hicimos. Le hicimos arroz con leche.
4. ¿Les prepararon tres ensaladas de frutas a los Sres. Rodríguez?
   Sí, _____ preparamos.
5. ¿Les compraron quesos del mercado principal?
   Sí, _____ compramos.
6. ¿Le condimentaron mucho el guisado a la Sra. Rodríguez?
   No, _____ condimentamos poco.
7. ¿Le hicieron unas papas fritas al Sr. Rodríguez?
   Sí, _____ hicimos.
8. ¿Les sirvieron bien la comida a los Sres. Rodríguez?
   Sí, _____ servimos muy bien.

8-16 En el restaurante. David y Alicia están cenando en el Restaurante Los Caminos. Complete la siguiente conversación entre Alicia, David y el camarero, usando pronombres adecuados.

MODELO: ALICIA: Me gustaría la ensalada de tomate y cebolla. ¿Me trae una, señor?
CAMARERO: ¡Por supuesto, señorita! _Se la_ traigo inmediatamente.

1. DAVID: Quiero sopa de vegetales, por favor.
   CAMARERO: ¡Cómo no, señor! _____ traigo rápidamente.
2. ALICIA: Me gustaría cenar mariscos, por favor.
   CAMARERO: ¡Claro, señorita! _____ traigo ahora.
3. DAVID: Tengo mucha sed. Quiero agua mineral sin gas y con hielo.
   CAMARERO: ¡Sí, señor! _____ traigo inmediatamente.
4. DAVID: Me gustaría probar el pescado, por favor.
   CAMARERO: ¡Sí, señor! _____ traigo rápidamente.
5. ALICIA: De postre, quiero frutas frescas: manzanas, uvas y papaya.
   CAMARERO: Las frutas están muy buenas, señorita. _____ traigo ahora.
6. DAVID: Queremos un café, por favor.
   CAMARERO: Entonces son dos cafés. _____ traigo inmediatamente.

Las costumbres en los restaurantes hispanos

En Latinoamérica y en España, la mayoría de los restaurantes tiene un menú a la entrada. El menú indica los precios de la comida a la carta y la comida a precio fijo *(fixed)*, que se llama el plato del día.

Cuando uno entra a un restaurante, el (la) camarero(a) lo saluda y le indica dónde puede sentarse. Por lo general, no hay una sección de no fumar *(non-smoking section)* como en los restaurantes estadounidenses o canadienses.

Al terminar la comida, el (la) camarero(a) va a ofrecerle café y postre. Generalmente, no le trae la cuenta hasta que Ud. se la pide. Para atraer su atención, tiene que decirle "Camarero", "Señorita" o "Mozo", según el país en que se encuentre. Muchas veces, la cuenta incluye la propina; si no, es normal dejar una propina adecuada entre el 10 y el 15 por ciento. Si Ud. no está seguro(a) de si la cuenta incluye la propina o no, es necesario preguntar.

¿Qué dice Ud.? Hágale preguntas a un(a) compañero(a) de clase.

1. ¿Por qué hay un menú a la entrada de muchos restaurantes? ¿A Ud. le gusta esta costumbre? ¿Por qué?
2. ¿Cómo se atrae la atención *(do you get the attention)* de los camareros(as) en su país?
3. ¿Cuándo se trae la cuenta en los restaurantes de España y Latinoamérica? ¿Cuándo se trae la cuenta en los restaurantes norteamericanos? ¿A Ud. le gusta esta costumbre? ¿Por qué?
4. Cuando Ud. come en un restaurante, generalmente, ¿qué porcentaje (%) de la cuenta deja *(do you leave)* de propina? ¿Qué es preferible: incluir o no incluir la propina en la cuenta? ¿Por qué?

8-17 ¡Qué amigos tan generosos! Cuando Uds. van de viaje a visitar otro país, Uds. traen muchos regalos a sus parientes y amigos. Su amiga Sonia quiere saber para quién son los regalos. Conteste las preguntas, según el modelo.

MODELO: SONIA: ¿A quién le compraste este libro de Chile?
UD.: *Se lo compré a mi hermano.*

Sonia	**Ud.**
1. ¿A quién le compraste este libro de México?	a mi hermana Gisela
2. ¿A quién le compraste este vino?	a mi amigo Miguel
3. ¿Y ese reloj?	a mi amiga Kelly
4. ¿Y esos condimentos?	a mis primos
5. ¿Y ese periódico?	a mis tíos
6. ¿Y esos videos?	a mi mamá

 8-18 Entrevista. Hágale estas preguntas a un(a) compañero(a) de clase.

1. Cuando necesitas dinero para ir de compras, ¿a quién se lo pides? ¿Te lo dan? ¿Cuándo se lo devuelves *(you pay back)* a la persona que te prestó *(lent)* el dinero?
2. ¿A quiénes les compras regalos? ¿Qué cosas les compras?
3. Cuando vas de viaje, ¿a quiénes les compras regalos? ¿Qué cosas les compras a tus amigos?

GRAMÁTICA esencial

In this section, you will learn how to describe activities that you and others used to do, to describe incomplete actions or conditions, and to describe an action that coincides with another action. The verb tense used for this is called the imperfect.

Imperfect Tense

How to form the imperfect

1. The imperfect tense is equivalent to three forms in English:
   Yo **trabajaba** en un viñedo en Chile.
   I worked / used to work / was working in a winery in Chile.

2. To form the imperfect, add the following endings to the verb stem. Note the identical endings for **-er** and **-ir** verbs.

	trabajar	beber	divertirse
(yo)	trabaj**aba**	beb**ía**	me divert**ía**
(tú)	trabaj**abas**	beb**ías**	te divert**ías**
(Ud., él, ella)	trabaj**aba**	beb**ía**	se divert**ía**
(nosotros/nosotras)	trabaj**ábamos**	beb**íamos**	nos divert**íamos**
(vosotros/vosotras)	trabaj**abais**	beb**íais**	os divert**íais**
(Uds., ellos, ellas)	trabaj**aban**	beb**ían**	se divert**ían**

—Alicia, ¿por qué no **hablabas** español todos los días antes?
—Porque no **hablaba** bien.

*Alicia, why **didn't you speak** Spanish every day before?*
*Because I **didn't used to speak** well.*

3. Three Spanish verbs are irregular in the imperfect.

ir		ser		ver	
iba	íbamos	era	éramos	veía	veíamos
ibas	ibais	eras	erais	veías	veíais
iba	iban	era	eran	veía	veían

—Cuando **era** niña, **iba** al cine con mis padres.
—¿Qué tipo de películas **veían** Uds.?
—**Veíamos** documentales y películas de Disney.

*When **I was** a young girl, **I used to go** to the movies with my parents.*
*What kind of films **would you see**?*
***We would see** documentaries and Disney films.*

4. The imperfect tense of **hay** is **había** *(there was / there were)*.
   —¿**Había** muchas fiestas en tu casa?

   —No, pero siempre **había** mucha gente.

   Were there a lot of parties at your house?
   *No, but **there were** always a lot of people.*

How to use the imperfect

1. To describe habitual actions

   Alicia no **nadaba** y no **hablaba** español todos los días como lo hacía en México.

   Alicia **did** not **used to swim** or **speak** Spanish every day as she used to do in Mexico.

2. To describe states of mind and feelings in the past

   Alicia **estaba** muy contenta cuando **vivía** en Monterrey, México.

   Alicia **was** very happy when she **used to live** in Monterrey, Mexico.

3. To describe weather in the past

   Hacía mucho calor cuando Alicia llegó a Santiago de Chile.

   It was very hot when Alicia arrived in Santiago, Chile.

4. To express age and describe the time.

   David **tenía** nueve años cuando **vivía** en Wisconsin.

   David **was** nine years old when he **lived** in Wisconsin.

   Eran las diez de la noche cuando la Sra. Torreón sirvió la cena.

   It was ten o'clock when Ms. Torreón served dinner.

5. To describe two or more simultaneous past actions in progress

   Alicia **trabajaba** en la universidad cuando **estudiaba** negocios.

   Alicia **was working** at the university when she **was studying** business.

Spanish speakers use the imperfect to describe actions, conditions, and events that occurred routinely or repeatedly in the past. Notice how David uses the imperfect tense to describe how things were when he was a boy.

> Cuando **era** niño mi vida **era** diferente. **Tenía** menos responsabilidades y **estaba** menos ocupado. Por ejemplo, los sábados **me levantaba** tarde porque no **había** mucho que hacer. **Tomaba** una taza de chocolate caliente, **comía** un sándwich de queso y **miraba** la televisión. Por la tarde, mis amigos y yo **jugábamos** al fútbol. Después, **comprábamos** refrescos y **nos divertíamos** en el parque. Yo **volvía** a casa cansado pero contento.

The imperfect tense can be translated in different ways, depending on the context of the sentence.

> De niña, Alicia **vivía** *(lived)* en Milwaukee, Wisconsin. Los sábados ella y su mamá **iban** *(used to go)* de compras a las tiendas donde **compraban** *(they would buy)* ropa y comida. Un sábado, cuando **caminaban** *(they were walking)* por el centro, vieron un accidente terrible de un amigo de Alicia que **montaba** *(was riding)* en su bicicleta. El muchacho **iba** *(was going)* de paseo por el centro.

Practiquemos

8-19 Las vacaciones. ¿Adónde iban o qué deporte practicaban estas personas cuando eran niños? Complete cada oración con la forma apropiada del verbo.

MODELO: Luis _jugaba_ (jugar) al fútbol con sus primos.

1. Juan y Ana _____ (practicar) tenis todos los días en el club.
2. Nosotros _____ (ir) al cine todos los sábados y _____ (comer) palomitas de maíz.
3. Yo _____ (levantarse) tarde los domingos.
4. Tommy y Santiago _____ (montar) en bicicleta por las montañas.
5. Mi mamá _____ (cocinar) nuestra comida favorita los viernes por la noche.
6. Todd y Beth _____ (ver) los juegos de béisbol en la televisión.
7. Nosotras _____ (beber) leche con chocolate para la merienda.
8. Yo _____ (nadar) todas las tardes en la piscina.
9. Jerome _____ (correr) por el parque my temprano por la mañana.
10. Ellas _____ (preparar) flan de caramelo para los almuerzos.

8-20 Hace tres años... Escriba seis oraciones usando elementos de cada columna para describir la vida de estas personas de hace tres años.

MODELO: *Hace tres años, yo hacía ejercicio todos los días.*

¿Quién?	¿Qué?	¿Cuándo?
yo	comer	por el parque
tú	estudiar	helado con la merienda
Marisa	trabajar	en la escuela secundaria *(high school)*
nosotros(as)	viajar	para trabajar
Rodolfo y Gres	practicar	en una compañía internacional
tú y yo	divertirse	en la piscina los sábados

8-21 Recuerdos. Hágale preguntas a un(a) compañero(a) de clase.

1. La familia: ¿Dónde y con quién vivías cuando tenías seis años? ¿Cuántos hermanos tenías? ¿Quién era el menor *(youngest)*? ¿y el mayor *(oldest)*? ¿Qué tipo de trabajo tenía tu papá? ¿Trabajaba tu mamá también? (¿Dónde? ¿Qué hacía?) ¿Cuándo visitabas a tus familiares? ¿Qué otras cosas hacían tú y tu familia?
2. Los amigos: ¿Tenías muchos o pocos amigos en la escuela primaria? ¿Cómo te divertías con ellos? ¿Cómo se llamaba tu mejor amigo(a) en la escuela secundaria? ¿Dónde vivía? ¿Qué hacían Uds. juntos(as)? ¿Tenías novio(a)? ¿Cómo se llamaba? ¿Cómo era? ¿Dónde vive ahora?
3. Los pasatiempos: De adolescente, ¿cómo pasabas el tiempo cuando no estudiabas o trabajabas? ¿Practicabas algún deporte? ¿Cuál? ¿Con qué frecuencia ibas al cine? ¿Qué tipo de películas veías? ¿Qué programas de televisión mirabas? ¿Con quién los mirabas? ¿Qué otras cosas hacías para divertirte?

8-22 ¿Y Ud.? Escriba un párrafo sobre algunas actividades que Ud., su familia y sus amigos(as) hacían cuando Ud. tenía entre diez y quince años.

Cuando yo tenía quince años, mi familia y yo vivíamos en... Nuestra casa (Nuestro apartamento era)... Mi papá trabajaba en... y mi mamá... En general, mis padres... Mis hermanos y yo nos divertíamos mucho. Por ejemplo... Yo tenía un(a) amigo(a) que se llamaba... A veces, él (ella)... y yo... También...

■ RETO CULTURAL

Ud. está viviendo en este momento con una familia chilena en Valdivia, donde tiene una pasantía en un viñedo, en una escuela de cocina o en una agencia de viajes. Ud. está confundido *(confused)* con las horas de comida y con lo que comen los chilenos. Su compañero(a) de clase está en Chile desde hace tres meses y por eso ya sabe lo de las comidas.

Hágale las siguientes preguntas:

- En este momento es la una de la tarde. Tengo mucha hambre pero nadie va a comer todavía. ¿Qué pasa?
- ¿A qué hora se desayuna, se almuerza y se cena?
- ¿Qué es eso que llaman "merienda"?
- ¿Qué puedo comer para el desayuno, el almuerzo y la cena?
- ¿Cuál es la comida más importante y la más grande en cantidad?

Practiquemos más

 For additional practice on the material covered in this chapter, go to **Lección 8** of the *Intercambios* Workbook/Laboratory Manual.

 For additional practice on grammar, vocabulary, and conversation, go to **Lección 8** of the *Flex-Files*.

 Atajo Writing Assistant Software for Spanish can be used to complete the writing activities in your *Workbook/Laboratory Manual*.

 Intercambios Video: Activities to accompany the **Intercambios** Video can be found in the *Flex-Files*.

 Visit **Intercambios** on the World Wide Web at **http://intercambios.heinle.com**.

ASÍ SE DICE

■ Referente a la comida
el brindis — toast
la comida — food, meal, lunch
la cuenta — bill
el mesero(a) — waiter/waitress
la propina — tip
el servicio — service

■ Las comidas
el almuerzo — lunch
la cena — dinner, supper
el desayuno — breakfast

■ Los platos principales
el bistec — steak
los camarones / las gambas — shrimp
la carne con papas fritas — meat with French fries
la chuleta de cerdo — pork chops
el guisado de carne — meat stew
los huevos — eggs
el jamón — ham
la langosta — lobster
los mariscos — seafood
el pavo / el guajolote — turkey
el pescado con arroz — fish with rice
el pollo con vegetales/verduras — chicken with vegetables
la sopa — soup

■ Las frutas y los vegetales
la ensalada — salad
la fresa / la frutilla — strawberry (Chile, Argentina)
la manzana — apple
la papa / la patata — potato
la papaya — papaya
el tomate — tomato
las uvas — grapes
las verduras — vegetables

■ Pan
el pan (francés) — (French) bread
el sándwich de jamón y queso — cheese and ham sandwich

■ La merienda
el chocolate — chocolate
las galletas dulces — cookies
las galletas saladas — crackers
el maní / el cacahuate — peanut
las palomitas de maíz — popcorn
el yogurt — yogurt

■ Los condimentos
el aceite de oliva — olive oil
el azúcar — sugar
la mermelada — marmalade
la mostaza — mustard
la pimienta — pepper
la sal — salt
la salsa de tomate — ketchup
el vinagre — vinegar

■ Los postres
el arroz con leche — rice pudding
la copa de helado — dish of ice cream
el flan — caramel custard
el pastel / la torta — cake
el queso — cheese

■ Las bebidas
la botella de agua — bottle of water
el café — coffee
la cerveza — beer
la copa de vino tinto/blanco — glass of red/white wine
la leche — milk
los refrescos / las gaseosas — sodas
el té — tea
el vino blanco — white wine
el vino tinto — red wine

■ Expresiones en un restaurante
Me gustaría beber... — I would like to drink . . .
un vaso de agua con/sin hielo — a glass of water with/without ice
con/sin gas — with/without fizz
un café con/sin azúcar — coffee with/without sugar
una taza de té con limón/leche — a cup of tea with lemon/milk

■ Verbos
ayudar — to help
brindar — to toast
celebrar — to celebrate
cocinar la carne — to cook the meat
condimentar el guisado — to spice the stew
preparar la comida — to prepare the meal
probar (o → ue) — to try (something), to taste

■ Pronombres directos
me — me
te — you (informal)
lo — him, you (formal), it (masc.)
la — her, you (formal), it (fem.)
nos — us
os — you (informal)
los — you (formal), them (masc.)
las — you (formal), them (fem.)

■ Expresiones
¡Buen provecho! — Have a nice meal!
estar en onda — to be fashionable
¡Salud! — Cheers!

LECCIÓN 9
¿Vacaciones de verano en diciembre?

ENFOQUE

■ COMMUNICATIVE GOALS

You will be able to name many kinds of gifts, describe family gatherings, and describe some of your childhood activities.

■ LANGUAGE FUNCTIONS

Naming gifts you have received
Naming gifts you need or want
Suggesting what gifts to buy
Expressing negative ideas
Expressing likes and dislikes
Describing childhood experiences

■ VOCABULARY THEMES

Jewelry
Electronic equipment
Sports equipment
Other common gifts

■ GRAMMATICAL STRUCTURES

Affirmative and negative expressions
Preterite tense versus imperfect tense
Verbs with different meanings in the preterite and imperfect

■ CULTURAL INFORMATION

Religious holidays in Spanish-speaking countries

■ CULTURAL CHALLENGE

How do people in Argentina, Chile, Uruguay, and Paraguay celebrate the holidays and when? How do you celebrate December holidays in the United States?

En Contexto

David y Alicia están pasando el día de Navidad° en la casa de los Sres. Torreón. Ahora, todos están abriendo° sus regalos. (1)

SRA. TORREÓN: ¿Están tristes porque no están en su casa para esta Navidad?
ALICIA: No, yo no estoy triste pero... esta Navidad es muy diferente a mis otras° Navidades en casa.
SRA. TORREÓN: ¿Cómo eran° tus Navidades, Alicia?
ALICIA: Cuando era° niña, las Navidades en Wisconsin eran muy divertidas. Recibíamos muchos regalos pero eran blancas con mucha nieve y hacía° mucho frío. ¿No es verdad, David?
DAVID: Sí, es verdad. En mis vacaciones de diciembre siempre hacía mucho viento y frío. Siempre íbamos° a esquiar al norte de Wisconsin. Sin embargo°, el año pasado mi familia y yo fuimos a la Florida para navegar por primera vez. Nos quedamos una semana en la playa y lo pasamos muy bien°.
SRA. TORREÓN: Bueno, aunque aquí en Chile las Navidades son en el verano y no en el invierno como en Wisconsin, les tenemos unos regalos. Éste es para David...
DAVID: ¡Gracias! A ver... es una botella del mejor° vino de la casa. ¡Uds. son muy amables!
SRA. TORREÓN: Y éste es para ti, Alicia...
ALICIA: ¡Es un libro sobre Chile! Aquí tienen Uds. nuestro regalo.
SRA. TORREÓN: ¡Qué regio! (2) Es un libro de vinos de la zona del Valle del Napa en los Estados Unidos. ¡Gracias!
DAVID: ¡Feliz Navidad, Alicia! Aquí tienes tu regalo.
ALICIA: Unas cintas° de música chilena. ¡Qué padre! Éste es tu regalo, David.
DAVID: ¡Alicia, un reproductor de CD portátil°! ¡Regio! ¿Alicia, quieres ir a Viña del Mar este fin de semana? (3)
ALICIA: Por supuesto, David. Me parece increíble° poder nadar en diciembre aquí en Chile. (4)

Navidad... *Christmas*
están abriendo... *are opening*
otras... *others*
eran... *used to be*
Cuando era... *When I was*
hacía... *it was*
íbamos... *we would go*
Sin embargo... *Nevertheless*
lo pasamos muy bien... *we had a really good time*
del mejor... *of one of the best*
cintas... *cassettes*
un reproductor de CD portátil... *a portable CD player*
Me parece increíble... *It seems incredible to me*

Notas de texto

1. Chileans receive their Christmas gifts either on Christmas Eve **(la Nochebuena)** or on Christmas morning. In some Hispanic countries, such as Spain and Puerto Rico, gifts are exchanged on January 6, **el Día de los Reyes Magos** *(Day of the Wise Men,* or *Epiphany).*
2. **¡Qué regio!** is a Chilean saying that means *Great! Excellent!* When it refers to a person, it means *Gorgeous! Very attractive!* or *Beautiful!*
3. Viña del Mar is the most well-known beach resort in Chile. It is known as the "Garden City" because of its subtropical landscape of palm and banana trees.
4. Remember that the seasons are reversed in the Northern and Southern Hemispheres. Therefore, students have their summer vacation from school in December, January, and February.

9-1 ¿Comprendió Ud.?

A. Indique si las siguientes oraciones son ciertas o falsas. Para cada respuesta, dé evidencia específica de la conversación.
1. Hacía frío en diciembre en Wisconsin cuando Alicia era niña.
2. David le regaló un libro sobre Chile a Alicia.
3. Los Sres. Torreón le regalaron una botella de vino a David.
4. Alicia le regaló unos discos compactos (CD) a David.
5. Alicia y David van a ir a la playa en diciembre.

B. Ahora hable con un(a) compañero(a) de clase.
1. ¿Cuándo son tus vacaciones de verano? ¿Celebras tú alguna fiesta especial durante el verano?
2. ¿Cómo celebras tú las Navidades, Hanuka, Kawansa, etcétera?
3. ¿Qué actividades haces tú durante el verano y el invierno?

VOCABULARIO esencial

In this section, you will learn to name gifts that you have received and others that you want to give.

Los regalos   (Gifts)

En la joyería   (In the jeweler's store)

los relojes   los aretes   los anillos   los brazaletes / las pulseras   los collares

En un almacén   (In a department store)

Equipo electrónico

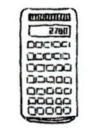    

la calculadora

el reproductor de CD portátil

la computadora / el ordenador (España)

el equipo de sonido

la impresora

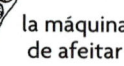

el juego de video   la máquina de afeitar   la máquina de fax   el secador de pelo

200 doscientos   Paso 3

la cámara de video

la videocasetera

la radiograbadora

el reproductor de DVD

la cámara de fotografía digital

el escáner plano

Equipo deportivo *(Sports equipment)*

el juego de pesas

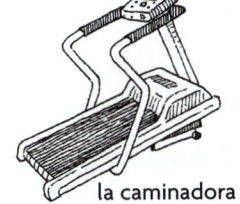
la caminadora

la patineta

la raqueta, la pelota, el guante de béisbol

Otros regalos

la ropa

las flores

los juguetes

Cómo se habla de los regalos

—El sábado es el cumpleaños de la Sra. Torreón.
—¿Qué vas a comprarle?
—Pensé regalarle algo para su casa.

—¿Cuánto quieres gastar?
—No sé, pero no tengo mucho dinero.
—Puedes comprarle un reloj para el comedor o para la cocina.
—¿Son caros los relojes?
—Algunos son caros y otros son baratos.
—Pues, creo que voy a regalarle un reloj para la cocina.
—Buena idea.

Saturday is Mrs. Torreón's birthday.

What are you going to buy (for) her?
I thought of giving her something for her home (house).

How much do you want to spend?
I don't know, but I don't have much money.
You can buy her a clock for the dining room or for the kitchen.
Are clocks expensive?
Some are expensive and others are inexpensive.
Well, I think I'm going to give her a clock for the kitchen.
Good idea.

Practiquemos

9-2 En categorías. Ud. es el (la) gerente de una tienda por departamentos y tiene que hacer un inventario *(inventory)* de las cosas que hay en el almacén. Coloque los productos en los siguientes departamentos.

el reproductor de CD portátil
la cámara de fotografía digital
los anillos
el juego de pesas
la patineta
los juegos de video
el secador de pelo
los relojes

Joyería	Equipo electrónico	Equipo deportivo	Juguetes	Para el hogar

Luego, compare su lista con la de otro(a) estudiante. Hágale las siguientes preguntas a su compañero(a) de clase.

1. ¿Qué productos tienes en el departamento de equipo electrónico, de equipo deportivo, de joyería, de juguetes y del hogar?
2. ¿Qué cosas ya tienes de cada departamento?
3. ¿Qué cosas te gustaría comprar de los diferentes departamentos?

9-3 Regalos ideales. Revise la lista anterior del ejercicio **9-2** y piense en un regalo adecuado para las siguientes personas, según su edad y la función indicada. Luego escriba el nombre del regalo.

Persona	Edad	Función	Regalo
la Sra. Torreón	cuarenta y cinco años	cumpleaños	...
David Kerr	veinticuatro años	Navidad	...
Alicia Benson	veintidós años	Navidad	...
Teresa González	dieciséis años	graduación del colegio *(high-school graduation)*	...
los Sres. Torreón	veinticinco años	aniversario de matrimonio	...
yo	...	...	...

Luego, compare su lista de regalos con la de otro(a) estudiante. Hágale las siguientes preguntas a su compañero(a) de clase.

1. ¿Dónde vas a comprar el regalo?
2. ¿Cuánto te va a costar el regalo?
3. ¿Por qué no compras un(a)... ?

9-4 ¿Y Ud.? Conozca mejor a un(a) compañero(a) de clase haciéndole estas preguntas.

1. ¿Cuándo fue tu último cumpleaños? ¿Qué regalos recibiste?
2. ¿Qué regalos quieres recibir en tu próximo cumpleaños? ¿De quién?
3. ¿Qué otros regalos recibiste este año? ¿Quién te dio esos regalos?
4. ¿Gastaste mucho o poco dinero comprando regalos este año?
5. ¿A quiénes les diste regalos este año? ¿Qué les regalaste a esas personas?
6. ¿Qué regalos necesitas comprar este año? ¿Para quiénes son? ¿Dónde vas a comprarlos?

9-5 ¡Felicidades! Ud. tiene varios parientes y amigos que van a celebrar cumpleaños, matrimonios, graduaciones, etcétera. Lea cada situación y decida a qué departamento va a ir y qué cosas va a comprar allí. Después, compare lo que Ud. escribió con las decisiones de un(a) compañero(a) de clase.

MODELO: Sus amigos Roberto y Carmela necesitan comprar sus anillos de boda o matrimonio *(wedding)*.
Van a una joyería para comprarlos.

Situaciones

1. Su amiga Luciana va a graduarse de la universidad.
2. Su amigo Víctor quiere hacer ejercicio en casa.
3. Su prima Lisa va a cumplir años y quiere tomar fotografías digitales y mandárselas a sus amigos por correo electrónico.
4. Roberto debe comprar ropa para una fiesta especial de cumpleaños.
5. Su hermano quiere regalarle a su novia unos aretes para el matrimonio.

CULTURA

■ La religión en Hispanoamérica

Los españoles trajeron a América la religión católica desde el siglo XV, cuando Cristóbal Colón descubrió *(discovered)* América, en 1492. En América, las civilizaciones indígenas tenían su propia *(own)* religión y sus propios dioses *(gods)*. Los dioses tenían diferentes funciones: el dios de la lluvia, el dios de la guerra *(war)*, la diosa de la agricultura, etcétera. Los indígenas notaron *(noticed)* que los santos *(saints)* de los católicos tenían también sus propias funciones. Es por eso que los santos tienen mucha importancia en Latinoamérica y en muchos pueblos la fiesta más importante del año es la fiesta del santo patrón *(patron saint)* o de la santa patrona. A estos santos, hay que agregarles *(add to them)* las creencias *(beliefs)* de los esclavos *(slaves)* de África que llegaron a América en el siglo XVI. Así, en la religión y en la cultura de varios países latinoamericanos se siente la influencia del elemento europeo, indígena y africano.

Preguntas. Hágale preguntas a otro(a) estudiante.

1. ¿Cuál es la fiesta más importante que celebran en tu pueblo/ciudad?
2. ¿En qué mes es la celebración?
3. ¿Qué haces en esa celebración?
4. ¿Qué elementos religiosos existen en la cultura de los Estados Unidos?

GRAMÁTICA esencial

Affirmative and Negative Words

In this section, you will learn more ways to make affirmative and negative statements in Spanish.

Affirmative and Negative Expressions

algo *noun*	something, anything	nada	nothing, not... at all
alguien *noun*	someone, anyone, *somebody*	nadie	nobody, no one, not anyone
algún *adj.*	some, any	ningún *adj*	no, none, not any *masc, sing-*
alguno(a/os/as) *adj*	some, any	ninguno(a) *adj*	no, none, not any
siempre	always	nunca	never, not ever
también	also, too	tampoco	neither, not... either
o... o	either... or	ni... ni	neither... nor

[handwritten margin note: noun, object]

How to use these expressions

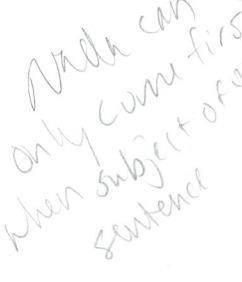
[handwritten margin note: Nada can only come first when subject of sentence]

1. In a Spanish negative sentence, at least one negative comes before the verb. There are often several negatives in one sentence.

    —¿Recibiste **algunas** cartas?   *Did you receive **some** letters?*
    —No, **no** recibí **ninguna**.   *No, I did**n't** receive **any**.*

    Spanish speakers seldom use the plural forms **ningunos** or **ningunas**. Instead, they use the singular forms of these words: **ningún** or **ninguna**. Use **ningún** and **algún** before masculine singular nouns.

    —¿Tienes **algunos** amigos chilenos?   *Do you have **any** friends from Chile?*
    —No, no tengo **ningún** amigo chileno.   *No, I don't have **any** Chilean friends.*

2. Omit the word **no** if a negative word precedes the verb.

    No + verb + negative word   →   Negative word + verb

    No viene **nadie** conmigo.   →   **Nadie** viene conmigo.
    No voy **nunca** al centro.   →   **Nunca** voy al centro.

3. The words **alguno, alguna, algunos,** and **algunas** are adjectives; use **algún** before a masculine singular noun.

    —¿Hay **algún** postre, Sr. Torreón?   *Is there **any** dessert, Mr. Torreón?*
    —Sí, hay **algunas** naranjas.   *Yes, there are **some** oranges.*

4. Place **ni** before a pair of nouns or verbs to express *neither* and/or *nor*.

    —¿Prefieres ropa o joyas para tu regalo?   *Do you prefer clothing or jewelry for your present?*
    —No quiero **ni** ropa **ni** joyas.   *I want **neither** clothes **nor** jewelry.*
    —¿Prefieres correr o jugar al tenis hoy?   *Do you prefer to jog or to play tennis today?*
    —No quiero **ni** jugar al tenis **ni** correr.   *I want **neither** to play tennis **nor** to jog.*

204   doscientos cuatro   Paso 3

Practiquemos

9-6 Entre dos amigas chilenas. La Sra. Torreón y su amiga Carmela hablan sobre sus actividades durantes el día de Navidad. Complete la siguiente conversación, usando **también, tampoco, siempre** y **nunca** para saber lo que ella y sus familias van a hacer.

SRA. TORREÓN: Mi familia _____ almuerza en casa el día de Navidad. Es más barato que comer en algún restaurante.
CARMELA: Estoy de acuerdo contigo, Rosario. Nosotros _____ comemos en un restaurante ese día. ¿Y sabes qué? Mi futuro esposo Roberto _____ me va a ayudar a preparar la cena navideña *(Christmas dinner)* este año.
SRA. TORREÓN: ¡Qué bueno, Carmela! Roberto es muy simpático. ¿Van a abrir Uds. los regalos el 25 de diciembre?
CARMELA: No, _____. Nos gusta abrirlos _____ el 24 en la noche.
SRA. TORREÓN: A nosotros _____.

9-7 Entre esposos. Los Sres. Torreón están conversando en casa. Complete las dos conversaciones siguientes, usando **algo, nada, alguien, nadie, o... o** y **ni... ni**.

SRA. TORREÓN: Rodolfo, voy al supermercado porque no hay casi _____ en el refrigerador. ¿Quieres comer _____ especial esta noche?
SR. TORREÓN: No, gracias, querida. No quiero comer _____ más hoy porque comí mucho en el almuerzo.
SRA. TORREÓN: Bueno. Hasta luego, querido.
(MÁS TARDE...)
SRA. TORREÓN: ¡Hola, querido! Oye, conocí a _____ en el supermercado que te conoce.
SR. TORREÓN: Ah, ¿sí? Debe ser _____ un amigo _____ un compañero de trabajo. ¿Quién es?
SRA. TORREÓN: No es _____ un amigo _____ un compañero tuyo. Se llama Enriqueta Reyes.
SR. TORREÓN: ¿Cómo? ¿Enriqueta Reyes? No conozco a _____ con ese nombre.
SRA. TORREÓN: ¿No? Pues, ella me dijo que fue tu novia una vez.
SR. TORREÓN: ¿Mi novia? ¡Imposible! _____ estás bromeando *(you are kidding)* _____ estás jugando conmigo, Rosario.

9-8 De mal humor. David está de mal humor y por eso les contesta negativamente a sus amigos hoy. ¿Qué les dice?

MODELO: BEN: ¿Quieres ir a bucear conmigo? (nadie)
DAVID: *No quiero ir a bucear con nadie.*

Amigos		David
1. Raúl:	¿Quieres jugar al fútbol con nosotros?	(nadie)
2. Patricia:	¿Tienes ganas de hacer algo hoy?	(nada)
3. Ben:	¿Te gustaría ir a alguna tienda?	(ninguna)
4. Samuel:	¿Quieres ir al parque a correr?	(tampoco)
5. Gloria:	¿Prefieres jugar al tenis o patinar?	(ni... ni)
6. Tomás:	¿No haces mucho ejercicio hoy, David?	(ningún)

9-9 Plan para visitar Chile. Ud. y un(a) compañero(a) de clase quieren planear un viaje a Chile. Discutan lo que Uds. quieren o no quieren hacer.

MODELO: ir a Chile en julio
—*Yo no quiero ir a Chile en julio; hace mucho frío.*
—*Yo tampoco. Yo prefiero ir en enero cuando hace frío aquí en Chicago.*

1. querer ir a Santiago o la playa en Viña del Mar
2. comprar algunas botellas de vino chileno para traérselas a algunos amigos
3. ir a algún partido de fútbol
4. celebrar alguna fiesta navideña con algunas personas chilenas

9-10 Mis preferencias. Hable con otro(a) estudiante, usando las oraciones incompletas como guías. La línea en blanco (_____) indica que Ud. debe usar palabras apropiadas.

MODELO: Siempre me gusta jugar <u>al tenis</u> con mi <u>amigo Brian</u>.

En el verano me gusta jugar _____ con algunos(as) _____. También me gusta _____, pero casi nunca juego _____ porque... Tampoco me gusta _____ porque... En el invierno me gusta _____ en _____ donde siempre hace _____. En el invierno, normalmente no juego ni _____ ni _____ porque... Algún día quiero aprender a _____ con alguien muy _____.

CULTURA

La Navidad

La Navidad es una de las fiestas religiosas celebradas con más alegría *(happiness)* en el mundo hispano. En España, la Navidad comienza el 8 de diciembre con la fiesta de la Virgen María, la Inmaculada Concepción. Se celebra con un baile de seis niños cerca de la Catedral Gótica en Sevilla.

El 24 de diciembre o Nochebuena *(Christmas Eve)*, se celebra en familia junto al nacimiento *(nativity scene)* que hay en todas las casas. Un dulce tradicional para la Navidad es el turrón *(almond candy)*, un tipo de caramelo de almendras *(almonds)*. Los niños en España y Puerto Rico reciben regalos en la fiesta de Epifanía o la fiesta de los Reyes Magos *(Wise men)*, el 6 de enero.

Celebración navideña en Burgos, España.

En México, la celebración de la Navidad comienza el 16 de diciembre con las posadas *(inns)*, que cuentan la historia de María y José en busca de un lugar donde dormir en Belén *(Bethlehem)*. La familia y los amigos visitan a otros amigos hasta que una familia abre la puerta e invita a pasar a todos a la casa donde hay puesto un nacimiento y donde se sirve de comer a los invitados, mientras que los niños rompen la piñata.

En Venezuela, la celebración empieza el 16 de diciembre con misas muy temprano, a las cuatro de la mañana. Estas misas se llaman Misa de Aguinaldo *(early morning Mass)*. En Caracas, se acostumbra a patinar *(to roller skate)* después de la misa y muchas calles se cierran hasta las ocho de la mañana. Después de la misa, las personas comen arepas *(flat pancakes made from white corn flour)* y toman café y chocolate caliente.

Preguntas. Converse con un(a) compañero(a) de clase.

1. Describa la foto. ¿Qué están celebrando?
2. ¿Cómo se celebra la Nochebuena en España?
3. ¿Qué son las posadas? ¿Cuándo se rompen las piñatas?
4. ¿Cómo se celebra la Navidad en Venezuela?
5. ¿Cómo se celebran las fiestas religiosas en tu ciudad y en tu familia?

GRAMÁTICA esencial

Preterite and Imperfect Tenses

In this section, you will practice narrating in the past. In **Lecciones 6** and **7** the preterite tense was studied and practiced. In **Lección 8** the imperfect tense was introduced and practiced. In this section, the two tenses will be combined to study how to express the past in Spanish.

How to use the preterite

The preterite is used to describe completed actions or events. It is also used to indicate changes in mental or physical states that occurred at a certain point in the past, often as a reaction to something else that happened.

1. Completed actions or a series of actions

   En Monterrey, México, Alicia **conoció** a la familia González. Ella **vivió** con ellos el verano pasado. **Estudió** negocios de México y **trabajó** como profesora de inglés en el TEC de Monterrey. A Alicia le **gustó** mucho su experiencia en México.

2. Completed events

   David **terminó** sus cursos de negocios en la universidad y **decidió** ir a trabajar en un viñedo en Chile. Cuando **llegó** a Santiago de Chile, **tuvo** que tomar un autobús por dos horas para llegar a Rengo, la zona de los viñedos. David **aprendió** mucho sobre el negocio de los vinos.

3. Completed mental and physical states

   Después de que **llegaron** a Panamá, Ileana y Luis **tomaron** un taxi que los **llevó** al hotel. Al llegar al hotel, **hablaron** con Tomás por teléfono y enseguida **se acostaron**. Al día siguiente, ellos **se levantaron** muy bien y con mucha energía para trabajar todo el día.

4. Expressions that are frequently used with the preterite:

   Ayer, anoche, la semana pasada, un fin de semana, el verano pasado, el año pasado, de repente, enseguida, en un momento...

How to use the imperfect

1. The imperfect is used to describe past actions and events that were repeated habitually. In English, we often express these actions with *used to* or *would* + a verb: *Alicia used to live in Madison. Every winter she would go skiing in northern Wisconsin.* The imperfect describes how people, places, things, events, and conditions were or how they used to be.

   Todos los inviernos, Alicia, sus padres y sus hermanos **iban** a esquiar en las montañas al norte de Wisconsin. **Hacía** mucho frío y **había** mucha nieve, por eso ellos **esquiaban** muy bien. Todos **se divertían** mucho durante el invierno.

2. The imperfect is also used to describe actions and conditions that were in progress in the past. The person describing them tells what was happening, often when something else was going on at the same time. When telling a story, the imperfect sets the scene. External conditions such as time, date, and weather are usually expressed with the imperfect.

> **Eran** las cinco de la mañana y **hacía** buen tiempo en el viñedo. Mientras David y el Sr. Torreón **trabajaban,** la Sra. Torreón y Alicia **preparaban** el desayuno con café con leche, pan, queso y mermelada. Ellos siempre **tenían** mucha hambre por la mañana.

3. The imperfect is used to describe people's appearance, age, physical traits, and feelings.

> Alicia **estaba** muy contenta de estar en Santiago de Chile para visitar a David. Y él **estaba** muy entusiasmado con su nuevo trabajo en el viñedo.

4. Expressions that are often used to imply the imperfect

> **Todos los inviernos, siempre, casi siempre, todos los días, durante...**

How to use the preterite and imperfect together

Spanish speakers often use these two tenses together to describe past experiences and to put past actions and events within the framework of what was happening at the time they occurred.

> Para el desayuno todos **tenían** mucha hambre. Por eso, la Sra. Torreón les **preguntó** si ellos **querían** comer algo más. El Sr. Torreón **contestó** que **estaba** bien con un buen café y pan con queso. A David y a Alicia les **gustaba** mucho este tipo de desayuno.

In summary, the imperfect sets the stage for a narration by describing the background, such as the weather, the time, and what was going on. The preterite, on the other hand, describes the sequence of the actions and events that took place within the setting established by the imperfect.

Practiquemos

9-11 ¿Pretérito o imperfecto? Lea las siguientes oraciones y decida si las acciones de estas persons se deben describir usando el pretérito o el imperfecto.

MODELO: Alicia _asistió_ (asistió / asistía) a la universidad en México el semestre pasado.

1. Alicia _____ (vivió / vivía) con la familia González por un semestre.
2. Alicia _____ (hizo / hacía) su pasantía o prácticas en el Centro de Resolución de Controversias México-Estados Unidos de junio a agosto.
3. David _____ (estuvo / estaba) muy contento cuando Alicia llegó a visitarlo.
4. David y Alicia siempre _____ (fueron / iban) a los partidos de fútbol en Santiago.

5. Los amigos de Alicia y David _____ (fueron / iban) a Centro América Central a visitar a su familia el verano pasado.
6. Ileana, Luis y Tomás _____ (visitaron / visitaban) los parques nacionales en Costa Rica en julio.
7. Los padres de Luis Chávez _____ (estuvieron / estaban) felices durante el verano con la visita de su hijo.
8. Ileana, Luis y Tomás _____ (viajaron / viajaban) juntos a Panamá donde _____ (hizo / hacía) mucho calor.

9-12 Querida amiga... Alicia está escribiéndole una carta a Ileana sobre lo que hizo en Chile. Complete la carta y escoja la forma correcta de los verbos. Decida entre el imperfecto o el pretérito.

> Querida Ileana,
>
> Cuando llegué a Santiago, el aeropuerto (fue / era) muy grande y David me (esperó / esperaba) con mucha paciencia. Afuera del aeropuerto (hizo / hacía) mucho sol y mucho calor. (Fue / Era) verano en Chile. ¡Qué feliz (estuve / estaba)!
>
> Al día siguiente, David me (buscó / buscaba) en el hotel y nos (fuimos / íbamos) a pasear por la capital. Nosotros (paseamos / paseábamos) por el Mercado Central, y yo (compré / compraba) unos regalos para mi familia. Luego nosotros (vimos / veíamos) el Palacio de la Moneda y (caminamos / caminábamos) por el Paseo Ahumada. Yo (entré / entraba) al Museo de Santiago y David (tomó / tomaba) fotos con su nueva cámara digital. Al mediodía, nosotros (almorzamos / almorzábamos) en un restaurante chileno. Por la tarde, nosotros (seguimos / seguíamos) caminando para conocer la ciudad. Santiago es una ciudad muy bonita y cosmopolita. Te escribo pronto, Alicia

9-13 La respuesta de Ileana. Ahora Ileana le escribe a Alicia un mensaje electrónico en que le cuenta las actividades que ella y sus amigos hicieron en América Central.

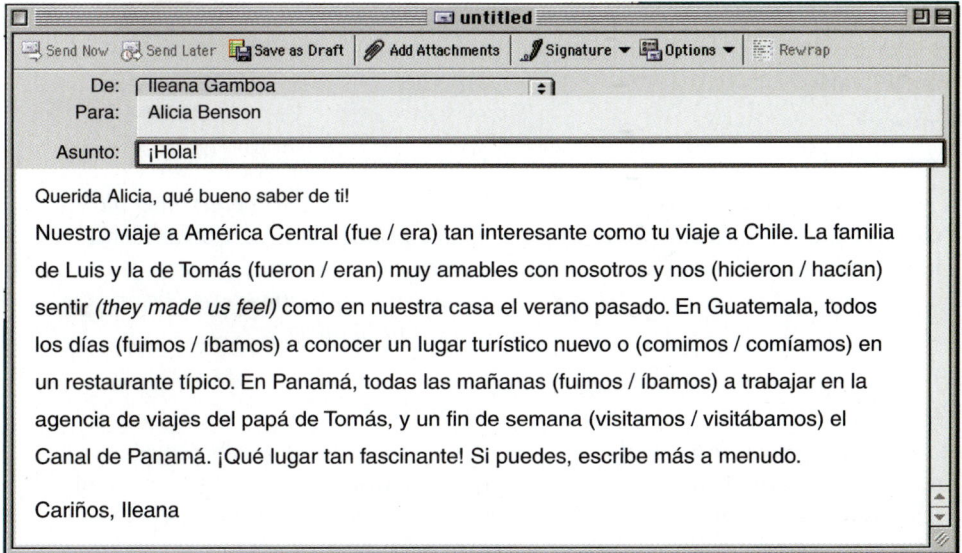

Querida Alicia, ¡qué bueno saber de ti!
Nuestro viaje a América Central (fue / era) tan interesante como tu viaje a Chile. La familia de Luis y la de Tomás (fueron / eran) muy amables con nosotros y nos (hicieron / hacían) sentir *(they made us feel)* como en nuestra casa el verano pasado. En Guatemala, todos los días (fuimos / íbamos) a conocer un lugar turístico nuevo o (comimos / comíamos) en un restaurante típico. En Panamá, todas las mañanas (fuimos / íbamos) a trabajar en la agencia de viajes del papá de Tomás, y un fin de semana (visitamos / visitábamos) el Canal de Panamá. ¡Qué lugar tan fascinante! Si puedes, escribe más a menudo.

Cariños, Ileana

9-14 El último viaje. Pregúntele a un(a) compañero(a) de clase lo que hizo en su último viaje y cómo se sentía cuando lo hizo.

MODELO: ir de viaje la última vez
—¿Adónde fuiste de viaje la última vez?
—Fui con mis hermanos a esquiar en Colorado por primera vez.

1. tener miedo de esquiar
2. describir el tiempo
3. comer en diferentes restaurantes
4. conocer a nuevas personas
5. hacer otras actividades: bailar, hablar, leer, descansar…

 9-15 Entrevista. ¿Qué sabe Ud. de un(a) compañero(a) de clase?

1. Su niñez: ¿Dónde vivías cuando eras niño(a)? ¿Por cuánto tiempo viviste allí? ¿Te gustaba vivir allí? ¿Por qué? ¿Tenías muchos o pocos amigos? ¿Cómo eran tus amigos? ¿Tenías miedo cuando fuiste a la escuela por primera vez? ¿Cómo se llamaba tu escuela? ¿Qué actividades hacías? ¿Cómo celebrabas tu cumpleaños? ¿Te hacían piñatas?
2. Su adolescencia: ¿Cómo se llamaba tu escuela secundaria y dónde estaba? ¿Dónde vivías? ¿Tenías novio(a)? ¿Cómo era tu novio(a)? ¿Qué hacías los fines de semana? ¿Qué deporte practicabas? ¿Adónde iban de vacaciones tú y tu familia? ¿Qué hacían allí?

GRAMÁTICA esencial

Verbs with different meaning in the preterite and the imperfect

In Spanish, if you use the preterite or the imperfect with some verbs, the meaning will vary.

conocer

Preterite	Imperfect
It means *met*.	It means *knew, was acquainted with*.
Conocí a David en la universidad.	Alicia ya **conocía** México antes de vivir en Monterrey.
I **met** David at the university.	Alicia already **knew** Mexico before she lived in Monterrey.

saber

Preterite	Imperfect
It means *found out* or *learned*.	It means *knew, had knowledge*.
Luis **supo** la verdad sobre el Tikal.	Ileana **sabía** que la cultura maya era muy importante en Guatemala.
Luis **found out** the truth about Tikal.	Ileana **knew that** the Mayan culture was very important in Guatemala.

poder

Preterite	Imperfect
It means *succeeded in* when used affirmatively.	It means *was able*.
Tomás **pudo** ayudar a su papá en el trabajo.	Tomás **podía** trabajar en Panamá, aunque sus amigos estaban allá.
*Tomás **succeeded in** helping his father at work.*	*Tomás **was able** to work in Panamá, even though his friends were visiting there.*

When used negatively, it means *failed*.
Ileana y Luis **no pudieron** visitar a David en Chile.
*Ileana and Luis **failed** to visit David in Chile.*

Practiquemos

9-16 En Chile. Vamos a recordar *(to remember)* lo que les pasó a David y a Alicia en Chile. Escoja el pretérito o imperfecto de los verbos, según el contexto.

MODELO: Alicia (pudo / podía) vivir en México por seis meses antes de visitar Chile.

1. Alicia (pudo / podía) llegar a Santiago después de muchos problemas en el aeropuerto de México.
2. David y Alicia (no supieron / no sabían) que Santiago de Chile era una ciudad tan bonita y cosmopolita.
3. David (conoció / conocía) a los Sres. Torreón el mismo día que llegó a Chile.
4. David (pudo / podía) pasear con Alicia y mostrarle la ciudad de Santiago antes de comenzar a trabajar en los viñedos.
5. David y Alicia (no supieron / no sabían) nada de vinos antes de llegar a Chile.

9-17 En la clase. Los estudiantes de la clase fueron a hablar con el profesor Vogh. ¿Qué supieron ellos? Escoja el pretérito o imperfecto de los verbos, según el contexto.

MODELO: Lisa (supo / sabía) que el examen era la semana próxima.

1. El Sr. Hernández (conoció / conocía) al nuevo profesor.
2. Kirsten y Jenn (pudieron / podían) ayudar al profesor Vogh con los programas de la computadora.
3. Yo ya (conocí / conocía) a algunos de mis nuevos compañeros y (pude / podía) hablar con ellos en la oficina del profesor.
4. Nosotros (no pudimos / no podíamos) hablar uno por uno *(one by one)* con el profesor porque él estaba muy ocupado.
5. ¿(Supiste / Sabías) que las tareas eran muy difíciles antes de hablar con el profesor?
6. Ellos (pudieron / podían) hablar con el profesor un momento y pedirle el teléfono de su oficina.

9-18 Situaciones. En parejas, traten de resolver las siguientes situaciones.

- Todos los años Ud. le regalaba a su esposo(a), novio(a) o a su mejor amigo(a) flores para su cumpleaños, pero este año quiere regalarle algo muy especial. Ahora está en la tienda por departamentos y el (la) vendedor(a) (compañero[a] de clase) le hace preguntas sobre los regalos. Ud. da su opinión sobre lo que le gusta a la persona para quien usted busca el regalo. ¿Qué le regaló a esa persona el año pasado? ¿Le gustó el regalo? ¿Por qué sí o no? ¿Qué le quiere regalar este cumpleaños? ¿Puede regalarle… ?
- Ustedes no pudieron ir a trabajar ayer. Su jefe(a) (compañero[a] de clase) va a hacerles preguntas. Uds. tienen que responder y explicar la razón por la que no fueron a trabajar.
- Ud. tiene una entrevista de trabajo (en una tienda por departamentos) y su entrevistador(a) (compañero[a] de clase) le va a hacer preguntas sobre su vida. ¿Qué hacía Ud. antes de este trabajo? ¿Dónde trabajaba? ¿Dónde vivía? ¿Dónde estudió y qué? ¿Por qué desea este trabajo y en qué departamento le gustaría trabajar?

■ RETO CULTURAL

Ud. está de vacaciones en Santiago de Chile en el mes de diciembre. Ud. vive con una familia chilena para estudiar y practicar español. Quiere saber qué celebran y cómo celebran las Navidades en Santiago y por eso habla con alguien (compañero[a] de clase) sobre esto. Luego, hagan una comparación de las celebraciones navideñas en Chile y en los Estados Unidos.

- ¿Qué fiestas especiales celebran? ¿Cómo celebran las Navidades en Chile o en algún país de Latinoamérica?
- ¿Qué deporte podemos practicar durante esta estación en Chile, Argentina, Uruguay o Paraguay?
- ¿Adónde va la gente de vacaciones en Chile o Argentina?

Practiquemos más

 For additional practice on the material covered in this chapter, go to **Lección 9** of the *Intercambios* Workbook/Laboratory Manual.

 For additional practice on grammar, vocabulary, and conversation, go to **Lección 9** of the *Flex-Files.*

 Atajo Writing Assistant Software for Spanish can be used to complete the writing activities in your Workbook/Laboratory Manual.

 Intercambios Video: Activities to accompany the *Intercambios* Video can be found in the *Flex-Files.*

 Visit *Intercambios* on the World Wide Web at **http://intercambios.heinle.com**.

ASÍ SE DICE

■ Sustantivos
el hogar *home*
la Navidad *Christmas*
la tienda por departamentos
 department store

■ En la joyería
el anillo *ring*
los aretes *earrings*
el brazalete *bracelet*
el collar *necklace*
las joyas *jewelry*
la pulsera *bracelet*
el reloj *watch*

■ Equipo electrónico
la calculadora *calculator*
la cámara de fotografía digital
 digital camera
la cámara de video *videocamera*
la computadora / el ordenador
 (España) *computer*
el disco compacto *CD*
el equipo de sonido *boombox*
el escáner plano *scanner*
la impresora *printer*
el juego de video *video game*
la máquina de afeitar *electric razor*
la máquina de fax *fax machine*
la radiograbadora *radio-cassette
 player*
el reproductor de CD portátil
 portable CD player
el reproductor de DVD *DVD player*
el secador de pelo *blow dryer*
la videocasetera *VCR*

■ Equipo deportivo
la caminadora *static walker*
el guante de béisbol *baseball
 glove*
el juego de pesas *weights*
la patineta *skateboard*
la pelota *ball*
la raqueta *racket*

■ Otros regalos
las flores *flowers*
el juguete *toy*
la ropa *clothing*

■ Verbos
abrir *to open*
costar (o → ue) *to cost*
gastar *to spend (money)*
pasar *to spend (time)*
poner *to play (e.g., a stereo)*
regalar *to give (as a gift)*

■ Adverbio
junto *near, close, at the same time*

■ Expresiones afirmativas
algo *something, anything*
alguien *somebody, someone,
 anyone*
algún *some, any*
alguno(a/os/as) *some, any*
o... o *either . . . or*
siempre *always*
también *also, too*

■ Expresiones negativas
nada *nothing, not . . . at all*
nadie *nobody, no one, not anyone*
ningún *no, none, not any*
ninguno(a) *no, none, not any*
ni... ni *neither . . . nor*
nunca *never, not ever*
tampoco *neither, not . . . either*

■ Expresiones
¡Feliz Navidad! *Merry Christmas!*
Lo pasamos muy bien. *We had a
 good time.*
Me parece increíble. *It seems
 incredible to me.*
¡Regio! *Great!*

PERSPECTIVAS

IMÁGENES Los pasatiempos en Chile

Antes de leer.
Discuta estas preguntas con dos o tres compañeros de clase.

- ¿Cuáles son tus pasatiempos favoritos? ¿Qué te gusta hacer en tu tiempo libre?
- ¿Cuáles son los pasatiempos de las personas en Chile?
- ¿Qué hacen y cómo se divierten los chilenos en el invierno?
- ¿En qué meses es el verano y en qué meses es el invierno en Chile?

La geografía de Chile

La geografía de Chile es muy variada. El país tiene una extensión de 4.300 kilómetros (2.666 millas) y va desde el desierto *(desert)* en el norte, donde nunca llueve, hasta los glaciares en el sur en la Patagonia donde nieva regularmente. Chile limita *(borders)* con el Océano Pacífico por el oeste y por el este con la cordillera de los Andes. La costa de Chile tiene playas magníficas para pescar, nadar, bucear y hacer surfing. Chile posee dos islas muy interesantes y misteriosas como son la Isla de Pascua a 3.700 km y la de Juan Fernández a 700 km al oeste de la costa chilena.

Los pasatiempos en Chile

Debido a su variada geografía, Chile puede ofrecer a sus habitantes y a sus visitantes una variedad de pasatiempos especiales en diferentes estaciones del año, como por ejemplo caminar por las montañas, montar a caballo, practicar deportes acuáticos *(water sports)*, esquiar en las altas montañas de los Andes y jugar al fútbol. En Chile hay más de ciento cuarenta clubes que juegan al fútbol regularmente.

Las canchas de esquí del centro del país (a solamente dos o tres horas de Santiago, la capital) son las más altas y las mejores equipadas *(best equipped)* para esquiar. Estas canchas *(ski runs)* ofrecen una gran cantidad de servicios para los esquiadores como hoteles, restaurantes de comida típica y de comida internacional, clases de esquí, canchas de *snowboard*, patinaje sobre hielo, etcétera. También hay oportunidades para hacer *heli-skiing* y esquí *off-piste* con la compañía de un guía. Los precios *(prices)* de estos paquetes *(packages)* de esquí son más baratos que en los Estados Unidos y Europa. Y la temporada *(season)* va desde finales de junio hasta principios de octubre, pero la cantidad de nieve varía de año a año.

¡A leer!

Guessing from Context

Efficient readers use effective strategies for guessing the meaning of unfamiliar words and phrases in a reading selection. For example, they rely on what they already know about the reading topic (background information), they guess what the reading will be about (prediction), and they use ideas they understand in the passage (context).

Background information

1. What do you do in your leisure time?
2. When do you take time off to do the activities you like to do?
3. Do you do these activities by yourself or with friends?

Prediction

1. What would you like to do if you had more free time?
2. What countries would you like to visit?
3. What sports would you like to practice more?

Context

1. What is the main purpose of this article?
2. What is the tone of the writer, factual or opinionated?

¿Comprendió Ud.?

Lea las siguientes oraciones. Luego indique si son ciertas o falsas, según la lectura. Si las oraciones son falsas, corríjalas.

1. La geografía del norte de Chile es muy diferente a la geografía del sur.
2. Chile posee tres islas misteriosas al oeste de su costa.
3. En Chile las personas no pueden practicar deportes acuáticos.
4. En Chile se puede esquiar de junio a octubre.
5. Las canchas de esquí les ofrecen muchos servicios a sus visitantes.
6. Los precios de los paquetes para esquiar son más caros en Chile que en los Estados Unidos.

¿Qué dice Ud.?

Piense en las siguientes preguntas. Luego exprese sus ideas y opiniones por escrito o con un(a) compañero(a) de clase, según las indicaciones de su profesor(a).

1. ¿Les gustaría esquiar en Chile mientras que en los Estados Unidos es verano?

2. ¿Les gustaría visitar la Patagonia y los glaciares o la Isla de Pascua con sus enormes estatuas de piedra llamadas *moais*?

centro de ski
El Fraile

COYHAIQUE-XI REGION

Cada año, entre mayo y noviembre, Ud. puede disfrutar las delicias de esquiar en el centro de ski El Fraile, ubicado a sólo 29 Km. de Coyhaique y a más de 1.000 metros sobre el nivel del mar, en medio de un hermoso paisaje cordillerano.

En sus 550 hectáreas de superficie esquiable hay cinco excelentes canchas, con diversas pendientes, cubiertas de nieve polvo y rodeadas de majestuosos bosques de lenga, pino y ñirre.

Cuenta con dos andariveles de arrastre, servicio de arriendo y taller de reparaciones de equipos. Instructores experimentados ayudan a quienes se inician en el hermoso deporte del ski. La cafetería, agradable y acogedora, se convierte en un animado punto de reunión y descanso para los amantes del deporte blanco.

El trayecto entre Coyhaique, donde el visitante puede pernoctar en la Hostería Coyhaique, y El Fraile se recorre en menos de una hora en medio de un paisaje exhuberante, por el camino principal hacia Balmaceda.

Destacan la laguna Foitzick, la Gran Muralla China y la Cascada del Río Polux.

Desde Coyhaique el visitante puede llegar al centro de ski en su propio automóvil, recomendándose usar vehículos de doble tracción o con cadenas; también hay transporte colectivo.

Coyhaique, capital de la XI Región, es un importante centro de servicios turísticos y punto de partida para visitar Puerto Aysén, Puerto Ibáñez, los lagos Atravesado, Riesco y Elizalde con las hermosas cabañas de Hostería Lago Elizalde y la Carretera Austral.

TRANS AUSTRAL
Expertos de Transporte Turístico
Coyhaique - Sorno - Puerto Aysén - Puerto Montt
Baquedano 1171 Fono: 21333 Coyhaique

HOTELSA
Hostería COYHAIQUE - Hostería LAGO ELIZALDE
Información y reservas
Las Urbinas 53 Of. 42 - Fonos: 2326825 - 2315456
Telex 241266 HOTSA - Santiago de Chile

solytur
Operador de Turismo
Clases y arriendo de equipos de ski
Vuelos charter, grupos, ski-weeks
Rivadavia 827 Teléf. 21489 Comodoro Rivadavia
República Argentina

Información canchas y andariveles

Nombre Cancha	Nivel	Pendiente	Largo
1. ESCUELA	Principiantes	8°	
2. LOS HUEMULES	Novicios	14°	600 mts.
3. LOS AGUILUCHOS	Intermedios	23°	1.800 mts.
4. LOS PUMAS	Interm. Avanzado	28°	1.800 mts.
5. LOS CONDORES	Expertos	35°	2.200 mts.

Andarivel	Marca	Tipo	Largo		Capacidad
Poma(A)	Pomaski	Arrastre	450 mts.	mín.	250 pers./hra.
				máx.	500 pers./hra.
Tivar(B)	Doppelmayr	Arrastre	1.000 mts.	mín.	500 pers./hra.
				máx.	1.000 pers./hra.

¡A leer!

Guessing from Printed Clues

Printed material often contains different kinds of clues that can help you skim, scan, and guess words and ideas. For example, some words and phrases appear in boldface, italic, or large print to attract the reader's attention. Some words are repeated several times to persuade the reader, and other words appear together with a graphic design to help the reader remember a particular concept.

Skim

Read the text quickly without stopping. Then answer the following questions.

1. Which words and phrases appear in large print and why?
2. Which words and phrases accompany a graphic design and why?
3. What is the main purpose of this article?

Scan

Read the text again, but more slowly. Then answer the following questions.

1. What are the main attractions of El Fraile? List them in Spanish.
2. Which words and phrases are repeated most often and why?
3. What do you think El Fraile is?

Guess

Use context to guess the meaning of the following words in the chart.

1. **paisaje cordillerano:** a. view from the ocean b. view from the mountains c. view from the lake
2. **nivel:** a. level b. slope c. length
3. **pendiente:** a. course b. place c. slope
4. **andarivel:** a. limit b. ski lift c. team

Actividad

Escoja un tema y escriba uno o dos párrafos:

- Imagine que Ud. fue a esquiar al centro de esquí El Fraile y ahora le escribe una tarjeta postal a un(a) amigo(a) en los Estados Unidos. Escríbale todo lo que Ud. hizo el último fin de semana, los días que esquió, a las personas que conoció, los restaurantes que visitó, etcétera.
- Imagine que Ud. fue al centro de esquí El Fraile y ahora tiene que escribir una descripción de todas las actividades que Ud. hizo para el periódico de su universidad.
- Imagine que Ud. trabaja para una agencia de publicidad *(advertisement agency)* y ahora tiene que escribir un nuevo anuncio *(ad)* para el **centro de esquí El Fraile**. El anuncio es para las personas de los Estados Unidos.

Para editar y revisar:

- Después de escribir su párrafo, léalo tres veces y edite el párrafo.
- La primera vez, revise el vocabulario y la gramática.
- La segunda vez, revise la organización del párrafo.
- La tercera vez, revise el estilo del párrafo.
- Haga los cambios necesarios en el párrafo.

Cambie su párrafo con el de un(a) compañero(a) de clase y revisen los párrafos. Luego, escriba el párrafo por segunda vez y déselo a su profesor(a) para la corrección final.

¡A escribir!

Editing Your Writing

Editing your written work is an important skill to master. It is a good idea to edit it several times; for example, check your composition for the following.

Content

1. Does the title capture the reader's attention?
2. Is the information interesting to the reader?
3. Is the information pertinent to the topic?

Organization

1. Is there one main idea in the paragraph?
2. Do all the sentences relate to one topic?
3. Is the order of the sentences logical?

Cohesion and style

1. Can you connect any sentences with **y (e), que, pero,** or **donde**?
2. Can you begin any sentences with **después** or **luego**?
3. Can you avoid repeating any nouns by using direct object pronouns?

PASO 4

De compras

Bogotá, Colombia

El centro de Buenos Aires, Argentina

El barrio de la Candelaria, Bogotá, Colombia

El Salto Ángel, Venezuela

We will meet some people conducting different types of business in Argentina, Venezuela, and Colombia. In Argentina, we will visit Buenos Aires where we will meet the Navarro family who has a small specialty market. In Venezuela, we will meet Elizabeth Miller from California who comes to visit her friends in Caracas. They will go shopping at MÁXIMO, a department store in Caracas. In Colombia, we will meet Enrique and Gloria León from Medellín where they work at a coffee plantation. They later go to Bogotá for a week's vacation.

LECCIÓN 10
¿Desea algo más?

ENFOQUE

COMMUNICATIVE GOALS
You will be able to talk and write about more common foods, compare them, and speak with people who sell food products. You will also be able to give advice to your friends and family as well as make formal requests to other people.

LANGUAGE FUNCTIONS
Naming fruits and vegetables
Specifying preferences
Expressing likes and dislikes
Expressing grocery needs
Comparing and contrasting
Expressing opinions
Giving advice
Making requests

VOCABULARY THEMES
Fruits
Vegetables
Shopping expressions

GRAMMATICAL STRUCTURES
Informal (**tú**) commands
Comparatives
Superlatives
Formal (**Ud.**) commands

CULTURAL INFORMATION
Specialized grocery stores
Open-air markets
Buenos Aires, Argentina

CULTURAL CHALLENGE
What are the options in Hispanic countries when buying meats, fruits, and vegetables?

What types of places are there in the United States to buy fresh food products?

En contexto

El Sr. Gildo Navarro es el dueño° de un mercado pequeño en Buenos Aires (1), Argentina. Su hija, María Alexandra, y su socio°, el Sr. Manuel Peraza, también trabajan con él. Ahora el Sr. Navarro está leyendo una revista de Buenos Aires y está comentando° sobre un anuncio° de vinos argentinos.

SR. NAVARRO:	¿Vieron el anuncio de las Bodegas° Etchart?
MARÍA ALEXANDRA:	No, papá, déjame verlo°.
SR. PERAZA:	No, ¿qué dice? Muéstrame° el anuncio, Gildo.

dueño... *owner*
socio... *business partner*
está comentando... *is commenting*
anuncio... *advertisement*
Bodegas... *Winery*
déjame verlo... *let me see the ad* (informal command)
Muéstrame... *Show me* (informal command)
logrando un éxito... *gaining success*
premios... *awards*
los más... *the most*
cosecha... *harvest*
premiadas... *awarded*
calidad... *quality*
tanto... *as much*
como... *as*
Pruebe... *Try* (formal command)
Dime... *Tell me* (informal command)
hacer un pedido... *to put in an order*
tan buenos como... *as good as*
haz (hacer)... *make* (informal command)

¡Etchart está logrando un éxito° excepcional fuera de la Argentina!

En los dos últimos años, las Bodegas Etchart ganaron 82 premios° en los más° importantes concursos internacionales de vinos en Bélgica, Francia, Inglaterra y los Estados Unidos, con 44 premios para los tintos y 38 premios para los blancos. Una cosecha° excepcional que hace de Etchart una de las bodegas argentinas más premiadas° del mundo.

Un reconocimiento internacional que muestra la calidad° tanto° de los vinos producidos en Cafayate, Salta, como° de los vinos producidos en Luján de Cuyo, Mendoza. Las Bodegas Etchart exportan sus vinos a más de veinte países.

¡Pruebe° los vinos argentinos aquí en su propia casa!

SR. PERAZA:	Está muy bueno el aviso. Dime°, ¿en qué está pensando, Gildo?
SR. NAVARRO:	Necesitamos probar estos vinos y hacer un pedido° para el mercado. ¿Qué les parece?
MARÍA ALEXANDRA:	Me parece regio, papá, especialmente si estos vinos son tan buenos como° los vinos chilenos o los vinos italianos o los franceses.
SR. PERAZA:	¡María Alexandra, haz° un pedido para el mercado enseguida!

(Al mercado, entra una señora a comprar.)

MARÍA ALEXANDRA:	Señora, ¿en qué puedo servirle?
SEÑORA:	Pues, necesito comprar frutas, vegetales y...

Lección 10 — doscientos veintiuno

tome... *take* (formal command)
pruébela... *taste it* (formal command)
kilo... *1 kilo = 2.2 pounds*
lechuga... *lettuce*
pimientos... *peppers*
zanahorias... *carrots*

MARÍA ALEXANDRA: Bueno, hoy llegaron estas bananas de Guatemala. También tenemos uvas chilenas muy dulces. Por favor, tome° una y pruébela°.
SEÑORA: ¡Mmm! Estas uvas están ricas. Me llevo un kilo°. Muéstreme los vegetales.
MARÍA ALEXANDRA: Muy bien.
SEÑORA: Sí, por favor, necesito lechuga°, pimientos°, zanahorias° y tomates. Tengo ganas de preparar una ensalada fresca.
MARÍA ALEXANDRA: Con gusto. Todo lo que hay aquí en el mercado está muy fresco. ¿Desea algo más, señora?
SEÑORA: ¡Cómo no! Quiero comprar yerba mate (2) para el té.
MARÍA ALEXANDRA: Aquí la tiene.
SEÑORA: Gracias, señorita.

Notas de texto

1. Buenos Aires is the capital of Argentina and has a population of 12 million people. Buenos Aires is situated on the banks of the Río de la Plata. It is a very attractive city with beautiful residential zones, famous restaurants, and open-air cafés where writers, poets, and other artists get together to discuss politics and economics. It is known for its nightlife and all-night bookstores as well as for its tango music.

2. **Mate** is a tea-like beverage consumed mainly in Argentina, Uruguay, Paraguay, and southern Brazil during the afternoon. It is brewed from the dried leaves and stemlets of the perennial tree *Ilex paraguarensis* (**yerba mate**). The name **mate** is derived from the Quechua word *matí*, which is a cup or vessel used for drinking. To prepare the **mate** infusion (called **mate**), the dried minced leaves of the **yerba mate** are placed inside a gourd, also called **mate** (usually it's a hard shell from a local fruit, but it can also be any suitable metal, glass, or wooden receptacle), and hot water (at approximately 85° C) is added (this process is called **cebar el mate**). The infusion is sipped through a metal straw called a **bombilla,** which has a strainer at its lower end to prevent the minced leaves from going through the straw.

10-1 ¿Comprendió Ud.?

A. Indique la respuesta correcta, según la conversación.
1. Los Navarro...
   a. viven en Mendoza.
   b. viven en Buenos Aires.
   c. viven en Santiago.
2. El Sr. Navarro...
   a. es el dueño del mercado.
   b. es hermano del Sr. Peraza.
   c. es dueño de unas bodegas de vino.
3. María Alexandra trabaja...
   a. en un viñedo argentino.
   b. en el mercado de su familia.
   c. en un viñedo chileno.
4. La señora necesita comprar...
   a. frutas solamente.
   b. frutas y yerba mate.
   c. frutas, vegetales y yerba mate.

B. Ahora hable con un(a) compañero(a) de clase.
1. ¿Dónde compran Uds. sus vegetales y frutas?
2. ¿Les gustaría probar la yerba mate? ¿Por qué?
3. ¿Cuáles son las ventajas y las desventajas de ir a comprar los vegetales y las frutas en tiendas especializadas?

Tiendas especializadas

Aunque se hacen cada año más populares los supermercados en Latinoamérica y los hipermercados en España, especialmente en las ciudades grandes, muchas personas prefieren comprar sus frutas, vegetales o verduras en tiendas especializadas. En España hay también tiendas de ultramarinos, en las que se venden especialidades de diferentes países además de los productos del país. En Puerto Rico y en España, las tiendas pequeñas de barrio *(neighborhood)* se llaman colmados. Allí uno puede encontrar productos de primera necesidad.

Hay muchos tipos de tiendas especializadas, cuyo nombre termina en **-ería;** por ejemplo, se puede ir a una lechería para comprar leche, a una carnicería por bistec, jamón y otras carnes y a una panadería por pan y dulces *(sweets).* Muchas veces se encuentran dos tiendas combinadas en un solo lugar como, por ejemplo, la carnicería-pescadería o la panadería-pastelería.

Preguntas. Responda a las siguientes preguntas. Luego compare sus respuestas con las de un(a) compañero(a) de clase.
1. Normalmente, ¿dónde compra Ud. comestibles? ¿Dónde los compró Ud. esta semana?
2. A veces, ¿compra Ud. comestibles en tiendas especializadas? ¿Qué productos prefiere comprar allí y no en un supermercado? ¿Por qué?
3. ¿Qué se compra en una cafetería, en una frutería o en una pescadería?
4. Indique la tienda con la cual Ud. asocia más las siguientes frases:
   S = Supermercado   T = Tienda especializada
   ____ muchos anuncios   ____ productos importados
   ____ servicio excelente   ____ variedad de productos
   ____ los mejores precios   ____ los productos más frescos
   ____ uso de computadoras   ____ buena cantidad de productos

VOCABULARIO esencial

In this section, you will learn to name some fruits and vegetables in Spanish and to buy food in Hispanic grocery stores and markets.

Las frutas y los vegetales o verduras

En el mercado se venden...

Cómo comprar frutas y vegetales o verduras en una tienda especializada

En la frutería...

—¿En qué puedo servirle, señora? *(How) May I help you, Madam?*
—Deme dos kilos* de esas peras, por favor. *Give me two kilos of those pears, please.*
—Muy bien. ¿Algo más? *Very well. Anything else?*
—Estas aceitunas, ¿están frescas? *These olives . . . are they fresh?*
—Sí, están muy frescas. *Yes, they're very fresh.*
—Deme medio kilo, por favor. *Give me a half kilo, please.*
—Medio kilo. Bien. ¿Otra cosa? *A half kilo. Okay. Anything else?*
—Sí, necesito tres cuartos de kilo de zanahorias. Ponga ésas en la bolsa. Gracias. *Yes, I need three-fourths a kilo of carrots. Put those in the bag. Thanks.*
—¿Algo más? *Anything else?*
—No. Eso es todo, gracias. *No. That's all, thank you.*

*1 Kilo = 2.2 pounds

224 doscientos veinticuatro   Paso 4

Practiquemos

10-2 ¡Coma bien y siéntase mejor! Lea el siguiente artículo y luego complete las oraciones, según la información.

¡Coma bien y siéntase mejor!

Después de todo la mayoría de las medicinas tienen productos químicos que se encuentran en los vegetales y frutas que están incluidos en nuestra dieta; conozca qué cualidades tienen ciertas frutas y verduras para mejorar y conservar su salud *(health)*.

La manzana: reduce el nivel *(level)* de colesterol, aminora la presión alta, estabiliza el nivel de azúcar, regula el apetito y reduce los riesgos de contraer resfriados *(colds)*.

Plátanos: previenen las úlceras y reducen el colesterol en la sangre *(blood)*; como contienen potasio ayudan a prevenir enfermedades de los huesos *(bones)*.

Bróculi: reduce los riesgos de contraer cáncer al colon, porque como es una fibra natural ayuda *(helps)* a la digestión y mantiene saludable el colon.

Espinacas: ayudan al organismo porque contienen hierro *(iron)* y combinadas con zanahorias reducen los riesgos de cáncer en el páncreas.

Ajo *(Garlic)***:** combate infecciones, ayuda a la coagulación de la sangre, combate también la parasitosis y su composición química previene también contra la formación de células cancerígenas, además de que estimula el sistema inmunológico.

1. Para reducir los riesgos de contraer cáncer, se debe comer _____, _____ y _____.
2. Dos alimentos que reducen el nivel de colesterol en la sangre son _____ y _____.
3. _____ y _____ son buenos para la sangre.
4. Otra palabra para describir vegetales es _____.

 10-3 Preferencias. Hágale preguntas a un(a) compañero(a) de clase.

1. ¿Comes poca o mucha fruta? Y de niño(a), ¿comías mucha o poca fruta?
2. ¿Cuál es tu fruta preferida? ¿Qué fruta te gustaba mucho de niño(a)?
3. ¿Qué vegetal no te gusta? ¿Qué verdura no te gustaba cuando eras niño(a)?
4. ¿Qué fruta prefieres comer con helado? ¿Y con cereal?
5. ¿Qué tipo de mermelada te gusta poner en el pan tostado? ¿Y de niño(a)?
6. ¿Qué tipo de jugo prefieres: el de naranja, el de manzana o el de tomate? ¿Qué tipo de jugo tomabas de niño(a)?

10-4 Nuestra lista de comestibles para el picnic. Escriba una lista de frutas, verduras y otros alimentos que Ud. y un(a) amigo(a) quieren comprar para ir de picnic el fin de semana. Luego, comparen su lista con la de otros compañeros de clase y contesten las siguientes preguntas.

1. ¿Quién va a comprar más comestibles, Ud. o su compañero(a)?
2. ¿Adónde van Uds. a comprarlos? ¿Por qué prefieren comprar allí?
3. ¿Qué producto es el más importante de sus listas?
4. ¿Qué frutas/verduras va a comprar Ud.? ¿Qué otros alimentos va a comprar su compañero(a)?

10-5 ¿En qué puedo servirle?
Imagínese que Ud. está en la sección de frutas y vegetales/verduras en un supermercado hispano. Ud. tiene una lista de frutas y verduras que debe comprar y un(a) compañero(a) de clase, que trabaja en el mercado, lo (la) va a ayudar.

- 2 kilos de zanahorias
- 1½ kilo de pepinos
- ½ kilo de cebollas
- ½ kilo de pimientos
- ¼ kilo de cerezas

—¿Señor(a), ¿en qué puedo servirle?
—Sí, necesito comprar...

CULTURA

Los mercados al aire libre *(open-air)*

En muchas ciudades hispanas hay un mercado al aire libre donde se venden diferentes productos. Mucha gente compra diariamente en estos mercados porque sabe que allí puede encontrar mejores precios que en los supermercados o en las pequeñas tiendas especializadas. Además, a veces los productos agrícolas de los mercados al aire libre están más frescos.

Generalmente los mercados están divididos en varias secciones. Por ejemplo, en una sección se venden frutas y verduras frescas; en otra sección hay una selección de carnes y pescados donde se puede comprar también mantequilla, huevos, arroz y pan.

Mercado al aire libre

Preguntas. Hable con dos o tres compañeros(as) de clase sobre las siguientes preguntas.

1. En su opinión, ¿cuál es un aspecto interesante de un mercado al aire libre? ¿Quiere Ud. visitar uno? ¿Por qué?
2. ¿Cuáles son algunas ventajas (beneficios) y desventajas de comprar en un mercado al aire libre?
3. Imagínese que Ud. está en un mercado al aire libre ahora. ¿A qué sección del mercado le gustaría ir primero? ¿Por qué?

GRAMÁTICA esencial

Affirmative Informal **tú** Commands

In this section, you will learn how to form affirmative and negative informal (**tú**) commands. Spanish speakers use affirmative informal commands to tell their children, friends, relatives, and pets what to do in certain circumstances.

To form the affirmative **tú** command, use the **Ud., él, ella** verb forms of the present indicative:

Verbs (Indicative)	Ud., él, ella	tú command	
estudiar	estudia	estudia	*study*
aprender	aprende	aprende	*learn*
escribir	escribe	escribe	*write*
dormir	duerme	duerme	*sleep*

There are eight verbs that have irregular affirmative **tú** commands:

Verbs (Indicative)	tú command	Verbs (Indicative)	tú command
decir	**di** *say*	salir	**sal** *leave*
hacer	**haz** *do, make*	ser	**sé** *be*
ir	**ve** *go*	tener	**ten** *have*
poner	**pon** *put*	venir	**ven** *come*

Pon las verduras en el refrigerador.
Put the vegetables in the refrigerator.

Sal temprano del trabajo y **ve** al mercado.
Leave work early and go to the market.

Attach pronouns to affirmative **tú** commands. If the command form has two or more syllables, it has to have an accent mark over the stressed vowel to maintain the stress of the verb.

Muéstrame el anuncio, Gildo.
Show me the ad, Gildo.

¡Déjame ver, papá!
Let me see, Dad!

Practiquemos

10-6 La compra. La Sra. Moreno va a tener una cena esta noche en su casa. Por eso, sus hijos Vicente y Sofía la van a ayudar a comprar las frutas y los vegetales en el mercado del Sr. Navarro. Completa cada oración con la forma apropiada del verbo.

MODELO: Sofía, _compra_ (comprar) los duraznos.

1. Vicente, _____ (ir) a la sección de las verduras y _____ (comprar) los pimientos y las cebollas.
2. Vicente, también _____ (hablar) con el Sr. Navarro y _____ (pedir) más coliflor porque no hay en el refrigerador.
3. Sofía, _____ (buscar) las cerezas más frescas. _____ (Poner) las cerezas en la bolsa.
4. Sofía, _____ (tener) paciencia con los ayudantes del Sr. Navarro.

10-7 Arreglar la casa. Ahora la Sra. Moreno les pide ayuda a sus hijos para arreglar la casa. Completa cada oración con la forma apropiada del verbo.

MODELO: Salvador, __pon__ (poner) las frutas y las verduras en la cocina.

1. Sofía, _____ (poner) la mesa, por favor.
2. Vicente, _____ (lavar) los platos, por favor.
3. Sofía, _____ (arreglar) la sala ahora.
4. Vicente, _____ (limpiar) el cuarto de baño rápidamente.
5. Vicente, _____ (hacer) la cama de tu habitación y la de tu hermana.

 10-8 La fiesta de la clase. En grupos de cuatro personas, Uds. tienen que planear una fiesta para la clase de español. Uds. tienen que darle un mandato informal a cada persona de su grupo para decirle lo que tienen que hacer: las frutas, las verduras, las bebidas o los pasteles que tienen que comprar. Luego, discutan con toda la clase lo que es para su grupo lo más importante comprar o hacer para la fiesta.

MODELO: JOSÉ: *Luis, ve al mercado y compra Pepsi-Cola.*
           MARÍA: *Roberto, compra un pastel de cerezas y otro de manzanas.*
           ANA: *Cinthia, arregla las sillas de la clase.*

Negative informal *(tú)* commands

In order to give negative commands to your friends, members of your family, or pets, add the following endings to the stem of the verb:

-ar verbs ➡ -es	-er verbs ➡ -as	-ir verbs ➡ -as
conversar no converses	beber no bebas	dormir no duermas

¡No converses tanto por teléfono, Javier!   Don't talk on the phone so much, Javier!
¡Gatico, no duermas en mi cama!   Kitty, don't sleep on my bed!

Some verbs have irregular negative **(tú)** command forms:

dar	ir	estar	ser
no des	no vayas	no estés	no seas

Mamá, no me des más trabajo.   Mom, don't give me more work.
¡Hijo, no vayas a caminar si es de noche!   Son, don't go out walking if it's too late!
Sonia, no estés triste esta noche.   Sonia, don't be sad tonight.
¡Dennis, no seas malo con tu hermana!   Dennis, don't be naughty with your sister!

For verbs that end in **-gar**, add **u** before **e** to maintain the original sound of the infinitive. For verbs that end in **-car**, add **qu** before **e.**

Infinitive	Command		
llegar	no llegues	¡No llegues tarde!	Don't arrive late!
jugar	no juegues	¡No juegues en la calle!	Don't play in the street!
sacar	no saques	¡No saques la basura todavía!	Don't take out the garbage yet!

Practiquemos

10-9 En el mercado de los Navarro. El Sr. Navarro le dice a María Alexandra las cosas que no debe hacer en el negocio. Escriba la forma apropiada de cada verbo.

MODELO: María Alexandra, no _salgas_ (salir) temprano del negocio.

1. No _____ (llegar) tarde al trabajo.
2. No _____ (sacar) las frutas o los vegetales por la tarde, sino temprano al día siguiente.
3. No _____ (estar) preocupada por las finanzas todo el tiempo.
4. No _____ (ser) demasiado generosa con los clientes.
5. No _____ (ir) al mercado al aire libre tarde. _____ (Ir) a las cinco de la mañana cuando los productos están muy frescos.

10-10 A los compañeros. En grupos de tres personas, piensen en lo que hacen sus otros compañeros y denles mandatos negativos a estas personas.

MODELO: llegar tarde
Compañero(a) 1: *Luis siempre llega tarde a clase.*
Compañero(a) 2: *Luis, no llegues tarde a clase.*
Compañero(a) 3: *Luis, no te levantes tarde por la mañana.*

1. hablar inglés en clase
2. salir de clase temprano
3. dormir en clase
4. estudiar poco
5. practicar poco
6. hacer la tarea tarde

GRAMÁTICA esencial

Comparatives

In this section, you will learn how to make comparisons between people, things, and places.

English speakers make comparisons either by adding the ending **-er** to an adjective (e.g., *fresher*) or by using the words *more* or *less* with an adjective (e.g., *more appetizing, less expensive*). Spanish speakers make comparisons as follows.

How to make unequal comparisons

1. Use **más** *(more)* or **menos** *(less)* before an adjective, an adverb, or a noun, and **que** *(than)* after it.

más / menos	+	adjective (frescos[as]) adverb (rápido/despacio) noun (frutas/vegetales)	+	que

En el mercado de los Navarro, hay **frutas más frescas que** en el mercado de los Martínez.

*In the Navarro's market, there are **fresher fruits than** at the Martinez's.*

Lección 10   doscientos veintinueve   **229**

The preposition **de** is used before a number and means *than*.

| menos | + | noun **(20 dólares / 20 pesos argentinos)** | + | de |

Tengo **más/menos de** 20 pesos argentinos.

*I have **more/less than** 20 Argentine pesos.*

2. The following comparatives are irregular:

mejor(es) *better*   **mayor(es)** *older*
peor(es) *worse*   **menor(es)** *younger*

En casa...
—Mami, ¿qué es **mejor** comer, una manzana, o un chocolate para la merienda?   *Mom, what is **better** to eat, an apple or a chocolate for a snack?*
—Es **mejor** comer una manzana para la merienda, Víctor.   *It's **better** to eat an apple for a snack, Víctor.*

En la tienda...
—¿Es el Sr. Navarro **mayor** que el Sr. Peraza?   *Is Mr. Navarro **older** than Mr. Peraza?*
—Sí, el Sr. Peraza es **menor** que el Sr. Navarro.   *Yes, Mr. Peraza is **younger** than Mr. Navarro.*

How to make equal comparisons

1. Use **tan** *(as)* before an adjective or adverb and **como** *(as)* after it.

| tan | + | adjective **(caras/baratas)** adverb **(frecuentemente)** | + | como |

—Estos tomates están **tan** baratos **como** esos pimientos.   *These tomatoes are **as** cheap **as** those peppers.*
—Por eso, vengo de compras aquí **tan** frecuentemente **como** puedo.   *That's why I shop here **as** often **as** I can.*

2. Use **tanto(a)** *(as much)* or **tantos(as)** *(as many)* before a noun and **como** *(as)* after it.

tanto (trabajo)		
tanta (tarea)	**+**	**como**
tantos (exámenes)		
tantas (responsabilidades)		

—Cuando eras niño, ¿tenías **tanta** tarea **como** yo ahora, papá?
*When you were a boy, did you have **as much** homework **as** I do now, Dad?*

—Claro, hijo. También tenía **tanto** trabajo y **tantas** responsabilidades **como** tienes tú ahora.
*Of course, son. Also, I had **as much** work and **as many** responsibilities **as** you have now.*

—Pero estoy seguro que no tenías **tantos** exámenes **como** yo.
*But I'm sure that you didn't have **as many** tests **as** I do.*

- Observe that **tanto(a/os/as)** must agree in gender (masculine or feminine) and number (singular or plural) with the noun it modifies. In contrast, **tan** has only one form and is used with adjectives and adverbs, not with nouns.

  Ella tiene **tantas** tareas como yo. *She has **as many** assignments as I do.*
  ¡Qué día **tan** difícil! *What a difficult day!*

- **Tan** can also be used for emphasis:

  ¡Este mercado es **tan** grande! *This market is **so** big!*
  ¡Qué día **tan** bonito! *What a beautiful day!*

- **Tanto(a/os/as)** can also be used to show a great amount of something:

  ¡Hace **tanto** calor! *It's **so** hot!*
  ¿Vas a comprar **tantas** frutas? *Are you going to buy **so much** fruit?*

Practiquemos

10-11 ¿Qué tienen? Con otro(a) estudiante, compare la cantidad de cosas que tienen María Alexandra y su amiga Tami. Use **más/menos... que, tan... como** o **tanto(a/os/as)... como** en sus oraciones.

A: *¿Cuántos regalos tiene María Alexandra?*
B: *Tiene menos regalos que Tami.*

cintas

María Alexandra

regalos

Tami

tarjetas postales

10-12 ¿Cómo es Ud.? Complete las siguientes oraciones con un(a) compañero(a) de clase.

MODELO: Soy más/menos inteligente que _____.
Soy más inteligente que Alicia Silverstone.
Soy menos inteligente que mi hermana.

1. Soy más/menos guapo(a) que _____.
2. Estoy tan ocupado(a) como _____.
3. Hablo español mejor/peor que _____.
4. Hago tanto ejercicio como _____.
5. Tengo más/menos problemas que _____.

10-13 ¿Qué opina Ud.? Escriba un párrafo en que Ud. hace comparaciones entre las personas y las cosas de la primera lista y los adjetivos de la segunda lista u otros adjetivos que Ud. sepa.

MODELO: *Los empleados de la tienda donde yo compro comestibles son más simpáticos que los empleados del supermercado de mi barrio. También, el servicio es mejor, y muchas veces los productos son tan baratos en la tienda como en el supermercado.*

Personas y cosas	**Adjetivos**	
los precios	caro	fresco
el servicio	malo	barato
los productos	peor	simpático
los empleados	bueno	alto *(high)*
los (super)mercados	mejor	bajo *(low)*
las tiendas (de comestibles)	ocupado	trabajador

GRAMÁTICA esencial

Superlatives

English speakers single out someone or something from a group by adding the ending *-est* to an adjective (e.g., *warmest*) or by using expressions such as *the most* and *the least* with an adjective (e.g., *the most elegant, the least expensive*). Spanish speakers form superlatives as follows.

How to form superlatives

1. Use a definite article before the person, thing, or place being compared, plus **más** *(most)* or **menos** *(least)* and an adjective.

> el (novio)
> la (hermana)   más
> los (padres)   +   + adjective
> las (compañeras)   menos
> los mercados

—Tengo mucha suerte, Sr. Peraza.
—¿Por qué, María Alexandra?
—Porque tengo **los padres más generosos**, **el socio más inteligente** y **la tienda más organizada del** mundo.
—Gracias.

I'm very lucky, Mr. Peraza.
Why, María Alexandra?
*Because I have **the most generous parents**, **the most intelligent business partner**, and **the most organized store in the** world.*
Thanks.

Use the word **de** to express *in* or *at* after superlatives if they are followed by a noun (la tienda más organizada **del** mundo).

2. The following superlatives are irregular in Spanish:

| el/los | mejor(es) | *the best* | el/los | menor(es) | *the youngest* |
| la/las | peor(es) | *the worst* | la/las | mayor(es) | *the oldest* |

—Los Sres. Navarro tienen uno de **los mejores** mercados del barrio.
—Sí, y creo que el mercado de la calle Sucre es **el peor**.
—¿Cuántos hermanos tienes, Luis?

—Tengo dos, una hermana y un hermano. Cristina es **la mayor** y Rodrigo es **el menor**.

*The Navarros have one of **the best** markets in the neighborhood.*
*Yes, and I think the market on Sucre Street is **the worst**.*
How many brothers and sisters do you have, Luis?
*I have two, one sister and one brother. Cristina is **the oldest** and Rodrigo is **the youngest**.*

Practiquemos

10-14 Comparaciones de comida. Conteste las siguientes preguntas lógicamente.

Comida	Fibra *(Fiber)* (en gramos)
1 pera	1,5
1 durazno	1,5
10 papas fritas	2,1
1 manzana mediana	3,7

1. ¿Tienen las peras más o menos fibra que los duraznos?
2. ¿Qué comida tiene más fibra? ¿Y cuál es la menos fibrosa?
3. ¿Qué comida les gusta más a Ud., y por qué?

Frutas	Calorías	Queso	Calorías
pera	100	cheddar	113
manzana	80	colby	111
naranja	58	mozzarella	80

4. ¿Qué fruta y qué queso tienen menos calorías?
5. Según Ud., ¿qué combinación de queso y fruta es la mejor?
6. ¿Qué fruta y queso le gustan a Ud.? ¿Por qué?

10-15 Críticos de restaurante. Ud. y un(a) compañero(a) de clase son críticos de restaurante y tienen que escribir una crítica del mejor y del peor restaurante de su ciudad para el periódico de la universidad. Describan la comida, el precio y el servicio de los restaurantes.

10-16 ¡Vamos a votar! Con un(a) compañero(a) de clase, escriba cuatro oraciones que describan a cuatro estudiantes de su clase de español, según las cuatro categorías de personalidad en la lista. Luego discutan sus resultados con la clase y decidan quién es la persona más o menos...

MODELO: *Janice es la estudiante más generosa de la clase.*
Jerry es el estudiante menos tímido de la clase.

Categorías de personalidad

más feliz	más amable	menos tímido(a)	menos antipático(a)
más generoso(a)	más trabajador(a)	menos perezoso(a)	
más estudioso(a)	más gracioso(a)	menos aburrido(a)	menos cómico(a)

GRAMÁTICA esencial
Formal (Polite) Commands

In this section, you will learn to give advice and make requests to people you address as **Ud.** or **Uds.** This is the reason they are referred to as formal commands.

When we give advice to others or ask them to do something, we often use commands such as "Don't buy produce at that store" and "Give me a pound of those apples, please." Spanish speakers use formal commands when they address people as **Ud.** or **Uds.**

How to form formal commands

1. For most Spanish verbs, drop the **-o** ending from the present tense **yo** form and add the following endings to the verb stem: **-e/-en** for **-ar** verbs and **-a/-an** for **-er** and **-ir** verbs.

	Infinitive	**yo** form	**Ud.**	**Uds.**
-ar verbs	hablar	hablo	hable	hablen
-er verbs	volver	vuelvo	vuelva	vuelvan
-ir verbs	venir	vengo	venga	vengan

—**Prueben** estos duraznos chilenos.   *Try these Chilean peaches.*
—¡Qué ricos! Queremos un kilo.   *How delicious! We want a kilo.*
—Aquí lo tienen. **Paguen** en la caja.   *Here you are. Pay at the cashier.*

In Spanish, if you want to make commands sound more like requests than demands, you can use **Ud.** or **Uds.** after the command form.

Pague Ud. en la caja, señorita.   *Pay at the cashier's, Miss.*
No toquen Uds. las frutas.   *Don't touch the fruit.*

Spanish speakers also make requests by following commands with **por favor** (e.g., **No toquen las frutas, por favor.**) and by simply using **Favor de** + infinitive (e.g., **Favor de no tocar las frutas.**).

2. Verbs ending in **-car, -gar,** and **-zar** have a spelling change: **c** changes to **qu, g** changes to **gu,** and **z** changes to **c**.

Infinitive	Ud.	Uds.
sacar	saque	saquen
llegar	llegue	lleguen
comenzar	comience	comiencen

Sr. Peraza, **almuerce** con nosotros. Mr. Peraza, **have lunch** with us.
Comiencen a comer, por favor. **Begin eating,** please.

¡CUIDADO! Stem-change verbs retain their vowel change in formal commands, as in the preceding example **(comenzar: e → ie = comiencen).**

3. Several irregular verbs vary from the pattern above.

Infinitive	Ud.	Uds.	Infinitive	Ud.	Uds.
dar	dé	den	ir	vaya	vayan
estar	esté	estén	saber	sepa	sepan
			ser	sea	sean

—**Deme** un kilo de fresas. **Give me** a kilo of strawberries.
—Aquí lo tiene, Sr. Mendoza. Here you are, Mr. Mendoza.
—Gracias. **Regrese** pronto, por favor. Thank you. **Come back** soon, please.

4. In affirmative commands, attach reflexive and object pronouns to the end of the command, thus forming one word. If the command has three or more syllables, write an accent mark over the stressed vowel. In negative commands, place the pronouns separately in front of the verb.

—**Muéstreme** las verduras. **Show me** the vegetables.
—**No las compre.** Hoy no están frescas. **Don't buy them.** They are not fresh today.

—**Tráiganos** yerba mate. **Bring us** yerba mate tea.
—**No nos traiga** más té. **Don't bring us** more tea.

Practiquemos

10-17 Escuchen a su nuevo jefe. El Sr. Navarro está hablando con dos empleados que acaban de comenzar a trabajar con él y con María Alexandra en el mercado. ¿Qué les dice?

MODELO: llegar a tiempo todos los días
 Lleguen a tiempo todos los días.

1. comenzar a trabajar a las nueve
2. tener paciencia con los clientes
3. escuchar lo que les pregunten
4. contestar las preguntas y comentarios de los clientes
5. servirles a los clientes rápidamente
6. nunca comer mientras están trabajando
7. llamarme si no pueden venir a trabajar
8. ser simpáticos con los otros empleados de la tienda
9. lavarse las manos frecuentemente
10. recordar que los clientes siempre tienen la razón

10-18 Cómo vivir bien. La Sra. Mercedes Navarro está mirando un programa de televisión llamado *Cristina*. La presentadora Cristina entrevista a una psicóloga. Complete su entrevista usando mandatos afirmativos y negativos de los verbos entre paréntesis.

CRISTINA: Doctora, ¿qué consejos *(advice)* tiene Ud. para nuestro público sobre cómo vivir bien?

DOCTORA: Primero, _____ (tomar) Ud. un buen desayuno todos los días, pero no _____ (comer) muchas cosas muy dulces como pasteles. Segundo, _____ (poner) en la mesa frutas frescas, especialmente para los niños, y les _____ (servir) yogurt porque es algo nutritivo.

CRISTINA: Mmm. ¡A mí me gusta el yogur con fresas! Los refrescos de dieta, ¿está bien tomarlos, doctora?

DOCTORA: En moderación, sí. Pero no los _____ (beber) con frecuencia porque pueden contener mucha cafeína. Por esta razón tampoco _____ (tomar) mucho café.

CRISTINA: Buenos consejos, doctora. ¿Cuántas horas cree Ud. que debemos dormir todos los días, perdón... todas las noches?

DOCTORA: Depende de la persona. _____ (Dormir) lo necesario y nada más. No _____ (acostarse) muy tarde ni _____ (levantarse) muy tarde por la mañana. Si duerme mal, _____ (leer) o _____ (escuchar) música clásica antes de acostarse y _____ (pensar) en algo tranquilo.

CRISTINA: Muy bien. Es importante tener una vida social, ¿verdad, doctora?

DOCTORA: Sí, sí. _____ (Hacer) muchos amigos y _____ (salir) con ellos frecuentemente. _____ (Ir) Uds. al cine, _____ (correr) juntos por algún parque o _____ los (invitar) a casa a comer. En una sola palabra: _____ (divertirse) con sus amigos, y _____ (vivir) simplemente sin preocupaciones.

CRISTINA: Doctora, muchas gracias por sus consejos tan valiosos.

DOCTORA: Por nada, Cristina.

10-19 ¡Qué manzanas tan ricas! ¿A Ud. le gustan las manzanas y el helado? Complete esta receta venezolana, usando los mandatos formales de los verbos indicados.

remojar *(to soak)*   **sacar** *(to take out)*   **adornar** *(to decorate)*
poner *(to put in)*   **cortar** *(to cut)*   **escurrir** *(to drain)*

Manzanas rellenas (filled) de helado

6 manzanas rojas
1 litro de helado de vainilla
6 galletas de barquillo con chocolate

_____ la parte superior de la manzana, horizontalmente. _____ la pulpa para poner ahí el helado. _____ las manzanas en agua con un poco de sal para que no se pongan negras y quince minutos antes de servirlas, _____ las. Ya para servir, _____ el helado y _____ con las galletas.

CULTURA

En Buenos Aires, tomen nota *(be aware)*

- Vayan a la plaza situada cerca de La Recoleta, que es el barrio más divertido de Buenos Aires, y visiten un puesto *(stand)* de información turística para guiar *(to guide)* a los turistas por la capital. Pidan su información allí.
- No se pierdan *(Don't miss)* la experiencia del Tren histórico, que en primavera y verano tiene excursiones muy divertidas en trenes viejos. El viaje incluye *(includes)* el almuerzo. Coman el famoso y popular asado argentino. El asado está hecho *(is made)* a fuego lento, se sirve en su mesa en una pequeña parrilla y tiene varios tipos de carnes.
- Para alojarse *(To lodge)* en Buenos Aires, quédense en una estancia, la tradicional casa argentina.
- Compren artículos hechos de cuero que tienen fama *(fame)* internacional, tales como zapatos *(shoes)*, ropa *(clothes)* y accesorios.
- Compren como regalo de la Argentina, las originales pipas *(gourds)* hechas de calabazas *(small squash)* para el té de yerba mate.

Preguntas. Hable con un(a) compañero(a) de clase y contesten las siguientes preguntas sobre la lectura de Buenos Aires.

1. ¿Qué actividades pueden hacer Uds. en Buenos Aires?
2. ¿Qué deben pedir en el puesto de información en el barrio La Recoleta?
3. ¿Cómo es ese barrio?
4. ¿Qué deben comer en el tren histórico para el almuerzo?
5. ¿Qué cosas pueden Uds. comprar de regalos?

Ahora, subrayen los mandatos formales en el artículo.

10-20 Situaciones. En grupos de tres o cuatro estudiantes, traten de resolver las siguientes situaciones.

- Ud. y sus amigos tienen que decidir a qué restaurante van a ir a cenar esta noche. Uno(a) de sus compañeros(as) no está convencido(a) y Uds. tienen que convencerlo(la) explicándole los aspectos positivos del restaurante.

- Uno(a) de sus compañeros(as) va a hacer una fiesta el sábado por la noche. Uds. tienen que darle mandatos (informales) a su amigo(a) de las cosas que tiene que hacer para tener una fiesta exitosa *(successful)*.

- Ud. trabaja en una tienda especializada de comida. Sus clientes (compañeros[as] de clase) entran a la tienda y Ud. quiere ayudarlos. Deles sugerencias (mandatos informales) a sus amigos sobre los productos que deben comprar en la tienda. Y Uds., los clientes, deben pedirle ayuda al (a la) empleado(a).

■ RETO CULTURAL

Ud. está en Buenos Aires trabajando por un semestre y uno(a) de sus amigos(as) está en Buenos Aires de visita. Este(a) amigo(a) quiere saber dónde puede comprar vegetales o verduras y frutas frescas ya que quiere probar productos típicos de la Argentina. Ud. debe contestar las siguientes preguntas:

- ¿Dónde puedo comprar frutas y verduras frescas?
- ¿Qué productos son típicos de la Argentina?
- ¿Hay supermercados aquí como en los Estados Unidos?
- ¿Cuáles son las diferencias y las semejanzas entre los mercados pequeños y los supermercados aquí?
- ¿Cuáles son las ventajas de tener tiendas especializadas para comprar las verduras y las frutas?

Practiquemos más

 For additional practice on the material covered in this chapter, go to **Lección 10** of the *Intercambios* Workbook/Laboratory Manual.

 For additional practice on grammar, vocabulary, and conversation, go to **Lección 10** of the *Flex-Files.*

 Atajo Writing Assistant Software for Spanish can be used to complete the writing activities in your *Workbook/Laboratory Manual.*

 Intercambios Video: Activities to accompany the *Intercambios* Video can be found in the *Flex-Files.*

 Visit *Intercambios* on the World Wide Web at **http://intercambios.heinle.com**.

ASÍ SE DICE

■ Sustantivos
el anuncio   advertisement
la calidad   quality
el (la) dueño(a)   owner
el precio   price
el premio   prize
el (la) socio(a)   business partner
la tienda   store
la venta   sale

■ Tiendas especializadas
la cafetería   coffee shop
la carnicería   butchery
la frutería   produce store
la panadería   bakery
la pastelería   pastry shop
la pescadería   fish market

■ Las frutas
la banana   banana
la cereza   cherry
el durazno / el melocotón   peach
la naranja   orange
la pera   pear
la piña   pineapple
la toronja   grapefruit

■ Los vegetales/Las verduras
la aceituna   olive
el ajo   garlic
el brécol / el bróculi   broccoli
la cebolla   onion
la coliflor   cauliflower
la lechuga   lettuce
el maíz / el elote   corn
el pimiento   pepper
la zanahoria   carrot

■ Las cantidades
el kilo   kilo
medio kilo   half kilo

■ Adjetivos
fresco   fresh
despacio   slow
rápido   quick

■ Comparativos y superlativos
bueno, mejor, el (la) / los (las) mejor(es)   good, better, the best
malo, peor, el (la) / los (las) peor(es)   bad, worse, the worst
el (la) más + *adjective*   the most _____, the ____-est
más/menos que   more/less than
mayor   older
menor   younger
tan... como   as . . . as
tanto(a)... como   as much . . . as
tantos(as)... como   as many . . . as

■ Verbos
comentar   to comment
vender   to sell

■ Verbos para cocinar
adornar   to decorate
cortar   to cut
escurrir   to drain
poner   to put in
remojar   to soak
sacar   to take out

■ Expresiones idiomáticas
¿Desea algo más?   Do you want something else?
¿En qué puedo servirle/ayudarle?   (How) May I help you?
¿En qué piensas?   What are you thinking about?
estar premiados(as)   to be rewarded
hacer un pedido   to place an order
¿Otra cosa?   Anything else?
¿Qué más?   What else?

LECCIÓN 11
¡Vamos de compras! ¡Qué chévere!

ENFOQUE

■ COMMUNICATIVE GOALS

You will be able to talk about your future activities as well as to ask questions and express your needs and wants in department stores.

■ LANGUAGE FUNCTIONS

Stating preferences
Discussing what to wear
Speaking with salesclerks
Talking about future plans
Persuading others
Expressing wants
Expressing intentions

■ VOCABULARY THEMES

Clothing
Clothing accessories
Colors
Shopping expressions
Numbers over 2,000

■ GRAMMATICAL STRUCTURES

The future tense
The present subjunctive following the verb **querer**

■ CULTURAL INFORMATION

Carolina Herrera
American versus European clothing sizes

■ CULTURAL CHALLENGE

What types of stores are there in Hispanic countries to buy clothing and accessories? Are the sizes the same in the United States and in Hispanic countries?

EN CONTEXTO

Elizabeth (Eli) Miller es de California y vino a visitar a sus amigas Beatriz Arreaza y Graciela Yanes que viven en Caracas, Venezuela (1). La próxima semana es el cumpleaños de Graciela y ellas quieren comprarle un regalo. Antes de ir de compras, Beatriz le muestra a Eli una revista de modas° de la tienda MÁXIMO en Caracas, una tienda por departamentos. Eli está sorprendida° de los precios tan económicos de las prendas de vestir° y de los accesorios.

BEATRIZ: Mira, Eli, quiero que veas° las prendas de vestir en esta revista...
ELI: Sí, muy bien, así tendremos° una idea del regalo que le compraremos° a Graciela más tarde. ¿Qué quieres comprarle?
BEATRIZ: No sé, pero... veremos° la ropa y los accesorios que hay en la revista.
ELI: ¡No lo puedo creer! La ropa es más económica aquí que en los Estados Unidos. Compraré algo para mí también. ¡Vale la pena!° Mira esta blusa°; sólo cuesta 30.880 bolívares (2), que son 35 dólares.
BEATRIZ: Sí, para ti estos precios son muy económicos, pero para mí no.
ELI: Mira este cinturón°. Es muy bonito, ¿verdad?
BEATRIZ: Sí, pero de regalo para Graciela quiero algo que sea° más útil y económico.
ELI: Está bien, Beatriz. ¿Cuánto gastaremos° en el regalo? ¿Quieres que le compremos° a Graciela un regalo entre° las dos? Así, le compraremos algo mejor...
BEATRIZ: ¿Qué te gustaría comprarle?
ELI: Mira, estos anteojos de sol° son bonitos y muy útiles. No están caros a 20.000 bolívares y podemos ir a medias°. ¿Qué te parece?
BEATRIZ: ¡Me parece chévere!° ¡Es una idea perfecta!
ELI: Bueno, yo compraré este traje sastre° azul para trabajar y este pañuelo° amarillo. ¿Te gustan?
BEATRIZ: Me parecen muy bien. ¿Nos vamos de compras?°
ELI: Pues, estoy lista°.

revista de modas... *fashion catalog*
está sorprendida... *is surprised*
prendas de vestir... *clothing*
veas... *to see (subjunctive)*
tendremos (tener)... *we will have*
compraremos (comprar)... *we will buy*
veremos (ver)... *we will see*
¡Vale la pena!... *It's worth it!*
blusa... *blouse*
cinturón... *belt*
sea... *to be (subjunctive)*
gastaremos (gastar)... *will we spend*
compremos... *to buy (subjunctive)*
entre... *between*
anteojos de sol... *sunglasses*
ir a medias... *to go halves / half and half*
¡Me parece chévere!... *Great! / Awesome! (Caribbean term)*
traje sastre... *woman's business suit*
pañuelo... *scarf*
¿Nos vamos de compras?... *Shall we go shopping?*
estoy lista... *I'm ready*

Notas de texto

1. Caracas, Venezuela, the capital city, is situated in a valley on the northern coast of the Caribbean Sea, and has nearly 5 million inhabitants. It is a cosmopolitan city with impressive modern architecture. One of the most beautiful excursions on the northern side of Caracas is to Mount Avila, which offers a superb view of the city and the coast. Several beaches within thirty kilometers (twenty miles) of the capital have excellent taverns and restaurants.

2. The **bolívar** is the currency in Venezuela and is named after Simón Bolívar, who fought for the independence not only of Venezuela, but also of Colombia, Ecuador, Perú, and Bolivia during the nineteenth century.

11-1 ¿Comprendió Ud.?

A. Complete las siguientes oraciones según lo que Ud. leyó.
1. Elizabeth es de (Venezuela / los Estados Unidos / la Argentina).
2. Beatriz y Graciela viven en (Santiago / Buenos Aires / Caracas).
3. La próxima semana va a ser (el cumpleaños de Graciela / la fiesta de Graciela / el aniversario de Graciela).
4. Eli y Beatriz están mirando (un periódico de hoy / una revista de modas / un libro de modas).
5. Eli quiere que Beatriz compre (una camisa / unos zapatos / unos anteojos de sol).
6. Eli quiere comprar (una camiseta / un traje sastre / un suéter) para ella.
7. El regalo que ellas comprarán es (caro / útil / feo).
8. Eli y Beatriz van a ir (al cine / al restaurante / de compras).

B. Ahora con su compañero(a). La semana próxima es el cumpleaños de su mejor amigo(a). Cuéntele a un(a) compañero(a) de clase qué le va a comprar, qué tipo de regalo es (útil, práctico, bonito, etcétera) y por qué pensó Ud. en ese regalo. Después, contesten estas preguntas.
1. ¿Te gusta ir de compras?
2. ¿Adónde te gusta ir de compras?
3. Cuándo vas de compras, ¿vas a una tienda por departamento o a una tienda especializada?

VOCABULARIO esencial

In this section, you will talk and write about clothing and clothing accessories.

Cómo describir la ropa
Las prendas de vestir y los accesorios

Practiquemos

11-2 ¿Qué lleva Ud.? Complete las siguientes oraciones, según las situaciones. Los tres puntos (…) representan otras posibilidades.

1. A clase llevo…
   a. una blusa y falda.
   b. un vestido y botas.
   c. una camiseta y jeans.
   d. una camisa y pantalones.

2. Cuando voy a nadar llevo…
   a. un traje de baño.
   b. un sombrero grande.
   c. unos anteojos de sol.
   d. una mochila con mis cosas.

3. Cuando hace frío prefiero llevar…
   a. un abrigo y guantes.
   b. calcetines con botas.
   c. un sombrero y guantes.
   d. un suéter y una chaqueta.

4. En ocasiones formales llevo…
   a. un collar y aretes.
   b. un traje sastre.
   c. una camisa con corbata.
   d. medias y zapatos elegantes.

 11-3 C&A—Tienda de modas por departamentos. En un grupo de tres estudiantes, lean el siguiente anuncio, y luego contesten las siguientes preguntas. Pueden usar el diccionario.

1. ¿Cómo es la ropa que llevan los dos hombres?
2. ¿Cómo es la ropa que llevan los niños y las niñas?
3. ¿Qué servicios ofrece la tienda C&A?
4. ¿Por cuántos días le reservan *(do they hold)* la ropa?
5. ¿Hacen cambios o devoluciones *(returns)* en esta tienda?
6. ¿Cuánto cuestan los arreglos *(alterations)*?

Los colores

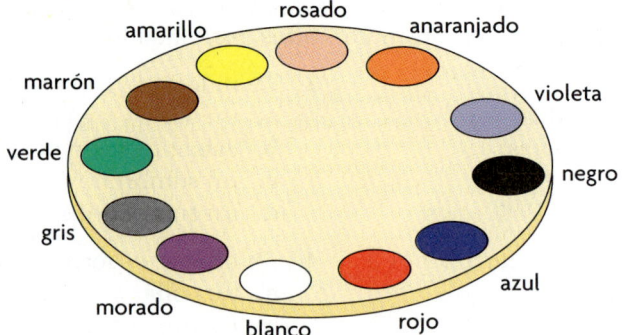

Practiquemos

 11-4 Mis preferencias. Hágale estas preguntas a un(a) compañero(a) de clase.

1. ¿Tienes pocas o muchas camisetas? ¿Cuántas, más o menos? ¿De qué colores son? ¿Cuál es tu color preferido?
2. ¿Cuántos pares de zapatos de tenis tienes? ¿Están viejos o nuevos? ¿De qué colores son?
3. ¿Tienes un traje de baño? (¿Sí? ¿De qué color es?) ¿Dónde te gusta nadar, y por qué? ¿Sabes nadar?
4. ¿Cómo llevas tus libros a clase: en la mano, en una bolsa, en una mochila o en un maletín? Normalmente, ¿cuántos libros llevas a clase? ¿Cuáles son?
5. Si está lloviendo cuando vas a clase, ¿llevas un paraguas, un impermeable, unas botas? (¿Sí? ¿De qué color son?) Si hace frío, ¿qué ropa te pones?
6. Si hace mucho sol, ¿llevas anteojos de sol? ¿Usas lentes para leer? ¿Cuántos pares de lentes o anteojos tienes?

 11-5 ¿Qué ropa llevo? En un grupo de tres estudiantes, lean e imagínense las siguientes situaciones. Luego, contesten las preguntas.

1. Hace sol, está despejado y no hace viento. Uds. y dos amigos quieren montar en bicicleta en el parque. ¿Qué ropa van a ponerse y qué cosas van a llevar?
2. El próximo domingo su amiga puertorriqueña va a cumplir quince años y Uds. están invitados a su fiesta. ¿Qué ropa van a llevar? ¿Qué van a regalarle a su amiga?
3. Uds. piensan ir de vacaciones a esquiar en Chile por dos semanas en agosto cuando nieva y hace frío. ¿Qué ropa y accesorios van a llevar?
4. Una amiga los (las) invitó a Uds. a visitar Mérida, Venezuela, por cinco días en diciembre, cuando es verano allí. Uds. aceptan la invitación. ¿Qué ropa van a llevar?

Cómo comprar la ropa

—¿En qué puedo servirle? *May I help you?*
—Quiero comprar un suéter. *I want to buy a sweater.*
—¿Qué talla usa Ud., señor? *What size do you need, sir?*
—Cuarenta y dos. *Forty-two.*
—Aquí tiene dos suéteres de esa talla. *Here are two sweater in that size.*
—Prefiero este azul. *I prefer this blue one.*
—¿Quiere Ud. probárselo? *Do you want to try it on?*
—Sí, gracias. [Se lo prueba.] ¿Qué le parece? *Yes, thank you. [He tries it on.] How do you like it?*
—Le queda muy bien, señor. *It fits you very well, sir.*
—¿Cuánto cuesta? *How much is it?*
—40.000 bolívares, señor. *40,000 bolívares ($45 dollars), sir.*
—Bien. Me lo llevo. *Fine. I'll take it.*

Practiquemos

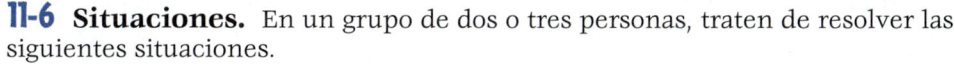

11-6 Situaciones. En un grupo de dos o tres personas, traten de resolver las siguientes situaciones.

- A: Ud. es un(a) nuevo(a) dependiente en la zapatería y quiere impresionar a su jefe(a) para así tener más comisiones. Dígale a su cliente que es mejor comprar dos pares *(pairs)* de zapatos y varios pares de calcetines.
  B: Ud. quiere comprar solamente un par de zapatos. Discuta con el (la) dependiente.

- A: Ud. es dependiente en una boutique exclusiva para señoras. Ud. es muy paciente y educado(a) con sus clientes. Trate de venderle diferentes prendas de vestir y accesorios a dos personas que entraron a la tienda.
  B: Ud. es una persona que compra con mucho cuidado. Ud. necesita comprar varias prendas de vestir, pero no sabe qué color le queda bien. Hágale preguntas a su amigo(a) y al (a la) dependiente sobre colores, tallas, etcétera.

- A: Ud. va a ir a una fiesta semi-formal con sus mejores amigos. Ud. se quiere vestir muy bien porque quiere impresionar a los otros invitados *(guests)*. Por eso llama a sus amigos(as) para pedirle consejos *(advice)*.
  B: Ud. es una persona que se pone ropa casual. Y no le parece necesario vestirse muy formal para esta fiesta. Discuta con sus amigos(as) lo que Ud. piensa.

Los números de más de 2.000

2.000 dos mil
200.000 doscientos(as) mil
1.000.000 un millón
2.000.000 dos millones

1. Use **mil** to express numbers over 1,000.

    2.000 dos mil   2.001 dos mil uno   20.000 veinte mil

2. Note that when writing numbers, Spanish uses a period where English uses a comma, and vice versa.

    English: $2,500.75
    Spanish: $2.500,75 (dos mil quinientos con setenta y cinco céntimos)

3. With millón or millones, use de before the noun you are describing.
    ¡El premio gordo *(grand prize)* es *de* dos millones de dólares!

Practiquemos

11-7 ¡Qué precios! Máximo, una de las tiendas por departamento más populares de Caracas, tiene una liquidación hoy. Léale los precios normales y los precios especiales de las siguientes cosas a un(a) compañero(a). Tomen turnos.

MODELO: Suéter Girbaud 47.000 bs.   45.000 bs.
El precio normal de un suéter Girbaud es cuarenta y siete mil bolívares. Hoy el precio es cuarenta y cinco mil bolívares.

	Precio normal	**Precio especial**
Cartera Carolina Herrera	160.250 bs.	155.500 bs.
Reloj Cassio	75.000 bs.	65.000 bs.
Chaqueta Lacoste	230.000 bs.	160.450 bs.
Zapatos Ferragamo	97.500 bs.	83.000 bs.
Vestido Guess	350.000 bs.	275.000 bs.
Traje de baño Gottex	37.500 bs.	32.350 bs.
Traje Ricardo Santana	272.500 bs.	257.500 bs.

11-8 ¿Cuánto cuestan? Dígale a un(a) compañero(a) de clase un precio adecuado en dólares estadounidenses para las siguientes cosas.

MODELO: un televisor a colores de 40 pulgadas *(inches)*
Cuesta quinientos dólares.

1. un Mercedes-Benz rojo, modelo 450 SEL
2. una semana en DisneyWorld para dos personas
3. una bicicleta de montaña con veintiuna velocidades
4. un condominio elegante en Hawaii con tres dormitorios
5. una computadora IBM o MacIntosh con una impresora láser

CULTURA

■ **En el mundo de la moda una venezolana conquistó América: Carolina Herrera**

Carolina Herrera llegó a Nueva York hace muchos años para presentar su colección de prendas de vestir. Esta colección fue un éxito y desde entonces *(since then)* comenzó a hacer perfumes y a diseñar *(to design)* accesorios como carteras, pañuelos, cinturones y corbatas. La línea CH es reconocida en todo el mundo. Lo primero que ella diseñó fueron perfumes con flores y plantas que estaban en la casa donde vivía en Caracas, Venezuela. Ahora, Carolina Herrera vive en Nueva York y quiere que su hija Carolina trabaje con ella y aprenda el arte de la moda para que pueda ser su sucesora *(successor)*.

Preguntas. Hable con otro(a) estudiante.
1. ¿Qué diseñador(a) famoso(a) conoces?
2. ¿Te gustan las prendas de vestir que diseña ese(a) diseñador(a)?
3. ¿Te gustaría diseñar ropa?
4. ¿Qué tipo de ropa te gusta ponerte? ¿Por qué?

GRAMÁTICA esencial

The Future Tense

Up to this point, you have been using the present tense of **ir** + **a** + infinitive **(Voy a ir a la universidad mañana)** to describe future actions or plans in the near future. Now, you will be introduced to the future tense that describes actions that have not yet occurred. You should be able to recognize the future tense endings while listening to a speaker and while reading a story. The following endings are used to express the future in Spanish.

	-ar verbs	*-er* verbs	*-ir* verbs
	comprar	vender	visitar
(yo)	compraré	venderé	visitaré
(tú)	comprarás	venderás	visitarás
(Ud., él, ella)	comprará	venderá	visitará
(nosotros/nosotras)	compraremos	venderemos	visitaremos
(vosotros/vosotras)	compraréis	venderéis	visitaréis
(Uds., ellos, ellas)	comprarán	venderán	visitarán

Beatriz le **comprará** un regalo a Graciela para su cumpleaños.
Beatriz **will buy** a gift for Graciela for her birthday.

Los dependientes **venderán** muchos trajes de baño en el verano.
The salespersons **will sell** many swimsuits during the summer.

A few verbs have irregular stems in the future tense.

Verbs that drop *e* from the infinitive

poder	(to be able to)	podr-	podré
querer	(to want)	querr-	querré
saber	(to know)	sabr-	sabré

Verbs that change *e* or *i* in the infinitive to *d*

haber	(to have)	habr-	habré
poner/d	(to put)	pondr-	pondré
salir/d	(to leave)	saldr-	saldré
tener/d	(to have)	tendr-	tendré
venir/d	(to come)	vendr-	vendré

Verbs that drop the *c* and the *e* from the infinitive

decir	(to say, to tell)	dir-	diré
hacer	(to do/to make)	har-	haré

The future tense of **hay** is **habrá.**

—¿Qué **querrá** visitar Elizabeth en Venezuela?
What **will** Elizabeth **want** to visit in Venezuela?

—**Visitará** el Salto Ángel.
She **will visit** the Angel Falls.

—¿Qué **tendrán** que hacer Beatriz y Elizabeth?
What **will** Beatriz and Elizabeth **have** to do?

—**Tendrán** que comprar un regalo.
They **will have** to buy a present.

—Yo **haré** mis maletas mañana.
I **will pack** my suitcases tomorrow.

Practiquemos

11-9 ¿Qué harán los estudiantes? Complete los espacios en blanco para saber lo qué harán los estudiantes el próximo fin de semana.

MODELO: Mona *estudiará* (estudiar) español el sábado en la mañana.

1. Steve _____ (trabajar) en su restaurante todo el fin de semana.
2. Tú _____ (comer) en el restaurante español de tu ciudad.
3. Kimberlee _____ (visitar) a su famila en San Paul, Minesota.
4. Jenny _____ (viajar) a Costa Rica para visitar a sus amigos.
5. Sonia y Eric _____ (comprender) la lección de estadística.
6. Erkin y yo _____ (leer) el periódico en español.
7. Tú _____ (escribir) tu trabajo en la computadora de tu hermano.
8. Nosotras _____ (discutir) los problemas políticos de Venezuela.
9. Shannon y yo _____ (correr) por el parque para hacer ejercicio.
10. Uds. _____ (recibir) un regalo de sus novios(as).
11. Pedro _____ (comprar) una casa nueva.
12. Roberto y tú _____ (hablar) por teléfono.

11-10 El coche de los Martínez. Los Martínez tendrán muchas cosas que hacer la semana próxima aunque *(even though)* su coche no funcione bien. Escriba cinco oraciones y cambie los verbos para expresar el futuro.

MODELO: El Sr. Martínez no __podrá__ (poder) usar su coche para el trabajo porque no funciona bien.

1. Raúl Martínez _____ (tener) que estudiar para su examen de ciencias y biología en casa porque no _____ (tener) coche para ir a la biblioteca.
2. Nora Martínez _____ (salir) para su trabajo en taxi.
3. Alfredo Martínez _____ (venir) a la universidad más temprano con su amigo Julio.
4. Los Srs. Martínez _____ (poder) comprar un coche nuevo.
5. Los hermanos Martínez _____ (querer) usar el coche nuevo de sus padres.

11-11 MÁXIMO en Caracas. Lea este anuncio y contesten las preguntas con un(a) compañero(a) de clase.

LA TIENDA POR DEPARTAMENTOS MÁS POPULAR DE CARACAS:

MÁXIMO

- Ofrecerá este próximo fin de semana los mayores descuentos *(sales)* del año.
- Ud. podrá comprar ropa, juguetes, artefactos eléctricos y todo lo que necesite para su hogar.
- Ud. tendrá todas las facilidades de pago (crédito sin interés por tres meses).
- Nosotros haremos de sus compras en MÁXIMO, lo MÁXIMO.

Preguntas. Converse con un(a) compañero(a) de clase.

1. ¿Qué podrán comprar las personas en la tienda Máximo el próximo fin de semana?
2. ¿Qué facilidades de pago tendrán?
3. ¿Harán Uds. compras con descuento próximamente? ¿En qué tienda?
4. Escriba un nuevo anuncio para la tienda Máximo (o para una tienda en su ciudad) y preséntaselo a la clase.

GRAMÁTICA esencial

The Subjunctive

In this section, you will learn to express wants and intentions. Up to this point, you have used the present indicative to state facts, to describe conditions, to express actions, and to ask questions.

Elizabeth **es** la amiga de Beatriz.
Eli y Beatriz **están mirando** una revista.
¿Le **gustan** esos anteojos de sol?

Elizabeth **is** Beatriz's friend.
Eli and Beatriz **are looking** at a magazine.
Do you **like** those sunglasses?

What do we use when we want to express wants, desire, or uncertainty?

- When you want to express doubt, desire, emotion, hope, possibility, or uncertainty, use the subjunctive mood.
- The subjunctive represents a hypothetical situation, actions that are viewed as subjective.
- If the main clause in a sentence expresses doubt, willingness, a request, a suggestion, a command, or an emotion, the subordinate clause will require the subjunctive. The subordinate clause is often introduced by **que.**

Main clause (indicative) + *que* + dependent clause (subjunctive)
Beatriz **quiere que** Elizabeth **compre** un regalo útil y económico.
*Beatriz **wants** Elizabeth **to buy** a useful and economic gift.*

Present Subjunctive Following the Verb *querer*

The present subjunctive has many uses in Spanish. One very common use is to express what people want others to do.

Eli **quiere** que Beatriz **compre** un regalo.
Graciela **quiere** que Eli **visite** a sus padres.

Eli **wants** Beatriz **to buy** a gift.
Graciela **wants** Eli **to visit** her parents.

How to form the present subjunctive

1. To form the present subjunctive of most verbs, drop the **-o** from the present indicative **yo** form, and then add the endings shown.

    —Eli, **quiero** que **compres** un suéter.
    —¿Por qué, Beatriz?
    —No **quiero** que **tengas** frío en las montañas de los Andes.

    Eli, I **want** you **to buy** a sweater.
    Why, Beatriz?
    I don't **want** you **to be** cold in the Andes Mountains.

2. Verb stems that end in **-car, -gar,** and **-zar** undergo a spelling change. Note the similarity to their formal command forms.

    —Mis padres **quieren** que yo **busque** trabajo.
    —Sí, **quieren** que **comiences** pronto.

    My parents **want** me **to look** for work.
    Yes, they **want** you **to start** soon.

3. Stem-change verbs that end in **-ar** and **-er** have the same stem changes (**e → ie, o → ue**) in the present indicative and in the present subjunctive.

pensar (e → ie)		volver (o → ue)	
Present Indicative	Present Subjunctive	Present Indicative	Present Subjunctive
pienso	piense	vuelvo	vuelva
piensas	pienses	vuelves	vuelvas
piensa	piense	vuelve	vuelva
pensamos	pensemos	volvemos	volvamos
pensáis	penséis	volvéis	volváis
piensan	piensen	vuelven	vuelvan

—Beatriz, ¿qué te dijo tu mamá? *Beatriz, what did your Mom tell you?*
—**Quiere** que **volvamos** a casa temprano. *She **wants** us **to come back** home early.*

4. Stem-change verbs that end in **-ir** have the same stem changes (**e → ie, o → ue**) in the present indicative and in the present subjunctive. The **nosotros** and **vosotros** forms, however, have an additional stem change (**e → i, o → u**) in the present subjunctive.

divertirse (e → ie, i)		dormir (o → ue, u)	
Present Indicative	Present Subjunctive	Present Indicative	Present Subjunctive
me divierto	me divierta	duermo	duerma
te diviertes	te diviertas	duermes	duermas
se divierte	se divierta	duerme	duerma
nos divertimos	nos divirtamos	dormimos	durmamos
os divertís	os divirtáis	dormís	durmáis
se divierten	se diviertan	duermen	duerman

—**Quiero** que **te diviertas** en Caracas, Eli. *I **want** you **to have fun** in Caracas, Eli.*
—Gracias. Y yo **quiero** que **recuerdes** escribirme, mamá. ¡Hasta luego! *Thanks. And I **want** you **to remember** to write me, Mom. See you later!*

5. Verbs like **pedir** and **servir** that end in **-ir** and have an **e → i** stem change in the present indicative have the same stem change in the present subjunctive. The **nosotros** and **vosotros** forms of these verbs have the same additional stem change (**e → i**) in the present subjunctive: **pidamos, pidáis, sirvamos, sirváis.**

—**Quiero** que nos **sirvan** pronto. *I **want** them **to serve** us soon.*
—¿**Quieres** que **pidamos** por ti? *Do you **want** us **to order** for you?*
—No, gracias. Yo puedo hacerlo. *No, thanks. I can do it.*

> "No hay mal que por bien no venga". —Anónimo

6. Some verbs have irregular forms in the present subjunctive because their stems are not based on the **yo** form of the present indicative.

dar	estar	ir	saber	ser
dé	esté	vaya	sepa	sea
des	estés	vayas	sepas	seas
dé	esté	vaya	sepa	sea
demos	estemos	vayamos	sepamos	seamos
deis	estéis	vayáis	sepáis	seáis
den	estén	vayan	sepan	sean

—No **quiero** que **vayas** ahora. *I don't **want** you **to go** now.*
—**Quiero** que **seas** más paciente. *I **want** you **to be** more patient.*
—**Quiero** que **estés** conmigo. *I **want** you **to be** with me.*

How to use the present subjunctive

1. A form of the verb **querer** *(to want)* is followed by the present subjunctive when the subject of the dependent clause is *different* from the subject of the independent clause. The two clauses are linked together by the word **que** *(that)*.

Change of subject

Graciela *quiere*   que   Beatriz *venga* a su fiesta de cumpleaños.
Independent clause   *Dependent clause*

¡CUIDADO! Often it is incorrect to translate word for word from Spanish into English and vice versa. For example, read both the literal and the correct translations of the Spanish sentence in the following example.

Graciela quiere que Beatriz venga a su fiesta.
Literal translation: *Graciela wants that Beatriz come to her party.*
Correct translation: *Graciela wants Beatriz to come to her party.*

2. In sentences that have no change of subject, an infinitive follows a form of the verb **querer.** Compare the following sentences.

No change of subject	**Change of subject**
Eli **quiere ir** de compras. →	Eli **quiere** que Beatriz **vaya** con ella de compras.
Eli **wants to go** shopping.	Eli **wants** Beatriz **to go** shopping with her.

3. Place pronouns before conjugated verbs in the present subjunctive.

—**Queremos** que **te diviertas.**   *We **want** you **to have fun.***
—Y yo **quiero** que **me escriban.**   *And I **want** you **to write me.***
—¿Tienes mi número de teléfono?   *Do you have my phone number?*
—No, pero **quiero** que **me** lo **des.**   *No. But I **want** you **to give** it **to me.***

Practiquemos

11-12 El viaje de Elizabeth. Un mes antes del viaje de Elizabeth a Venezuela, el Sr. Miller le dice a Elizabeth todo lo que tiene que hacer antes de ir de viaje. Complete lo que el Sr. Miller le dice a Eli con el presente del subjuntivo.

MODELO: Sr. Miller: Eli, quiero que ___saques___ (sacar) una foto para el pasaporte.

1. Sr. Miller: Eli, quiero que _____ (firmar) el pasaporte nuevo.
2. Sr. Miller: Eli, quiero que _____ (pagar) el pasaporte con un cheque *(check)*.
3. Sr. Miller: Eli, quiero que _____ (hacer) las maletas con tiempo.
4. Sr. Miller: Eli, quiero que _____ (comprar) muchos rollos de fotos *(films)*.
5. Sr. Miller: Eli, quiero que _____ (escribir) mensajes electrónicos a casa regularmente.
6. Sr. Miller: Eli, quiero que _____ (gastar) el dinero que necesites.

11-13 Consejos de la Sra. Miller. La mamá de Elizabeth también le dio algunos consejos a Elizabeth antes de su viaje a Caracas. Dígale a un(a) compañero(a) de clase cuáles fueron los consejos.

MODELO: la Sra. Miller: visitar los Andes
La Sra. Miller quiere que Eli visite los Andes.

la Sra. Miller:

1. no gastar mucho dinero en comida rápida
2. buscar precios razonables en las tiendas en Caracas
3. comprar regalos bonitos para la familia en los Estados Unidos
4. sentarse en un café y tomar un café con leche al estilo venezolano
5. comer en restaurantes italianos
6. divertirse mucho con sus amigos
7. escribirles a los abuelos una tarjeta postal
8. salir con sus amigas

11-14 ¡Ay, los amigos! Todos los amigos de Elizabeth quieren que ella haga varias cosas en Venezuela. ¿Qué dice Eli y qué le dicen los amigos? Complete las oraciones con el presente del subjuntivo.

MODELO: ___Hago___ (Hacer) un poco de ejercicio ahora, pero mis amigos quieren que yo ___haga___ mucho más.

1. _____ (Salir) con mis amigos frecuentemente durante la semana, pero mis amigas quieren que yo _____ con ellas solamente los fines de semana.
2. _____ (Ir) a los centros comerciales para divertirme, pero mi amiga Beatriz quiere que yo _____ a las montañas.
3. _____ (Regresar) a mi casa de los Estados Unidos la semana próxima, pero mi amiga Graciela quiere que yo _____ para visitarla en la playa.
4. _____ (Ser) una buena amiga porque escribo tarjetas postales, pero mi amiga Sara quiere que yo _____ más amable y que la _____ (llamar) por teléfono.
5. _____ (Ver) muchas películas en video, pero mis amigos quieren que yo _____ películas en el cine.

11-15 El club de español. Los miembros de este club van a tener una fiesta de fin de curso, y Ud. y un(a) compañero(a) quieren que sucedan *(to happen)* varias cosas allí. Expresen sus ideas usando el presente del subjuntivo.

MODELO: poner música/latina/rock/jazz
—*Quiero que los miembros pongan música latina.*
—*Quiero que los miembros pongan música rock.*

1. servir comida española/mexicana/centroamericana/venezolana
2. invitar a todos los estudiantes de español/a los estudiantes avanzados *(advanced)*/a los estudiantes latinos
3. comenzar la fiesta temprano a las ocho/tarde a las diez y media
4. saber bailar salsa/merengue/tecno
5. servir sangría (vino con frutas)/cerveza/refrescos hispanos

11-16 La universidad. Ud. y dos de sus compañeros(as) fueron seleccionados para escribir cinco ideas sobre lo que Uds. quieren cambiar de la universidad, de las clases, de los horarios, de la biblioteca, de la librería, del estacionamiento *(parking)*, etcétera.

MODELO: —*Quiero que la universidad cambie los horarios de clase.*
—*Quiero que las clases comiencen a las ocho y media y no a las siete de la mañana.*

■ RETO CULTURAL

Estudiante A

Ud. está en Venezuela de vacaciones para visitar las playas, las montañas y el Salto Ángel. Su amigo(a) estuvo en Venezuela el año pasado y le dijo que los precios eran muy económicos, especialmente los precios de la ropa y de los zapatos. Ud. quiere ir de compras y le pregunta a la persona que trabaja en información en el hotel (un[a] compañero[a] de clase) lo siguiente:

- ¿Qué tipo de tiendas hay aquí para comprar ropa y zapatos?
- ¿Hay tiendas especializadas como boutiques, zapaterías o tienda por departamentos?
- ¿Cómo son las tallas aquí? ¿Son las tallas iguales a las de los Estados Unidos?

Estudiante B

Como Ud. trabaja en información, Ud. tiene un esquema *(chart)* que explica las tallas y las diferencias entre las de los Estados Unidos, Latinoamérica y España. Explíquele a la persona que le pregunta este esquema de tallas.

Las tallas de ropa

En España y en la mayoría de los países latinoamericanos, los números de las tallas de ropa difieren de las de los Estados Unidos y de Canadá. Consulte la siguiente tabla para saber las tallas correctas para Ud.

Damas

Vestidos/Trajes

talla norteamericana	4	6	8	10	12	14	16	18	20
talla europea	32	34	36	38	40	42	44	46	48

	Calcetines/Pantimedias						*Zapatos*					
número norteamericano	8	$8^{1/2}$	9	$9^{1/2}$	10	$10^{1/2}$	6	$6^{1/2}$	7	8	$8^{1/2}$	9
número europeo	0	1	2	3	4	5	36	37	38	$38^{1/2}$	39	40

Caballeros

Trajes/Abrigos

talla norteamericana	36	38	40	42	44	46
talla europea	46	48	50	52	54	56

Camisas

número norteamericano	14	$14^{1/2}$	15	$15^{1/2}$	16	$16^{1/2}$	17	$17^{1/2}$	18
número europeo	36	37	38	39	41	42	43	44	45

Zapatos

número norteamericano	5	6	7	8	$8^{1/2}$	9	$9^{1/2}$	10	11
número europeo		$37^{1/2}$	38	$39^{1/2}$	40	41	42	43	44	46

Practiquemos más

 For additional practice on the material covered in this chapter, go to **Lección 11** of the *Intercambios* Workbook/Laboratory Manual.

 For additional practice on grammar, vocabulary, and conversation, go to **Lección 11** of the *Flex-Files.*

 Atajo Writing Assistant Software for Spanish can be used to complete the writing activities in your *Workbook/Laboratory Manual.*

 Intercambios Video: Activities to accompany the *Intercambios* Video can be found in the *Flex-Files.*

 Visit *Intercambios* on the World Wide Web at **http://intercambios.heinle.com**.

ASÍ SE DICE

■ Sustantivos
la boutique   *boutique*
la caja   *cashier*
el número   *shoe size*
el par   *pair*
la revista de modas   *fashion magazine*
la talla   *size (clothing)*
la zapatería   *shoe store*

■ Las prendas de vestir / La ropa
el abrigo   *overcoat*
la blusa   *blouse*
las botas   *boots*
los calcetines   *socks*
la camisa   *shirt*
la camiseta   *T-shirt*
la chaqueta   *jacket*
el cinturón   *belt*
la corbata   *necktie*
la falda   *skirt*
los guantes   *gloves*
los pantalones   *pants*
las pantimedias   *stockings*
las sandalias   *sandals*
el traje de baño   *swimsuit*
el traje sastre   *suit*
el vestido   *dress*
los zapatos   *shoes*

■ Los accesorios
los anteojos de sol   *sunglasses*
el (la) bolso(a)   *purse*
la cartera   *wallet*
el maletín   *briefcase*
la mochila   *backpack*
el pañuelo   *scarf*
el paraguas   *umbrella*
el sombrero   *hat*

■ Los colores
amarillo   *yellow*
anaranjado   *orange*
azul   *blue*
blanco   *white*
gris   *gray*
marrón   *brown*
morado   *purple*
negro   *black*
rojo   *red*
rosado   *pink*
verde   *green*
violeta   *lavender*

■ Adjetivos
claro   *light (in color)*
oscuro   *dark (in color)*

■ Verbos
llevar   *to take, to carry, to wear*
pagar   *to pay (for)*
probarse (o → ue)   *to try on*
quedar   *to fit (clothing)*
sugerir (e → ie, i)   *to suggest*

■ Adverbio
entonces   *then*

■ Preposición
entre   *between*

■ Expresiones
¿Cómo me queda?   *How does it fit me?*
¿Cuánto cuesta(n)...?   *How much is/are...?*
estar listo(a)   *to be ready*
estar sorprendido(a)   *to be surprised*
ir a medias   *to go halves (on something)/half and half*
ir de compras   *to go shopping*
Le queda muy bien.   *It fits you well.*
¡Qué chévere!   *How great!*
tener una idea   *to have an idea*
¡Vale la pena!   *It's worth it!*

LECCIÓN 12
¡Qué delicioso el café!

ENFOQUE

■ COMMUNICATIVE GOALS

You will be able to conduct several common business transactions in Spanish and to express your opinions about some economic matters.

■ LANGUAGE FUNCTIONS

Discussing personal money management
Communicating with a bank teller
Expressing your emotions
Discussing travel plans
Giving advice and suggestions
Expressing your opinions

■ VOCABULARY THEMES

Common business transactions
Money management and banking terminology

■ GRAMMATICAL STRUCTURES

Present subjunctive following other verbs of volition
Present subjunctive following expressions of emotion and impersonal expressions

■ CULTURAL INFORMATION

Coffee in the Spanish-speaking world
Changing money abroad
International Monetary Fund

■ CULTURAL CHALLENGE

How would you do business in a Colombian banking system?
Is there any difference between the United States and the Colombian banking system?
Why are coffee and the "coffee break" relevant around the world?

En Contexto

Enrique y Gloria León viven en Medellín, Colombia (1), donde trabajan en una hacienda de café°. A Gloria le gustaría ir a visitar a sus padres en Bogotá (2) porque hace un año que no los ve, y por eso está convenciendo° a Enrique de que vayan a Bogotá por unos días.

GLORIA: Enrique, es importante° que vayamos a Bogotá por unos días.
ENRIQUE: Gloria, tenemos mucho que hacer en la hacienda y hay mucho café que preparar.
GLORIA: Sí, lo sé, pero llevamos un año de trabajo sin vacaciones. Y deseo ver a mi familia.

... Mientras que están hablando, ellos escuchan el siguiente aviso por la radio...

RADIO: ¡Amigos, vengan a tomar un cafecito° con nosotros en el restaurante Manuelita en el barrio La Candelaria (3), el barrio más bonito de nuestra hermosa capital: Bogotá!

Si lo que usted desea es salirse de la rutina°, venga a compartir° con nosotros y disfrute de° una comida tradicional, en un ambiente° cordial.

¡Les aconsejamos° que no piensen más en sus problemas y que vengan a visitarnos y cuanto antes mejor°!

GLORIA: ¿En qué piensas, Enrique?
ENRIQUE: Bueno, Gloria, tienes razón, necesitamos unas vacaciones, pero te pido° que pasemos solamente una semana en Bogotá. Tenemos que regresar a trabajar y tengo que planificar° mi viaje a Miami para la exportación del café.
GLORIA: Pues... muy bien. Podemos visitar a mi familia y salir un día a almorzar a ese restaurante del anuncio de la radio donde sirven un tinto (4) delicioso. ¿Qué te parece?
ENRIQUE: Sí, y por lo menos no tenemos que recoger, lavar, secar, tostar y preparar (5) el café nosotros mismos. ¡Éstas sí van a ser vacaciones!

hacienda de café... coffee plantation
está convenciendo... is convincing
es importante... it's important
cafecito... very small cup of coffee
salirse de la rutina... to escape your daily routine
compartir... to share
disfrute de... enjoy (formal command)
ambiente... atmosphere
Les aconsejamos... We advise you
cuanto antes mejor... the sooner the better
te pido... I ask you to
planificar... to plan

Notas de texto

1. Medellín, Colombia's second-largest city, has more than 1.5 million inhabitants and lies 3,300 meters (5,500 feet) above sea level in a narrow valley in the central mountain range. The city is primarily industrial and is the center of the coffee and textile trades.
2. Bogotá is the capital of Colombia and its largest city. It is situated almost in the center of the country at 2,600 meters (8,600 feet) above sea level. A blend of Colombian tradition and Spanish colonial influences is reflected in the city. Many historical landmarks have been preserved, such as the Capitol Municipal Palace and the Cathedral on the main square, called the Plaza Bolívar. Bogotá also contains the Gold Museum, with its unique collection of over 100,000 pre-Columbian artworks.
3. La Candelaria is the most famous colonial **barrio** *(neighborhood)* in Bogotá, since it is the oldest quarter in the city. Its restaurants and cafes are varied and have a touch of Spanish influence.
4. When used alone, **un tinto** means *a tiny cup of very strong, black coffee.* But when used with the word **vino (vino tinto),** it means *red wine.*
5. **Recoger, lavar, secar, tostar y preparar** *(to pick up, to wash, to dry, to roast, and to prepare)* are all the steps required for preparing coffee for sale.

El Museo de Oro en Bogotá, Colombia

12-1 ¿Comprendió usted?

A. Conteste las siguientes preguntas en oraciones completas.
1. ¿Dónde viven Enrique y Gloria León?
2. ¿Adónde quiere ir Gloria?
3. ¿A quién quiere visitar Gloria en esa ciudad?
4. ¿Qué le pide Enrique a Gloria?
5. ¿Cómo es el restaurante Manuelita y dónde está situado?

B. Converse con un(a) compañero(a) de clase.
1. ¿Escuchas la radio? ¿Qué tipo de anuncios escuchas por la radio aquí en los Estados Unidos? ¿Hay anuncios de restaurantes y de cafés?
2. ¿Tomas café? ¿Tomas el *coffee break* o el descansito de tu trabajo o de tus estudios durante el día?

CULTURA

■ El café en el mundo hispano

En el siglo XXI, el café es una bebida universal. Después del petróleo *(oil)*, el café es el producto comercial que mueve *(moves)* más dinero en el mercado mundial. Por ejemplo, el café colombiano se exporta a todas partes del mundo, ya que tiene un valor económico y cultural. El café está presente en las costumbres de muchos países, en donde la gente lo toma diariamente *(daily)*. En otros países millones de personas trabajan en la producción, industrialización y comercialización del café. Países como los Estados Unidos, el Japón y Alemania son los mayores consumidores de esta bebida.

Los árabes usan canela *(cinnamon)* y clavos *(cloves)* para darle un sabor especial al café, y lo toman en tazas sin agarraderas *(cups without handles)*.

Los griegos y los turcos hierven *(boil)* tres veces el café con azúcar antes de servirlo.

Los estadounidenses inventaron *(invented)* el *coffee break*, o el descanso para tomar un café. Esta costumbre se usa ahora en todas partes del mundo.

En España y Latinoamérica se toma café con leche y azúcar para el desayuno, el almuerzo y especialmente para la merienda. En países como Colombia, Venezuela, Cuba, Panamá y Chile, hay diferentes tamaños de tazas para tomar café. Hay tazas grandes para un café con leche grande y tazas pequeñas para un café con leche pequeño o para un café negro o tinto.

El café colombiano es reconocido en todo el mundo. El 90 por ciento de los consumidores de café conocen la calidad del café colombiano, y más del 50 por ciento sabe que este café es el más suave del mundo.

 Preguntas. Converse con un(a) compañero(a) de clase.

1. ¿Cuáles son los dos productos que mueven más dinero en el mundo?
2. ¿Cuáles son algunas costumbres que los árabes, los turcos y los estadounidenses tienen para tomar café?
3. ¿Por qué hay tazas de café grandes y pequeñas en países latinoamericanos?
4. ¿Cómo es el café colombiano?
5. ¿Qué tomas para la merienda?
6. ¿Te gusta tomar café? ¿Cómo lo tomas, con o sin leche, con o sin azúcar?
7. ¿Qué tipo de café te gustaría probar, el árabe o el turco?

VOCABULARIO esencial

In this section, you will learn to discuss how you manage your money and to make several common business transactions at the bank.

Cómo hacer transacciones en el banco

Enrique y Gloria León están hablando sobre su visita a Bogotá. Mire los dibujos y lea lo que dicen ellos en las páginas a continuación.

ENRIQUE: Gloria, ahora que estamos en Bogotá, necesito ir al banco. Necesito cambiar pesos colombianos por dólares para mi viaje a Miami.

GLORIA: Bien... Enrique, si exportamos café a los Estados Unidos, nuestros ingresos van a aumentar y vamos a poder depositar más dinero en el banco.

ENRIQUE: Sí, pero debemos ahorrar (to save) dinero, pues nuestros gastos van a ser mucho más ya que tenemos que invertir mucho dinero en la exportación del café.

GLORIA: Por eso, debemos hacer un presupuesto para saber lo que invertimos y lo que ahorramos.

ENRIQUE: Tienes razón, Gloria, pero ahora tomemos un tinto y disfrutemos de Bogotá.

> "Lo que no cuesta dinero, siempre es bueno." —Anónimo

Vocabulario bancario / Banking vocabulary

el dinero	money
el gasto	expense
el ingreso	earning
el presupuesto	budget
el sueldo	salary
ahorrar	to save
aumentar	to increase
cambiar	to exchange
cobrar	to cash
depositar	to deposit
ganar dinero	to earn money
invertir (e → ie, i)	to invest
pedir prestado	to borrow
prestar	to lend

Practiquemos

12-2 Consejos de la tía León. Complete la siguiente conversación, usando palabras adecuadas de la lista.

razón	ahorrar	invertir
dinero	presupuesto	depositar
gastos	aumento	

TÍA: Gloria, parece que nunca tienes ni un dólar. Tienes que comenzar a _____.

GLORIA: Pero, tía, no puedo porque no ganamos suficiente _____.

TÍA: No. El problema es que tus _____ son muy altos. Compraste mucha ropa y muchos accesorios aquí en Bogotá. Debes hacer un _____. Así puedes controlar tu dinero.

GLORIA: Tienes _____, pero la verdad es que necesito un _____ de sueldo. Me gustaría _____ mi dinero para _____ más dinero en la exportación de café y _____ parte de mi sueldo en el banco.

 12-3 ¿Y ustedes? Hágale las siguientes preguntas a un(a) compañero(a) de clase.

1. ¿Dónde trabajas? ¿Qué tipo de trabajo haces? ¿Ganas mucho o poco dinero? ¿Cuándo fue la última vez que recibiste un aumento de sueldo?
2. ¿Gastas mucho o poco dinero? ¿En qué gastas más dinero? ¿Cómo puedes gastar menos dinero y vivir felizmente?
3. ¿Ahorras poco o mucho dinero? ¿Por qué? ¿Tienes un presupuesto? ¿Cómo controlas tus gastos? A veces, ¿tienes que pedir prestado dinero? (¿Sí? ¿A quién?)
4. ¿Inviertes tu dinero? (¿Sí? ¿En qué lo inviertes?) A veces, ¿prestas dinero? (¿Sí? ¿A quién?)

En el banco

Más vocabulario bancario	More banking vocabulary
¿A cómo está el cambio?	What's the exchange rate?
el cajero automático	ATM machine
a crédito	credit
al contado	to pay in cash
la chequera	checkbook
los cheques de viajero	traveler's checks
la cuenta corriente	checking account
la cuenta de ahorros	savings account
en efectivo	in cash
la tarjeta de crédito	credit card
sacar dinero	to withdraw money

Practiquemos

12-4 Asociaciones en el banco. Con un(a) compañero(a) de clase, complete las oraciones con frases de la lista para describir lo que tienen que hacer estas personas en el banco.

MODELO: Cuando una persona necesita dinero, va al banco para _sacar dinero_.

cheques de viajero
chequera
al contado
cuenta de ahorros
cuenta corriente
sacar dinero
tarjeta de crédito

1. Cuando una persona quiere ahorrar dinero en el banco, abre una _____.
2. Cuando una persona quiere pagar todo en efectivo, paga _____.
3. Cuando una persona quiere pagar con crédito, usa su _____.
4. Cuando una persona va de viaje y no quiere llevar dinero en efectivo, compra en el banco _____.
5. Cuando una persona abre una cuenta en el banco, recibe su _____.
6. Una persona escribe cheques de su _____.

12-5 Al llegar a Medellín. Complete la historia de Enrique antes de viajar a Miami, con palabras y frases de la siguiente lista.

sacar
crédito
cuenta de ahorros
depositar
cuenta corriente
contado
cheques de viajero
tarjeta de crédito
cheques personales

Antes de salir para Miami, Enrique compró _cheques de viajero_ para tener en el viaje. En Miami, Enrique puede ir al banco para _____ los cheques. En el banco en Medellín, Enrique piensa abrir otra _____ para ahorrar el 20 por ciento de las ganancias del negocio de la exportación del café. Él y Gloria pueden _____ dinero de su _____ para pagar al _____ sus pequeños gastos. Así pueden escribir _____ cuando no quieran usar su _____. Pero para pagar sus cuentas más grandes, podrán usar su _____.

CULTURA

Para cambiar dinero

En la mayoría de los aeropuertos grandes en Latinoamérica y en las estaciones de ferrocarril *(railroad)* metropolitanas en España, hay bancos donde se puede cambiar dinero. Cuando Ud. entra a un banco, debe buscar el letrero **Cambio**, que normalmente se encuentra sobre el mostrador *(counter)* cerca de un aviso *(sign)* de plástico de un cheque de viajero. En caso de que los bancos estén cerrados, también es posible cambiar dinero en una casa de cambio, en un hotel grande y, a veces, en una tienda o en un restaurante. Generalmente estos lugares ofrecen un tipo de cambio *(exchange rate)* más bajo que en los bancos. Su pasaporte es el mejor documento de identificación cuando cambia dinero en Latinoamérica o España. Si no quiere un tipo de cambio más bajo, lo mejor será buscar un cajero automático *(ATM)*, donde el tipo de cambio es exactamente igual al del banco. Además, es muy fácil usar este servicio.

Tarjetas postales del viaje de Bogotá

la estampilla / el sello
stamp
la oficina de correos
post office
el periódico
newspaper
la revista
magazine
la tarjeta postal
postcard

Practiquemos

 12-6 Entrevista. Hágale preguntas a un(a) compañero(a) de clase y luego repórtele a toda la clase la información.

1. ¿Con qué frecuencia recibes tarjetas postales? ¿De quién las recibes? ¿Tienes una colección de tarjetas postales? ¿y una colección de estampillas? (¿Sí? ¿De qué países?) ¿Tenías una colección de tarjetas postales o de estampillas cuando eras niño(a)? ¿Mandas tarjetas postales cuando viajas? ¿A quién(es) se las mandas?

2. ¿Qué lees más frecuentemente: periódicos o revistas? ¿Qué periódicos lees? ¿Qué revistas te gusta leer? A veces, ¿lees periódicos o revistas en otra lengua? (¿Sí? ¿En qué lengua? ¿De qué países son?)

12-7 Situaciones. En un grupo de dos o tres personas, traten de resolver las siguientes situaciones.

- **A:** Usted irá de viaje a Medellín, Colombia, porque quiere investigar el negocio del café. Por eso tiene que ir al banco para hacer varias actividades como abrir una cuenta corriente, depositar varios cheques, comprar cheques de viajero, preguntar el tipo de cambio, etcétera.
  B: Usted es el (la) cajero(a) del banco y quiere ayudar a este(a) cliente.

- Usted y su compañero(a) de casa necesitan hacer un presupuesto y decidir quién escribirá los cheques personales para pagar las cuentas. Discutan y decidan.

- **A:** Usted está de viaje por Barranquilla y Cartagena, Colombia, y quiere mandarles algunas tarjetas postales a sus amigos en los Estados Unidos. También quiere comprar algunas revistas y periódicos para leer las noticias locales. Va a un kiosco o a una librería para comprar las tarjetas postales y ahora necesita comprar unas estampillas o sellos.
  B: Usted es el (la) dependiente del kiosco o de la librería y debe ayudar a este(a) cliente(a) y venderle las estampillas o explicarle dónde está la oficina de correos.

GRAMÁTICA esencial

Present Subjunctive Following Other Verbs of Volition

In this section, you will learn to express wishes, preferences, advice, suggestions, and recommendations.

In **Lección 11,** you learned how to use the verb **querer** to express wants and intentions. Spanish speakers also use other verbs of volition to persuade people to do things.

aconsejar	*to advise*
desear	*to desire, to wish*
insistir (en)	*to insist (on)*
pedir (e → i, i)	*to request*
permitir	*to permit*
preferir (e → ie, i)	*to prefer*
prohibir	*to forbid*
recomendar (e → ie)	*to recommend*
rogar (o → ue)	*to beg, to implore*
sugerir (e → ie)	*to suggest*

—Papá, ¿qué recomiendas que **hagamos** para exportar café?
—Sugiero que **ahorren** dinero y que lo **inviertan** en la exportación.

*Dad, what do you recommend that we **do** to export coffee?*
*I suggest that you **save** money and **invest** it in the export business.*

How to use verbs of volition

1. Use these verbs exactly as you did with the verb **querer.**

No change of subject	Change of subject
Gloria desea **aprender** inglés.	Gloria desea que yo **aprenda** inglés.
Gloria wishes **to learn** English.	Gloria wants me to learn English. (Literally, Gloria wishes that **I learn** English.)

2. An indirect object pronoun **(me, te, le, nos, os, les)** often precedes verbs of volition in the independent clause. In this case, it is not necessary to include a subject pronoun before the subjunctive verb form in the dependent clause; the indirect object pronoun indicates the subject of the dependent clause.

   —¿**Te permiten** tus padres que **vayas** de compras? **(te → [tú] vayas)**
   —Sí, pero **me prohiben** que **gaste** mucho dinero. **(me → [yo] gaste)**

Practiquemos

12-8 Preferencias. Hace una semana que Enrique llegó a Medellín de Miami. Ahora Gloria y Raúl están diciéndole a Enrique algunos cambios que él debe hacer en su nueva vida aquí. ¿Qué le dice Gloria a Enrique?

MODELO: <u>Pasas</u> (Pasar) mucho tiempo trabajando. Deseo que <u>descanses</u> (descansar) un poco más.

1. Creo que _____ (salir) de casa muy poco. Deseo que _____ más frecuentemente.
2. Parece que _____ (comer) mucha comida frita. Nuestro amigo Raúl sugiere que _____ menos comida frita.
3. Muchas veces _____ (almorzar) en restaurantes de comida rápida y barata. Insisto en que _____ en otros restaurantes que tengan comida más saludable.
4. En el cine _____ (ver) películas en inglés. Recomiendo que _____ películas en inglés en la tele también para practicar la lengua.
5. La verdad es que _____ (conocer) pocos restaurantes buenos. Raúl te aconseja que _____ más restaurantes elegantes.
6. Tú sabes que _____ (hacer) muy poco ejercicio aquí en Medellín por tu trabajo. Prefiero que _____ más ejercicio y que _____ (jugar) al fútbol con tus hermanos.

12-9 ¿Y usted? Primero, complete las siguientes oraciones. Luego, dígale a otro(a) estudiante lo que quieren las siguientes personas que Ud. haga y por qué.

MODELO: Mis padres (no) quieren que...
Mis padres quieren que ahorre más dinero porque voy a necesitarlo para mis estudios.
o *Mis padres no quieren que yo vuelva a casa muy tarde porque tengo clases por la mañana.*

1. Muchas veces mis (padres / niños) me ruegan que...
2. Mi (papá / mamá) siempre me prohibe que...
3. A veces mi (hermano[a] / esposo[a]) me pide que...
4. Frecuentemente mi mejor amigo(a) desea que...
5. También mis otros amigos quieren que...
6. _____ recomienda(n) que...

 12-10 ¡Qué suerte! Imagínese que usted y un(a) compañero(a) de clase van a visitar Colombia. Hablen juntos sobre sus planes para esta visita.

1. Decidan ustedes...
    a. qué ciudad quieren visitar.
    b. cuándo desean salir.
    c. cuántos dólares van a llevar.
    d. qué ropa quieren llevar.
    e. dónde van a dormir y comer.
    f. qué quieren hacer en ese país.

 2. Discutan ustedes qué recomiendan sus familiares o amigos que...
    a. vean en ese país.
    b. hagan juntos(as) allí.
    c. coman en los restaurantes.
    d. compren en las tiendas.

12-11 Planes antes del viaje. Usted y su amigo(a) necesitan ir al banco y pagar sus cuentas antes de viajar a Colombia. ¿Qué le aconseja/sugiere/desea/recomienda usted a su amigo(a)? ¿Qué le aconseja/sugiere/desea/recomienda su amigo(a) a Ud.?

MODELOS: ir al banco
Te recomiendo que vayas al banco.

escribir cheques personales para pagar tus cuentas antes del viaje
Te sugiero que escribas tus cheques personales para pagar tus cuentas antes del viaje.

1. comprar cheques de viajero
2. depositar dinero en la cuenta corriente
3. preguntar el tipo de cambio del peso colombiano
4. sacar dinero de tu cuenta de ahorros para el viaje
5. hacer un presupuesto de los gastos de viaje
6. cambiar algunos dólares por pesos colombianos

12-12 Ayúdenos, por favor. Imagínese que usted es escritor(a) para el periódico *El Tiempo* y que contesta cartas de muchas personas que le piden sus consejos. Lea la siguiente carta y luego contéstela con diplomacia.

> Mi esposo Alberto y yo ganamos 15.328.992 pesos (35.000 dólares) al año, pero parece que nunca tenemos dinero. Vivimos en una casa grande de cuatro dormitorios y dos baños. Al momento no tenemos niños, pero algún día queremos tener dos. Compramos lo que deseamos y pagamos nuestras compras con varias tarjetas de crédito (tenemos nueve) porque son tan convenientes de usar. Quiero que Alberto y yo ahorremos dinero para poder tener niños, pero no sé cómo comenzar. ¿Qué recomienda usted que hagamos?
>
> Nora

> Nora, comprendo bien su problema. Recomiendo que usted y su esposo...

CULTURA

■ El Fondo Monetario Internacional

El Fondo Monetario Internacional es una organización de 152 países que ayuda con información y apoyo económico para crear un ambiente *(environment)* económico mundial, en el cual todos estos países puedan prosperar. El Fondo sirve como medio de comunicación para asuntos de economía domésticos e internacionales. Los países que participan en el Fondo contribuyen con dinero a una cuenta de la cual todos pueden pedir prestado para pagar sus deudas *(debts)* internacionales. Esto lo pueden hacer por una temporada corta *(short time)* en tiempos de dificultad económica. El Fondo facilita el crecimiento *(growth)* del comercio internacional, aumenta los niveles de renta y de empleo y desarrolla *(develops)* los recursos *(resources)* productivos de todos sus miembros.

Preguntas. Converse con un(a) compañero(a) de clase.
1. ¿Crees que el Fondo Monetario Internacional es una buena o una mala organización? ¿Por qué?
2. En este momento, 152 países son miembros del Fondo, pero hay más de 180 países en el mundo. ¿Por qué crees que algunos países no son miembros de esta organización internacional? ¿Qué les sugieres a los países que no son miembros de esta organización?

GRAMÁTICA esencial
Present Subjunctive Following Verbs of Emotion and Impersonal Expressions

In this section, you will learn to express your feelings, attitudes, and opinions. In the previous section, you learned how to use the present subjunctive to express wishes, intentions, preferences, advice, suggestions, and recommendations. Spanish speakers also use the present subjunctive to express their emotions and opinions.

How to use the present subjunctive

1. The list below contains verbs of emotion for expressing feelings and impersonal expressions for expressing opinions.

   Verbs of emotion
   alegrarse (de) *to be glad (about)*
   esperar *to hope*
   gustar *to be pleasing*
   molestar *to bother*
   preocuparse (de) *to worry (about)*
   quejarse (de) *to complain (about)*
   sentir (e → ie, i) *to be sorry*

   Impersonal expressions
   es bueno/malo *it's good/bad*
   es importante *it's important*
   es (im)posible *it's (im)possible*
   es (una) lástima *it's too bad*
   es lógico *it's logical*
   es mejor *it's better*
   es ridículo *it's ridiculous*

2. Remember that the present subjunctive is used when the subject of the dependent clause is *different* from the subject of the independent clause. When there is *no change of subject,* the verb in the dependent clause must be in its infinitive form.

   No change of subject
   Gloria espera **aprender** inglés.
   *Gloria hopes **to learn** English.*

   Es bueno **aprender** inglés.
   *It's good **to learn** English.*

   Change of subject
   Enrique espera que ella lo **aprenda.**
   *Enrique hopes that she **learns** it.*

   Es bueno que Gloria **aprenda** inglés.
   *It's good that Gloria **is learning** English.*

3. You have learned that one way to express your needs and desires is to use verbs like **querer, desear,** and **esperar.** Another way to express those feelings is to use the expression **ojalá (que)** with the present subjunctive. This expression has several English equivalents, including *Let's hope that, I hope that,* and *If only.* **Ojalá (que)** is *always* followed by the subjunctive, whether or not there is a change of subject in the dependent clause. The word **que** is often used after **ojalá** in writing but it is usually omitted in conversation.

   ojalá (que) + subjunctive
   Ojalá lo **pases** bien en Bogotá.
   Ojalá haga buen tiempo allí.
   Ojalá que recibas estas postales.

   *I hope you **have** a good time in Bogotá.*
   *Let's hope the weather **is** good there.*
   *I hope you **will receive** these postcards.*

Practiquemos

12-13 En Bogotá. ¿Qué esperan Enrique y Gloria de sus vacaciones en Bogotá? Complete las oraciones con la forma correcta del verbo usando el presente del subjuntivo.

MODELO: Es importante que Gloria y Enrique ___vayan___ (ir) al banco antes del viaje.

1. Es bueno que Enrique _____ (tomar) un descanso de su trabajo.
2. Es posible que Gloria _____ (visitar) a sus tíos en La Candelaria.
3. Es lógico que ellos _____ (salir) a bailar cumbia colombiana.
4. Es mejor que Enrique _____ (sacar) suficiente dinero de la cuenta corriente para este viaje.
5. Es una lástima que el hermano de Gloria, José, no _____ (estar) en Bogotá por esos días.
6. Es ridículo que ellos _____ (pagar) un cuarto de hotel cuando se pueden quedar con su familia.
7. Es importante que Gloria _____ (hacer) un presupuesto del viaje y no _____ (gastar) más del presupuesto.
8. Es imposible que ellos no lo _____ (pasar) bien en una ciudad tan divertida como Bogotá.

12-14 Enrique y Gloria. Enrique está hablando con Gloria en la casa de sus padres en Bogotá. Complete su conversación con las formas correctas entre paréntesis.

ENRIQUE: Pareces estar muy contenta hoy, Gloria.
GLORIA: Sí, Enrique, porque me gusta (hablar / hable) con mi familia y especialmente con mi hermano, Raúl. Y me alegro que él (comprender / comprenda) lo que queremos hacer con la exportación del café. Quiero (invitarlo / lo invite) a nuestra casa a Medellín. ¿Está bien?
ENRIQUE: Claro, espero que (invitarlo / lo invites) pronto. Es bueno que nosotros (discutir / discutamos) con él para saber más sobre el mercado de exportación.
GLORIA: Pues, es importante (tener / tenga) información correcta, ¿no te parece, Enrique?
ENRIQUE: Pues, claro que sí, Gloria.

12-15 Dos amigas. Complete las siguientes oraciones para conocer un poco a Gloria y a su amiga Elisa.

MODELO: A Gloria y a Elisa les gusta ir de compras. Es lógico que ellas...
(ir a los centros comerciales / gastar un poco de dinero).
Es lógico que ellas vayan a los centros comerciales.
Es lógico que ellas gasten un poco de dinero.

1. Las dos muchachas son muy simpáticas. Es lógico que ellas... (conocer a mucha gente / hacer amigos fácilmente / recibir invitaciones a muchas cenas / estar contentas).
2. Para Gloria es difícil ahorrar dinero. Es una lástima que ella... (no poder ahorrar dinero / no abrir una cuenta de ahorros / ganar poco en su trabajo / gastar el dinero rápidamente).
3. Elisa ayuda a la gente anciana de su comunidad. Es bueno que ella... (ser tan generosa con su tiempo / pensar en otras personas / pasar tiempo hablando con los ancianos / a veces les llevar comida).

12-16 Un debate. Escriba sus reacciones y opiniones con respecto a **tres** de los siguientes temas. Luego, forme un grupo con otros(as) dos o tres estudiantes y discutan sus opiniones sobre estos temas.

MODELO: la influencia económica de los Estados Unidos, de Alemania y del Japón en el mundo
—*Sí, es bueno que los Estados Unidos ayuden a los países pobres.*
—*Es importante que los Estados Unidos ayuden a muchos países pobres para mejorar su economía y la de otros países también.*

1. Opiniones positivas

   Es bueno (que)...   Es mejor (que)...   No es malo (que)...
   Es importante (que)... Es normal (que)...   Es interesante (que)...

2. Opiniones negativas

   Es malo (que)...   Es ridículo (que)...
   Es terrible (que)...   Es (una) lástima (que)...

1. la interdependencia económica entre los países
2. las oportunidades económicas en Europa del Este
3. la influencia económica de NAFTA en nuestro mundo
4. el aumento numérico de la población pobre en el mundo
5. la asistencia económica de los Estados Unidos por medio del Fondo Monetario Internacional a otros países
6. el efecto económico de la tecnología médica en la sociedad

12-17 ¡Ojalá! Usando la expresión **ojalá**, escriba diez deseos que a Ud. le gustaría realizar dentro de tres años.

MODELO: *Ojalá que yo encuentre trabajo.*
Ojalá que yo pueda vivir en la Florida.

■ RETO CULTURAL

Ud. irá a Colombia a visitar varias haciendas de café ya que quiere invertir dinero en el negocio de la exportación de este producto a los Estados Unidos. Ud. se quedará en Colombia seis meses para investigar el mercado, así que tendrá que ir al Banco del Café Colombiano para abrir una cuenta corriente, para que en el banco le den una chequera personal, una tarjeta de crédito, un número personal para la tarjeta del cajero automático, etcétera.

Ahora Ud. está en el banco y le hace las siguientes preguntas al (a la) cajero(a), que es su compañero(a) de clase:

- ¿Qué tipo de cuentas puedo abrir en el banco?
- ¿Puedo tener una tarjeta de crédito y un número personal para el cajero automático?

El (La) cajero(a) le dice que tiene que esperar quince minutos pues la persona que lo (la) puede ayudar está tomándose un cafecito o un tinto. Ud. le pregunta al (a la) cajero(a):

- ¿Qué es un cafecito? ¿Qué es un tinto?
- ¿Por qué toma un descanso a las cuatro de la tarde?

Practiquemos más

 For additional practice on the material covered in this chapter, go to **Lección 12** of the *Intercambios* Workbook/Laboratory Manual.

 For additional practice on grammar, vocabulary, and conversation, go to **Lección 12** of the *Flex-Files*.

 Atajo Writing Assistant Software for Spanish can be used to complete the writing activities in your *Workbook/Laboratory Manual*.

 Intercambios *Video:* Activities to accompany the **Intercambios** *Video* can be found in the *Flex-Files*.

 Visit **Intercambios** on the World Wide Web at **http://intercambios.heinle.com.**

ASÍ SE DICE

■ Sustantivos
el ambiente   *atmosphere*
la estampilla / el sello   *stamp*
la oficina de correos   *post office*
el periódico   *newspaper*
la revista   *magazine*
la tarjeta postal   *postcard*

■ Vocabulario bancario
¿A cómo está el cambio?   *What's the exchange rate?*
el cajero automático   *ATM*
a crédito   *credit*
al contado   *in cash*
la chequera   *checkbook*
los cheques de viajero   *traveler's checks*
la cuenta corriente   *checking account*
la cuenta de ahorros   *savings account*
el dinero   *money*
en efectivo   *in cash*
el gasto   *expense*
el ingreso   *earning*
el presupuesto   *budget*
el sueldo   *salary*
la tarjeta de crédito   *credit card*

■ Verbos
ahorrar   *to save*
aumentar   *to increase*
cambiar   *to exchange*
cobrar   *to cash*
depositar   *to deposit*
ganar dinero   *to earn money*
invertir (e → ie, i)   *to invest*
pedir prestado   *to borrow*
prestar   *to lend*
sacar dinero   *to withdraw*

■ Verbos
aconsejar   *to advise*
alegrarse (de)   *to be glad (about)*
compartir   *to share*
convencer   *to convince*
desear   *to desire, to wish*
esperar   *to hope*
gustar   *to be pleasing*
insistir (en)   *to insist (on)*
molestar   *to bother*
pedir (e → i, i)   *to request*
permitir   *to permit*
preferir (e → ie)   *to prefer*
preocuparse (de)/(por)   *to worry (about)*
prohibir   *to forbid*
quejarse (de)   *to complain (about)*
recomendar (e → ie)   *to recommend*
rogar (o → ue)   *to beg, to implore*
sentir (e → ie, i)   *to be sorry*
sugerir (e → ie, i)   *to suggest*

■ Expresiones impersonales
es bueno/malo   *it's good/bad*
es importante   *it's important*
es (im)posible   *it's (im)possible*
es (una) lástima   *it's too bad*
es lógico   *it's logical*
es mejor   *it's better*
es ridículo   *it's ridiculous*

■ Expresiones
¡Con mucho gusto!   *It's a pleasure!*
cuanto antes mejor   *the sooner the better*
ojalá (que) + *subjunctive*   *let's hope (that)*
salirse de la rutina   *to change your daily routine*
vamos a ver   *let's see*

PERSPECTIVAS

IMÁGENES
Antes de leer

Conversen con sus compañeros:

▪ ¿Utilizan ustedes la Red para ir de compras?

▪ ¿Es difícil comprar por la Red?

▪ ¿Qué productos compran ustedes por la Red?

La siguiente lectura explica los pasos *(steps)* que se deben seguir para hacer fácil la compra por medio de la computadora o del ordenador.

Ver Carritos/Comprobar - Estado del Pedido - Entrar

Bienvenido, Invitado
Yahoo! De Compras

Con este pequeño tour aprenderás a comprar en Yahoo! De Compras. Sigue los pasos aquí indicados para conocer lo necesario sobre Yahoo! De Compras. Pulsa° **siguiente** al final de la página para continuar.

Busca tu producto
(en este caso, Playstation 2)
Tienes dos formas de hacer esto:
- Usando la caja de **buscar**. Aquí puedes introducir aquello que deseas comprar (por ejemplo: "Playstation 2") y pulsa el botón **Buscar**.
- O bien usa los enlaces° a las diferentes categorías bajo **Categorías de Productos** para encontrar aquello que deseas.

Confirmando tu pedido° - Carrito de Compras de Yahoo!
- Tu **Carrito de la Compra** muestra una lista de todos los productos que seleccionaste y sus precios. Asimismo también presenta varios botones que te permiten realizar la compra (**Comprar**), cambiar el número de productos (**Cambiar las cantidades**) o volver a la tienda para añadir más artículos (**Comprar otros productos**).
- Tras haber añadido todo lo que deseas pulsa el botón **Comprar**.

Pago y facturación
- Aquí introducirás los datos de tu tarjeta de crédito o débito (si eliges este método de pago). Puedes estar seguro que Yahoo! De Compras es totalmente seguro.
- La dirección de facturación es la dirección del dueño de la tarjeta de crédito. Recuerda cambiar la dirección y los datos aquí si estabas enviando la compra a otra persona o a una dirección diferente a la que figura en tu tarjeta de crédito.
- Cuando pulses **ENVIAR EL PEDIDO**, éste será enviado al comerciante que lo procesará° para enviarlo a la dirección indicada.

Haz tu selección
- Tu búsqueda producirá una lista de resultados. Simplemente pulsa en aquel producto que encaja° con lo que deseabas.
- Para ver otros productos utiliza el botón **atrás** de tu navegador o bien realiza otra búsqueda.

Dirección de envío
- En esta página se te pedirá que introduzcas la dirección de envío del/de los artículo(s) que compraste, el nombre, teléfono, dirección de correo electrónico y el método de envío. Yahoo! De Compras te permite almacenar esta dirección para que la próxima vez que realices una compra no debas de introducirla de nuevo.
- Elige° el método de envío.
- Pulsa **Continuar** para avanzar al siguiente paso.

Confirmación de tu pedido
- Esta página te mostrará los detalles de tu pedido incluyendo el número de artículos que compraste, precios, dirección de facturación, dirección de envío y los gastos de envío asociados al mismo. Imprime esta página para futuras referencias.
- De igual manera recibirás un correo electrónico confirmando el pedido.
- Toma nota del número de pedido - en caso de cualquier reclamación el comerciante te preguntará por él.
- ¡Felicidades! Acabaste la demo y estás preparado para ir de compras.

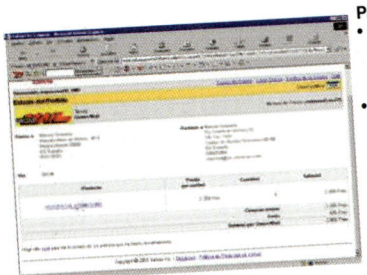

Pulsar *(to click)*
enlaces *(links)*
encajar *(to match)*
Añadir *(to add)*
obligado(a) *(obligated)*
pedido *(order)*
Elige *(choose)*
procesara *(to process)*

Reproduced with permission of Yahoo! Inc. © 2000 by Yahoo! Inc. YAHOO! and the YAHOO logo are trademarks of Yahoo! Inc.

¡A leer!

Summarizing a Reading Passage

Summarizing in English a reading passage that you have read in Spanish can help you to synthesize the most important ideas in it. Some guidelines for writing this type of summary are as follows:

1. Underline the main ideas in the reading passage.
2. Circle the key words and phrases in the passage.
3. Write a summary of the passage in your own words.
4. Do not include your personal reactions in the summary.
5. Avoid the following common errors in writing a summary:
   - making it too long or too short
   - not expressing main ideas
   - including too many details
   - not emphasizing key ideas

¿Comprendió Ud?

Lea las siguientes oraciones, luego indique si son ciertas o falsas según la lectura. Escriba nuevamente las oraciones falsas y hágalas ciertas.

Cuando van de compras por la Red:

1. Es importante utilizar la caja que dice **buscar** para encontrar el producto que quieren.
2. Es bueno que ustedes compren los productos sin ver una descripción más detallada del producto.
3. Es imposible añadirle muchos productos al carrito de compras.
4. Es importante que ustedes escriban correctamente la dirección de envío, el nombre, el teléfono, la dirección de correo electrónico de la persona que recibirá estos productos y el método de envío.
5. Es lógico que ustedes den su dirección para el pago y facturación de los productos.

¿Qué dice usted?

Piense en sus respuestas a las siguientes preguntas. Luego exprese sus ideas y opiniones por escrito o conversando con un(a) compañero(a) de clase, según las indicaciones de su profesor(a).

1. ¿Cuáles son las ventajas de ir de compras por la Red? ¿Cuáles son las dificultades?
2. ¿Qué experiencias positivas o negativas tienen ustedes con respecto a comprar por medio de la computadora? Hablen sobre esto con sus compañeros.

Actividades

En este artículo se dan instrucciones para poder hacer compras, usando los servicios de la Red. Cuando se dan instrucciones para hacer algo siempre se utilizan los mandatos, que pueden ser formales (**pulse usted**) o informales (**pulsa tú**).

1. Lean las instrucciones otra vez y hagan un círculo alrededor de los mandatos. En este caso se usan los mandatos informales (busca, pulsa, etcétera.)
2. Lean las instrucciones nuevamente y subrayen los verbos que están en el futuro (producirá). En este caso se usa el futuro porque estas acciones sucederán más tarde, después de seguir las instrucciones.
3. Con su compañero(a) de clase, piensen que estas instrucciones van dirigidas a un mercado más formal y por eso deben escribir estas instrucciones usando los mandatos formales (busque, pulse). Pueden hacer los cambios que quieran al volver a escribir estas instrucciones.

¡A leer!

Actividad

Lea el siguiente artículo sobre el Parque Nacional del Café en Montenegro, Colombia, y subraye las ideas principales para entender la idea general del artículo.

Lea nuevamente el artículo y haga un círculo alrededor de las palabras e ideas clave para entender el artículo.

Actividades

A. Haga un resumen del artículo. Conteste las siguientes preguntas que lo/la ayudarán a escribir un buen resumen.
1. Escriba un nuevo título para este artículo.
2. ¿Dónde está este lugar?
3. ¿Para qué sirve este lugar?
4. ¿Qué se puede ver y hacer en este lugar?
5. ¿Cuál es el tema principal del artículo?
7. ¿Cómo se puede resolver el problema en el artículo, si hay algún problema?

B. Ahora use las respuestas de la **Actividad A**, y escriba un resumen del artículo.

¡A escribir!

Writing a Summary

A good summary presents a narrative's central theme, problem or conflict, and the events that led to its resolution. Here is a list of important aspects to include in a summary:

▶ An interesting title

▶ Where and when the action takes place

▶ The main characters (if any)

▶ The problem or conflict

▶ The solution to the problem or conflict

Parque Nacional del café

EL FRONDOSO VERDE DE LA REGIÓN HECHO TURISMO
PARQUE NACIONAL DEL CAFÉ

Está situado en el municipio de Montenegro, creado para hacer un homenaje (*homage*) a quienes han representado la calidad humana de los colombianos y el potencial agrícola del cultivo del café.

En este Parque podrá conocer los mitos y leyendas de los colonizadores, un sendero ecológico, el museo del café, el cual contiene muestras de las diferentes variedades de café existentes en el mundo, diferentes actividades que proporcionan diversión como el teleférico (*cable car*), recorrido en el tren del café, la montaña rusa (*roller coaster*), los carros chocones (*bumper cars*), el el lago de las fábulas, el gran prix, la montañarusa de agua, además de admirar el paisaje con el que la naturaleza honra la región.

No debe dejar de disfrutar la variada muestra de comida colombiana que tenemos, incluso para los paladares más exquisitos, además de poder probar diferentes preparaciones de nuestro producto, EL CAFÉ. Otros Atractivos: Servicio de helicóptero, Karts, Paseos a caballo.

C. Edite su resumen, revisando lo siguiente:
1. Contenido *(content)*
   ¿Es interesante el título?
   ¿Es la información interesante y relevante?
   ¿Es la información importante?
2. Organización
   ¿Está la idea principal en el resumen?
   ¿Son todas las oraciones sobre un tema?
   ¿Existe un orden lógico en la secuencia de las oraciones?
3. Estilo
   ¿Puede conectar oraciones con **y (e), pero,** o **porque**?
   ¿Puede comenzar alguna oración con **después** o **luego**?
   ¿Puede añadir *(to add)* **también** a alguna oración?

D. Cambie su resumen con el de un(a) compañero(a) de clase para revisar los errores. Luego, entréguele el resumen a su profesor(a) para que lo revise.

PASO 5

¡Buen viaje!

Setenta y cinco por ciento de la población hispana de los Estados Unidos vive en los estados de Arizona, California, Colorado, Florida, Nuevo México, Nueva York y Texas. Hay más de 30 millones de personas de origen hispano que viven en los Estados Unidos.

Bandera estadounidense

España tiene varias regiones y cada una de ellas tiene su propia comida y a veces hasta su propia lengua. Por ejemplo, en el País Vasco se habla euskera, en Cataluña se habla catalán, en Galicia se habla gallego, en Valencia se habla valenciano, en Castilla y León se habla castellano, al igual que en las otras regiones como Andalucía, Extremadura, Navarra y Asturias.

Bandera española

Una maestra y sus estudiantes en Río Grande City, Texas.

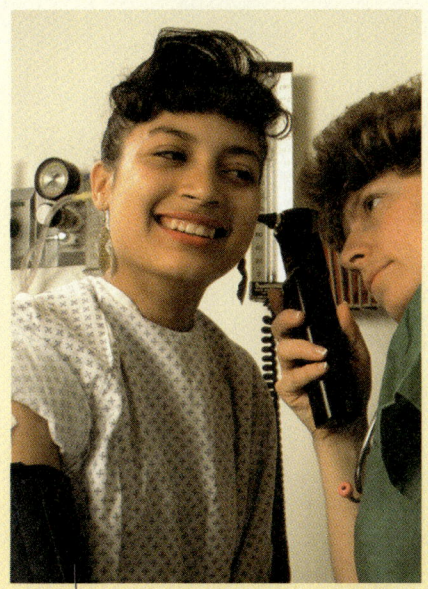

La doctora y su paciente, Nueva York

Baile Folclórico de Galicia

In the first scene, we travel to Spain with Ileana Gamboa as she visits her aunt and uncle, who live in Santiago de Compostela. It is July, and Ileana has come to celebrate the grand fiesta of Santiago de Compostela with her family.

Later, we travel to the Southwestern region of the United States, where Alicia Benson has come to visit her friend, Mariana Vegas, who lives in Phoenix, Arizona. Alicia has to visit a doctor when she becomes ill.

Finally, we return to Madison, Wisconsin, where Ileana and Alicia have returned to finish their studies after a year abroad. Because of her experience with ecotourism in Central America, Ileana has become extremely interested in working to solve some environmental problems. Having taught English at the TEC in Mexico, Alicia is thinking about starting a teaching career after she graduates, perhaps even traveling abroad to teach children.

LECCIÓN 13
¡Te esperamos en Galicia!

ENFOQUE

COMMUNICATIVE GOALS

You will be able to communicate with hotel personnel, discuss your travel plans, and describe a trip you have taken.

LANGUAGE FUNCTIONS

Specifying your lodging needs
Complaining about a hotel room
Describing a vacation trip
Expressing doubt and indecision
Expressing confidence and certainty
Extending an invitation
Describing your travel plans
Expressing cause-and-effect relationships

VOCABULARY THEMES

Lodging (hotel)

GRAMMATICAL STRUCTURES

Present subjunctive following verbs and expressions of uncertainty
Present subjunctive in purpose and time (adverbial) clauses

CULTURAL INFORMATION

Finding lodging in Spain
Traveling around Spain

CULTURAL CHALLENGE

What are the differences and similarities among Hispanic countries, Spain, and the United States when traveling?

What do you have to present in Spain and in Hispanic countries when you arrive at a hotel and register?

En contexto

Hace tres semanas, Ileana Gamboa recibió una llamada por teléfono desde España de sus tíos Manuel y Victoria Castro. Ellos la invitaron a visitar Galicia en julio para celebrar con ellos las fiestas de Santiago de Compostela (1). Ileana le pidió a su tío unos folletos° de información sobre los hoteles en Madrid (2) porque ella quiere quedarse en Madrid unos días y luego viajar en tren (3) a Santiago de Compostela.

(Ileana busca el correo y encuentra algunos folletos de hoteles de Madrid que su tío le mandó desde España...)

ILEANA:	¡Pura vida!
SRA. GAMBOA:	¿Qué pasa, Ileana?
ILEANA:	Mi tío ya me mandó la información de los hoteles que le pedí. ¡Mira este hostal, mamá! Se llama Hostal Azul y es muy económico. Cuesta más o menos cuarenta dólares la noche.
SRA. GAMBOA:	Está muy bien de precio. Para ver el folleto... Este hostal se ve muy bien, y no es muy caro.
ILEANA:	Voy a hacer la reservación° por fax para una habitación sencilla con baño°.
SRA. GAMBOA:	¡Ojalá que el baño tenga ducha! Ileana, si el hostal está en la Gran Vía, ¿no crees que haya° mucho ruido°?
ILEANA:	El folleto dice que no hay mucho ruido o ajetreo°, mamá. Pero en caso de que° haya mucho ajetreo, me llevo el teléfono y la dirección de otro hostal o de otro hotel. ¿Qué te parece?
Sra. Gamboa:	Me parece estupendo°. ¿Cuántos días te piensas quedar en Madrid?
Ileana:	No sé, pero dudo° de que me quede más de cinco días, mamá. Quiero llegar rápido a Santiago de Compostela para ver a los tíos y, lo más importante, ir de marcha° con los primos.

folletos... *brochures*
reservación... *reservation*
habitación sencilla con baño... *single room with private bathroom*
haya... *there might be (subjunctive)*
ruido... *noise*
ruido o ajetreo... *noise*
en caso de que... *in case (of)*
Me parece estupendo... *Wonderful.*
dudo... *I doubt*
ir de marcha... *to party, to go out*
en todo lo posible... *in every possible way*
Estamos a su servicio... *We are at your service*
Habitación doble con baño... *Double room with bathroom*
ducha... *shower*

Hostal Azul

Exterior: Hostal Azul está situado en la Gran Vía 11. La Gran Vía, no está en la zona de más ruido y ajetreo.

Recepción: En este hostal el gerente les va a contestar todas sus preguntas. Y los va a ayudar en todo lo posible.

Habitación:
• Habitación sencilla con baño 7.500 ptas. ($40)
• Habitación doble con baño° 8.000 ptas. ($42)
• Habitación sencilla sin baño 3.800 ptas. ($20)
• Habitación doble sin baño 4.500 ptas. ($24)

Bar/Comedor: ¿Qué le gustaría beber? Estamos a su servicio° todo el día.

Baño: Baño con o sin ducha°.

Notas de texto

1. Santiago de Compostela is the capital of Galicia. It has approximately 89,000 inhabitants and lies 632 kilometers from Madrid. It is the final destination of a pilgrimage called **Camino de Santiago** *(Saint James Way)*. Nowadays, thousands of people walk this 783-kilometer route to arrive at the cathedral where the Apostle Saint James is buried. The celebrations for Saint James take place on July 25. One of the most famous universities in Europe, the **Universidad de Santiago de Compostela** is located in this city. The region is well known for its cuisine, especially for its seafood.

2. Madrid is the capital of Spain and has a population of 4 million. It has a remarkable collection of museums (**El Prado, el Casón del Buen Retiro, el Museo Thyssen-Bornemiza,** and **el Museo de la Estructura Abstracta**), beautiful parks and gardens, and an exciting nightlife. Madrid is multifaceted: There is a commercial, financial, and industrial Madrid, a colorful picturesque Madrid with its **Rastro** (a sort of flea market), a bullfighting and flamenco Madrid with dancers, singers, and guitarists, and a Madrid of antique dealers and artists.

3. The RENFE **(Red Nacional de Ferrocarriles Españoles)** is Spain's train system, which was created in 1941 and has 4,570 passengers taking trains daily. The trains run 24 hours a day, 365 days a year. They are punctual 98% of the time. The RENFE Company has contracts in more than twenty countries, including the United States, where two Talgo trains connect the United States with Canada in the international Seattle-Vancouver line. A passenger can take the train from Madrid to Cordoba and Sevilla (in the southern part of Spain) and arrive in two or two and a half hours. These are called the AVE (**alta velocidad** = *high speed*) trains.

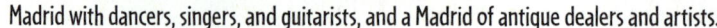

 13-1 ¿Comprendió usted? Converse con un(a) compañero(a) de clase.

1. ¿Quién llamó a Ileana y para qué?
2. ¿Qué le pidió Ileana a esa persona?
3. ¿Cómo es el hostal donde se quedará Ileana en Madrid? ¿Dónde está situado?
4. ¿Qué tipo de habitación reservará Ileana?
5. Después de visitar Madrid, ¿adónde irá Ileana? ¿Por qué?
6. ¿A qué lugares va usted "de marcha" los fines de semana? Explique con quién va, a qué hora va y qué hace en ese lugar.
7. ¿Le gustaría viajar en tren? ¿Adónde?

CULTURA

Dónde alojarse en España

En España todos los hoteles están divididos en diferentes categorías, según sus cualidades e instalaciones *(facilities)*. Un hotel (H) puede tener entre una y cinco estrellas *(stars)*; un hotel de cinco estrellas representa lo mejor y lo más caro. Un hostal (Hs) tiene las mismas instalaciones que un hotel, pero normalmente ocupa sólo una parte de un edificio y tiene un ascensor común. Un hostal residencia (HsR) ofrece habitaciones pero no tiene servicio de comedor. Una pensión (P) tiene menos de doce habitaciones, y el (la) dueño(a) tiene el derecho *(right)* de cobrar por tres comidas diarias. Una fonda (F) ofrece las instalaciones más económicas.

En España hay una serie de hoteles muy interesantes que se llaman paradores. Estos paradores se pueden encontrar en lugares naturalmente hermosos o pueden ser edificios históricos *(historic buildings)* como castillos *(castles)*, monasterios, conventos y palacios que tienen vistas magníficas. Los paradores siempre ofrecen la comida típica de la región donde están situados. Los paradores también pueden tener entre dos y cinco estrellas. También hay albergues *(inns)* pequeños pero cómodos, que son principalmente para los viajeros que viajan en auto por España.

Para los viajeros que tienen poco dinero, hay más de cuarenta albergues juveniles *(youth hostels)*. Durante los meses de verano es posible alquilar una habitación económica en las residencias de muchas universidades, que se llaman colegios mayores. Para alojarse allí, hay que tener una tarjeta de estudiante internacional.

El medio más barato de alojarse en España es acampar. Hay más de quinientos campamentos en el país. Por supuesto, hay que traer todo el equipo necesario para acampar, pero es posible comprar comida en esos lugares.

Preguntas. Converse con un(a) compañero(a) de clase.

1. ¿Dónde preferirías alojarte si fueras a España algún día? Habla sobre tus preferencias y razones.

    fonda   pensión   hostal residencia
    hostal   albergue   hotel de (#) estrellas
    parador   acampamento   albergue juvenil

2. ¿Qué diferencias y semejanzas hay entre los hoteles y hostales de España y de los Estados Unidos?

VOCABULARIO esencial

In this section, you will learn to express your accommodation needs in a Spanish-speaking country or community.

Cómo comunicarse en un hotel

En la recepción

ILEANA: Buenas noches. Soy Ileana Gamboa. Tengo una reservación.
RECEPCIONISTA: Sí, tengo su reserva aquí, señorita. ¿Prefiere Ud. una habitación con una cama doble *(double bed)* o dos camas sencillas *(single beds)*?
ILEANA: Una cama doble, por favor. Y que el cuarto tenga un baño privado *(private bathroom)* con ducha. También quiero un cuarto que no dé a la calle *(street)* porque hay un poco de ruido aquí por el tráfico... y que tenga aire acondicionado *(air conditioning)*.
RECEPCIONISTA: Sí, señorita. Todas las habitaciones tienen aire acondicionado. Son muy cómodas.
ILEANA: ¿Hay un ascensor *(elevator)*?
RECEPCIONISTA: Sí, cómo no *(of course)*, señorita. Aquí a la izquierda *(left)*. Y a la salida del hostal, a la derecha *(right)*, hay un bar-restaurante. Ésta es la llave *(key)* de su habitación, número 234.
ILEANA: Muchas gracias.
RECEPCIONISTA: De nada, señorita.

Direcciones a la derecha *to the right,* a la izquierda *to the left,* la avenida *avenue,* la calle *street,* cruzar (cruce) *to go across,* recto *straight*

En la habitación

286 doscientos ochenta y seis   Paso 5

En el cuarto de baño

- la toalla
- el espejo
- el jabón
- el lavabo
- el papel higiénico
- el inodoro

Practiquemos

13-2 Asociaciones. Lea cada descripción, y luego indique su definición.

el lavabo	la llave	el escritorio	el ruido
el jabón	la toalla	la habitación	la lámpara
el sillón	la recepción	el aire acondicionado	el espejo

1. Uno se sienta aquí para leer.
2. Se usa para lavarse las manos.
3. Es otra palabra para **cuarto.**
4. En este lugar uno se registra.
5. Se usa para secarse bien.
6. El tráfico causa este problema.
7. Se pone esto cuando hace calor.
8. Aquí se escriben tarjetas postales.
9. Se usa para abrir una puerta.
10. Se necesita para leer de noche.
11. En esto uno se lava las manos.
12. Se usa para mirarse a sí mismo(a).

13-3 Parador Hostal de los Reyes Católicos, Santiago de Compostela.
Lea el siguiente folleto. Luego, converse con un(a) compañero(a) de clase.

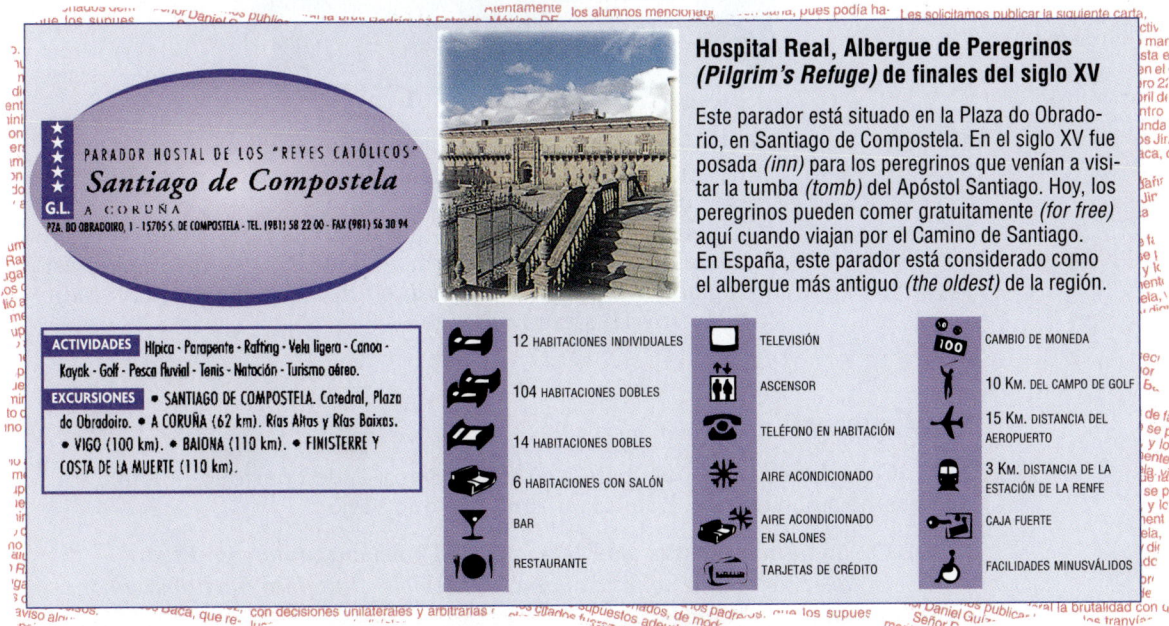

1. ¿Dónde está el Hotel Parador de los Reyes Católicos?
2. ¿Qué servicios o facilidades le ofrece el hotel parador al público?
3. ¿Cuáles de estas facilidades son las más importantes para ustedes?
4. ¿Les gustaría visitar este lugar? ¿Por qué sí o no?

13-4 Un viaje interesante. En uno o dos párrafos, describa un viaje interesante que Ud. hizo. En su descripción, mencione...

1. cuándo hizo usted el viaje.
2. quiénes fueron con usted.
3. adónde fue usted.
4. el hotel donde se quedó y cómo era.
5. qué hicieron en ese lugar.
6. a quién conocieron allí.
7. cuándo volvieron del viaje.
8. una descripción de la habitación.

Cómo quejarse de la habitación

ILEANA:	Señor, el cuarto 234 no está arreglado *(is not made up)* y está muy sucio *(dirty)*. Y no hay toallas, ni jabón, ni papel higiénico *(tissue paper)*.
RECEPCIONISTA:	Ay, perdón. Olvidé *(I forgot)* que estamos renovando la habitación 234. Aquí está la llave de la 321. La habitación está arreglada, limpia *(clean)* y bien equipada *(equipped)* con radio y televisor. Lo siento mucho.

Practiquemos

 13-5 ¡Qué horror! Descríbale a su compañero(a) de cuarto lo horrible en que estaba su cuarto del hotel, la última vez que viajó a...

MODELO: *La última vez que viajé, el cuarto del hotel era un horror. El aire acondicionado no funcionaba, la televisión tampoco, no había jabón en el cuarto de baño...*

13-6 Situaciones. En un grupo de tres o cuatro personas, traten de resolver las siguientes situaciones.

- Después de entrar a su habitación de un hotel de Sevilla, España, ustedes se duchan, miran las noticias en la tele y luego se acuestan. A las tres de la mañana un ruido tremendo los (las) despierta: dos personas en otra habitación comienzan a tener una terrible discusión y ustedes ya no pueden dormir. ¿Qué hacen? ¿Con quién van a hablar?
- Ustedes están en Madrid en el Hostal Azul pero cuando llegan a su habitación, ésta está sucia, desarreglada, no hay jabón ni papel higiénico en el cuarto de baño y la habitación da a la calle y hay mucho ruido. Cuando van a la recepción, el (la) recepcionista les dice que no los pueden cambiar porque no hay más habitaciones. ¿Qué hacen ustedes? ¿A qué acuerdo llegan con el (la) recepcionista?
- Ustedes están pagando la cuenta del hotel antes de salir para el aeropuerto. El (La) recepcionista les da la cuenta de la habitación, la cual indica que ustedes hicieron dos llamadas telefónicas de larga distancia. Pero ustedes no hicieron ninguna llamada. ¿Cómo solucionan el problema de las llamadas por teléfono?
- Usted llegó a Santiago de Compostela y el restaurante del hotel está cerrado hasta las ocho y media de la noche. Usted le pide al conserje que le dé una dirección de un restaurante cerca del hotel. Su compañero(a) le dará las direcciones: siga recto dos calles y luego cruce a la derecha, etcétera.

CULTURA

■ Consejos de hotel

Cuando el (la) viajero(a) se registra en un hotel en España, deja su pasaporte con el (la) recepcionista, quien lo registra con la policía local. Se hace esto para proteger *(to protect),* tanto al viajero como al hotel. El pasaporte se lo devuelven al (a la) viajero(a) dentro de unas horas o el próximo día. En Latinoamérica, el (la) viajero(a) no deja su pasaporte en la recepción, pero tiene que escribir el número del pasaporte en el formulario *(form)* de registro.

"*A quien cuida la peseta nunca le falta un duro*". —Anónimo

GRAMÁTICA esencial

Present Subjuntive Following Verbs and Expressions of Uncertainty

In this section, you will learn to express confidence and certainty as well as doubt and uncertainty.

Spanish speakers use the subjunctive mood to express doubt, uncertainty, disbelief, unreality, nonexistence, and indefiniteness.

How to use the present subjunctive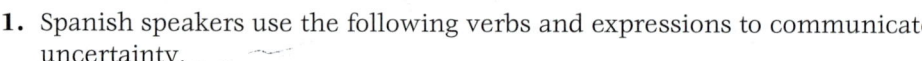

1. Spanish speakers use the following verbs and expressions to communicate uncertainty.

dudar	to doubt	**no creer**	to disbelieve
es dudoso	it's doubtful	**no estar seguro(a)**	to be unsure

   Notice how the present *subjunctive* is used in the following sentences to express *doubt and uncertainty*.

Es dudoso que **tengas** dinero.	***It's doubtful*** that you **have** money.
No creo que **ganes** mucho dinero.	***I don't believe*** you **earn** a lot of money.
No estoy seguro (de) que **puedas** viajar.	***I'm not sure*** you **can** travel.

   But notice how the present *indicative* is used in the following sentences to express *confidence and certainty*.

No dudo que **vas** a Europa.	***I don't doubt*** you're **going** to Europe.
Creo que **ganas** mucho.	***I believe*** you **earn** a lot.
Estoy segura (de) que **puedes** viajar.	***I'm sure*** you **can** travel.

2. When **creer** is used in questions or in negative sentences and there is doubt on the part of the speaker, the subjunctive is used.

¿Crees que ellos **vayan** a España?	***Do you believe*** that they **will go** to Spain?

3. Spanish speakers use the *subjunctive* after **que** when they are not sure that the people, places, things, or conditions that they are describing exist, or when they do not believe that they exist at all.

Quiero alquilar una casa de verano que **esté** cerca del mar. Prefiero una casa bonita que **tenga** dos dormitorios y que **sea** económica.	*I want to rent a summer house that **is** near the sea. I prefer a pretty house that **has** two bedrooms and that **is** inexpensive.*

In the example at the bottom of page 290, the speaker describes an idealized summerhouse to rent. The house must have certain qualifications: It must be near the sea, have two bedrooms, and be inexpensive. So far, however, the person has not found such a summerhouse, nor is the person sure to find one. Because of the person's doubt and uncertainty about this situation, the person uses the subjunctive after **que.**

On the other hand, Spanish speakers use the *indicative* after **que** to refer to people and things they are certain about or believe to be true.

Conozco a un amigo que va a un hotel pequeño que **está** a varios kilómetros al norte de Santiago. Sé que sus tarifas **son** bajas y creo que **sirven** una comida excelente en su restaurante.	*I know a friend who is going to a small hotel that **is** a few kilometers north of Santiago. I know that its rates **are** low and I think that they **serve** excellent food in their restaurant.*

Now the speaker tells us about a specific hotel this person is familiar with. The person also knows its name, location, and rates and believes they serve excellent food. Because the speaker knows these facts, the speaker uses the indicative after **que.**

Practiquemos

13-7 En la universidad. ¿Qué creen las siguientes personas de la universidad? Complete los espacios en blanco con la forma apropiada de los verbos en el presente del subjuntivo si hay duda, pero en el presente del indicativo si no hay duda.

MODELO: El profesor Smith duda que los estudiantes _lleguen_ (llegar) temprano a clase.

1. Glenn y yo dudamos que el profesor Aquino _____ (dar) un examen de historia fácil.
2. Tú no estás segura de que el horario del semestre que viene _____ (ser) mejor que el de este semestre.
3. Yo no dudo que Juan _____ (trabajar) mucho en la clase de cálculo.
4. La profesora Fernández no está segura que los estudiantes _____ (estudiar) mucho durante el descanso de la primavera.
5. Es dudoso que los profesores _____ (querer) enseñar a las siete de la mañana.
6. Betty cree que la clase del profesor Vega _____ (ser) muy interesante.
7. No estamos seguros que _____ (poder) ir a la conferencia esta noche.
8. El profesor Bermúdez está seguro que los profesores _____ (asistir) a la reunión esta tarde.

13-8 En Madrid. Con un(a) compañero(a) de clase, complete la siguiente conversación y las preguntas sobre Madrid entre Ileana (I) y el recepcionista (R) del hostal.

MODELO: I: creo / ir a llover más tarde
R: es dudoso / llover hoy porque...
I: *Creo que va a llover más tarde.*
R: *Es dudoso que llueva hoy porque está despejado.*

hoy es domingo   es el fin de semana
está despejado   no es peligroso
es una ciudad muy interesante   yo ya miré bien el mapa

1. I: dudo / ésta / ser la ruta al museo
   R: no dudo / ser la ruta correcta porque...
2. I: no estoy segura / (yo) poder caminar por aquí
   R: no hay duda / (usted) poder caminar por aquí porque...
3. I: ¿cree (usted) / los almacenes / estar abiertos?
   R: no, estoy seguro / estar cerrados porque...
4. I: ¿cree (usted) / estar abierto el Museo del Prado?
   R: estoy seguro / estar abierto porque...

13-9 En un hostal en Madrid. Ileana le hizo varias preguntas al recepcionista del Hostal Azul cuando llegó a Madrid. ¿Qué le dijo al recepcionista?

MODELO: quiero un cuarto / tener una cama doble
Quiero un cuarto que tenga una cama doble.

Antes de ver la habitación

1. ¿es posible darme un cuarto / no dar a la calle?
2. ¿no tiene usted otros cuartos / costar un poco menos?
3. ¿puede usted darme un cuarto / estar en el primer piso?
4. ¿es posible darme un cuarto / tener vista a la plaza?
5. ¿hay alguien / poder ayudarme con mi maleta?

Después de ver la habitación

6. deseo un cuarto / no ser tan pequeño
7. prefiero un cuarto / tener un baño privado
8. busco un empleado / poder darme más toallas

13-10 Planes para viajar. Converse con un(a) compañero(a) de clase sobre sus sueños o aspiraciones.

MODELO: *Algún día quiero visitar un lugar que esté cerca del mar.*

1. Algún día quiero visitar un lugar que...
2. Creo que... , pero no estoy seguro(a) que...
3. En ese lugar hay... Por eso, no dudo que...
4. Estoy seguro(a) que mis... , pero no creo que...

13-11 ¿Qué cree Ud.? Escoja **uno** de los siguientes posibles temas. Luego, con un(a) compañero(a) de clase, escriban una lista de cinco ideas que ustedes creen posibles y otra lista de cinco ideas que ustedes no creen posibles o dudan.

Temas posibles

1. La familia: la influencia de los padres, las obligaciones de los niños, la importancia de los abuelos...
2. La educación: los colegios, las universidades, los profesores, los administradores, los cursos, los exámenes, las vacaciones...
3. La buena salud: la dieta, el ejercicio, las comidas buenas y malas...
4. La vida social: los pasatiempos, los cines, las relaciones personales, el matrimonio, el divorcio...
5. La sociedad: la libertad, la política, la religión, las drogas, la violencia, los líderes...

Cómo viajar en España

En avión. Es muy caro viajar en avión de una ciudad española a otra. Sin embargo *(However)*, a veces hay descuentos para estudiantes y otras tarifas especiales en los vuelos *(flights)* de noche.

En tren. La mayoría de los españoles viaja de una ciudad a otra en tren y usa el sistema de la RENFE. Éste es un sistema excelente de ferrocarriles. Casi todos los trenes tienen secciones de primera y de segunda clase *(first and second class)*, y la mayoría de los trenes nocturnos tiene coches-cama para dormir.

En autobús. El excelente sistema de autobuses de España sirve a los pueblos pequeños que no tienen servicio de tren, y a los otros pueblos y ciudades del país. La mayoría de los autobuses son cómodos, son más económicos que los trenes y pueden llevarlo a uno a su destino más rápidamente que un tren, especialmente si las distancias son cortas *(short)*. Si uno quiere viajar por las rutas principales de los autobuses, es recomendable hacer reserva. Algunos autobuses son modernos con aire acondicionado, películas en video y servicio de bebidas. Otros autobuses son más viejos y paran *(stop)* frecuentemente a lo largo de su ruta para que los pasajeros puedan subir o bajar.

En auto. Viajar en auto es la manera más conveniente y cómoda para visitar los lugares remotos de España. Aunque las carreteras *(highways)* de España son relativamente buenas, muchos españoles no viajan largas distancias en auto porque la gasolina es muy cara. Sin embargo, muchos turistas extranjeros prefieren viajar por España en auto, a pesar del *(in spite of the)* alto costo de la gasolina porque esto les permite visitar muchos lugares interesantes.

 Preguntas. Converse con un(a) compañero(a) de clase.

1. ¿Cómo es el transporte público en tu país?
2. ¿Con qué frecuencia viajas en transporte público? Explique.
3. ¿Cuáles son algunas ventajas y desventajas del transporte público?
4. ¿Viajas con frecuencia por tren? ¿Adónde viajas?
5. ¿Cómo te gustaría viajar por España, en tren, autobús o auto?

13-12 ¡Por amor al arte! Lea el siguiente artículo y conteste las preguntas correspondientes con un(a) compañero(a) de clase.

Por amor al arte

Bajo el nombre de "Gallaecia fulget"[1] (Galicia brilla) se ha inaugurado una exposición en Santiago de Compostela, que mostrará, hasta septiembre de este año, una recopilación[2] de los últimos siglos[3] de la historia universitaria de la capital del apóstol, paralela al transcurrir de la historia local. En el colegio Santiago Alfeo, la iglesia de la Universidad, en el monasterio de San Martiño Pinario, en la casa de Troya y en la de Conga están expuestos documentos, pinturas, libros e incluso "chuletas"[4] famosas. La entrada es gratuita.[5] *Infórmate en:* Universidad de Santiago de Compostela. Tel. (981) 56 31 00, ext. 1099. Propuesta: Unijoven (en agencias de viaje) ofrece un viaje de una semana a Galicia desde 18.900 ptas.

1. ¿Dónde está situada la ciudad de Santiago de Compostela?
2. ¿De qué es la exposición que se presenta en el colegio Santiago Alfeo, en la iglesia de la Universidad, en el monasterio de San Martiño Pinario, etcétera?
3. ¿Cuánto cuesta la entrada a la exposición?
4. ¿Dónde puede informarse sobre la exposición?
5. ¿Qué piensas tú de las chuletas *(study guides)*? ¿Cuándo las usas tú?

[1]Gallaecia... *Galicia glows (In Galicia, people speak Gallego in addition to Spanish. During the thirteenth century, poets used Gallego as much as Spanish. Nowadays in Spain, there are four official languages: Spanish [Castillian], Gallego, Catalan, and Basque.)*
[2]recopilación... *summary*
[3]siglos... *centuries*
[4]chuletas... *study guides*
[5]gratuita... *free*

GRAMÁTICA esencial

Present Subjunctive in Purpose and Time Clauses

In this section, you will learn to express different kinds of cause-and-effect relationships.

A conjunction is a word that links together words or groups of words, such as an independent clause and a dependent clause. The following are conjunctions of purpose and time with explanations and examples of how to use them.

Conjunctions of purpose

1. *Always* use the *subjunctive* after these five conjunctions of purpose:

   para que   *so (that)*   **en caso (de) que**   *in case (of)*
   con tal (de) que   *provided (that)*   **sin que**   *without*
   a menos que   *unless*

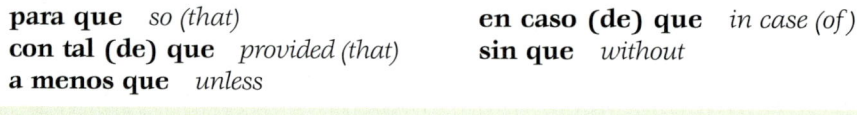

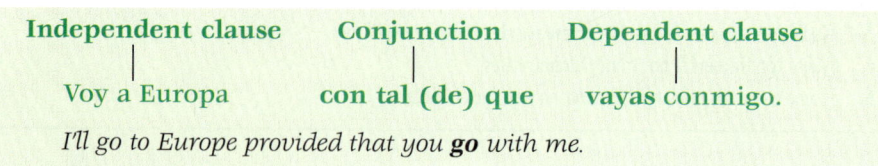

I'll go to Europe provided that you **go** with me.

2. When expressing an idea with the conjunction **aunque** *(although, even though)*, use the indicative to state certainty, and use the subjunctive to imply uncertainty.

- **Certainty (indicative)**

    Aunque el viaje **es** en julio, no puedo ir.   *Although the trip **is** in July, I can't go.*

- **Uncertainty (subjunctive)**

    Aunque el viaje **sea** en julio, no puedo ir.   *Although the trip **may be** in July, I can't go.*

Conjunctions of time

1. The following conjunctions of time may be followed by a verb in either the indicative or the subjunctive. When referring to habitual or completed actions in the past, use the indicative in the dependent clause. When an action has not yet taken place, or is pending, use the subjunctive in the dependent clause.

después (de) que	*after*	**cuando**	*when*
tan pronto como	*as soon as*	**hasta que**	*until*

    - **Habitual action (indicative)**

        Ileana siempre saca fotos **cuando viaja** al extranjero.   *Ileana always takes pictures **when** she **travels** abroad.*

    - **Completed action (indicative)**

        Ileana sacó fotos **cuando viajó** a Panamá.   *Ileana took pictures **when** she **traveled** to Panama.*

    - **Pending action (subjunctive)**

        Ileana va a sacar fotos **cuando viaje** a Galicia.   *Ileana is going to take pictures **when** she **travels** to Galicia.*

2. After the conjunction **antes (de) que** *(before)*, always use the subjunctive in the dependent clause when you have a change of subject, whether the action is habitual, completed, or pending.

    Ileana va a sacar fotos de Madrid **antes de que llueva**.   *Ileana is going to take pictures of Madrid **before it rains**.*

    When there is no change of subject in a sentence, use an *infinitive* after the prepositions **antes de** *(before)* and **después de** *(after)*.

    Ileana va a sacar fotos de Madrid **antes de viajar** a Galicia.   *Ileana is going to take pictures of Madrid **before traveling** to Galicia.*

Practiquemos

13-13 Salida de Madrid. Ileana va a viajar en tren de Madrid a Galicia. Complete la siguiente descripción, usando los verbos correctos entre paréntesis para saber lo que le pasa a Ileana.

Cuando Ileana (vuelve / **vuelva**) a su hotel esta noche, ella (**va** / vaya) a acostarse temprano porque mañana (sale / **salga**) en tren para Galicia. Ileana (**piensa** / piense) llamar por teléfono a sus padres en Costa Rica para que (saben / **sepan**) que ella (**está** / esté) bien.

Ileana (**cree** / crea) que ella (**puede** / pueda) llegar a Santiago de Compostela en un día con tal de que el tren (sale / **salga**) a tiempo. Tan pronto como (llega / **llegue**) a la estación, ella (**va** / vaya) a llamar a sus tíos por teléfono para que ellos la (buscan / **busquen**) en la estación del tren.

13-14 Planes para el día. Ileana e Isabel, una amiga española, están planeando lo que van a hacer hoy. Complete su conversación, usando las siguientes conjunciones y preposiciones.

aunque	en caso de que
cuando	a menos que
antes de	con tal de que
para que	tan pronto como
después de	

ISABEL: ¿Cuándo quieres ir al Museo del Prado?
ILEANA: _Cuando_ tú quieras, Isabel. Creo que debemos visitar el museo _tan pronto como_ sea posible porque me voy a Santiago de Compostela en dos días.
ISABEL: Bueno, entonces iremos hoy por la mañana. Y _después de_ visitar el museo, podemos almorzar, _a menos que_ prefieras hacer otra cosa.
ILEANA: Sí, quiero ir al museo ahora _para que_ veamos los cuadros de los famosos artistas españoles. Luego, podemos ir a un restaurante _con tal de que_ sea económico.
ISABEL: Pues, vamos al Restaurante del Vino aquí cerca. Oye, ¿debes cambiar dinero _antes de_ llegar al museo?
ILEANA: Sí, de acuerdo. Debo cambiar algo. _Aunque_ no hace mucho frío hoy, voy a ponerme una chaqueta.
ISABEL: ¡Buena idea! _En caso de que_ haga frío más tarde, no vas a estar incómoda.
ILEANA: ¡Pura vida! ¡Vamos ya!

13-15 Consejos para Ileana. Antes de su viaje a España, Ileana recibió consejos de sus amigos Luis y Tomás y de su familia. ¿Qué le dijeron a Ileana?

MODELO: Ileana, llama por teléfono a Costa Rica tan pronto como _llegues_ (llegar) a Madrid.

1. Tan pronto como _____ (tener) fotos listas, mándalas por correo.
2. Invita a tus tíos a comer en un restaurante con tal de que tú y tus primos _____ (tener) dinero para pagar.
3. Cuando _____ (viajar) por tren, ten cuidado con tus maletas.
4. No salgas de marcha hasta muy tarde a menos que _____ (salir) con los primos.
5. Habla frecuentemente con tus tíos desde Madrid para que ellos _____ (saber) cómo estás.
6. En caso de que (tú) _____ (tener) algún problema serio, llámanos.
7. Llámanos a Luis y a mí en Panamá después de que tú _____ (volver) de Europa.

13-16 Preparaciones. Imagínese que usted y un(a) compañero(a) de clase están pensando hacer un viaje a España. Hable con él (ella), completando las siguientes oraciones.

MODELO: Podemos cambiar dinero cuando...
Podemos cambiar dinero cuando lleguemos al aeropuerto de Barajas de Madrid.

1. Espero que tengan nuestra reserva cuando...
2. Debemos conseguir un mapa de España para que...
3. Podemos visitar el Museo del Prado antes de...
4. Vamos a probar la comida española tan pronto como...
5. Alquilamos una bicicleta cuando...
6. Quiero comprar una camiseta de España después de que...
7. Voy a comprar algunas tarjetas postales cuando...

13-17 Entrevista. Hágale preguntas a un(a) compañero(a) de clase.

1. ¿Cuándo piensas visitar Europa? ¿Qué países europeos te gustarían conocer? Cuéntame más de tus planes.
2. ¿Qué puedes hacer en caso de que no tengas suficiente dinero para ese viaje?
3. ¿Qué te gustaría hacer tan pronto como llegues a Europa?
4. ¿Qué preparaciones vas a hacer para que todo salga bien en el viaje?

13-18 ¡Qué viaje! Imagínese que usted y un(a) amigo(a) van a hacer un viaje que cuesta 2.000 dólares. Escriba un párrafo sobre sus planes.

MODELO: *Me gustaría visitar el Parador de Carmona de Sevilla porque me gusta mucho la cultura árabe al sur de España. Antes de salir para España, tenemos que comprar cheques de viajeros, y tan pronto como lleguemos a Madrid podemos cambiar los cheques en una casa de cambio...*

Describe...

1. adónde les gustaría ir y por qué.
2. cuándo será el viaje.
3. las cosas que necesitan hacer antes de salir de casa / antes de que yo salga de casa.
4. las actividades que van a hacer tan pronto como lleguen a España.
5. lo que harán en caso de que haga mal tiempo.
6. lo que harán después de regresar del viaje / después de que tú regreses del viaje.

■ RETO CULTURAL

Usted llegó a Madrid y ahora está en el Hotel Margarita y se está registrando. Usted le hace las siguientes preguntas al (a la) recepcionista:

- ¿Qué identificación necesito para poderme registrar en el hotel? ¿Por qué?
- Voy a viajar por toda España. ¿Qué clase de hoteles puedo encontrar en el camino?
- ¿Qué medios de trasporte puedo usar para llegar a las diferentes ciudades?

Practiquemos más

 For additional practice on the material covered in this chapter, go to **Lección 13** of the *Intercambios* Workbook/Laboratory Manual.

 For additional practice on grammar, vocabulary, and conversation, go to **Lección 13** of the *Flex-Files*.

 Atajo Writing Assistant Software for Spanish can be used to complete the writing activities in your *Workbook/Laboratory Manual*.

 Intercambios Video: Activities to accompany the *Intercambios* Video can be found in the *Flex-Files*.

 Visit *Intercambios* on the World Wide Web at **http://intercambios.heinle.com**.

ASÍ SE DICE

■ Sustantivos
el ajetreo   noise
la calle   street
el ruido   noise
el viaje   trip

■ En la recepción del hotel
el ascensor   elevator
la recepción   front desk
el (la) recepcionista   receptionist

■ En la habitación
el aire acondicionado   air conditioning
la cama   bed
el cuadro   painting
el escritorio   desk
el fax   fax machine
la habitación doble   room with double bed
la habitación sencilla   room with single bed
la lámpara   lamp
la llave   key
las maletas   suitcases
la máquina contestadora   answering machine
la mesa   table
la puerta   door
el radio   radio
el reloj   clock
el servicio de comida   room service
la silla   chair
el sillón   easy chair
el teléfono   telephone
el televisor   television set

■ En el cuarto de baño
la ducha   shower
el espejo   mirror
el inodoro   toilet
el jabón   soap
el lavabo   sink
el papel higiénico   toilet paper
la toalla   towel

■ Adjetivos
arreglado(a)   made up (e.g., a hotel room)
cómodo(a)   comfortable
doble   double
económico(a)   inexpensive
limpio(a)   clean
organizado(a)   organized
privado(a)   private
seguro(a)   certain, sure
sencillo(a)   single
sucio(a)   dirty

■ Verbos
alquilar   to rent
olvidar   to forget
quejarse (de)   to complain (about)
registrarse   to register (at the hotel)
viajar   to travel

■ Preposiciones
antes de + infinitive   before
después de + infinitive   after

■ Expresiones de duda
dudar   to doubt
es dudoso   it's doubtful
no creer   to not believe
no estar seguro(a)   to be unsure

■ Conjunciones
a menos que   unless
antes (de) que   before
aunque   although, even though
con tal (de) que   provided (that)
cuando   when
después (de) que   after
en caso (de) que   in case (of)
para que   so (that)
sin que   without
tan pronto como   as soon as

■ Direcciones
a la derecha   to the right
a la izquierda   to the left
la avenida   avenue
la calle   street
cruzar (cruce)   to go across
recto   straight

■ Expresiones
dar a la calle   to face the street
estar a su servicio   to be at your service
hacer la reservación   to make the reservation
ir de marcha   to party, to go out
Lo siento (mucho).   I'm (very) sorry.
Me parece estupendo.   It seems wonderful to me.
tener vista a la plaza / al mar   to have a view of the main square / the ocean
todo lo posible   all that is possible

Lección 13   **doscientos noventa y nueve   299**

LECCIÓN 14
¡Lo siento, pero no me siento bien!

ENFOQUE

■ COMMUNICATIVE GOALS

You will be able to discuss health-related matters and to describe past incidents and experiences.

■ LANGUAGE FUNCTIONS

Communicating with medical personnel
Giving advice on health care
Describing past wishes and emotions
Stating previous uncertainties
Describing childhood experiences
Speculating on future actions

■ VOCABULARY THEMES

Common medical problems
The human body

■ GRAMMATICAL STRUCTURES

Past (Imperfect) subjunctive
Conditional

■ CULTURAL INFORMATION

Taking medical precautions abroad

■ CULTURAL CHALLENGE

Where do people from Spain or Latin America usually go for advice when they are ill with the flu, a stomachache, or a headache? Do they go to the pharmacy or do they go to the doctor?

What type of medicines can a person buy in Spain and Latin America?

En Contexto

Alicia Benson regresa a los Estados Unidos y pasa por Phoenix, Arizona (1), donde visitará a su amiga Mariana Vegas. Después de varios días en Phoenix, Mariana quiere ir con Alicia a pasear por Los Ángeles, pero Alicia no se siente muy bien.

MARIANA:	Alicia, no comiste casi nada en el restaurante hispano. ¿No te gusta la comida del Caribe?
ALICIA:	Sí, me gusta mucho, pero no tengo mucha hambre. Me siento° un poco enferma. Me duele el estómago y me duele la espalda° también.
MARIANA:	Sugiero que descanses, amiga. Puedes acostarte en tu cuarto un rato°.
ALICIA:	Tienes razón. Lo siento, pero no vamos a poder ir a Los Ángeles hoy, Mariana. No me siento bien.
MARIANA:	¡No te preocupes, Alicia! Voy a llevarte a un(a) médico(a) ahora mismo (2). Te sientes mal desde hace° varios días. Hay una clínica en una calle cerca de aquí. ¡Vamos!

(Mariana llevó inmediatamente a Alicia a la clínica en su auto. Mientras esperaban su turno°, Alicia y Mariana hablaban...)

ALICIA:	¡Mira, Mariana! Si me sintiera bien, estaríamos en Hollywood ahora.
MARIANA:	Sin duda, Alicia...

(La enfermera° llama: "Alicia Benson, pase, por favor, al consultorio de la Dra. Gil".)

MÉDICA:	¿Qué le pasa°, señorita?
ALICIA:	No sé, doctora, pero tengo náuseas°, me duele el estómago y también me duele la espalda desde hace varios días.
MÉDICA:	Pues, siéntese aquí, por favor. Voy a examinarla y hacerle algunos exámenes.
ALICIA:	Sí, doctora. Gracias.

(Más tarde...)

MÉDICA:	Señorita, me parece que comió algo que estaba malo y tiene una infección en el estómago.
ALICIA:	Y ahora, ¿qué debo hacer, doctora?
MÉDICA:	Debe tomar estos antibióticos dos veces al día por diez días seguidos para la infección en el estómago y descansar para el dolor de la espalda.
ALICIA:	Está bien, doctora...
MÉDICA:	En caso de que usted tenga otro problema, vuelva a la clínica. Espero que se sienta mejor. Adiós.
MARIANA/ALICIA:	Adiós, doctora. ¡Muchas gracias!

Me siento... I feel
Me duele el estómago y me duele la espalda también... I have a stomachache and a backache also.
un rato... a while
desde hace... for
turno... turn
enfermera... nurse
¿Qué le pasa?... What's the problem?
tengo náuseas... I feel nauseated

Lección 14

Notas de texto

1. Phoenix's metropolitan population is close to 2.5 million and is projected to exceed 3 million by the year 2005. Hispanics (mostly from Mexico) represent 20 percent of its population, or close to 550,000 residents.

2. If Mariana and Alicia were in Spain or Latin America, they would have gone to a pharmacy and consulted with a pharmacist. Also, they would have been able to buy the antibiotics directly from the pharmacist without going to the doctor to get a prescription.

14-1 ¿Comprendió usted?

A. Indique quién diría *(would say)* las siguientes oraciones: Mariana, Alicia o la médica.

1. ¡Lo siento, pero no me siento bien!
2. Vamos a visitar Los Ángeles.
3. Sugiero que descanses un rato, amiga.
4. Me duele el estómago y la espalda.
5. Conozco una clínica cerca de aquí.
6. Pase al consultorio.
7. Usted comió algo que estaba malo.
8. Debe tomar antibióticos por diez días.
9. ¿Qué debo hacer?
10. Vuelva a la clínica.

B. Converse con un(a) compañero(a) de clase.

1. ¿Cuándo van ustedes a ver al doctor?
2. ¿Qué hacen cuando solamente tienen un resfriado *(cold)* o la gripe *(flu)*?
3. Cuando se sienten muy mal, ¿van a trabajar? ¿Van a la universidad? ¿Qué hacen?
4. ¿Le piden consejos a su farmacéutico(a)?

VOCABULARIO esencial

In this section, you will learn words and phrases for describing health-related matters.

Cómo hablar de la salud

En la clínica

dolor de estómago... *stomachache*
me duele la garganta... *my throat hurts*
Me enfermé... *I got sick*
boca... *mouth*
Saque la lengua... *Stick out your tongue*
grave... *serious*
pastillas... *pills*

Los problemas médicos

MÉDICO(A): ¿Qué tiene usted?
PACIENTE: Tengo...

gripe.	*the flu*	**dolor de oídos.**	*an earache*
tos.	*a cough*	**dolor de muelas.**	*a toothache*
fiebre.	*a fever*	**dolor de garganta.**	*a sore throat*
catarro/resfriado.	*a cold*	**dolor de espalda.**	*a backache*
náusea.	*nausea*	**dolor de estómago.**	*a stomachache*
estrés / tensión nerviosa.	*stress*	**insomnio.**	*insomnia*
dolor de cabeza.	*a headache*	**la receta médica**	*a prescription*

Lección 14   trescientos tres   **303**

El cuerpo humano

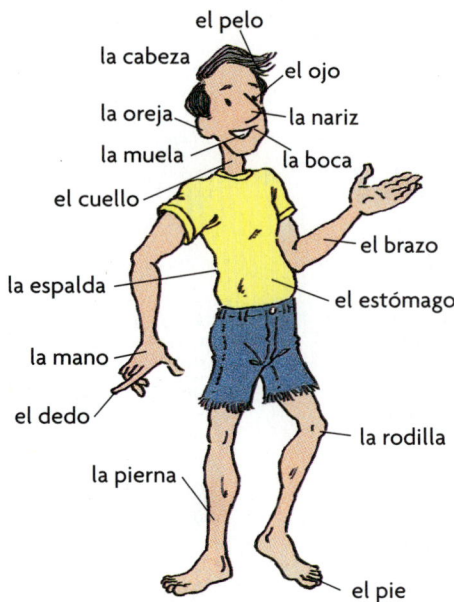

- In Spanish, use only a definite article **(el, la, los, las)**, not a possessive adjective, when referring to a part of the body: **Me duele *la* cabeza** = *My head hurts;* **A ella le duelen *los* oídos** = *Her ears hurt;* **Nos duele mucho *el* estómago** = *Our stomachs hurt a lot.*
- **Doler** *(to hurt):* This verb is used in the third person singular or plural. It requires an indirect object pronoun **(me duele, te duele, le duele, nos duele, les duele).** The singular form is used with a singular noun **(me duele la cabeza)**; the plural form is used with a plural noun **(me duelen las rodillas).** This verb works like **gustar:** singular form **(me gusta la clase)**, plural form **(me gustan los estudiantes).**

> "Ojos que no ven, corazón *(heart)* que no siente". —Anónimo

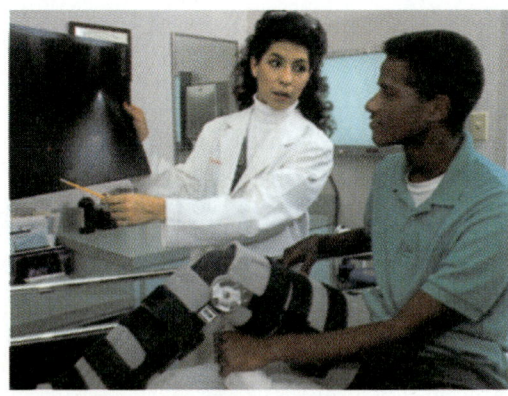

Esta médica le está explicando a su paciente lo que se ve en los rayos X de su pierna.

Practiquemos

14-2 ¿Qué se debe hacer? Lea cada problema médico. Luego decida lo que se debe hacer.

MODELO: *Una persona que tiene fiebre debe descansar un poco.*

Una persona que tiene...   **debe...**

1. dolor de muelas   ir a un hospital
2. tensión nerviosa   dormir la siesta
3. catarro y tos   descansar un poco
4. dolor de estómago   tomar Pepto Bismol
5. insomnio constante   tomar antibióticos
6. diarrea   ir a una clínica dental
7. un problema médico grave hablar con un(a) médico(a)
8. fiebre y dolor de cabeza tomar una o dos aspirinas

14-3 El cuerpo humano. Discuta con un(a) compañero(a) de clase dónde se ponen los siguientes accesorios de vestir.

1. _____ el sombrero   a. el dedo
2. _____ el pañuelo   b. las manos
3. _____ los calcetines   c. las orejas
4. _____ la mochila   d. la cabeza
5. _____ los anteojos de sol e. el cuello
6. _____ los aretes   f. la espalda
7. _____ los guantes   g. los pies
8. _____ el anillo   h. los ojos

14-4 De viaje. Usted y su amigo(a) están de viaje. Son las dos de la mañana y su amigo(a) se siente mal. Usted tiene que actuar como el (la) médico(a). ¿Qué debe hacer su amigo(a) si tiene los siguientes síntomas?

1. Su amigo(a) tiene dolor de muelas.
   a. tomar una pastilla de Tylenol
   b. comer algo
   c. tomar refresco

2. Su amigo tiene fiebre y tos.
   a. descansar
   b. salir a pasear
   c. tomar dos aspirinas

3. Su amigo(a) tiene dolor de espalda.
   a. hacer mucho ejercicio
   b. nadar
   c. descansar y tomar un relajante muscular *(muscle relaxant)*

4. Su amigo(a) tiene insomnio.
   a. salir a bailar
   b. leer un buen libro
   c. tomar té de manzanilla *(chamomile)*

14-5 Natación contra el lumbago. Lea el siguiente artículo sobre la natación y después, comente las preguntas con dos o tres compañeros(as) de clase.

Natación contra el lumbago

La natación,[1] uno de los deportes más completos que existe, también la deben practicar quienes padecen una patología[2] tan frecuente como es la lumbalgia, conocida popularmente como lumbago. Se calcula que el 80% de la población la sufre en algún momento de su vida, y lo más peligroso es que se haga crónica, cosa que ocurre en el 10% de los casos.

Naturalmente, durante el episodio de dolor[3] no es aconsejable practicar ningún deporte. En los periodos de mejoría[4] resulta muy beneficiosa la natación.

A cámara lenta[5]

Mientras se nada se ejercita la parte afectada en condiciones muy especiales, ya que el nadador[6] se desliza[7] por la superficie del agua sin que ninguna de sus articulaciones sufra impactos bruscos.[8] Es como hacer ejercicio a cámara lenta. Conviene que dediques como mínimo media hora al día a la natación para evitar esta dolencia.[9]

La natación, uno de los deportes más completos, es ideal para evitar el lumbago.

A.G.E.

[1] natación *swimming* [2] patología *pathology (the conditions of a particular disease)* [3] dolor *pain, ache* [4] mejoría *improvement in health* [5] A cámara lenta *In slow motion* [6] nadador *swimmer* [7] se desliza *slides, glides* [8] bruscos *rude, rough* [9] dolencia *disease, ache*

1. ¿Quién debe practicar natación?
2. ¿Qué porcentaje de la población sufre de dolores de espalda o lumbago?
3. ¿Por qué es bueno nadar?
4. ¿Cuánto tiempo se debe nadar al día?
5. ¿Creen ustedes que la natación es uno de los mejores deportes que hay?
6. ¿Qué deporte practican ustedes? ¿Les gusta nadar? ¿Cuándo y dónde nadan?

14-6 Situaciones. En grupos de tres o cuatro personas, traten de resolver las siguientes situaciones.

- Nancy tiene mucha tensión en su vida. Está muy ocupada con su trabajo como directora de una compañía de publicidad. Toma entre siete y diez tazas de café al día y duerme solamente cinco horas todas las noches. ¿Qué piensan ustedes que debe hacer Nancy?

- Gustavo come cuatro veces al día. Desayuna con huevos, pan tostado con mantequilla, leche y jugo; almuerza con sopa, bistec con papas fritas, ensalada, queso y fruta, dos refrescos; merienda con un sándwich, vaso de leche, galletas; cena con carne, arroz, ensalada, café con leche, pastel. Gustavo es soltero, vive solo, está gordo, hace poco ejercicio y tiene un estrés horrible en su vida. ¿Qué creen ustedes que Gustavo debe hacer?

- Steve es médico y tiene una operación muy importante mañana, pero ahora tiene fiebre, tos y dolor de garganta. ¿Qué debe hacer para mejorarse? ¿Debe ir él a trabajar mañana?

■ **Asistencia médica en el extranjero**

A veces, los norteamericanos que visitan Latinoamérica o España no están seguros de cómo conseguir asistencia médica mientras viajan. Hay muchos tipos de médicos y especialistas en medicina cuyas tarifas son relativamente bajas. También es importante saber que a veces no es necesario ir a ver a un(a) médico(a) ya que la persona enferma puede ir a una farmacia, donde el (la) farmacéutico(a) *(person graduated from a five-year program at the university)* le puede ayudar y recetar *(give)* la medicina necesaria para una diarrea, una gripe, un resfriado, un dolor de estómago, un dolor de espalda, etcétera. Además el (la) farmacéutico(a) tiene el conocimiento necesario y el derecho de vender cualquier receta médica *(prescription)* necesaria sin autorización *(without the authorization)* del (de la) médico(a).

Preguntas. Converse con un(a) compañero(a) de clase.
1. ¿Qué pueden hacer los turistas cuando necesiten asistencia médica pero no pueden encontrar a un(a) médico(a)?
2. ¿Pueden ustedes creer lo que les diga el (la) farmacéutico(a)?
3. ¿Pueden ustedes comprar recetas médicas sin autorización de un(a) médico(a) en Latinoamérica o en España?
4. Escriba cuatro o cinco oraciones o preguntas esenciales para comunicarse con un(a) médico(a) en un país habla española. Explíquele cómo se siente de mal.

GRAMÁTICA esencial

Past (Imperfect) Subjunctive

In this section, you will learn to express past actions, conditions, and situations. Spanish speakers use the past subjunctive to express wishes, emotions, opinions, uncertainty, and indefiniteness about the past, just as they use the present subjunctive for the present or future.

How to form the past subjunctive

For *all* Spanish verbs, drop the **-ron** ending from the **ustedes** form of the preterite tense, and then add these personal endings: **-ra, -ras, -ra, -ramos, -rais, -ran.** The **nosotros(as)** form always has an accent mark.

	hablar	venir	irse
ustedes...	hablaron	vinieron	se fueron
	hablara	viniera	me fuera
	hablaras	vinieras	te fueras
	hablara	viniera	se fuera
	habláramos	viniéramos	nos fuéramos
	hablarais	vinierais	os fuerais
	hablaran	vinieran	se fueran

How to use the past (imperfect) subjunctive

In previous lessons, you learned various ways to use the present subjunctive. Spanish speakers use the past subjunctive in the same ways to describe *past* actions, conditions, and events.

1. To express wants, intentions, preferences, advice, suggestions, and recommendations in the past

   Mariana **quería** que Alicia **fuera** a la clínica. Allí la médica le **sugirió** que ella **descansara.**

   Mariana **wanted** Alicia **to go** to the clinic. There the doctor **suggested** that she **rest.**

2. To express happiness, hope, likes, complaints, worries, regret, and other emotions

   Mariana **se alegró** de que Alicia no **estuviera** gravemente enferma.

   Mariana **was glad** that Alicia **was** not seriously ill.

3. To express opinions and attitudes

   Era bueno que ellas **fueran** a la clínica inmediatamente.

   It **was** good that they **went** to the clinic immediately.

4. To express uncertainty and indefiniteness

Alicia **dudó** que ella **pudiera** visitar Los Ángeles.
Ella **decidió** salir cuando **se sintiera** mejor.

Alicia **doubted** that she **could** visit Los Angeles.
She **decided** to leave when she **felt** better.

5. With the verbs **querer, deber,** and **poder,** to soften requests, make polite suggestions, and persuade gently

—¿**Quisieran** ustedes acompañarnos?
—Gracias, pero **debiéramos** volver.
—Quizás **pudiéramos** ir otra noche.

Would you **like** to accompany us?
Thanks, but we **should** go back.
Maybe we **could** go another night.

Practiquemos

14-7 ¿**Qué te pasó Alicia...** ? David llamó a Alicia de Chile y ella le contó lo que le pasó ese día en la clínica. Indique las formas correctas de los verbos.

Cuando Mariana y yo (salimos / saliéramos) del restaurante, yo me (sentí / sintiera) muy mal. Por eso Mariana me (llevó / llevara) a una clínica cerca de la casa. Mariana quería que la doctora me (vio / viera) inmediatamente. La doctora me dijo que (descansé / descansara) y que (tomé / tomara) unos antibióticos ya que tenía una infección en el estómago. Nosotras (regresamos / regresáramos) a casa y Mariana me sugirió que me (acosté / acostara) un rato en mi cuarto para descansar del dolor de espalda. Lo (hice / hiciera), y ahora me siento mejor, pero no pudimos viajar a Los Ángeles.

14-8 Entre amigas. Mientras Mariana y Alicia visitaban Phoenix, hablaban sobre sus deseos y preferencias. ¿Qué dijeron?

MODELO: Alicia deseaba que su amigo David...
encontrar un trabajo en Chile
Alicia deseaba que su amigo David encontrara un trabajo en Chile.

1. Alicia deseaba que su amigo David...
   a. hacer más ejercicio
   b. no trabajar tanto
   c. hablar con ella por teléfono
   d. dormir la siesta por la tarde

2. Mariana quería que su hermana Blanca...
   a. visitarla en Phoenix
   b. practicar con ella inglés
   c. divertirse mucho con su familia
   d. no preocuparse tanto por ella

3. Alicia esperaba que su amigo David...
   a. visitarla en Phoenix
   b. escribirle correo electrónicos frecuentemente
   c. viajar por Chile y la Argentina
   d. aprender mucho sobre vinos y viñedos

14-9 Su niñez. Hágale las siguientes preguntas a un(a) compañero(a) de clase para saber un poco sobre su niñez.

1. **La escuela:** ¿Qué te prohibían tus profesores en la escuela primaria? ¿Y en la secundaria? ¿Qué preferías hacer? ¿Qué era importante que hicieras cuando volvías a casa después de clase?
2. **Los pasatiempos:** ¿Qué deportes practicabas cuando eras niño(a)? ¿Qué deportes te prohibían tus padres que practicaras? ¿Por qué? ¿En qué pasatiempos sugerían tus padres que participaras? ¿Por qué?
3. **La salud:** ¿Cómo era tu salud de niño(a)? ¿Qué querían tus padres que hicieras para no enfermarte? ¿Qué te sugería tu médico(a) que hicieras cuando tenías un resfriado? ¿Qué te recomendaba tu dentista que hicieras todos los días? ¿Lo hacías o no? ¿Por qué?
4. **Las vacaciones:** ¿Qué lugares visitabas de vacaciones cuando eras niño(a)? ¿Qué lugares querías visitar pero nunca los visitaste? ¿Deseabas viajar a lugares que no conocías?

CULTURA

■ Consejos médicos para viajeros

Es bien conocido el miedo de los viajeros de contraer la enfermedad, llamada "el turista" (la diarrea). Este problema médico resulta porque los visitantes no han desarrollado *(have developed)* suficientemente bien las inmunidades necesarias para prevenir la enfermedad cuando viajan al extranjero. Tal vez a usted le sorprenda saber que a veces los turistas hispanos se enferman mientras se acostumbran a la comida y al agua de los Estados Unidos, Canadá y otros países. Tome precauciones; por ejemplo, beber agua mineral en botella, hervir *(to boil)* el agua del grifo *(tap, faucet)*, pelar *(to peel)* o cocinar *(to cook)* los vegetales y las frutas frescas y mantener las manos limpias. Todas estas precauciones contribuyen a un viaje saludable en el extranjero.

¿Comprendió usted? Haga una asociación entre cada dibujo y su frase.

a.    b.    c.    d.

1. hervir el agua del grifo _____
2. pelar las frutas frescas _____
3. mantener las manos limpias _____
4. beber agua mineral en botella _____

GRAMÁTICA esencial

The Conditional

In this section, you will learn to express conditional actions, states of being, and events.

In English, we express hypothetical ideas using the word *would* with a verb (e.g., *I would travel if I had the money*). Spanish speakers also express these ideas by using the conditional, which you have already used in the expression **me gustaría** (e.g., **Me gustaría viajar a Monterrey** *[I would like to travel to Monterrey]*).

How to form the conditional

1. Add these personal endings to the infinitive of most verbs: **ía, ías, ía, íamos, íais, ían.**

viajar	volver	vivir	irse
viajaría	volvería	viviría	me iría
viajarías	volverías	vivirías	te irías
viajaría	volvería	viviría	se iría
viajaríamos	volveríamos	viviríamos	nos iríamos
viajaríais	volveríais	viviríais	os iríais
viajarían	volverían	vivirían	se irían

—¿**Viajarías** a Monterrey conmigo?   **Would** you **travel** to Monterrey with me?

—Sí. ¡**Me gustaría** salir hoy!   Yes. I **would like** to leave today!

2. Add the conditional endings to the irregular stems of these verbs:

Verb	Stem	Ending	Conditional
decir	dir-		
hacer	har-	-ía	haría
poder	podr-	-ías	podrías
saber	sabr-	-ía	sabría
salir	saldr-	-íamos	saldríamos
tener	tendr-	-íais	tendríais
poner	pondr-	-ían	podrían
venir	vendr-		
querer	querr-		

Note: The conditional of **hay** is **habría** *(there would be)*.

¿Dijiste que **habría** una clínica cerca de aquí?   Did you say **there would be** a clinic close to here?

How to use the conditional

1. Spanish speakers use the conditional to express what would happen given a particular situation or set of circumstances.

   —¿Qué **harías** con 1.000 dólares?   What **would** you **do** with 1,000 dollars?
   —Yo **viajaría** a Latinoamérica.   I **would travel** to Latin America.

   ¡CUIDADO! When *would* means *used to* in English, Spanish speakers use the imperfect tense, not the conditional.

   Cuando era niña, mi familia y yo **hacíamos** un viaje todos los años.   When I was a girl, my family and I **would (used to) take** a trip every year.

2. Spanish speakers use the conditional with the past subjunctive to express hypothetical or contrary-to-fact statements about what would happen in a particular circumstance or under certain conditions.

   Si **tuviéramos** el dinero, **iríamos** a México.   *(imperfect)* *(conditional)*   If we **had** the money, we **would go** to Mexico.

   In the example above, the *if* clause **(Si tuviéramos el dinero)** states a hypothesis, and the conditional clause **(iríamos a México)** states the probable result if that hypothesis were true. Also, the *if* clause can be presented after the conditional clause but the tense of the verbs will be the same: **Iríamos a México** (conditional clause) **si tuviéramos dinero** (*if* clause).

3. Spanish speakers use the conditional with the past subjunctive to express conjecture or a probability of something occurring in the past.

   —¿Quién **se sentiría** mal anoche?   I **wonder** who **felt** sick last night.
   —Alicia **se sentiría** mal porque escuché a Mariana ayudando a Alicia.   I **suppose** Alicia **felt** sick because I heard Mariana helping her.

Practiquemos

14-10 ¡Ojalá que no! ¿Qué harían las siguientes personas si Alicia estuviera gravemente enferma?

MODELO: quedarse siempre con su amiga en el hospital
          Mariana se quedaría siempre con su amiga en el hospital.

	llamar por teléfono a la mamá de Alicia
Alicia	hacerle muchos exámenes a Alicia
Mariana	preocuparse mucho por su amiga
La médica	ponerse nerviosa con la situación
	no poder viajar a Los Ángeles
	mandarle un correo electrónico a David

14-11 ¿Qué haría Alicia si Mariana estuviera enferma? Complete las siguientes oraciones, usando los verbos indicados en la lista.

hacer   viajar   traer   ver   llevar   visitar

MARIANA: ¿Qué _____ tú si yo estuviera muy enferma ahora?
ALICIA: Primero, te _____ a una clínica. Después, te _____ el médico y luego yo te _____ a casa para descansar.
MARIANA: ¿Y qué pasaría con nuestro viaje a Los Ángeles?
ALICIA: _____ Los Ángeles después de que tú estuvieras bien. Y luego, _____ a Monterrey para visitar a Blanca y a su familia.

 14-12 ¿Qué haría usted? Dígale a un(a) compañero(a) de clase lo que usted haría en las siguientes situaciones.

MODELO: *Si me doliera el estómago, descansaría un poco.*

1. Si me doliera el estómago...
   a. ir a un hospital
   b. quedarme en casa
   c. descansar un poco
   d. tomar Alka-Seltzer

2. Si yo tomara demasiado sol...
   a. no saber qué hacer
   b. aplicarme una loción
   c. no hacer nada en absoluto
   d. hablar con un(a) médico(a)

3. Si yo tuviera catarro...
   a. tomar un antibiótico
   b. comer un poco de sopa
   c. acostarme en el sofá
   d. beber jugo de naranja

4. Si me sintiera mal en clase...
   a. ir rápidamente al baño
   b. volver a casa a descansar
   c. decírselo a mi profesor(a)
   d. acostarme inmediatamente

 14-13 ¿Qué pasaría? Primero, lea la pregunta y la respuesta del anuncio. Luego, hágale a otro(a) estudiante las siguientes preguntas especulativas y discuta sus respuestas con él (ella).

¿Qué pasaría si no existiera la Cruz Roja?
¿Qué harías tú si pudieras trabajar con la Cruz Roja?
¿Qué trabajo podrías hacer tú en esta organización?

14-14 ¿Qué le pasaría a Alicia anoche? Los amigos y la familia de Alicia quieren saber lo que le pasó a Alicia ayer. Dígale a otro(a) compañero(a) lo que problemente le pasó a Alicia.

MODELO: Alicia / comer mucho en un restaurante anoche
Alicia comería mucho en un restaurante anoche.

1. Alicia / llegar cansada del viaje en avión
2. Alicia / beber mucho en el restaurante
3. Alicia / tener mucho estrés y por eso dolerle la espalda
4. Alicia / dormir poco anoche
5. Alicia / tener náuseas por el cambio de la comida, del agua y por el cansancio

¿Qué pasaría si la Cruz Roja no existiera?
No habría ayuda en caso de accidentes de tránsito, caseros, aéreos, en búsqueda de personas, en terremotos e inundaciones, a refugiados, enfermos y heridos ni a usted cuando la necesita.

"Téngalo siempre presente y ayude a la Cruz Roja"

14-15 ¡Bienvenidos a México! Imagínese que usted va a hacer un viaje a México. Escriba dos párrafos para describir las actividades que usted haría antes del viaje y durante el viaje. Las preguntas pueden ayudarlo(la) a pensar un poco.

Párrafo 1: Las preparaciones
- ¿Con quién iría usted a México?
- ¿Cuánto dinero llevaría usted?
- ¿Qué ropa le gustaría llevar?
- ¿Preferiría llevar una cámara digital o una vídeo cámara?
- ¿Qué cosas pondría en su mochila o en su maleta?
- ¿Qué cosas compraría antes de hacer el viaje?
- ¿Qué otras preparaciones haría usted antes de salir?

Párrafo 2: La salida y la llegada
- ¿En qué mes saldría usted?
- ¿Cómo llegaría usted a México?
- ¿Dónde dormiría cuando estuviera allí?
- ¿Qué haría usted primero en México?
- ¿Dónde y qué comería en su viaje? ¿Y qué bebería?
- ¿Qué países y ciudades visitaría usted?

■ RETO CULTURAL

Usted y su amigo(a) fueron desde Phoenix hasta Tucson y luego decidieron cruzar la frontera y llegar a México por Nogales. Usted no les hizo caso *(did not pay attention)* a los consejos médicos para viajeros como el de tomar agua mineral en botella y tampoco se lavó las manos antes de almorzar. Después de un rato le duele el estómago y tiene náuseas. Necesitan comprar una medicina. ¿Adónde van? ¿A quién le piden ayuda?

Ahora están en la farmacia y otro(a) compañero(a) de clase es el (la) farmacéutico(a)...

- Tienen que explicarle al (a la) farmacéutico(a) cómo se siente usted.
- Pregúntele qué puede tomar para el dolor de estómago.
- Pídale una receta médica/medicina con/sin autorización de un(a) médico(a).

Practiquemos más

 For additional practice on the material covered in this chapter, go to **Lección 14** of the *Intercambios* Workbook/Laboratory Manual.

 For additional practice on grammar, vocabulary, and conversation, go to **Lección 14** of the *Flex-Files*.

 Atajo Writing Assistant Software for Spanish can be used to complete the writing activities in your Workbook/Laboratory Manual.

 Intercambios Video: Activities to accompany the *Intercambios* Video can be found in the *Flex-Files*.

 Visit *Intercambios* on the World Wide Web at **http://intercambios.heinle.com**.

Así se dice

■ Sustantivos
la clínica — clinic
la medicina — medicine
el (la) médico(a) — doctor
el (la) paciente — patient
el rato — a while
la receta médica — prescription
la salud — health

■ El cuerpo humano
el brazo — arm
el cuello — neck
el dedo — finger
la espalda — back
el estómago — stomach
la mano — hand
el pie — foot
la pierna — leg
la rodilla — knee

■ La cabeza
la boca — mouth
el diente — teeth
la muela — molar
la nariz — nose
el oído — (inner) ear
el ojo — eye
la oreja — (outer) ear
el pelo / el cabello — hair

■ Los problemas médicos
el catarro / el resfriado — cold
la diarrea — diarrhea
el dolor de cabeza — headache
el dolor de espalda — backache
el dolor de estómago — stomachache
el dolor de garganta — sore throat
el dolor de muelas — toothache
el dolor de oídos — earache
el estrés / la tensión nerviosa — stress
la fiebre — fever
la gripe — flu
el insomnio — insomnia
la náusea — nausea
la tensión arterial — blood pressure
la tos — cough

■ Adjetivos
grave — serious
sano(a) — healthy

■ Verbos
doler (o → ue) — to hurt
enfermarse — to get sick
examinar — to examine
sentirse (e → ie, i) — to feel

■ Adverbios
desde — from
hasta — to
lejos — far

■ Expresiones
¿Cómo se siente? — How do you feel?
¡Disculpa! — I am sorry!
Me duele... — I have a ...ache.
¿Qué tiene usted? — What's the problem?
tener náuseas — to feel nauseated

LECCIÓN 15
¿Qué podríamos hacer nosotros por nuestro medio ambiente?

❖ ENFOQUE ❖

■ COMMUNICATIVE GOALS

You will be able to discuss some global environmental concerns and other problems affecting the world.

■ LANGUAGE FUNCTIONS

Expressing opinions
Discussing possible solutions
Expressing environmental concerns
Describing possible scenarios
Giving ecological advice
Making recommendations

■ VOCABULARY THEMES

Environmental problems
Solutions to environmental problems
Other global concerns

■ GRAMMATICAL STRUCTURES

If clauses
Infinitive versus subjunctive uses (summary)

■ CULTURAL INFORMATION

Education without borders
Noise pollution

■ CULTURAL CHALLENGE

In what ways can we improve the environment in our own homes, schools, or communities?

EN CONTEXTO

Ileana Gamboa y Alicia Benson se encuentran° en septiembre en la Universidad de Wisconsin para terminar sus estudios de negocios.

ILEANA: Alicia, ¿cómo estás? ¿Qué tal fue tu experiencia en México?
ALICIA: Estoy super bien y mi experiencia en Monterrey fue muy valiosa. Y tú, ¿qué tal fue tu viaje a Santiago de Compostela?
ILEANA: Oh... Alicia, ¡fue una experiencia maravillosa! Si pudiera terminar mis estudios allá, lo haría pero... no puedo. Por cierto°, aquí te traje de España esta revista que tiene una sección de ecología que se llama "Planeta Tierra". Te va a gustar mucho. Esta sección discute problemas como la contaminación del aire°, la desnutrición°, la delincuencia° y el analfabetismo°.
ALICIA: ¡Qué padre! Gracias, Ileana. Sabes, pienso que me gustaría enseñar español a niños antes de comenzar a trabajar en negocios. ¿Qué te parece la idea?
ILEANA: Bueno, entonces esta revista te interesará mucho. Mira la sección "Planeta Tierra".

(Alicia abre la revista y ve un artículo sobre la organización Educación sin fronteras°.)

ALICIA: Si trabajo con una organización como Educación sin fronteras, podré regresar a Latinoamérica para practicar mi español y ayudar a las personas que más lo necesitan. Gracias, Ileana, por pensar en mí°.
ILEANA: De nada, Alicia. Me alegro de poder ayudarte.

se encuentran... *meet*
Por cierto... *By the way*
la contaminación del aire... *air pollution*
la desnutrición... *malnutrition*
la delincuencia... *crime*
el analfabetismo... *illiteracy*
sin fronteras... *without borders*
por pensar en mí... *for thinking of me*

15-1 ¿Comprendió usted?

A. Indique si las siguientes oraciones son ciertas o falsas. Si una oración es falsa, diga por qué.

1. Alicia e Ileana vinieron a trabajar en la Universidad de Wisconsin.
2. Ileana visitó Barcelona, España.
3. Alicia piensa ser maestra de niños después de trabajar en negocios.
4. Ileana le trajo a Alicia una revista española con una sección de ecología.
5. Alicia quiere ayudar a las personas que más lo necesitan en España.

B. Converse con un(a) compañero(a) de clase.

1. Si ustedes tuvieran tiempo, ¿les gustaría trabajar en una organización para ayudar a sus propias comunidades o a otras comunidades?
2. ¿En qué tipo de organización les gustaría trabajar: en una organización para la educación, para la salud, para cuidar la naturaleza, etcétera?

VOCABULARIO esencial

In this section, you will learn words and phrases for discussing some global environmental issues and other serious problems affecting the planet.

Algunos problemas del medio ambiente

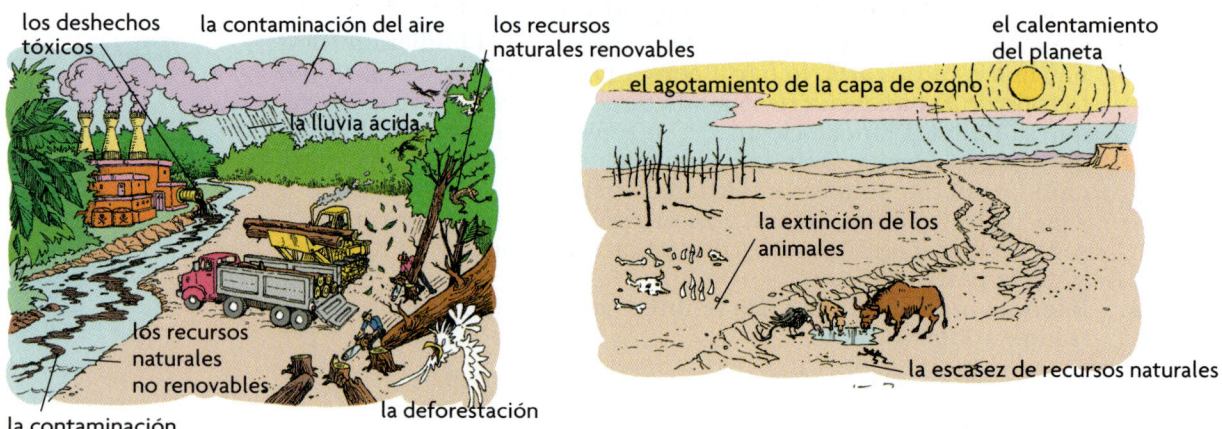

los deshechos tóxicos
la contaminación del aire
los recursos naturales renovables
el calentamiento del planeta
la lluvia ácida
el agotamiento de la capa de ozono
la extinción de los animales
los recursos naturales no renovables
la deforestación
la escasez de recursos naturales
la contaminación del agua

Algunas soluciones para el medio ambiente

usar la energía solar
usar productos biodegradables
plantar árboles
reciclar los recursos

educar al público

proteger los animales

multar las fábricas

conservar electricidad

Practiquemos

15-2 Los problemas más graves. Indique los problemas más graves del mundo, en su opinión: 1 = el más grave, 2 = menos grave, etcétera. Luego discuta sus opiniones con dos o tres estudiantes.

_____ la lluvia ácida
_____ el agotamiento del ozono
_____ la extinción de animales y plantas
_____ la contaminación del agua
_____ el calentamiento del planeta
_____ la escasez de recursos naturales

15-3 Problemas y soluciones. Lea cada problema ambiental de la columna de la izquierda. Luego indique la mejor solución posible, en la columna de la derecha, para resolverlo.

MODELO: La extinción de los animales   *El cuido y protección de los animales.*

Problema	Solución
Los desechos tóxicos	
La deforestación	
La extinción de animales	
La contaminación del aire	
La contaminación del agua	

15-4 Conversación sobre la conservación. Hágale preguntas a un(a) compañero(a) de clase.

1. ¿Te preocupas poco o mucho por los problemas del medio ambiente? ¿Qué problemas te molestan más, y por qué?
2. ¿Quiénes son algunas personas que protegen la naturaleza? ¿Las conoces personalmente? ¿Qué hicieron esas personas para conservar nuestro medio ambiente?
3. ¿Qué responsabilidades tenemos tú y yo de reciclar los recursos naturales?

15-5 ¿Qué puedo hacer yo? ¿Qué hace usted personalmente para proteger el medio ambiente? ¿Qué más puede usted hacer para protegerlo? Conteste estas dos preguntas en un párrafo, usando las soluciones en esta sección tanto como sus soluciones personales.

MODELO: *Yo hago mucho para proteger el medio ambiente. Camino a clase, uso muy poco el aire acondicionado en el verano, monto en bicicleta y soy voluntario para la World Wildlife Conservatory, que protege los animales. En el futuro voy a manejar menos mi auto y usar más productos biodegradables. También voy a educar a mis niños a conservar el medio ambiente.*

Otros problemas mundiales

el analfabetismo	*illiteracy*
la delincuencia	*delinquency*
la desnutrición	*malnutrition*
las drogas ilegales	*illegal drugs*
las enfermedades graves	*serious illnesses*
la guerra	*war*
el hambre	*hunger*
la mortalidad infantil	*infant mortality*
la pobreza	*poverty*
el prejuicio	*prejudice*
la sobrepoblación	*overpopulation*
el terrorismo	*terrorism*

> Según la organización FAO (Organización de las Naciones Unidas para la Agricultura y la Alimentación) 200 millones de niños sufren de **desnutrición** crónica en los países en desarrollo. En estos países, una de entre cada cinco personas no puede tener la comida necesaria para vivir. **La mortalidad infantil** debido al **hambre** y **la pobreza** es mayor en los países en desarrollo que en los países desarrollados.

Practiquemos

15-6 Asociaciones. Indique asociaciones entre los siguientes problemas, según el tipo de problema o según la causa y el efecto del problema. No hay respuestas correctas; su opinión es más importante. Prepárese a defender sus opiniones.

1. _____ el hambre
2. _____ el analfabetismo
3. _____ el terrorismo
4. _____ las drogas ilegales
5. _____ la mortalidad infantil

a. la delincuencia
b. la pobreza
c. el prejuicio
d. la falta de educación
e. la desnutrición

15-7 Las mejores soluciones. Indique las mejores soluciones para resolver los siguientes problemas. Los tres puntos (...) indican otra posibilidad.

1. Para prevenir el prejuicio, es necesario...
   a. conversar y discutir el problema.
   b. educar al público.
   c. estudiar las consecuencias de los prejuicios.
   d. ...

2. Para reducir la pobreza, se debe...
   a. crear más trabajos.
   b. educar a la gente pobre.
   c. dar dinero a las organizaciones que ayudan a esta gente.
   d. ...

3. Para eliminar la guerra, tenemos que...
   a. estudiar otras culturas y otros idiomas.
   b. reducir el número de armas.
   c. consultar las Naciones Unidas.
   d. ...

4. Para controlar la población, debemos...
   a. tener más guerras civiles.
   b. educar a la gente.
   c. tener un niño por cada familia.
   d. ...

15-8 Educación sin fronteras. Lea el artículo y discuta sus ideas con un(a) compañero(a) de clase.

QUIÉNES SON
EDUCACIÓN SIN FRONTERAS[1]
Enseñanza[2] para todos

Preparar maestros, alfabetizar[3] adultos, construir escuelas, bibliotecas, centros de educación especial... Estas son algunas de las acciones que realiza Educación sin Fronteras (ESF) en países cuyas tasas de alfabetización[4] son muy bajas -se calcula que hay aproximadamente 100 millones de niños entre 6 y 11 años sin escolarizar[5]-. Las causas de ello hay que buscarlas en que la educación es un bien que está mal repartido y los niños son una mano de obra barata[6] y por tanto, si van a la escuela, no trabajan.

Proyectos a largo plazo

Todos los proyectos de ESF son proyectos a largo plazo -entre dos y tres años- que han sido propuestos por la gente del país al que van destinados y responden a sus necesidades reales. En la actualidad ESF tiene en marcha varios proyectos en América Latina y África, algunos de ellos en colaboración con otras ONG's, como el que empezará este año en Guinea con Médicos sin Fronteras. Te explicamos en qué consisten varios de ellos:

● **Granja-Escuela para niños y jóvenes de la calle en Goma (Zaire)**
Pretende[7] disminuir la marginación y la delincuencia juvenil en las calles de Goma con la creación de una granja-escuela. Allí los menores desarrollan actividades culturales y educativas a la vez que reciben formación sobre el cultivo de productos tradicionales y la correcta crianza de animales.

● **Creación de infraestructuras para el desarrollo de las mujeres de República Dominicana**
Mediante la construcción de locales comunitarios, se está dotando[9] a las organizaciones de mujeres con infraestructuras que les permiten recibir una educación de la que hasta ahora carecían.

● **Ampliación de un centro para niños discapacitados[10] en Ecuador.**
El proyecto espera dar respuesta a los graves problemas del sector más desfavorecido de los niños ecuatorianos, los "loquitos", pequeños que viven muchas veces en condiciones infrahumanas. Se están creando aulas especiales, talleres ocupacionales y programas de integración educativa.

La mejor manera de salir de la pobreza y la marginación es la educación. Así lo entendieron un grupo de profesionales que fundaron en 1988 esta Organización no Gubernamental (ONG)[8] y que pretende que la falta de recursos en educación no obstaculice el desarrollo de los países del Tercer Mundo.

Se calcula que en el mundo hay unos 100 millones de niños sin escolarizar

Tú puedes colaborar
Para llevar a cabo los proyectos, Educación sin Fronteras cuenta con la colaboración desinteresada de muchos profesionales de la educación, pero necesita la ayuda de todos para poder financiarlos. Una buena manera de colaborar con ellos es adquirir sus camisetas -1.500 ptas. más gastos de envío-. Se pueden solicitar en la sede central de ESF.

Educación sin Fronteras
Tel. (93) 412 72 17

Centro de capacitación preescolar en Medellín (Colombia).

[1]Educación... *Learning without borders* [2]enseñanza... *teaching* [3]alfabetizar... *to teach reading and writing* [4]tasas... *literacy rates* [5]sin... *without schooling* [6]mano... *cheap labor force* [7]pretende... *to pretend* [8]ONG... *Nongovernmental organization* [9]se... *is giving* [10]discapacitados... *disabled*

1. ¿Cuál es el objetivo principal de esta organización, Educación sin fronteras?
2. ¿Dónde tiene proyectos esta organización?
3. Describa los proyectos en República Dominicana y en Ecuador.
4. ¿Cómo pueden ustedes colaborar?
5. ¿Les gustaría trabajar en una organización como ésta?

GRAMÁTICA esencial

If Clauses

You have seen the conditional used with the past subjunctive to speculate about what would happen under certain conditions (e.g., **Si tuviéramos el dinero, iríamos a México**). Now you will learn how to form and use these speculative statements that are often called *if* clauses.

How to form and use *if* clauses

1. To imply that a situation is factual or is likely to occur, use **si** (if) with an indicative verb form in both the *if* (dependent) clause and the conclusion (independent clause).

   Factual situation:

Si **seguimos** usando los recursos naturales no renovables sin control, **continuaremos** contaminando el aire.	If we **continue** to use nonrenewable natural resources without control, we **will continue** polluting the air.

   Likely to occur:

—Si **conservamos** los recursos, **vamos a tener** suficientes recursos para el futuro.	If we **conserve** the natural resources, we **are going to have** enough resources for the future.
—Creo que tienes razón.	I think you're right.

2. To imply that a situation is contrary to fact or is unlikely to occur, use **si** *(if)* with a past subjunctive verb in the *if* clause and a conditional verb in the conclusion.

   Contrary to fact:

—Si **usáramos** más la energía solar, **ahorraríamos** dinero, ¿verdad?	If we **used** more solar energy, we **would save** money, wouldn't we?
—¡Sí, claro que sí!	Yes, of course!

   Unlikely to occur:

—Si **fueras** el presidente, ¿**podrías** eliminar la delincuencia?	If you **were** the president, **would** you **be able** to eliminate delinquency?
—Creo que sería imposible.	I think it would be impossible.

Como si... *(As if . . .)*

After **como si** the past subjunctive is used when the verb in the main clause is either in the present or in the past.

David **habla** de la contaminación **como si fuera** un experto.	David **talks** about pollution **as if** he **were** an expert.
Alicia **hablaba** de la educación **como si fuera** una maestra.	Alice **talked** about education **as if** she **were** a teacher.

Practiquemos

15-9 ¡Ojalá! Complete las siguientes oraciones con verbos apropiados de la lista.

dar   reciclar
haber   tener
multar   tomar
plantar

MODELO: Si en la escuela _tuviéramos_ más recipientes para reciclar, los estudiantes estarían más conscientes de hacerlo.

1. Si la gente _____ el papel, no destruiríamos tantos árboles.
2. No nos preocuparíamos tanto por la guerra si _____ más comprensión entre las personas.
3. Si nosotros _____ más árboles, habría más oxígeno en el aire.
4. Si los gobiernos les _____ más trabajos a los pobres, no habría tanta gente con hambre.
5. Si nadie _____ drogas ilegales, tendríamos menos delincuencia.
6. Habría más aire limpio si el gobierno _____ las fábricas que contaminan el aire.

15-10 Si viajara a Galicia... ¿A usted le gustaría viajar a Galicia algún día? Haga oraciones completas para expresar sus ideas como en el ejemplo.

MODELO: si viajar / Galicia, (ir) con _____
Si viajara a Galicia, iría con mi amigo Santiago Enrique.

1. si viajar / Galicia, _____ (ir) con _____
2. si tener / dinero, _____ (alojarme) en _____
3. si viajar / Santiago de Compostela, _____ (querer) ver _____
4. si llevar / cámara, _____ (sacar) fotos de _____
5. si querer cambiar / dinero, lo _____ (cambiar) en _____
6. si conocer / una persona simpática, la _____ (invitar) a _____
7. si enfermarme un poco durante / viaje, _____ (ir) a _____
8. si visitar / la antigua Universidad de Santiago / _____ (ir) a _____

15-11 Entrevista. Hágale preguntas a un(a) compañero(a) de clase.

1. Si fueras millonario(a), ¿qué harías para proteger el medio ambiente? ¿Adónde viajarías para ayudar a la gente pobre? ¿Con quién hablarías? ¿Qué les dirías a esas personas?
2. Si pudieras hacer solamente una cosa para tener paz en el mundo, ¿qué harías? Si pudieras trabajar con cualquier persona para ayudarlo(la), ¿con quién trabajarías? ¿Cómo comenzarían ustedes?

15-12 Situaciones. En grupos de tres o cuatro personas, traten de resolver las siguientes situaciones.

■ En la ciudad de Washington, D.C., hay muchos delincuentes con armas. No hay suficientes policías para proteger a los ciudadanos porque no hay suficiente dinero para emplearlos. Cada día cien personas son víctimas de un incidente violento en esa ciudad. Los residentes allí tienen mucho miedo.
   1. Si yo fuera el (la) jefe(a) de policía en Washington, D.C., _____.
   2. Si yo fuera un(a) residente de esa ciudad, creo que _____.

■ En el Brasil la deforestación del Amazonas es un problema enorme. Todos los días la gente destruye más de 50.000 hectáreas de árboles, además de animales y plantas medicinales.
   1. Si yo fuera el (la) presidente(a) del Brasil, _____.
   2. Si yo fuera brasileño(a), creo que _____.

■ En los países en desarrollo hay un alto índice de analfabetismo.
   1. Si yo fuera el (la) ministro(a) de Educación de México, _____.
   2. Si yo trabajara en educación en México, _____.

> "Cuando hablamos de la conservación del medio ambiente, esto está relacionado a muchas otras cosas. Por último, la decisión tiene que venir del corazón humano; por eso, creo que el punto clave es tener un sentido genuino de responsabilidad universal". —El Dalai Lama

15-13 Filosofía de viajar. Complete por escrito las siguientes oraciones.

MODELOS: *Si hago un viaje de dos semanas, llevo dos maletas.*
Si hiciera un viaje de dos semanas a Europa, yo llevaría una mochila, 500 dólares en cheques de viajero y...

1. Si hago un viaje de dos semanas, (yo)...
2. Si necesito más dinero en mi viaje, (yo)...
3. Si tengo tiempo en mi viaje, (yo)...
4. Si olvido algo importante en mi hotel, (yo)...
5. Si tengo más de 50 dólares después de mi viaje, me gusta...
6. Si hiciera un viaje por dos semanas a Europa, (yo)...
7. Si necesitara más dinero en ese viaje, creo que (yo)...
8. Si conociera a gente interesante en el viaje, (yo)...
9. Si olvidara algo importante en mi hotel allí, (yo)...
10. Si tuviera más de 50 dólares después de mi viaje, me gustaría...

CULTURA

■ **El ruido también contamina**

POR UN MUNDO MEJOR

El ruido[1] también contamina

Con la llegada del buen tiempo empezamos a abrir ventanas por las que no sólo entra el sol o el aire fresco: toda una amplia gama de ruidos se colará[2] también en nuestros hogares.[3]

Estamos tan inmersos en una cultura del ruido que no nos damos cuenta de hasta qué punto sometemos a nuestros oídos a unos niveles de sonido que van perjudicándolos[4] poco a poco. Cuando el daño[5] ya es irreversible, la mayoría de la gente ha alcanzado cierta edad y atribuyen su pérdida[6] de audición[7] a los años, lo cual no siempre es cierto.

OTRAS CONSECUENCIAS
El vivir en un ambiente con mucho ruido es la causa directa de trastornos como el estrés y la irritabilidad, causantes a su vez de hipertensión arterial, úlceras gástricas e incluso dolores de cabeza o alteraciones del sueño.[8]

SINFONÍA DE RUIDOS
En muchas calles de nuestras ciudades, el nivel de ruido supera los 85 decibelios,[9] sobrepasando con creces los 65 considerados como el máximo aceptable. La bocina[10] de un automóvil puede alcanzar los 120 db, la música a todo volumen en bares también pueden sobrepasar los 100 db.

REDUCE EL RUIDO
● *Utiliza lo menos posible el coche por ciudad* y cuando lo hagas reduce la velocidad,[11] así también reducirás el ruido.
● *En verano, si ves la televisión con las ventanas abiertas, cuidado con el volumen.* Tus vecinos no tienen porqué oír tus programas.
● *Cuanto menos tiempo y con menor volumen se utilicen los walkman mejor.* Durante los desplazamientos son la mejor manera de oír música sin molestar a nadie, pero en casa sustitúyelos por aparatos que no concentren tanto las ondas sonoras.
● *Antes de comprar un coche comprueba su nivel de ruido,* tanto desde el interior como desde el exterior. Haz lo mismo con todos los electrodomésticos.

El exceso de ruido puede llegar a causar sordera.

Preguntas. Converse con dos o tres compañeros(as) de clase.
1. ¿Qué sucede durante la primavera y el verano cuando abrimos las ventanas?
2. ¿Qué consecuencias hay cuando vivimos en un ambiente de mucho ruido?
3. ¿Cómo se puede reducir el ruido y su contaminación de acuerdo al artículo?
4. ¿Tienes tú otras ideas para reducir el ruido? ¿Cuáles son?

---

[1]ruido... *noise* [2]se colará... *will get inside* [3]hogares... *homes* [4]van... *are gradually damaging them* [5]daño... *damage* [6]pérdida... *loss* [7]audición... *hearing* [8]alteraciones... *sleeplessness* [9]decibelios... *decibels* [10]bocina... *horn* [11]velocidad... *speed*

GRAMÁTICA esencial

Uses of Infinitives and Subjunctive Forms *(Summary)*

In this section, you will review and practice some language functions you have already learned to express in this book.

The following explanations and examples summarize how Spanish speakers use infinitives and the subjunctive to express wants, preferences, intentions, advice, suggestions, and opinions.

Use an infinitive . . .

1. after verbs of volition when there is only one subject in a sentence.

   Ileana quiere **conservar** la energía.
   Ileana wants to conserve energy.

2. after verbs of emotion when there is only one subject in a sentence.

   David espera **reciclar** más en Chile.
   David hopes to recycle more in Chile.

3. after impersonal expressions when there is no personal subject in a sentence.

   Es bueno conservar la energía.
   It's good to conserve energy.

Use a subjunctive verb form . . .

1. after verbs of volition when there is a change of subject in a sentence.

   Ileana quiere que **nosotros** la **conservemos.**
   Ileana wants us to conserve it.

2. after verbs of emotion when there is a change of subject in a sentence.

   David espera que **usted recicle** más.
   David hopes that you recycle more.

3. after impersonal expressions when there is a personal subject in a sentence.

   Es bueno que **usted** la **conserve.**
   It's good that you conserve it.

Uses of the Indicative and Subjunctive Moods *(Summary)*

The following explanations and examples summarize how Spanish speakers use the indicative to describe factual information as well as habitual and completed actions and the subjunctive to express doubt and indefiniteness.

Use an indicative verb form . . .

1. to refer to habitual actions and completed actions.

   Llevo mi mochila cuando **viajo** al extranjero.
   I take my backpack when I travel abroad.
   Llevé mi mochila cuando **viajé** a Europa.
   I took my backpack when I traveled to Europe.

Use a subjunctive verb form . . .

1. to refer to a future action dependent on another action.

   Voy a llevar mi mochila cuando **viaje** a Galicia.
   I am going to take my backpack when I travel to Galicia.

2. to refer to a specific person, place, or thing.

Tengo una mochila que **es** vieja.
*I have a backpack that **is** old.*

3. to express certainty.

Estoy seguro que **puedo** ir.
I am sure that I can go.

4. in an *if* clause to imply that a situation is factual or will likely occur.

Si **usamos** energía solar, **ahorramos** dinero.
*If we **use** solar energy, we **save** money.*
Si **usamos** la energía solar, **vamos a ahorrar** dinero.
*If we **use** solar energy, we **are going to save** money.*

2. to refer to an unknown or non-existent person, place, or thing.

Quiero comprar una que **sea** nueva.
*I want to buy one that **is** new.*

3. to express uncertainty.

No estoy seguro que **pueda** ir.
I am not sure that I can go.

4. in an *if* clause to imply that a situation is contrary to fact or will not likely occur.

Si **usáramos** la energía solar, **ahorraríamos** dinero, ¿verdad?
*If we **used** solar energy, we **would save** money, right?*
Si **usáramos** la energía solar, ¿**conservaríamos** los recursos no renovables?
*If we **used** solar energy, **would** we **conserve** nonrenewable resources?*

Practiquemos

15-14 Discusión sobre la pobreza. Complete la siguiente conversación, indicando las formas correctas de los verbos entre paréntesis.

ILEANA: Es una lástima que (hay / haya) tanta pobreza en el mundo. Si los gobiernos (toman / tomaran) medidas más fuertes para eliminarla, (hay / habría) más prosperidad.

ALICIA: Sí, pero creo que no debemos / debamos) esperar hasta que los gobiernos (hacen / hagan) más para resolver ese problema. Sugiero que el público (sabe / sepa) más sobre la pobreza y los trabajos que hay que darles a las personas que lo necesitan.

ILEANA: Claro. Si no (educamos / educáramos) al público, la pobreza (va / vaya) a continuar. Necesitamos un programa que (está / esté) bien organizado. Espero que los gobiernos de todos los países (asisten / asistan) a las personas más necesitadas y que les (enseñan / enseñen) a trabajar en algo necesario.

ALICIA: Nunca vamos a (eliminar / elimina / elimine) la pobreza. Pero es bueno (discutir / discute / discuta) sobre este tema, aunque estoy segura de que la pobreza siempre (va / vaya) a estar con nosotros.

> "La mejor política es la honradez". —Simón Bolívar

15-15 Un(a) experto(a) en ecología de Latinoamérica. Converse con otros(as) dos estudiantes. Imagínense que ustedes van a hablar con un(a) experto(a) en ecología (un[a] compañero[a]) que va a visitar su clase mañana. Escriba algunas preguntas sobre los siguientes temas:

- la epidemia de la cólera en Sudamérica
- la sobrepoblación en México
- la destrucción de la selva amazónica en Brasil y Venezuela
- un programa para plantar árboles en Costa Rica
- la pobreza, el hambre y la desnutrición en Chiapas, México
- la contaminación en la ciudad de Santiago de Chile

Preguntas:	Respuestas:
¿Sabe usted si... ?	Les aconsejo que...
Si yo... , ¿podría... ?	Es importante que...
¿Podría usted decirnos... ?	Creo que... No creo que...
¿Por qué hay... ?	Si ustedes...
¿Qué va a pasar si... ?	Recomiendo que...
Creo que... ¿Qué le parece a usted?	Primero, ustedes necesitan...

■ RETO CULTURAL

Usted y su amigo(a) piensan que en su universidad no hay suficientes potes de basura *(garbage cans)* para reciclar papel, botellas y latas *(cans)*. Ustedes pertenecen a un grupo a favor de cuidar el ambiente.

- ¿Qué harían ustedes para comenzar a tratar *(to deal with)* el problema?
- ¿Con quién hablarían primero?
- ¿A quién le pedirían ayuda?
- ¿Cómo conseguirían tener más potes de basura para reciclar papel, botellas y latas para la universidad?

Practiquemos más

 For additional practice on the material covered in this chapter, go to **Lección 15** of the *Intercambios* Workbook/Laboratory Manual.

 For additional practice on grammar, vocabulary, and conversation, go to **Lección 15** of the *Flex-Files*.

 Atajo Writing Assistant Software for Spanish can be used to complete the writing activities in your Workbook/Laboratory Manual.

 Intercambios Video: Activities to accompany the *Intercambios* Video can be found in the *Flex-Files*.

 Visit *Intercambios* on the World Wide Web at **http://intercambios.heinle.com**.

ASÍ SE DICE

■ Sustantivos
el árbol *tree*
la energía solar *solar energy*
la fábrica *factory*
el gobierno *government*
la multa *fine*
el producto biodegradable
 biodegradable product
el público *public*
el recurso *resource*
la tecnología *technology*

■ Problemas del medio ambiente
el agotamiento de la capa de ozono
 ozone-layer depletion
el calentamiento del planeta
 global warming
la contaminación del aire (agua)
 air (water) pollution
los deshechos tóxicos *toxic wastes*
la deforestación *deforestation*
la escasez de recursos naturales
 shortage of natural resources
la extinción de animales *species extinction*
la lluvia ácida *acid rain*

los recursos naturales no renovables
 nonrenewable natural resources
los recursos naturales renovables
 renewable natural resources

■ Otros problemas mundiales
el analfabetismo *illiteracy*
la delincuencia *delinquency*
la desnutrición *malnutrition*
las drogas ilegales *illegal drugs*
las enfermedades graves *serious illnesses*
la guerra *war*
el hambre *hunger*
la mortalidad infantil *infant mortality*
la pobreza *poverty*
el prejuicio *prejudice*
la sobrepoblación *overpopulation*
el terrorismo *terrorism*

■ Adjetivos
ambiental *environmental*
biodegradable *biodegradable*
pobre *poor*
responsable *responsible*

■ Verbos
conservar *to conserve*
controlar *to control*
darse cuenta *to realize*
destruir *to destroy*
educar *to educate*
eliminar *to eliminate*
multar (poner una multa) *to fine*
plantar *to plant*
prevenir (e → ie, i) *to prevent*
proteger *to protect*
reciclar *to recycle*
reducir *to reduce*
resolver (o → ue) *to solve*
usar *to use*

■ Expresiones
por cierto *by the way*
Gracias por pensar en mí. *Thanks for thinking of me.*

PERSPECTIVAS

IMÁGENES

Antes de leer. **Conteste esta preguntas.**

- ¿Sabe Ud. cuántos hispanos, afroamericanos y asiáticos viven en su estado?
- ¿Sabe Ud. cuántos hispanos viven en los Estados Unidos?
- ¿Sabe Ud. cuántas personas hablan español en los Estados Unidos?

¡A leer!

La población hispana de los Estados Unidos

El año 2000 demostró que la comunidad hispana tiene un gran poder económico *(economic power)* dentro de la comunidad estadounidense. El poder adquisitivo *(acquiring power)* de los hispanos subió un 28 por ciento desde el año 1990 a hoy en día. Por esta razón, las corporaciones en los Estados Unidos se dieron cuenta de *(realized)* la importancia de alcanzar *(to reach)* el poder económico de los hispanos por medio de los anuncios publicitarios *(advertisements)*. Así mismo, se dieron cuenta de la importancia de tener hispanos trabajando dentro de diferentes compañías.

En 1997, 1.2 millones de empresas en los Estados Unidos eran *(belonged)* de grupos hispanos. Estas empresas emplearon a 1 millón de empleados y generaron 200 billones de dólares en ganancias *(earnings)*. El 73 por ciento de estos negocios está situado en California, Texas, la Florida y Nueva York, donde el 61 por ciento de la comunidad latina vive actualmente.

El crecimiento *(growth)* de la comunidad hispana se acelera ya que para el año 2005 esta comunidad va a ser el grupo de inmigrantes con el mayor número de personas dentro de los Estados Unidos. El Census Bureau de los Estados Unidos dice que los hispanos y los asiáticos van a ser casi un cuarto de los habitantes en los Estados Unidos para el año 2050. La mayor expansión de población latina y asiática va a suceder *(to occur)* en los estados donde existe mayor inmigración, como en California, Texas, Arizona, New York, la Florida, Illinois y New Jersey. Pero también las comunidades de inmigrantes van a crecer rápidamente en estados como Georgia, Minnesota y Washington.

GRÁFICO 1 La población de los Estados Unidos para 2000 y 2050		
	2000	**2050**
Blanca	82,2 %	52,8 %
Negra	12,8 %	13,6 %
Latina	11,9 %	24,5 %
Asiática	4,1 %	8,2 %
Indígena	0,9 %	0,9 %

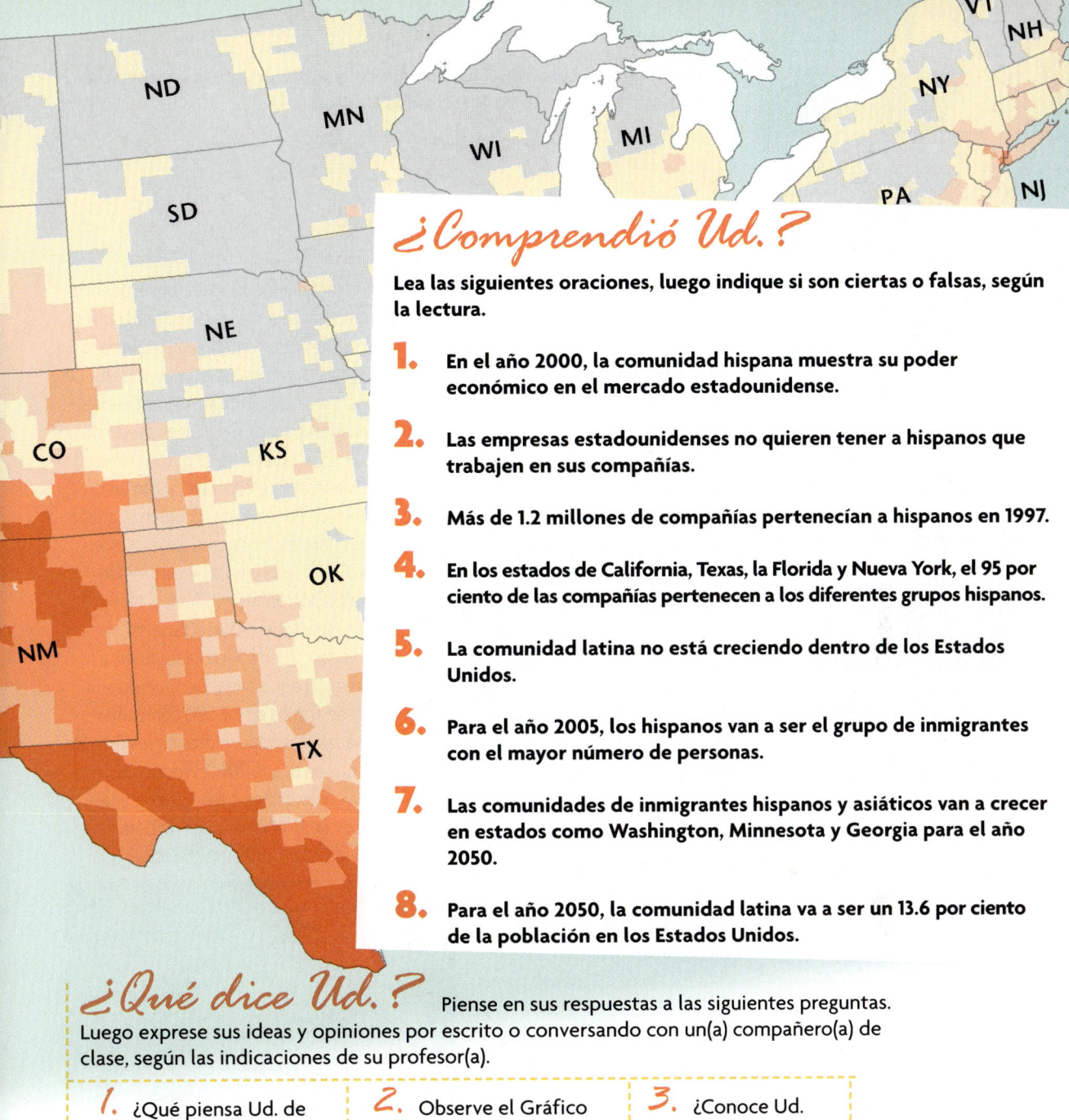

¿Comprendió Ud.?

Lea las siguientes oraciones, luego indique si son ciertas o falsas, según la lectura.

1. En el año 2000, la comunidad hispana muestra su poder económico en el mercado estadounidense.

2. Las empresas estadounidenses no quieren tener a hispanos que trabajen en sus compañías.

3. Más de 1.2 millones de compañías pertenecían a hispanos en 1997.

4. En los estados de California, Texas, la Florida y Nueva York, el 95 por ciento de las compañías pertenecen a los diferentes grupos hispanos.

5. La comunidad latina no está creciendo dentro de los Estados Unidos.

6. Para el año 2005, los hispanos van a ser el grupo de inmigrantes con el mayor número de personas.

7. Las comunidades de inmigrantes hispanos y asiáticos van a crecer en estados como Washington, Minnesota y Georgia para el año 2050.

8. Para el año 2050, la comunidad latina va a ser un 13.6 por ciento de la población en los Estados Unidos.

¿Qué dice Ud.?

Piense en sus respuestas a las siguientes preguntas. Luego exprese sus ideas y opiniones por escrito o conversando con un(a) compañero(a) de clase, según las indicaciones de su profesor(a).

1. ¿Qué piensa Ud. de la comunidad hispana en los Estados Unidos? ¿Cree Ud. que la comunidad hispana continuará teniendo mucho éxito aquí en el futuro? ¿Por qué?

2. Observe el Gráfico 1 y explique la razón por el cambio en el porcentaje de la población (blanca, afroamericana, latina, asiática e indígena) del año 2000 al 2050.

3. ¿Conoce Ud. alguna compañía hispana que tenga éxito dentro de los Estados Unidos? Explique.

Perspectivas trescientos treinta y uno 331

A continuación Uds. van a leer un artículo sobre una de las compañías hispanas de más éxito en los Estados Unidos.

Si es GOYA...
¡tiene que ser bueno!

Algunas veces los frijoles son frijoles, otras veces son habichuelas y otras veces las habichuelas son vainitas *(green beans)*, dependiendo del país en que se comen.

Por ejemplo, los cubanos llaman frijoles a cualquier *(any)* grano *(bean)* de cualquier color. Pero los puertorriqueños llaman a los granos, habichuelas. A los cubanos les gustan los frijoles negros, mientras que a los puertorriqueños les gustan los frijoles rojos. Los nicaragüenses prefieren granos pequeños para hacer su famoso plato gallo pinto (similar al plato cubano de arroz con frijoles negros), mientras que los mexicanos prefieren granos rojos y grandes.

Para la compañía de Productos Goya, el saber la diferencia entre los nombres que se usan en cada país representa el éxito que tienen sus productos dentro de la comunidad hispana aquí en los Estados Unidos. "Cuando uno es inmigrante, uno deja atrás *(leaves behind)* muchas cosas familiares", dice un maestro nicaragüense en Miami. "Pero es difícil olvidar su cultura y adaptarse a otra. Por eso, cuando vamos a la tienda y podemos comprar gallo pinto, uno encuentra un sentido de consuelo *(comfort)* maravilloso".

La compañía fue fundada por Prudencio y Carolina Unanue en 1936, inmigrantes españoles que comenzaron importando sardinas *(sardines)*, aceitunas y aceite de oliva para otros inmigrantes españoles que añoraban *(missed)* estos productos. En 1960, la compañía se mudó *(moved)* de Manhattan a Brooklyn, abrió una planta en Puerto Rico y comenzó a usar el nombre de Productos Goya. Hoy en día, Goya tiene plantas y centros de distribución en Miami, Tampa, New York, New Jersey, Massachusetts, California, Puerto Rico, la República Dominicana y España. De acuerdo a la lista de Forbes de las 500 compañías privadas más importantes en los Estados Unidos en el año 2000, Productos Goya es la compañía número 339, con una ganancia de 602 millones de dólares y con más de 3.000 empleados.

¡A leer!

Reading Critically

One way to read critically in Spanish is to distinguish factual information from an author's point of view and possible bias. The better you can separate fact from opinion, the better you will understand the writer's intentions.

Read the following statements and check whether they are facts or opinions. Then compare your decisions with those of a classmate.

▶ 1. Visiting Spain and meeting Spaniards is fun.
▶ 2. Most Americans arrive in Spain by airplane.
▶ 3. Spain is a small country compared to the United States.
▶ 4. Madrid, Barcelona, and Santiago de Compostela are Spanish cities.
▶ 5. It's easy to see why so many tourists visit Spain.
▶ 6. Spain is the most fascinating country in the world.

Read the next article about Goya Foods. As you read, decide whether each sentence is based mainly on factual information (F) or on personal opinion (O) and mark it accordingly (F or O) in the margin. Then compare your decisions with those of a classmate.

Actividades

A. Ecriba sobre uno de los siguientes temas.
- Un viaje ideal para los ecoturistas
- Un lugar perfecto para un viaje de novios *(honeymoon)*
- El mejor lugar para pasar las vacaciones
- Cómo viajar con niños y divertirse mucho
- La mejor estación para visitar *(lugar)*

B. Escriba una composición en la que Ud. exprese su opinión. Incluya hechos *(facts)* importantes y ejemplos para apoyar *(to support)* su opinión. Su composición tendrá cuatro párrafos, como lo muestra el siguiente modelo.

Un viaje ideal para los ecoturistas

I. Introducción (Exprese su punto de vista.)
Un viaje a las Islas Galápagos del Ecuador sería ideal para los ecoturistas.

II. Primera razón para apoyar su opinión y un ejemplo
Muchas personas que tienen interés en la ecología escribieron sobre sus experiencias en las Galápagos. Por ejemplo, después de visitar esas islas, Charles Darwin escribió su libro Del origen de las especies *en 1835, en el que expuso su teoría de la evolución.*

III. Segunda razón para apoyar su opinión y un ejemplo
Hoy día las islas son un parque nacional del Ecuador para conservar los animales salvajes. Por ejemplo, hay iguanas que parecen ser dinosaurios en miniatura y una gran variedad de pájaros allí.

IV. Conclusión (Haga un resumen de su punto de vista o opinión.)

Cualquier ecoturista se divertiría mucho en las Islas Galápagos porque es un bonito lugar natural y la gente vive en armonía con los animales.

Creo que un viaje a las Islas Galápagos sería ideal para los ecoturistas. Las Galápagos están situadas en el Océano Pacífico aproximadamente a 995 kilómetros al oeste del Ecuador continental. En mi opinión, no hay lugar con un ambiente más natural en el mundo.

Una razón por la cual muchas personas visitan esas islas es por su interés en la ecología. Algunas personas famosas que viajaron allí escribieron sobre sus experiencias. Por ejemplo, después de visitar las Galápagos, Charles Darwin escribió su libro Del origen de las especies *en 1835, en el que expuso su teoría de la evolución.*

Otra razón por la cual se debe viajar a las Islas Galápagos es para ver una gran variedad de animales allí. Hoy día las islas son un parque nacional del Ecuador para conservar los animales. Aunque ellos son salvajes, no tienen miedo de la gente. En las Galápagos hay iguanas que parecen ser dinosaurios en miniatura y hay una gran variedad de pájaros.

En conclusión, pienso que cualquier ecoturista se divertiría mucho en las Islas Galápagos porque es un bonito lugar natural y la gente allí vive en armonía con los animales.

¡A escribir!

Writing Persuasively

To convince readers to accept their point of view, writers use the following words and phrases to connect ideas.

▶ **To express opinions**

creo que	I believe
pienso que	I think
en mi opinión	in my opinion

▶ **To show contrast**

pero	but
aunque	although
de otra forma	on the other hand

▶ **To support opinions**

primero	first
una razón	one reason
por ejemplo	for example

▶ **To summarize**

por eso	therefore
finalmente	finally
en conclusión	in conclusion

APÉNDICES

APÉNDICE A: El alfabeto español

The Spanish alphabet contains twenty-eight letters. The *rr* represents a single sound and is considered a single letter. The leters *k* and *w* occur only in words of foreign origin.

Letter	Name	Examples: People and Places		
a	a	**A**lonso	M**a**ría	P**a**n**a**má
b	be	Ro**b**erto	**B**ár**b**ara	**B**olivia
c	ce	**C**arlos	**C**armen	**C**uba
d	de	**D**iego	Aman**d**a	El Salva**d**or
e	e	**E**nriqu**e**	Áng**e**la	**E**cuador
f	efe	**F**rancisco	Al**f**reda	**F**rancia
g	ge	**G**ilberto	**G**abriela	Ar**g**entina
h	hache	**H**umberto	**H**ortensia	**H**onduras
i	i	Panch**i**to	Al**i**c**i**a	**I**tal**i**a
j	jota	Ale**j**andro	**J**uanita	**J**apón
k	ka	**K**ris	**K**ati	**K**enya
l	ele	**L**uis	C**l**audia	Guatema**l**a
m	eme	**M**ario	**M**arta	Colo**m**bia
n	ene	**N**icolás	A**n**ita	Sa**n**to Domi**n**go
ñ	eñe	**Ñ**ato	Bego**ñ**a	Espa**ñ**a
o	o	Pedr**o**	Carl**o**ta	Puert**o** Ric**o**
p	pe	**P**e**p**e	**P**e**p**ita	**P**araguay
q	cu	Joa**q**uín	Ra**q**uel	**Q**uito
r	ere	Fe**r**nando	Glo**r**ia	Nica**r**agua
rr	erre	Ramón	Rosa	Monte**rr**ey
s	ese	Jo**s**é	**S**u**s**ana	Co**s**ta Rica
t	te	**T**omás	Ca**t**alina	**T**oledo
u	u	L**u**cho	L**u**isa	**U**r**u**g**u**ay
v	ve	**V**icente	**V**ictoria	**V**enezuela
w	doble ve, doble u	**W**alter	**W**endi	**W**ashington
x	equis	**X**avier	Má**x**ima	Mé**x**ico
y	y griega	Re**y**	**Y**olanda	Gua**y**ana
z	zeta	Fernánde**z**	**Z**elda	**Z**aragoza

Spelling Hints

1. The letters *b* and *v* are pronounced exactly alike in Spanish. To distinguish one letter from the other in spelling, one says *b grande* (big b) for *b* and *v chica* (little v) for *v*. Also, some Spanish speakers say *b de burro* (*b* in *burro*, meaning **donkey**) and *v de vaca* (*v* in *vaca*, meaning **cow**).
2. When spelling a Spanish word containing an accent mark, one says the letter first, then the word *acento*. Example: Perú *Pe - e - ere - u, acento.*

APÉNDICE B: Los verbos regulares

Infinitive	Present Indicative	Imperfect	Preterite	Future	Conditional	Present Subjunctive	Past Subjunctive	Commands
hablar *to speak*	hablo hablas habla hablamos habláis hablan	hablaba hablabas hablaba hablábamos hablabais hablaban	hablé hablaste habló hablamos hablasteis hablaron	hablaré hablarás hablará hablaremos hablaréis hablarán	hablaría hablarías hablaría hablaríamos hablaríais hablarían	hable hables hable hablemos habléis hablen	hablara hablaras hablara habláramos hablarais hablaran	habla (no hables) hable hablad (no habléis) hablen
aprender *to learn*	aprendo aprendes aprende aprendemos aprendéis aprenden	aprendía aprendías aprendía aprendíamos aprendíais aprendían	aprendí aprendiste aprendió aprendimos aprendisteis aprendieron	aprenderé aprenderás aprenderá aprenderemos aprenderéis aprenderán	aprendería aprenderías aprendería aprenderíamos aprenderíais aprenderían	aprenda aprendas aprenda aprendamos aprendáis aprendan	aprendiera aprendieras aprendiera aprendiéramos aprendierais aprendieran	aprende (no aprendas) aprenda aprended (no aprendáis) aprendan
vivir *to live*	vivo vives vive vivimos vivís viven	vivía vivías vivía vivíamos vivíais vivían	viví viviste vivió vivimos vivisteis vivieron	viviré vivirás vivirá viviremos viviréis vivirán	viviría vivirías viviría viviríamos viviríais vivirían	viva vivas viva vivamos viváis vivan	viviera vivieras viviera viviéramos vivierais vivieran	vive (no vivas) viva vivid (no viváis) vivan

Compound tenses

Present progressive	estoy estás está estamos estáis están	hablando	aprendiendo	viviendo
Present perfect indicative	he has ha hemos habéis han	hablado	aprendido	vivido
Present perfect subjunctive	haya hayas haya hayamos hayáis hayan	hablado	aprendido	vivido
Past perfect indicative	había habías había habíamos habíais habían	hablado	aprendido	vivido

336 trescientos treinta y seis   Apéndice

APÉNDICE C: Los verbos con cambios en la raíz

Infinitive Present Participle Past Participle	Present Indicative	Imperfect	Preterite	Future	Conditional	Present Subjunctive	Past Subjunctive	Commands
pensar *to think* **e → ie** pensando pensado	**pienso** **piensas** **piensa** pensamos pensáis **piensan**	pensaba pensabas pensaba pensábamos pensabais pensaban	pensé pensaste pensó pensamos pensasteis pensaron	pensaré pensarás pensará pensaremos pensaréis pensarán	pensaría pensarías pensaría pensaríamos pensaríais pensarían	**piense** **pienses** **piense** pensemos penséis **piensen**	pensara pensaras pensara pensáramos pensarais pensaran	**piensa** (no **pienses**) **piense** pensad (no **penséis**) **piensen**
acostarse *to go to bed* **o → ue** acostándose acostado	me **acuesto** te **acuestas** se **acuesta** nos acostamos os acostáis se **acuestan**	me acostaba te acostabas se acostaba nos acostábamos os acostabais se acostaban	me acosté te acostaste se acostó nos acostamos os acostasteis se acostaron	me acostaré te acostarás se acostará nos acostaremos os acostaréis se acostarán	me acostaría te acostarías se acostaría nos acostaríamos os acostaríais se acostarían	me **acueste** te **acuestes** se **acueste** nos acostemos os acostéis se **acuesten**	me acostara te acostaras se acostara nos acostáramos os acostarais se acostaran	**acuéstate** (no te **acuestes**) **acuéstese** acostaos (no os **acostéis**) **acuéstense**
sentir *to be sorry* **e → ie, i** sintiendo sentido	**siento** **sientes** **siente** sentimos sentís **sienten**	sentía sentías sentía sentíamos sentíais sentían	sentí sentiste **sintió** sentimos sentisteis **sintieron**	sentiré sentirás sentirá sentiremos sentiréis sentirán	sentiría sentirías sentiría sentiríamos sentiríais sentirían	**sienta** **sientas** **sienta** sintamos sintáis **sientan**	sintiera sintieras sintiera sintiéramos sintierais sintieran	**siente** (no **sientas**) **sienta** sentaos (no **sintáis**) **sientan**
pedir *to ask for* **e → i, i** pidiendo pedido	**pido** **pides** **pide** pedimos pedís **piden**	pedía pedías pedía pedíamos pedíais pedían	pedí pediste **pidió** pedimos pedisteis **pidieron**	pediré pedirás pedirá pediremos pediréis pedirán	pediría pedirías pediría pediríamos pediríais pedirían	**pida** **pidas** **pida** **pidamos** **pidáis** **pidan**	pidiera pidieras pidiera pidiéramos pidierais pidieran	**pide** (no **pidas**) **pida** pedid (no **pidáis**) **pidan**
dormir *to sleep* **o → ue, u** durmiendo dormido	**duermo** **duermes** **duerme** dormimos dormís **duermen**	dormía dormías dormía dormíamos dormíais dormían	dormí dormiste **durmió** dormimos dormisteis **durmieron**	dormiré dormirás dormirá dormiremos dormiréis dormirán	dormiría dormirías dormiría dormiríamos dormiríais dormirían	**duerma** **duermas** **duerma** **durmamos** **durmáis** **duerman**	durmiera durmieras durmiera durmiéramos durmierais durmieran	**duerme** (no **duermas**) **duerma** dormid (no **durmáis**) **duerman**

APÉNDICE D: Los verbos con cambios de ortografía

Infinitive / Present Participle / Past Participle	Present Indicative	Imperfect	Preterite	Future	Conditional	Present Subjunctive	Past Subjunctive	Commands
comenzar (e → ie) *to begin* z → c before e comenzando comenzado	comienzo comienzas comienza comenzamos comenzáis comienzan	comenzaba comenzabas comenzaba comenzábamos comenzabais comenzaban	**comencé** comenzaste comenzó comenzamos comenzasteis comenzaron	comenzaré comenzarás comenzará comenzaremos comenzaréis comenzarán	comenzaría comenzarías comenzaría comenzaríamos comenzaríais comenzarían	**comience comiences comience comencemos comencéis comiencen**	comenzara comenzaras comenzara comenzáramos comenzarais comenzaran	comienza (no **comiences**) **comience** comenzad (no **comencéis**) **comiencen**
conocer *to know* c → zc before a, o conociendo conocido	**conozco** conoces conoce conocemos conocéis conocen	conocía conocías conocía conocíamos conocíais conocían	conocí conociste conoció conocimos conocisteis conocieron	conoceré conocerás conocerá conoceremos conoceréis conocerán	conocería conocerías conocería conoceríamos conoceríais conocerían	**conozca conozcas conozca conozcamos conozcáis conozcan**	conociera conocieras conociera conociéramos conocierais conocieran	conoce (no **conozcas**) **conozca** conoced (no **conozcáis**) **conozcan**
construir *to build* i → y; y inserted before a, e, o **construyendo** construido	**construyo construyes construye** construimos construís **construyen**	construía construías construía construíamos construíais construían	construí construiste **construyó** construimos construisteis **construyeron**	construiré construirás construirá construiremos construiréis construirán	construiría construirías construiría construiríamos construiríais construirían	**construya construyas construya construyamos construyáis construyan**	**construyera construyeras construyera construyéramos construyerais construyeran**	**construye** (no **construyas**) **construya** construid (no **construyáis**) **construyan**
leer *to read* i → y; stressed i → í **leyendo** leído	leo lees lee leemos leéis leen	leía leías leía leíamos leíais leían	leí leíste **leyó** leímos leísteis **leyeron**	leeré leerás leerá leeremos leeréis leerán	leería leerías leería leeríamos leeríais leerían	lea leas lea leamos leáis lean	**leyera leyeras leyera leyéramos leyerais leyeran**	lee (no leas) lea leed (no leáis) lean

338 trescientos treinta y ocho Apéndice

APÉNDICE D: Los verbos con cambios de ortografía
(continued)

Infinitive Present Participle Past Participle	Present Indicative	Imperfect	Preterite	Future	Conditional	Present Subjunctive	Past Subjunctive	Commands
pagar *to pay* **g → gu** before e pagando pagado	pago pagas paga pagamos pagáis pagan	pagaba pagabas pagaba pagábamos pagabais pagaban	**pagué** pagaste pagó pagamos pagasteis pagaron	pagaré pagarás pagará pagaremos pagaréis pagarán	pagaría pagarías pagaría pagaríamos pagaríais pagarían	**pague pagues pague paguemos paguéis paguen**	pagara pagaras pagara pagáramos pagarais pagaran	paga (no **pagues**) **pague** pagad (no **paguéis**) **paguen**
seguir (e → i, i) *to follow* **gu → g** before a, o siguiendo seguido	**sigo sigues sigue** seguimos seguís **siguen**	seguía seguías seguía seguíamos seguíais seguían	seguí seguiste siguió seguimos seguisteis siguieron	seguiré seguirás seguirá seguiremos seguiréis seguirán	seguiría seguirías seguiría seguiríamos seguiríais seguirían	**siga sigas siga sigamos sigáis sigan**	siguiera siguieras siguiera siguiéramos siguierais siguieran	sigue (no **sigas**) **siga** seguid (no **sigáis**) **sigan**
tocar *to play, to touch* **c → qu** before e tocando tocado toco	tocas toca tocamos tocáis tocan	tocaba tocabas tocaba tocábamos tocabais tocaban	**toqué** tocaste tocó tocamos tocasteis tocaron	tocaré tocará tocarás tocaremos tocaréis tocarán	tocaría tocarías tocaría tocaríamos tocaríais tocarían	**toque toques toque toquemos toquéis toquen**	tocara tocaras tocara tocáramos tocarais tocaran	toca (no **toques**) **toque** tocad (no **toquéis**) **toquen**

APÉNDICE E: Los verbos irregulares

Infinitive Present Participle Past Participle	Present Indicative	Imperfect	Preterite	Future	Conditional	Present Subjunctive	Past Subjunctive	Commands
*andar *to walk* andando andado	ando andas anda andamos andáis andan	andaba andabas andaba andábamos andabais andaban	**anduve anduviste anduvo anduvimos anduvisteis anduvieron**	andaré andarás andará andaremos andaréis andarán	andaría andarías andaría andaríamos andaríais andarían	ande andes ande andemos andéis anden	**anduviera anduvieras anduviera anduviéramos anduvierais anduvieran**	anda (no andes) ande andad (no andéis) anden
*caer *to fall* **cayendo** caído	**caigo** caes cae caemos caéis caen	caía caías caía caíamos caíais caían	caí caíste **cayó** caímos caísteis **cayeron**	caeré caerás caerá caeremos caeréis caerán	caería caerías caería caeríamos caeríais caerían	**caiga caigas caiga caigamos caigáis caigan**	**cayera cayeras cayera cayéramos cayerais cayeran**	cae (no caigas) **caiga** caed (**no caigáis**) **caigan**
*dar *to give* dando dado	**doy** das da damos dais dan	daba dabas daba dábamos dabais daban	**di diste dio dimos disteis dieron**	daré darás dará daremos daréis darán	daría darías daría daríamos daríais darían	**dé des dé demos deis den**	diera dieras diera diéramos dierais dieran	da (no des) **dé** dad (**no deis**) den
*decir *to say, tell* **diciendo** **dicho**	**digo dices dice decimos decís dicen**	decía decías decía decíamos decíais decían	**dije dijiste dijo dijimos dijisteis dijeron**	**diré dirás dirá diremos diréis dirán**	**diría dirías diría diríamos diríais dirían**	**diga digas diga digamos digáis digan**	**dijera dijeras dijera dijéramos dijerais dijeran**	**di** (no **digas**) **diga** decid (no **digáis**) **digan**
*estar *to be* estando estado	**estoy estás está estamos estáis están**	estaba estabas estaba estábamos estabais estaban	**estuve estuviste estuvo estuvimos estuvisteis estuvieron**	estaré estarás estará estaremos estaréis estarán	estaría estarías estaría estaríamos estaríais estarían	**esté estés esté estemos estéis estén**	**estuviera estuvieras estuviera estuviéramos estuvierais estuvieran**	**está** (no **estés**) **esté** estad (no **estéis**) **estén**

340 trescientos cuarenta   Apéndice

APÉNDICE E: Los verbos irregulares
(continued)

Infinitive Present Participle Past Participle	Present Indicative	Imperfect	Preterite	Future	Conditional	Present Subjunctive	Past Subjunctive	Commands
haber *to have* habiendo habido	he has ha [hay] hemos habéis han	había habías había habíamos habíais habían	hube hubiste hubo hubimos hubisteis hubieron	habré habrás habrá habremos habréis habrán	habría habrías habría habríamos habríais habrían	haya hayas haya hayamos hayáis hayan	hubiera hubieras hubiera hubiéramos hubierais hubieran	
*hacer *to make, do* haciendo hecho	hago haces hace hacemos hacéis hacen	hacía hacías hacía hacíamos hacíais hacían	hice hiciste hizo hicimos hicisteis hicieron	haré harás hará haremos haréis harán	haría harías haría haríamos haríais harían	haga hagas haga hagamos hagáis hagan	hiciera hicieras hiciera hiciéramos hiciérais hicieran	haz (no hagas) haga haced (no hagáis) hagan
ir *to go* yendo ido	voy vas va vamos vais van	iba ibas iba íbamos ibais iban	fui fuiste fue fuimos fuisteis fueron	iré irás irá iremos iréis irán	iría irías iría iríamos iríais irían	vaya vayas vaya vayamos vayáis vayan	fuera fueras fuera fuéramos fuerais fueran	ve (no vayas) vaya id (no vayáis) vayan
*oír *to hear* oyendo oído	oigo oyes oye oímos oís oyen	oía oías oía oíamos oíais oían	oí oíste oyó oímos oísteis oyeron	oiré oirás oirá oiremos oiréis oirán	oiría oirías oiría oiríamos oiríais oirían	oiga oigas oiga oigamos oigáis oigan	oyera oyeras oyera oyéramos oyerais oyeran	oye (no oigas) oiga oíd (no oigáis) oigan

APÉNDICE E: Los verbos irregulares
(continued)

Infinitive Present Participle Past Participle	Present Indicative	Imperfect	Preterite	Future	Conditional	Present Subjunctive	Past Subjunctive	Commands
poder (o → ue) *can, to be able* **pudiendo** podido	**puedo** **puedes** **puede** podemos podéis **pueden**	podía podías podía podíamos podíais podían	**pude** **pudiste** **pudo** **pudimos** **pudisteis** **pudieron**	**podré** **podrás** **podrá** **podremos** **podréis** **podrán**	**podría** **podrías** **podría** **podríamos** **podríais** **podrían**	**pueda** **puedas** **pueda** podamos podáis **puedan**	pudiera pudieras pudiera pudiéramos pudierais pudieran	
*poner *to place, put* poniendo **puesto**	**pongo** pones pone ponemos ponéis ponen	ponía ponías ponía poníamos poníais ponían	**puse** **pusiste** **puso** **pusimos** **pusisteis** **pusieron**	**pondré** **pondrás** **pondrá** **pondremos** **pondréis** **pondrán**	**pondría** **pondrías** **pondría** **pondríamos** **pondríais** **pondrían**	**ponga** **pongas** **ponga** **pongamos** **pongáis** **pongan**	pusiera pusieras pusiera pusiéramos pusierais pusieran	**pon** (no **pongas**) **ponga** poned (no **pongáis**) **pongan**
querer (e → ie) *to want, wish* queriendo querido	**quiero** **quieres** **quiere** queremos queréis **quieren**	quería querías quería queríamos queríais querían	**quise** **quisiste** **quiso** **quisimos** **quisisteis** **quisieron**	**querré** **querrás** **querrá** **querremos** **querréis** **querrán**	**querría** **querrías** **querría** **querríamos** **querríais** **querrían**	**quiera** **quieras** **quiera** queramos queráis **quieran**	quisiera quisieras quisiera quisiéramos quisierais quisieran	**quiere** (no **quieras**) **quiera** quered (no queráis) **quieran**
reír *to laugh* **riendo** **reído**	**río** **ríes** **ríe** **reímos** reís **ríen**	reía reías reía reíamos reíais reían	**reí** **reíste** **rio** **reímos** **reísteis** **rieron**	reiré reirás reirá reiremos reiréis reirán	reiría reirías reiría reiríamos reiríais reirían	**ría** **rías** **ría** **riamos** **riáis** **rían**	riera rieras riera riéramos rierais rieran	**ríe** (no **rías**) **ría** **reíd** (no **riáis**) **rían**

APÉNDICE E: Los verbos irregulares
(continued)

Infinitive Present Participle Past Participle	Present Indicative	Imperfect	Preterite	Future	Conditional	Present Subjunctive	Past Subjunctive	Commands
*saber *to know* sabiendo sabido	**sé** sabes sabe sabemos sabéis saben	sabía sabías sabía sabíamos sabíais sabían	**supe** **supiste** **supo** **supimos** **supisteis** **supieron**	**sabré** **sabrás** **sabrá** **sabremos** **sabréis** **sabrán**	**sabría** **sabrías** **sabría** **sabríamos** **sabríais** **sabrían**	**sepa** **sepas** **sepa** **sepamos** **sepáis** **sepan**	supiera supieras supiera supiéramos supierais supieran	sabe (no sepas) sepa sabed (no sepáis) sepan
*salir *to go out* saliendo salido	**salgo** sales sale salimos salís salen	salía salías salía salíamos salíais salían	salí saliste salió salimos salisteis salieron	**saldré** **saldrás** **saldrá** **saldremos** **saldréis** **saldrán**	**saldría** **saldrías** **saldría** **saldríamos** **saldríais** **saldrían**	**salga** **salgas** **salga** **salgamos** **salgáis** **salgan**	saliera salieras saliera saliéramos salierais salieran	sal (no salgas) salga salid (no salgáis) salgan
ser *to be* siendo sido	**soy** **eres** **es** **somos** **sois** **son**	**era** **eras** **era** **éramos** **erais** **eran**	**fui** **fuiste** **fue** **fuimos** **fuisteis** **fueron**	seré serás será seremos seréis serán	sería serías sería seríamos seríais serían	**sea** **seas** **sea** **seamos** **seáis** **sean**	fuera fueras fuera fuéramos fuerais fueran	sé (no seas) sea sed (no seáis) sean
*tener *to have* teniendo tenido	**tengo** **tienes** **tiene** tenemos tenéis **tienen**	tenía tenías tenía teníamos teníais tenían	**tuve** **tuviste** **tuvo** **tuvimos** **tuvisteis** **tuvieron**	**tendré** **tendrás** **tendrá** **tendremos** **tendréis** **tendrán**	**tendría** **tendrías** **tendría** **tendríamos** **tendríais** **tendrían**	**tenga** **tengas** **tenga** **tengamos** **tengáis** **tengan**	tuviera tuvieras tuviera tuviéramos tuvierais tuvieran	ten (no tengas) tenga tened (no tengáis) tengan

APÉNDICE E: Los verbos irregulares
(continued)

Infinitive Present Participle Past Participle	Present Indicative	Imperfect	Preterite	Future	Conditional	Present Subjunctive	Past Subjunctive	Commands
traer *to bring* **trayendo** **traído**	**traigo** traes trae traemos traéis traen	traía traías traía traíamos traíais traían	**traje** **trajiste** **trajo** **trajimos** **trajisteis** **trajeron**	traeré traerás traerá traeremos traeréis traerán	traería traerías traería traeríamos traeríais traerían	**traiga** **traigas** **traiga** **traigamos** **traigáis** **traigan**	**trajera** **trajeras** **trajera** **trajéramos** **trajerais** **trajeran**	trae (no **traigas**) **traiga** traed (no **traigáis**) **traigan**
*venir *to come* **viniendo** venido	**vengo** **vienes** **viene** venimos venís **vienen**	venía venías venía veníamos veníais venían	**vine** **viniste** **vino** vinimos vinisteis vinieron	**vendré** **vendrás** **vendrá** **vendremos** **vendréis** **vendrán**	**vendría** **vendrías** **vendría** **vendríamos** **vendríais** **vendrían**	**venga** **vengas** **venga** **vengamos** **vengáis** **vengan**	viniera vinieras viniera viniéramos vinierais vinieran	ven (no **vengas**) **venga** venid (no **vengáis**) **vengan**
ver *to see* viendo **visto**	**veo** ves ve vemos veis ven	**veía** **veías** **veía** **veíamos** **veíais** **veían**	**vi** viste **vio** vimos visteis vieron	veré verás verá veremos veréis verán	vería verías vería veríamos veríais verían	**vea** **veas** **vea** **veamos** **veáis** **vean**	viera vieras viera viéramos vierais vieran	ve (no **veas**) **vea** ved (no **veáis**) **vean**

*Verbs with irregular *yo*-forms in the present indicative

GLOSARIO ESPAÑOL-INGLÉS

These glossaries include the words and expressions that are introduced as new vocabulary in the textbook except verb forms, proper nouns, identical cognates, regular superlatives and diminutives, and most adverbs ending in *-mente*. These vocabulary items are listed in order of the Spanish alphabet, and only meanings used in the textbook are provided. Verbs appear in the infinitive form. Stem changes are indicated in parentheses: e.g., *divertirse (e → ie, i)*. The number or letters following each vocabulary entry indicates the lesson in which the word or expression with that particular meaning first appears. The following abbreviations are used:

adj.	adjective	*f.*	feminine	*n.*	noun	*prep.*	preposition
adv.	adverb	LP	Lección preliminar	PER.	Perspectivas	*pron.*	pronoun
conj.	conjunction	*m.*	masculine	*pl.*	plural	*s.*	singular

A

a cámara lenta in slow motion 14
¿A cómo está el cambio? What's the exchange rate? 12
¿A cuánto está la temperatura? What's the temperature? 6
a la hora on time 3
a menos que *conj.* unless 13
a pesar de *conj.* despite 13
¿A qué hora? (At) What time? 3
a veces sometimes 4
abogado(a) *m., f.* lawyer, attorney 5
abrigo *m.* overcoat 11
abril April 3
abrir *v.* to open LP
abuela *f.* grandmother 4
abuelo *m.* grandfather 4
aburrido *adj.* bored 5
acabar de + *infinitive* to have just (*done something*) 8
aceite *m.* oil 8
aceituna *f.* olive 10
aceptar *v.* to accept 3
acera *f.* sidewalk 6
acompañar *v.* to accompany, to go along 7
aconsejar *v.* to advise 12
acostarse (o → ue) *v.* to go to bed 6

acuerdo *m.* agreement 7
adiós good-bye LP
adivinar *v.* to guess 4
¿Adónde? Where to? 3
adornar *v.* to adorn 10
afeitarse *v.* to shave 6
afuera *adv.* away 4
agente de viajes *m., f.* travel agent 5
agosto August 3
agotamiento de la capa de ozono *m.* ozone depletion 15
agregarle *v.* to add 9
agua *f.* water 8
ahora now 2
ahora mismo right now 14
ahorrar *v.* to save (*money, time*) 12
aire acondicionado *m.* air conditioning 13
aire libre *m.* open air 10
ajetreo *m.* bustling about 13
ají *m.* chili pepper 10
ajo *m.* garlic 10
al igual que similar to, as 7
al mes per month, monthly 6
albergue *m.* inn 13
albergue de peregrinos *m.* refuge for pilgrims 13
álbum para fotos *m.* album 9
alegrarse (de) *v.* to be glad (about) 12

alegría *f.* happiness 9
alemán(a) German LP
alfabetizar *v.* to teach reading and writing 15
algo something, anything 8
algo para el hogar something for the home 9
alguien somebody, someone, anyone 9
algún any, some 4
alguno(s) some, any 9
allí there 4
almacén *m.* department store 9
almorzar (o → ue) *v.* to have (eat) lunch 5
almuerzo *m.* lunch 8
alojarse *v.* to lodge 10
alquilado *adj.* rented 6
alquilar *v.* to rent 13
alteraciones del sueño *f.* agitated dream 15
alto *adj.* high 1
amable *adj.* nice 9
amarillo *adj.* yellow 11
ambiental *adj.* environmental 15
ambiente *m.* environment 12
amigo(a) *m., f.* friend 2
analfabetismo *m.* illiteracy 15
anaranjado *adj.* orange 11
anciano(s) *m., f.* elderly, the elderly 1

andar *v.* to walk 13
anillo *m.* ring 9
anoche last night 5
anteojos de sol *m.* sunglasses 11
antes de (que) *conj.* before 13
antes de + *infinitive* *prep.* before 13
antipático *adj.* unpleasant 1
anuncio *m.* advertisement, announcement 10
apellido *m.* last name 4
aperitivos *m.* appetizers 8
apreciado *adj.* appreciated 7
aprender *v.* to learn 3
aquí here 2
árabe Arabic LP
árbol *m.* tree 15
archivado *adj.* filed 4
arepa *f.* bread made from white corn flour, water, and salt 9
aretes *m.* earrings 9
argentino(a) *m., f.* Argentine LP
armas nucleares *f.* nuclear arms 15
arquitectura *f.* architecture 2
arreglado *adj.* made up (*e.g., a hotel room*) 13
arroz *m.* rice 8
arroz con leche *m.* rice pudding 5
artesanías *f.* crafts 10
ascensor *m.* elevator 13
asistir a *v.* to attend 13
asunto *m.* affair 12
audición *f.* hearing 15
aumentar *v.* to raise 12
aumento *m.* raise 12
aunque *conj.* although, even though 13
avión *m.* airplane 13
avisar *v.* to inform 15
ayer yesterday 5
ayudar *v.* to help 4
azúcar *m.* sugar 8
azul *adj.* blue 11

B

bailar *v.* to dance 3
baile *m.* dance 2
bajo *adj.* low 1
banco *m.* bank
bañarse *v.* to take a bath 6
baño *m.* bathroom 6
barato *adj.* inexpensive 9
barba *f.* beard 6
barco *m.* ship 7
barrio *m.* neighborhood 10
beber *v.* to drink 3
bebida *f.* drink 7
Belén Bethlehem 9
bellas artes *f.* fine arts 2
bellezas naturales *f.* natural beauties 7
biblioteca *f.* library 2
bicicleta *f.* bicycle 2
bien *adj.* well, fine, good, okay 1/3
Bien. Muchas gracias. Fine. Thank you very much. 1
bienvenido(a) welcome 1
biología *f.* biology 2
bistec *m.* steak 8
blanco *adj.* white 8
blusa *f.* blouse 11
boca *f.* mouth 14
bocina *f.* horn 15
boda *f.* wedding 9
boleto *m.* ticket 13
bolígrafo *m.* pen 9
boliviano(a) Bolivian LP
bolsa *f.* purse, stock market 11/12
bonito(a) *adj.* pretty, beautiful 1/5
botas *f.* boots 11
brazalete *m.* bracelet 9
brazo *m.* arm 14
brécol (broculi) *m.* broccoli 10
brindar *v.* to toast 8
brindis *m.* toast 8
brusco *adj.* rude, rough 14
¡Buen provecho! Have a nice meal! 8
¡Buena onda! All right! 7
buenas noches good evening LP
buenas tardes good afternoon LP
bueno, mejor, el (la) / los (las) mejores good, better, the best 10
bueno good, well 1/3
buenos días good morning LP
buscar *v.* to look for 5

C

caballo *m.* horse 7
cabeza *f.* head 14
cada each, every 4
café *adj.* coffee 2
café *m.* brown (*eyes*), brown (*Mexico*) 11
caja *f.* cash register 10
calabaza *f.* type of small squash 10
calamar *m.* squid 8
calcetines *m.* socks 11
calculadora *f.* calculator 9
cálculo *m.* calculus 2
calentamiento del planeta *m.* global warming 15
calidad *f.* quality 10
caliente *adj.* hot 8
calle *f.* street 13
cama *f.* bed 13
cámara *f.* camera 7
cambiar *v.* to change, to switch 3/8
caminar *v.* to walk 2
camisa *f.* shirt 11
camiseta *f.* T-shirt 11
canadiense Canadian LP
cansado *adj.* tired 4
cantante *m., f.* singer 7
cantar *v.* to sing 7
cara *f.* face 6
cariñoso *adj.* sweet 7
carne *f.* meat 8
carnicería *f.* butcher shop 9
caro *adj.* expensive 9
carrera *f.* race 7

carretera *f.* highway 13
carta *f.* letter 3
cartera *f.* purse 11
casa *f.* house 2
casado (con) *adj.* married (to) 4
casarse (con) *v.* to marry, to get married (to) 4
casi almost 4
castaño *adj.* brown (*hair and eyes*) 11
castillo *m.* castle 13
catarro *m.* cold 14
catorce fourteen 2
cebolla *f.* onion 10
celebrar *v.* to celebrate 8
cena *f.* dinner, supper 3
cenar *v.* to have (eat) supper 6
centro *m.* center 2
cerca de *adv.* near 4
cereza *f.* cherry 10
cero zero 2
cerrado closed, enclosed 8
cerrar (e → ie) *v.* to close 11
cerveza *f.* beer 3
chao bye 1
chaqueta *f.* jacket 11
cheque *m.* bank 12
cheque de viajero *m.* traveler's check 12
chequera *f.* checkbook 12
chileno(a) *m., f.* Chilean LP
chino(a) Chinese LP
chocolate *m.* chocolate bar 7
ciencia *f.* science 2
ciencias políticas *f.* political science 2
científico(a) *m., f.* scientist 5
cierre *v.* close LP
cinco five 2
cincuenta fifty 2
cine *m.* movie theater 3
cinta *f.* tape (recording) 7
cinturón *m.* belt 11
cita *f.* appointment 3
claro *adj.* light 11
¡Claro que sí! Of course! 3
clase *f.* class LP
clínica *f.* clinic 14

cobrar *v.* to cash (*a personal check*) 12
cocinar *v.* to cook 14
coliflor *f.* cauliflower 10
collar *m.* necklace 9
colmado *m.* grocery store (*Spain, Puerto Rico*) 10
colombiano(a) *m., f.* Colombian LP
comentar *v.* to comment 10
comenzar (e → ie) *v.* to start, to begin 3
comer *v.* to eat 3
comerciante *m., f.* business person 5
comestibles *m.* groceries 10
comida *f.* food, meal, lunch 3/8
como like, as 2
¿Cómo? How? What? 1
¿Cómo está usted? How are you? (*formal*) LP
¿Cómo están las cosas? How are things going? 4
¿Cómo estás? How are you? (*informal*) 1
cómo hablar del pasado how to talk about the past 5
cómo no of course 13
¿Cómo se dice...? How do you say . . . ? LP
¿Cómo se llama usted? What's your name (*formal*)? 1
¿Cómo te llamas? What's your name? (*informal*) LP
cómodo *adj.* comfortable 11
compañero(a) de clase *m., f.* classmate 2
compañero(a) de cuarto roommate 2
compartir *v.* to share 12
comprar *v.* to buy 6
comprender *v.* to understand 3
compuesto *m.* compound 4
computación *f.* computer science 2
computadora *f.* computer 2
con with 1

¡Con mucho gusto! It's a pleasure! 12
¿Con quién? With whom? 3
con tal (de) que *conj.* provided (that) 13
concierto *m.* concert 7
conmigo with me 3
conocer *v.* to know, to meet 4
conseguir (e → i, i) *v.* to get, to obtain 13
conservar *v.* to conserve 15
considerar *v.* to consider 9
contabilidad *f.* accounting 1
contador(a) *m., f.* accountant 5
contaminación del aire (agua) *f.* air (water) pollution 15
contar (o → ue) *v.* to count, to tell 7
contento *adj.* happy 4
contigo with you 12
contra against 7
contribuir *v.* to contribute 4
controlar *v.* to control 15
convencer *v.* to convince 12
corbata *f.* necktie 11
correr *v.* to jog, to run 7
cortar *v.* to cut 10
corto *adj.* short 13
costar (o → ue) *v.* to cost 9
costarricense *n.* Costa Rican LP
costumbre *f.* custom 15
crecimiento *m.* growth 12
creencia *f.* belief 9
creer *v.* to believe, to think 6
crema *f.* cream 8
crianza *f.* breeding 15
cuadro *m.* painting 13
¿Cuál es tu dirección? What is your address? 2
¿Cuál es tu número de teléfono? What is your telephone number? 2
cualquier *adj.* any 12
¿Cuándo? When? 3
cuanto antes mejor *conj.* the sooner the better 12
¿Cuánto cuesta(n)... ? How much is / are . . . ? 11

¿Cuántos? How many? 2
¿Cuántos años tienes? How old are you? 1
cuarenta forty 2
cuarto m. room (Latin America) 6
cuatro four 2
cubano(a) m., f. Cuban LP
cuello m. neck 14
cuenta f. bill 8
cuenta corriente f. checking account 12
cuenta de ahorros f. savings account 12
cuidarse v. to take care 14
cumpleaños m. birthday 6
cuñada f. sister-in-law 4
cuñado m. brother-in-law 4
curanto (Chile) m. food prepared in an underground oven 8
curso electivo m. elective 5

D

daño m. damage 15
dar v. to give 4
dar a la calle to face the street 13
darse cuenta (de) v. to realize 15
¿De dónde? From where? 1
¿De dónde eres? Where are you from? LP
¡De nada! You are welcome! 3
de película excellent, amazing 9
¿De qué? Of /About what? 3
deber v. to ought (should) 3
débil adj. weak 15
decibelio m. decibel 15
decidir v. to decide 5
decir (e → i) v. to say, to tell 5
dedo m. finger 14
dejar v. leave 8
delgado adj. thin 1
delincuencia f. crime 15
demasiado adv. too much 12
depende it depends 11
dependiente depending 4

deportista m., f. athlete 7
depositar v. to deposit (money) 12
derecha, a la to (on) the right 13
derecho m. law, right 2/13
desarrollado adj. developed 14
desarrollar v. to develop 12
desayunar v. to have (eat) breakfast 6
desayuno m. breakfast 8
descansar v. to rest 2
descapacitado adj., m., f. disabled 15
descubrir v. to discover 9
desde prep. from (a place) 14
desde entonces adv. since then 11
¿Desea algo más? Anything else? 10
desear v. to desire, wish 12
desechos tóxicos m. toxic wastes 15
desnutrición f. malnutrition 15
despertarse (e → ie) v. to wake up 6
despoblación forestal f. deforestation 15
después adv. afterward 4
después (de) que conj. after 13
después de + infinitive prep. after (doing something) 13
destrucción f. destruction 15
destruir v. to destroy 15
deuda f. debt 12
día m. day 1
diario m. daily 6
diciembre December 3
diecinueve nineteen 2
dieciocho eighteen 2
dieciséis sixteen 2
diecisiete seventeen 2
dientes m. teeth 6
diez ten 2
difícil adj. difficult 2
dinero m. money 2
dioses m. gods 9
disco compacto m. compact disc 2

diseñar v. to design 11
disfrutar v. to enjoy 12
disgustos m. dislikes 7
distribuidor m. distributor 10
divertirse (e → ie, i) v. to have fun 7
divorciado adj. divorced 4
doble adj. double 13
doce twelve 2
doctor(a) m., f. doctor 1
dolencia f. disease, ache 14
doler (o → ue) v. to hurt 14
dolor m. pain, ache 14
dolor de cabeza m. headache 14
dolor de garganta m. sore throat 14
dolor de muelas m. toothache 14
dolor de oídos m. earache 14
domingo Sunday 3
dominicano(a) m., f. Dominican 1
¿Dónde? Where? 1
dormir (o → ue, u) v. to sleep 5
dormirse (o → ue, u) v. to fall asleep 6
dormitorio m. bedroom 2
dos two 2
dos veces twice 4
drogas ilegales f. illegal drugs 15
ducha f. shower 13
ducharse v. to take a shower 6
duda f. doubt 3
dudar v. to doubt 13
dueño(a) m., f. owner 10
dulce adj. sweet 7
dulces m. candy 7
durante adv. during 7
durazno m. peach 10
duro adj. hard, difficult 5

E

ecología f. ecology 2
economía f. economy 2

económico *adj.* inexpensive 13
ecuatoriano(a) *m., f.* Ecuadorian LP
edificios históricos *m.* historic buildings 13
educación sin fronteras *f.* learning without borders 15
educar *v.* to educate 15
él he 1
ella she 1
ellos(as) they 1
El gusto es mío. My pleasure. 1
el (la) más + *adjective* the most____, the ____-est 10
el lunes on Monday 3
el mejor the best 5
el segundo second 4
el, la, los, las *art.* the LP
electricidad *f.* electricity 15
eliminar *v.* to eliminate 15
emocionante *adj.* exciting 7
empeño *m.* determination 10
empresa *f.* company 10
en casa at home 2
en caso (de) que *conj.* in case (of) 13
en punto *adv.* on the dot 3
¿En qué fecha? On what date? 3
¿En qué puedo servirle / ayudarle? How may I help you? 10
Encantado(a). Nice to meet you. 1
encontrar (o → ue) *v.* to find 5
encontrarse (o → ue) *v.* to find each other 6
energía *f.* energy 15
enero January 3
enfermarse *v.* to get sick 14
enfermedad *f.* illness, disease 14
enfermedades graves *f.* serious illnesses 15
enfermero(a) *m., f.* nurse 5
enfermo *adj.* sick, ill 4
enojado *adj.* angry 4
ensalada *f.* salad 8
enseñanza *f.* teaching 15

enseñar *v.* to teach 2
entonces *adv.* then 5
entre between 11
entrevista *f.* interview 3
entusiasmado *adj.* excited 13
epifanía *f.* epiphany 9
equipo *m.* team, equipment 7/9
equipo de sonido *m.* CD, radio, cassette, and speakers 9
equipo deportivo *m.* sports equipment 9
equivale is worth 10
es importante it's important 12
es la una de la mañana it's one in the morning 3
Es lástima. It's too bad. It's a shame. 12
escasez de recursos naturales *f.* shortage of natural resources 15
esclavo *m., f.* slave 9
escoger *v.* to choose 4
escribir *v.* to write LP
escritor(a) *m., f.* writer 3
escritorio *m.* desk 2
escuchar *v.* to listen LP
escuela *f.* school 4
escurrir *v.* to drain 10
eso that 3
español(a) *m., f.* Spanish 1
espejo *m.* mirror 13
esperar *v.* to hope 12
espinaca *f.* spinach 10
esposa *f.* wife 1
esposo *m.* husband 1
esquiar *v.* to ski 7
¿Está bien? Is this okay? 3
está despejado it's clear 6
está lloviendo it's raining 6
está nevando it's snowing 6
esta noche tonight 3
está nublado it's cloudy 6
esta película this movie 3
estadística *f.* statistics 2
Estados Unidos *m.* United States LP
estadounidense *m., f.* American LP

estampilla *f.* stamp 12
están conversando they are talking 5
¡Están en su casa! Make yourselves at your home! 4
están financiadas are financed 5
estante de libros *m.* bookshelf 2
estar *v.* to be 4
estar a su servicio to be at your service 13
estar de acuerdo to agree 8
estar en onda to be fashionable 8
estar listo to be ready 11
estar premiado to be rewarded 10
estar sorprendida to be surprised 11
este *m.* east LP
este fin de semana *m.* this weekend 3
estéreo *m.* stereo 2
esto this 3
estómago *m.* stomach 14
estoy de acuerdo I agree 8
estrella *f.* star 13
estudiante *m., f.* student 1
estudiar *v.* to study 2
examen *m.* exam 2
examinarse *v.* to examine 14
exquisito *adj.* exquisite 10
extinción de animales *f.* species extinction 15
extranjero(a) *m., f.* foreigner 2
extranjero, al abroad 13

F

fábrica *f.* factory 5
fabuloso *adj.* fabulous 7
fácil *adj.* easy 2
falda *f.* skirt 11
fama *f.* fame 10
familia *f.* family 1
febrero February 3
fecha *f.* date 3

feliz *adj.* happy 9
¡Feliz Navidad! Merry Christmas! 9
feo *adj.* ugly 1
ferrocarril *m.* railroad 12
fibra *f.* fiber 10
fiebre *f.* fever 14
fiesta *f.* party 3
fijo fixed 8
firmar *v.* to sign (*one's name*) 12
flor *f.* flower 9
florería *f.* flower shop 9
fondo del mar *m.* bottom of the sea 7
formulario *m.* form 13
fragata rusa *f.* Russian frigate 7
francés(a) *adj.* French 1
fresa *f.* strawberry 10
fresco *adj.* fresh 10
frijoles *m.* beans 10
frijoles negros *m.* black beans 5
frito *adj.* fried 8
fruta *f.* fruit 8
fuerte *adj.* strong 15
futbolista *m., f.* soccer player 7

G

gambas al ajillo *f.* fried shrimp flavored with garlic 8
ganancia *f.* profit 10
ganar *v.* to earn 5
garganta *f.* throat 14
gastar *v.* to spend (*money*) 5
gastos *m.* expenses 12
gato *m.* cat 2
generoso *adj.* generous 1
gerente *m., f.* manager 5
gesto *m.* gesture 3
gobierno *m.* government 15
gordo *adj.* fat 1
grabadora *f.* tape recorder 2
Gracias por pensar en mí. Thanks for thinking of me. 15
grande *adj.* big, large 1
granja *f.* farm 10
gratuito *adj.* for free 13
gratuitamente *adv.* for free 13

grave *adj.* serious (*e.g., situation*) 14
griego(a) Greek LP
grifo *m.* tap, faucet 14
gripe *f.* flu 14
gris *adj.* gray 11
guante *m.* glove 11
guapo *adj.* good-looking, handsome 1
guatemalteco(a) *m., f.* Guatemalan LP
guerra *f.* war 7
guía turística *m., f.* tourist guide 5
guiar *v.* to guide 10
guineo(a) ecuatorial *adj.* Equatorial Guinean LP
guisado *m.* stew 8
guitarra *f.* guitar 7
gustos *m.* likes 7

H

haber *v.* to have (*as an auxiliary*) 13
habitación doble *f.* double room 13
habitación sencilla *f.* single room 13
hablar *v.* to speak 2
Hace (buen/mal) tiempo. It's (nice/bad) weather. 6
Hace calor. It's hot. 6
hace dos semanas two weeks ago 6
Hace fresco. It's cool. 6
Hace frío. It's cold. 6
Hace sol. It's sunny. 6
Hace viento. It's windy. 6
hacer *v.* to do, to make 3
hacer ejercicio *v.* to exercise 7
hacer esnorquel *v.* to snorkel 9
hacer la reservación to make a reservation 13
hacer submarinismo to scuba dive 7
hacer un pedido to make an order 10

hacerse rico to become rich 12
hacienda *f.* plantation, farm 12
hasta *prep.* to (*a place*) 14
¡Hasta luego! See you later! 1
¡Hasta mañana! See you tomorrow! 1
hasta que *conj.* until 13
hecho made 11
helado *m.* ice cream 7
hermana *f.* sister 2
hermanastra *f.* stepsister 4
hermanastro *m.* stepbrother 4
hermano *m.* brother 2
hermoso *adj.* beautiful 13
hervir (e → ie, i) *v.* to boil 14
hielo *m.* ice 8
hierro *m.* iron 10
hija *f.* daughter 1
hijo *m.* son 1
hispano *adj.* Hispanic 10
hogar *m.* home 9
¡Hola! Hello! LP
holandés(a) *m., f.* Dutch LP
hombre *m.* man 4
hondureño(a) *m., f.* Honduran LP
honrar *v.* to honor 4
hora *f.* hour 2
horario *m.* schedule 3
hoy *adv.* today 3
huella *f.* footstep 13
hueso *m.* bone 10

I

impresora *f.* printer 2
incluir *v.* to include 4
indú *m., f.* Hindu LP
ingeniería *f.* engineering 2
ingeniero(a) *m., f.* engineer 5
inglés *m.* English (*language*) 2
inglés(a) *m., f.* English (*nationality*) LP
ingreso *m.* earnings 12
inmaculada concepción *f.* immaculate conception 9
inodoro *m.* toilet 13
insistir (en) *v.* to insist (on) 12

instalaciones *f.* facilities 13
interrumpir *v.* to interrupt 5
inventar *v.* to invent 12
invertir (e → ie, i) *v.* to invest 12
investigador(a) *m., f.* researcher 5
invierno *m.* winter 6
invitado(a) *m., f.* guest 7
invitar *v.* to invite 3
ir *v.* to go 2
ir a medias to go halves 11
ir de compras to go shopping 7
ir de marcha to party, to go out (*Spain*) 13
isla *f.* island 7
izquierda, a la to (on) the left 13

J

jabón *m.* soap 13
jamón *m.* ham 8
japonés(a) *adj.* Japanese LP
joven *adj.* young 1
joyas *f.* jewelry 9
joyería *f.* jewelry store 9
juego *m.* game 7
juego de vídeo *m.* video game 9
jueves Thursday 3
jugar (u → ue) *v.* to play 4
jugar cartas to play cards 7
jugar fútbol to play soccer 7
jugo *m.* juice 6
juguete *m.* toy 9
julio July 3
junio June 3
juntos together 9
juvenil *adj.* youthful 11

L

la her, you (*formal*), it (*f.*) 8
la semana pasada last week 5
lámpara *f.* lamp 13
lápiz *m.* pencil 9
las you (*formal*), them (*f.*) 8

lavabo *m.* sink 13
lavar(se) *v.* to wash (up) 6
lavarse los dientes to brush one's teeth 6
leche *f.* milk 8
lechuga *f.* lettuce 10
leer *v.* to read LP
lejos *adv.* far 14
lengua *f.* language, tongue 2/14
lento *adj.* slow 9
letras *f.* humanities 2
levantarse *v.* to stand up LP
librería *f.* bookstore 9
ligero *adj.* light (*in weight*) 8
limón *m.* lemon 8
limpio *adj.* clean 13
limpiar (la nieve) *v.* to shovel (snow) 6
llamada telefónica *f.* telephone call 13
llave *f.* key 13
llegar *v.* to arrive 2
llevar *v.* to take, to wear (*clothing*) 5/9
llover (o → ue) *v.* to rain 6
lluvia *f.* rain 6
lluvia ácida *f.* acid rain 15
lo him, you (*formal*), it (*m.*) 8
lo pasamos muy bien we had a great time 9
¡Lo pasé muy bien! I had a good time! 7
lo siento (mucho) I'm (very) sorry 13
¡Lo siento! I'm sorry! 3
lógico *adj.* logical 12
los you (*formal*), them (*m.*) 8
luego then 4
lugar *m.* place 4
lunes Monday 3

M

madrastra *f.* stepmother 4
madre *f.* mother 2
madrina *f.* godmother 4
magnífico *adj.* magnificent 10
mal *adj.* not well LP

maleta *f.* suitcase 13
malo *adj.* bad 1
malo, peor, el (la) / los (las) peor(es) bad, worse, the worst 10
mandar *v.* to send 9
manejar *v.* to drive 13
mano *f.* hand 1
mano de obra barata *f.* cheap labor force 15
mantener *v.* to maintain 5
mantequilla *f.* butter 8
manzana *f.* apple 10
mañana *adv.* tomorrow 3
maquillarse *v.* to put on makeup 6
máquina contestadora *f.* answering machine 13
máquina de afeitar *f.* electric razor 9
máquina de escribir *f.* typewriter 9
máquina de fax *f.* fax machine 9
marginación *f.* close to the lower limit of quality 15
mariscos *m.* seafood 8
marrón *adj.* brown 11
martes Tuesday 3
marzo March 3
más antiguo *adj.* older 13
más o menos so-so LP
más tarde later 3
más / menos que more / less than 10
matemáticas *f.* mathematics 2
mayo May 3
mayor *adj.* older 4
me duele el estómago I have a stomachache 14
me gustaría I would like 3
Me llamo… My name is … LP
me parece increíble it seems incredible to me 9
me parece estupendo it's wonderful 13
me / te gusta I / you like 2
medianoche *f.* midnight 3

medias *f.* stockings 11
medicina *f.* medicine 14
médico(a) *m., f.* doctor 5
medidas *f.* means 15
medio kilo one-half kilo 10
mejoría *f.* improvement in health 14
menor *adj.* younger 4
mercado *m.* market 8
mercadotecnia *f.* marketing 2
merienda *f.* snack 5
mermelada *f.* jam 8
mesa *f.* table 13
metro *m.* subway 12
mexicano(a) *m., f.* Mexican LP
mí me 5
mi(s) my 1
miembro *m.* member 4
mientras tanto meanwhile 5
miércoles Wednesday 3
mirar *v.* to watch, to look LP
misa de aguinaldo early morning Mass 9
mochila *f.* backpack 11
molestar *v.* to bother 12
moneda *f.* currency 10
montar a caballo to go horseback riding 7
montar en bicicleta to go bicycling 7
morado *adj.* purple 11
moreno *adj.* dark-skinned *(Mexico)* 11
morirse (o → ue) *v.* to die 13
mortalidad infantil *f.* infant mortality 15
mostrador *f.* counter 12
mover (o → ue) *v.* to move *(something)* 12
muchas veces very often 4
mucho much, a lot 2
Mucho gusto. Nice to meet you. 1
muebles *m.* furniture 13
mujer *f.* woman 4
multar (poner una multa) *v.* to fine 15
mundo *m.* world LP

museo *m.* museum 7
músico(a) *m., f.* musician 5
muy very 1

N

nacer *v.* to be born 4
nacimiento *m.* nativity 9
nada nothing, nothing . . . at all 5
nadador(a) *m., f.* swimmer 14
nadar *v.* to swim 7
nadie nobody, no one, not anyone 5
naranja *f.* orange 8
nariz *f.* nose 14
natación *f.* swimming 14
naturaleza *f.* nature 4
navegar *v.* to navigate 6
Navidad *f.* Christmas 9
necesitar *v.* to need 2
negocios *m.* business 1
negro *adj.* black 11
nevar (e → ie) *v.* to snow 6
ni... ni neither . . . nor 9
nicaragüense *m., f.* Nicaraguan LP
nieta *f.* granddaughter 4
nieto *m.* grandson 4
nieve *f.* snow 6
ningún no, none, not any 9
ninguno no, none, not any 9
nivel *m.* level 10
no fumar nonsmoking 8
no importa it doesn't matter 6
nochebuena *f.* Christmas Eve
norte *m.* north LP
norteamericano(a) *m., f.* North American LP
nos us 8
nos gustaría we would like 4
nos interesa it's interesting to us 5
nosotros(as) we 1
notar *v.* to notice 9
noticias *f.* news 12
noventa ninety 2
novia *f.* girlfriend 2

noviembre November 3
novio *m.* boyfriend 2
nuera *f.* daughter-in-law 4
nuestro our, ours 1
nueve nine 2
nuevo *adj.* new 1
número *m.* shoe size 11
nunca never, not ever 4

O

o... o either . . . or 9
observar *v.* to observe 6
ochenta eighty 2
ocho eight 2
octubre October 3
ocupado *adj.* busy 4
oeste *m.* west LP
ofender *v.* to offend 8
oficina de correos *f.* post office 12
oficinista *m., f.* office worker 5
oír *v.* to hear 6
Ojalá (que) + *subjunctive* Let's hope (that) 12
ojo *m.* eye 14
olvidar *v.* to forget 13
once eleven 2
once *f.* late afternoon snack *(Chile)* 8
ONG non-government organization 15
oreja *f.* ear (outer) 14
organizado *adj.* organized 13
oro *m.* gold 9
os you *(informal)* 8
oscuro *adj.* dark 11
otoño *m.* fall 6
¿Otra cosa? Anything else? 10
otra vez again 4
oye listen 2

P

paciente *m., f.* patient 14
padrastro *m.* stepfather 4
padre *m.* father 2
padres *m.* parents 2

padrino *m.* godfather 4
pagar *v.* to pay (for) 11
país *m.* country LP
palomitas de maíz *f.* popcorn 7
pan *m.* bread 8
pan tostado *m.* toast 8
panameño(a) *m., f.* Panamanian LP
pantalones *m.* pants 11
pañuelo *m.* scarf 11
papas *f.* potatoes 8
papas fritas *f.* french fries 7
papel *m.* role 8
papel higiénico *m.* toilet paper 13
papel para cartas *m.* stationery 9
papelera *f.* wastebasket 2
papelería *f.* stationery store 9
para *prep.* for, in order to 2
para (que) *conj.* so (that) 13
paraguas *m.* umbrella 11
paraguayo(a) *m., f., adj.* Paraguayan LP
parar *v.* to stop 13
pardo *adj.* brown 11
parque *m.* park 7
parrilla *f.* grilled, BBQ 8
partido *m.* game, match 7
pasar *v.* to spend (*time*) 9
pasear *v.* to take a walk 7
pastel (torta) *m. (f.)* pastry 8
pastelería *f.* pastry shop 9
pastilla *f.* pill 14
patinar *v.* to skate 7
patología *f.* pathology (*the conditions of a particular disease*) 14
paz *f.* peace 7
pedazo *m.* piece 8
pedir (e → i, i) *v.* to ask for, to order 5
pedir prestado (e → i, i) *v.* to borrow 12
peinarse *v.* to comb one's hair 6
pelar *v.* to peel 14
película de vídeo *f.* video movie 3
peluquería *f.* hair salon 11

pensar (e → ie) *v.* to think, to intend 4
pensión *f.* boardinghouse 5
pequeño *adj.* small 1
pera *f.* pear 10
perder (e → ie) to lose 10
pérdida *f.* loss 15
perezoso *adj.* lazy 1
perfumería *f.* perfume shop 9
periódico *m.* newspaper 3
periodismo *m.* journalism 2
periodista *m., f.* journalist 5
permiso de trabajo *m.* working permit 15
permitir *v.* to permit 12
pero but 2
perro *m.* dog 2
peruano(a) *m., f.* Peruvian LP
pescado *m.* fish (*caught*) 8
pie *m.* foot 14
pierna *f.* leg 14
pijama *f.* pajamas 6
pimentón (pimiento) *m.* pepper 10
pintura *f.* painting 2
piña *f.* pineapple 10
pipa *f.* gourd 10
piscina *f.* swimming pool 7
plan de estudio *m.* curriculum 5
planificar *v.* to plan 12
plantar *v.* to plant 15
plata *f.* silver 9
plátano (banana) *m. (f.)* banana 10
plátano dulce *m.* sweet plantain 6
playa *f.* beach 6
pobre *adj.* poor 15
pobreza *f.* poverty 15
pocos few 2
poder *v.* to be able to 3
policía *m., f.* police officer 5
política *f.* politics 15
pollo *m.* chicken 8
poner *v.* to put, to turn on, to play (*e.g., stereo*) 4/9
ponerse *v.* to put on 6

por *prep.* for, on 2
por cierto by the way 15
por eso that's why 2
por la mañana in the morning 3
por la noche at night 2
por la tarde in the afternoon 2
por lo menos at least 12
¿Por qué? Why? 3
por teléfono by phone 2
porque because 3
portugués(a) Portuguese LP
posada *f.* inn 9
practicar *v.* to practice 3
prácticas de trabajo *f.* internship 3
precio *m.* price 10
preferir (e → ie, i) *v.* to prefer 5
pregunta *f.* question 2
prejudicar *v.* to damage 15
prejuicio *m.* prejudice 15
premio *m.* prize 10
prenda *f.* article 11
preocupación *f.* problem 15
preocupado *adj.* worried 4
preocuparse (de), (por) *v.* to worry (about) 5
preparar *v.* to prepare 6
presentar *v.* to introduce (*somebody to someone*) 7
prestar *v.* to lend 12
presupuesto *m.* budget 12
prevenir (e → ie, i) *v.* to prevent 15
prima *f.* female cousin 4
primaria *f.* primary school 5
primavera *f.* spring 6
primera vez *f.* first time 4
primero *adj.* first 3
primo *m.* male cousin 4
privado *adj.* private 13
probar (o → ue) *v.* to try 8
probarse (o → ue) *v.* to try on 11
problema *m.* problem 15
producir *v.* to produce 15
producto *m.* product 15

profesor(a) *m., f.* instructor, teacher, professor 1
programador(a) *m., f.* computer programmer 5
prohibir *v.* to forbid 12
pronto soon 6
propina *f.* tip 8
propio *adj.* own 9
proteger *v.* to protect 15
próximo *adj.* next 9
psicología *f.* psychology 2
público *m.* public 15
puerta *f.* door 13
puertorriqueño(a) *m., f.* Puerto Rican 1
pues *adv.* well 2
puesto *m.* stand 10
pulsera *f.* bracelet 9
¡Pura vida! Excellent! Amazing! Fabulous! 5

Q

¿Qué? What? LP
¡Qué alegría! How wonderful! 4
¿Qué carrera sigues? What career are you pursuing? 5
¡Qué chévere! How great! 11
¿Qué hora es? What time is it? 3
¡Qué lindo! How beautiful! 9
¿Qué más? What else? 10
¡Qué padre! Amazing! Wonderful! (*Mexico*) 3
¿Qué piensas? What do you think? 10
¡Qué rico! How delicious! 3
¿Qué significa…? What's the meaning of . . . ? LP
¿Qué tal? How's everything? What's going on? 1/6
¿Qué tiempo hace? What's the weather like? 6
¿Qué tiene usted? What's the problem? 14
quedarse *v.* to fit (*clothing*) 11
quejarse (de) *v.* to complain (about) 12

querer (e → ie) *v.* to want, to love 3
querido dear (*term of affection*) 8
queso *m.* cheese 8
¿Quién? Who? 1
¿Quieres ir al cine? Do you want to go to the movies? 3
¿Quieres…? Do you want . . . ? 2
Quiero presentarte a… I want you to meet… 1
química *f.* chemistry 2
quince fifteen 2
quitarse *v.* to take off 6

R

radiograbadora *f.* boom box 9
rápidamente *adv.* fast, rapid, quickly 2
rato *m.* while 14
recepción *f.* front desk 13
recibir *v.* to receive 3
recibo *m.* receipt 10
reciclar *v.* to recycle 15
recoger *v.* to pick up 3
recomendar (e → ie) *v.* to recommend 12
recopilación *f.* compilation 13
recordar (o → ue) *v.* to remember 8
recursos *m.* resources 12
recursos naturales no renovables *m.* non-renewable resources 15
recursos naturales renovables *m.* renewable resources 15
reducir *v.* to reduce 15
refinado *adj.* refined 11
refresco *m.* soft drink 3
regalar *v.* to give (*as a gift*) 9
regalo *m.* gift 3
regatear *v.* to bargain 10
religión cristiana *f.* Christianity 9
relleno *adj.* filled 10
reloj *m.* watch 9
relojería *f.* clock shop 9
remojar *v.* to dip 10

resfriado *m.* cold 10
residencias estudiantiles *f.* student residences 5
resolver (o → ue) *v.* to solve 15
responsable *adj.* responsible 15
resto *m.* rest, remainder 6/13
reunión *f.* meeting, reunion 4
reunirse *v.* to get together 15
revista *f.* magazine 12
revista de modas *f.* fashion magazine 11
Reyes magos *m.* Wise Kings 9
ridículo *adj.* ridiculous 12
río *m.* river 6
rogar (o → ue) *v.* to beg, implore 12
rojo *adj.* red 11
ropa *f.* clothes, clothing 6
rosado *adj.* pink 11
ruido *m.* noise 13
ruso(a) *m., f.* Russian LP
rutina *f.* routine 6

S

sábado Saturday 3
saber *v.* to know (how) 4
sacar *v.* to take out, to withdraw (*money*), to stick out (*e.g., one's tongue*) 10/12/14
sacar fotos to take pictures 7
salir *v.* to go out, to leave 3
salirse de la rutina to change your daily routine 12
salón *m.* living room 4
salud *f.* health 10
¡Salud! Cheers! 8
salvadoreño(a) *m., f.* Salvadorian LP
sandalias *f.* sandals 11
sangre *f.* blood 10
santo(a) *m., f.* saint 4
santo patrón *m.* patron saint 9
se abrevian *v.* they are shortened 4
se colará (colarse) *v.* it will get inside (to get inside) 15

se cuentan *v.* they are counted 3
se desliza (deslizarse) *v.* it slides, it glides (to slide, glide) 14
se está dotando (dotándose) it is giving 15
se marchitan they fade 15
se transforma *v.* it is transformed 4
se usa *v.* it is used 3
secador de pelo *m.* hair dryer 9
secarse *v.* to dry off 6
secundaria *f.* high school 5
seguir (e → i, i) *v.* to pursue 5
según according to 4
seguro *adj. m.* certain, sure; insurance 10/14
seis six 2
sencillo *adj.* single 13
sentarse (e → ie) *v.* to sit down LP
sentir (e → ie, i) *v.* to regret 12
sentirse (e → ie, i) *v.* to feel 14
señor (Sr.) *m.* Mr., Sir 1
señora (Sra.) *f.* Mrs., Ma'am 1
señorita (Srta.) *f.* Miss 1
septiembre September 3
ser *v.* to be 1
servicio de comida *m.* room service 13
servir (e → i, i) *v.* to serve, to be of use 5
sesenta sixty 2
setenta seventy 2
siempre *adv.* always 4
siete seven 2
siglo *m.* century 13
silla *f.* chair 2
sillón *m.* easy chair 13
simpático *adj.* nice 1
sin embargo *conj.* nevertheless 13
sin escolarizar *v.* without schooling 15
sin problema without any problem 5
sin que *conj.* without 13

sobre *prep.; m.* about; envelope 4/9
sobrenombre *m.* nickname 4
sobrepoblación *f.* overpopulation 15
sobrina *f.* niece 4
sobrino *m.* nephew 4
socio(a) *m., f.* business partner 10
soltero *adj.* single 4
solucionar *v.* to solve 3
sombrero *m.* hat 11
son las dos de la tarde it is two in the afternoon 3
son las ocho de la noche it is eight in the evening 3
sopa *f.* soup 8
Soy de... I am from . . . LP
su(s) his, hers, its, their 2
sucesor(a) successor 11
sucio *adj.* dirty 13
suegra *f.* mother-in-law 4
suegro *m.* father-in-law 4
sueldo *m.* salary 5
suéter *m.* sweater 6
sugerir (e → ie, i) *v.* to suggest 11
sur *m.* south LP

T

tacaño *adj.* stingy 3
tal vez *adv.* maybe, perhaps 11
talla *f.* size (*clothing*) 11
tamaño *m.* size 12
también also, too 2
tampoco neither, not . . . either 9
tan pronto como *conj.* as soon as 13
tan... como as . . . as 10
tanto / tanta... como as much . . . as 10
tantos / tantas... como as many . . . as 10
tarde *adv.* late 6
tarea *f.* homework 4
tarjeta *f.* card 9

tarjeta postal *f.* postcard 9
tasa de alfabetización *f.* literacy rate 15
taza *f.* cup 8
te you (*informal*) 8
té *m.* tea 8
¿Te gusta...? Do you like . . . ? 2
¿Te gustaron...? Were those pleasant to you? 7
té helado *m.* iced tea 8
tecnología *f.* technology 15
teléfono *m.* telephone 2
televisor a colores *m.* color television 2
temporada corta *f.* short time 12
temprano *adj.* early 6
tener *v.* to have 2
tener calor to be hot 6
tener éxito to be successful 10
tener frío to be cold 6
tener ganas de + *infinitive* to feel like (*doing something*) 7
tener hambre to be hungry 6
tener náuseas to feel nauseated 14
tener que to have to 4
tener razón to be right 6
tener sed to be thirsty 6
tener sueño to be sleepy 6
tener una idea to have an idea 11
terminar *v.* to finish 4
tía *f.* aunt 4
tiempo *m.* time 4
tienda de ultramarinos *f.* grocery store (*Spain*) 10
tinto *adj.* red 8
tintorería *f.* dry cleaners 11
tío *m.* uncle 4
tipo *m.* type, kind 7
tipo de cambio o tasa *m.* rate of exchange 12
título *m.* degree 5
toalla *f.* towel 13
tocar *v.* to touch, to play (*an instrument*) 10/7
todavía *adv.* yet, still 5

todo everything 4
todo el mundo everybody 8
todo lo posible all that is possible 13
tomar *v.* to take, to drink 2
tomar el sol to sunbathe 7
tomate *m.* tomato 8
tome nota be aware 10
tortilla *f.* potato omelet (*Spain*) 8
tos *f.* cough 14
trabajador *adj.* hard-working 1
trabajador(a) social *m., f.* social worker 5
trabajar *v.* to work 2
traer *v.* to bring 4
traje de baño *m.* swimsuit 11
traje sastre *m.* suit 11
trece thirteen 2
treinta thirty 2
tremendo *adj.* tremendous 6
tres three 2
triste *adj.* sad 4
tú you 1
tu(s) your 2
tumba *f.* tomb 13
turrón *m.* almond candy 9
tuyo yours 1

U

último *adj.* last 9
un par de *m.* a pair of 11
un poco *adj.* a little 2
un, una *art.* a LP
unidad social *f.* social unit 4
unido *adj.* united 4
uno one 2
unos, unas some LP
uruguayo(a) *m., f.* Uruguayan LP
usar *v.* to use 5
usted(es) you 1
uva *f.* grape 10

V

¡Vale la pena! It's worth it! 11
vamos a ver let's see 12
varón *m.* son 4
vaso *m.* glass 8
veinte twenty 2
velocidad *f.* speed 15
vendedor(a) *m., f.* salesperson 5
vender *v.* to sell 10
venezolano(a) *m., f.* Venezuelan LP
venir (e → i, i) *v.* to come 3
venta *f.* sale 10
ver *v.* to see, to watch 3
ver un partido de fútbol to watch a soccer game 7
verano *m.* summer 6
verdad *f.* correct, right 7
¿Verdad? Isn't that true? 2
verde *adj.* green 11
verduras *f.* vegetables 8
vestido *m.* dress 11
vestirse (e → i, i) *v.* to get dressed 6
viajar *v.* to travel 13
viaje *m.* trip 13
vida *f.* life 5
vídeo cámara *f.* video camera 9
vídeocasetera *f.* video cassette player/recorder 2/9
viejo *adj.* old 1
viernes Friday 3
vino blanco *m.* white wine 8
vino tinto *m.* red wine 8
viñedo *m.* vineyard 7
violeta *adj.* violet 11
visitar *v.* to visit 5
viudo *adj.* widowed 4
vivir *v.* to live 3
volver *v.* to return, to go back 5
vosotros(as) you 1
vuelo *m.* flight 13
vuestro(s) your 2

Y

y *conj.* and 1
¿Ya cenaste? Did you already eat supper? 6
yerno *m.* son-in-law 4
yo I 1
yogur *m.* yogurt 7

Z

zanahoria *f.* carrot 10
zapato *m.* shoe 10

GLOSARIO INGLÉS-ESPAÑOL

A

(At) what time? ¿A qué hora? 3
a un, una LP
a little un poco 2
a pair of *m.* un par de 11
about *prep.* sobre 4
abroad al extranjero 13
accept *v.* aceptar 6
according to según 4
accountant *m., f.* contador(a) 5
accounting *f.* contabilidad 1
acid rain *f.* lluvia acida 15
advertisement *m.* anuncio 10
advise *v.* aconsejar 12
after *prep.* después de + *infinitive* 13
after *conj.* después (de) que 13
afterward *adj.* después 4
again *adv.* otra vez 4
against *adv.* contra 7
air conditioning *m.* aire acondicionado 13
air (water) pollution *f.* contaminación del aire (agua) 15
airplane *m.* avión 13
album *m.* álbum para fotos 9
all right! ¡buena onda! 7
all that is possible todo lo posible 13
almost casi 4
also, too también 2
although, even though *conj.* aunque 13
always *adv.* siempre 4
Amazing! Wonderful! (Mexican) ¡Qué padre! 3
American *adj.* estadounidense LP
and y 1
angry *adj.* enojado 4
answering machine *f.* máquina contestadora 13
any *adj.* cualquier 12

anything else? ¿desea algo más? ¿otra cosa? 10
apple *f.* manzana 10
April abril 3
Arabic *adj.* árabe LP
Argentine *m., f.* argentino(a) LP
arm *m.* brazo 14
arrive *v.* llegar 2
articles *f.* prendas 11
as many . . . as tantos / tantas… como 10
as much . . . as tanto / tanta… como 10
as soon as *conj.* tan pronto como 13
as . . . as tan… como 10
ask for, to order *v.* pedir (e → i) 5
at home en casa 2
at least por lo menos 12
at night por la noche 2
at your service a su servicio 13
attend *v.* assistir a 13
August agosto 3
aunt *f.* tía 4
a while *m.* un rato 14

B

backpack *f.* mochila 11
bad, worse, the worst *adj.* malo, peor, el (la) / los (las) peor(es) 1/10
banana *m.* plátano, banana 10
bank *m* banco 11
bathroom *m.* baño 6
be *v.* estar 4
be able to *v.* poder 3
be born *v.* nacer 6
be glad (about) *v.* alegrarse (de) 12
be ready estar listo 11
be rewarded estar premiados 10
be successful tener éxito 10

be surprised estar sorprendido 11
beach *f.* playa 7
beans *m.* frijoles 10
beautiful *adj.* bonito, hermoso 5/13
because *conj.* porque 3
become rich hacerse rico 12
bed *f.* cama 13
bedroom *m.* dormitorio 2
beer *f.* cerveza 3
before *prep.* antes de + *infinitive* 13
before *conj.* antes de (que) 13
beg, implore *v.* rogar (o → ue) 12
believe, think *v.* creer 6
belt *m.* cinturón 11
between entre 11
bicycle *f.* bicicleta 2
big, large *adj.* gordo 1
bill *f.* cuenta 8
birthday *m.* cumpleaños 6
black *adj.* negro 11
blouse *f.* blusa 11
blue *adj.* azul 11
Bolivian boliviano(a) LP
bookshelf *m.* estante de libros 2
boom box *f.* radiograbadora 9
boots *f.* botas 11
bored *adj.* aburrido 5
borrow *v.* pedir prestado 12
bother *v.* molestar 12
boyfriend *m.* novio 2
bracelet *m., f.* brazalete, pulsera 9
bread *m.* pan 8
breakfast *m.* desayuno 8
bring *v.* traer 4
broccoli *m.* brécol, broculi 10
brother *m.* hermano 2
brother-in-law *m.* cuñado 4
brown *adj.* marrón, pardo 11
brown (*eyes*), *adj.* café 11

brown (*hair and eyes*) *adj.* castaño 11
brush one's teeth *v.* lavarse los dientes 6
budget *m.* presupuesto 12
business *m.* negocios 1
business partner *m., f.* socio(a) 10
business person *m., f.* comerciante 5
bustling about *adj.* ajetreo 13
busy *adj.* ocupado 4
but *conj.* pero 2
butter *f.* mantequilla 8
buy *v.* comprar 6
by phone por teléfono 2
by the way por cierto 15
bye chao LP

C

calculator *f.* calculadora 9
camera *f.* cámara 7
Canadian *m., f.* canadiense LP
candy *m.* dulces 9
card *f.* tarjeta 9
carrot *f.* zanahoria 10
cash (*a personal check*) *v.* cobrar 12
cashier's register *f.* caja 11
castle *m.* castillo 13
cat *m.* gato 2
cauliflower *f.* coliflor 10
CD, radio, cassette and speakers equipo de sonido 9
celebrate *v.* celebrar 8
center *m.* centro 2
certain, sure *adj.* seguro 13
chair *f.* silla 2
change *v.* cambiar 3
change (*money*), to cash (*a traveler's check*) *v.* cambiar 12
change your daily routine salirse de la rutina 12
checkbook *f.* chequera 12
checking account *f.* cuenta corriente 12

cheers! ¡salud! 8
cheese *m.* queso 8
cherry *f.* cereza 10
chicken *m.* pollo 8
Chilean *m., f.* chileno(a) LP
chili pepper *m.* ají 10
Chinese *m., f.* chino(a) LP
chocolate bar *m.* chocolate 7
choose *v.* escoger 10
Christmas *f.* Navidad 9
class *f.* clase LP
classmate *m., f.* compañero(a) de clase 2
clean *adj.* limpio 13
clinic *f.* clínica 14
close *v.* cerrar LP
clothes, clothing *f.* ropa 6
coffee *m.* café 2
cold *m.* catarro 14
Colombian *m., f.* colombiano(a) LP
color television *m.* televisor a colores 2
comb one's hair *v.* peinarse 6
come *v.* venir (e → ie) 3
comfortable *adj.* cómodo 11
comment *v.* comentar 10
compact disc *m.* disco compacto 2
company *f.* empresa 10
complain (about) *v.* quejarse (de) 12
computer *f.* computadora 2
computer programmer *m., f.* programador (a) 5
conserve *v.* conservar 15
consider *v.* considerar 9
control *v.* controlar 15
convince *v.* convencer 12
correct, right verdad 7
cost *v.* costar (o → ue) 9
Costa Rican *m., f.* costarricense LP
cough *f.* tos 14
country *m.* país LP
cream *f.* crema 8
crime *f.* delincuencia 15
Cuban *m., f.* cubano(a) LP

cup *f.* taza 8
customs *f.* costumbres 15

D

dance *v.* bailar 3
dark *adj.* oscuro 11
dark-skinned (Mexico) *adj.* moreno 11
date *f.* fecha 3
daughter *f.* hija 1
daughter-in-law *f.* nuera 4
day *m.* día LP
dear (term of affection) querido 8
December diciembre 3
decide *v.* decidir 5
deforestation *f.* despoblación forestal 15
degree *m.* título 5
department store *m.* almacén 9
deposit (money) *v.* depositar 12
design *v.* diseñar 11
desire, wish *v.* desear 12
desk *m.* escritorio 2
despite *conj.* a pesar de 13
destroy *v.* destruir 15
destruction *f.* destrucción 15
determination *m.* empeño 10
die *v.* morirse (o → ue) 13
difficult *adj.* difícil 2
dinner *f.* cena 3
dirty *adj.* sucio 13
divorced *adj.* divorciado 4
Do you like . . . ? ¿Te gusta...? 2
Do you want . . . ? ¿Quieres...? 2
do, make *v.* hacer 3
doctor *m., f.* doctor(a), médico(a) 1/5
dog *m.* perro 2
Dominican *m., f.* dominicano(a) LP
door *f.* puerta 13
double *adj.* doble 13

double room *f.* habitación doble 13
doubt *v.* dudar 13
dress *m.* vestido 11
drink *v.* beber 3
drink *f.* bebida 7
drive *v.* manejar 13
dry cleaners *f.* tintorería 11
dry off *v.* secarse 6
during *adv.* durante 7
Dutch *m., f.* holandés(a) LP

E

each, every cada 4
ear (outer) *f.* oreja 14
earache *m.* dolor de oídos 14
early *adj.* temprano 6
earnings *m.* ingreso 12
earrings *m.* aretes 9
east *m.* este LP
easy *adj.* fácil 2
easy chair *m.* sillón 13
eat *v.* comer 3
Ecuadorian *m., f.* ecuatoriano(a) LP
educate *v.* educar 15
eight ocho 2
eighteen dieciocho 2
eighty ochenta 2
either . . . or *conj.* o...o 9
elderly *adj.* anciano 1
electricity *f.* electricidad 15
elevator *m.* ascensor 13
eleven once 2
eliminate *v.* eliminar 15
energy *f.* energía 15
engineer *m., f.* ingeniero(a) 5
English *m., f.* inglés(a) LP
enjoy *v.* disfrutar 12
envelope *m.* sobre 9
environmental *adj.* ambiental 15
Equatorial Guinean *m., f.* guineo(a) ecuatorial LP
equipment *m.* equipo 9
everybody todo el mundo 8
everything todo 4

exam *m.* examen 2
examine *v.* examinarse 14
excellent, amazing *adj.* de película 9
Excellent! Amazing! Fabulous! ¡Pura vida! 5
excited *adj.* entusiasmado 13
exciting *adj.* emocionante 7
exercise *v.* hacer ejercicio 7
expenses *m.* gastos 12
expensive *adj.* caro 9
eyes *m.* ojos 14

F

face *f.* cara 6
factory *f.* fábrica 5
fall *m.* otoño 6
fall asleep *v.* dormirse (o → ue) 6
family *f.* familia LP
far *adv.* lejos 14
fashion magazine *f.* revista de modas 11
fast, rapid, quickly *adv.* rápidamente 2
fat *adj.* gordo 1
father *m.* padre 2
father-in-law *m.* suegro 4
fax machine *f.* máquina de fax 9
February febrero 3
feel *v.* sentirse (e → ie, i) 14
female cousin *f.* prima 4
fever *f.* fiebre 14
few *adj.* pocos 2
fifteen quince 2
fifty cincuenta 2
find *v.* encontrar (o → ue) 5
find each other *v.* encontrarse 6
fine *v.* multar (poner una multa) 15
Fine. Thank you very much. Bien. Muchas gracias. 1
finger *m.* dedo 14
finish *v.* terminar 3
first *adj.* primero 3

first time primera vez 4
fish (*caught*) *m.* pescado 8
fit (*clothing*) *v.* quedarse 11
five cinco 2
flowers *f.* flores 9
flu *f.* gripe 14
food, meal, lunch *f.* comida 3
foot *m.* pie 14
for free *adj.; adv.* gratuito; gratuitamente 13
for, in order to *prep.* para 2
for, on *prep.* por 2
forbid *v.* prohibir 12
foreign *adj.* extranjero 13
foreigner *m., f.* extranjero(a) 2
forget *v.* olvidar 13
form *m.* formulario 13
forty cuarenta 2
four cuatro 2
fourteen catorce 2
French *m., f.* francés(a) LP
french fries papas fritas 7
fresh *adj.* fresco 10
Friday viernes 3
fried *adj.* frito 8
friend *m., f.* amigo(a) 2
from (a place) *adv.* desde 14
From where? ¿De dónde? 1
front desk *f.* recepción 13
fruit *f.* fruta 8

G

game *m.* juego 7
game, match *m.* partido 7
generous *adj.* generoso 1
German *m., f.* alemán(a) LP
get dressed *v.* vestirse (e → i) 6
get sick *v.* enfermarse 14
get together *v.* reunirse 15
get up *v.* levantarse 6
get, obtain *v.* conseguir (e → i, i) 13
gift *m.* regalo 3
girlfriend *f.* novia 2
give *v.* dar 4
give (as a gift) *v.* regalar 9
glass *m.* vaso 8

global warming *m.* calentamiento del planeta 15
gloves *m.* guantes 11
go *v.* ir 2
go bicycling montar en bicicleta 7
go halves ir a medias 11
go horseback riding montar a caballo 7
go out, to leave *v.* salir 3
go shopping ir de compras 7
go to bed *v.* acostarse (o→ue) 6
godfather *m.* padrino 4
godmother *f.* madrina 4
gold *adj.* oro 9
good *m.* bien LP
good *adj.* bueno 1
good afternoon buenas tardes LP
good evening buenas noches LP
good morning buenos días LP
good, better, the best bueno, mejor, el (la), los (las) mejores 10
good-bye adiós LP
good-looking, handsome *adj.* guapo 1
government *m.* gobierno 15
granddaughter *f.* nieta 4
grandfather *m.* abuelo 4
grandmother *f.* abuela 4
grandson *m.* nieto 4
grapes *f.* uvas 10
gray *adj.* gris 11
Greek *m., f.* griego(a) LP
green *adj.* verde 11
groceries *m.* comestibles 10
Guatemalan guatemalteco(a) LP
guest *m., f.* invitado(a) 7
guitar *f.* guitarra 7

H

hair dryer *m.* secador de pelo 9
hair salon *f.* peluquería 11
ham *m.* jamón 8
hand *f.* mano LP
happy *adj.* contento, feliz 4/9
hard, difficult *adj.* duro 5

hard-working *adj.* trabajador(a) 1
hat *m.* sombrero 11
have *v.* tener 2
have (as an auxiliary) *v.* haber 13
have (eat) breakfast *v.* desayunar 6
have (eat) lunch *v.* almorzar (o → ue) 5
have (eat) supper *v.* cenar 6
Have a nice meal! ¡Buen provecho! 8
have fun *v.* divertirse (e → ie, i) 7
have to tener que 4
he él 1
head *f.* cabeza 14
headache *m.* dolor de cabeza 14
health *f.* salud 14
hear *v.* oír 6
Hello! ¡Hola! LP
help *v.* ayudar 4
her, you (formal), it *f.* la 8
here *adj.* aquí 2
high *adj.* alto 10
high school *f.* secundaria 5
highways *f.* carreteras 13
him, you (formal), it *m.* lo 8
Hindu *m., f.* indú LP
his, hers, its, their su(s) 2
historic buildings *m.* edificios históricos 13
home *m.* hogar 9
homework *f.* tarea 4
Honduran *m., f.* hondureño(a) LP
hope *v.* esperar 12
hot *adj.* caliente 8
hour *f.* hora 2
house *f.* casa 2
How are things going? ¿Cómo están las cosas? 4
How are you? (*formal*) ¿Cómo está usted? 1
How are you? (*informal*) ¿Cómo estás? LP

How beautiful! ¡Qué lindo! 9
How delicious! ¡Qué rico! 3
How do you say . . . ? ¿Cómo se dice...? LP
How great! ¡Qué chevere! 11
How many? ¿Cuántos? 2
How may I help you? ¿En qué puedo servirle / ayudarle? 10
How much is / are . . . ? ¿Cuánto cuesta(n)...? 11
How old are you? ¿Cuántos años tienes? 1
How wonderful! ¡Que alegría! 4
How? What? ¿Cómo? 1
How's everything? ¿Qué tal? 1
hurt *v.* doler (o → ue) 14
husband *m.* esposo 1

I

I yo 1
I am from . . . Soy de... LP
I do not have No tengo 1
I had a good time. Lo pasé muy bien. 7
I have a stomachache. Me duele el estómago. 14
I need to go to . . . Necesito ir a... 2
I want you to meet . . . Quiero presentarte a... 1
I would like me gustaría 3
I / you like *v.* me / te gusta + *infinitive* 2
I'm (very) sorry. Lo siento (mucho). 13
I'm sorry! ¡Lo siento! 3
ice *m.* hielo 8
ice cream *m.* helado 7
iced tea *m.* té helado 8
illegal drugs *f.* drogas ilegales 15
illiteracy *m.* analfabetismo 15
in case (of) *conj.* en caso (de) que 13
in the afternoon por la tarde 2

in the morning por la mañana 3
inexpensive *adj.* barato, económico 9/13
infant mortality *f.* mortalidad infantil 15
inform *v.* avisar 15
inn *m.* albergue 13
insist (on) *v.* insistir (en) 12
instructor, teacher, professor profesor(a) 1
internship *f.* prácticas de trabajo 3
interrupt *v.* interrumpir 5
interview *f.* entrevista 3
introduce (*somebody to someone*) *v.* presentar 7
invent *v.* inventar 12
invest *v.* invertir (e → ie, i) 12
invite *v.* invitar 3
Is this okay? ¿Está bien? 3
island *f.* isla 7
Isn't that true? ¿Verdad? 2
it depends depende 11
it doesn't matter no importa 6
it is eight in the evening son las ocho de la noche 3
it is one in the morning es la una de la mañana 3
it is two in the afternoon son las dos de la tarde 3
it seems incredible to me me parece increíble 9
It's (nice / bad) weather. Hace (buen / mal) tiempo. 6
it's a pleasure con mucho gusto 12
it's clear está despejado 6
it's cloudy está nublado 6
it's cold hace frío 6
it's cool hace fresco 6
it's hot hace calor 6
it's important es importante 12
it's interesting to us nos interesa 5
it's raining está lloviendo 6
it's snowing está nevando 6
it's sunny hace sol 6
it's too bad, it's a shame es lástima 12
it's windy hace viento 6
it's wonderful me parece estupendo 13
It's worth it! ¡Vale la pena! 11

J

jacket *f.* chaqueta 11
jam *f.* mermelada 8
January enero 3
Japanese *m., f.* japonés(a) LP
jewelry *f.* joyas 9
jog, run *v.* correr 7
journalist *m., f.* periodista 5
juice *m.* jugo 6
July julio 3
June junio 3

K

key *f.* llave 13
kind(s) *m.* tipo(s) 8
know (how) *v.* saber 4
know, to meet *v.* conocer 4

L

lamp *f.* lámpara 13
last *adj.* último 9
last night anoche 5
last week la semana pasada 5
late *adv.* tarde 6
later *adv.* más tarde 6
lawyer, attorney *m., f.* abogado(a) 5
lazy *adj.* perezoso 1
learn *v.* aprender 3
leg *f.* pierna 14
lemon *m.* limón 8
lend *v.* prestar 12
let's hope (that) ojalá (que) + *subjunctive* 12
let's see vamos a ver 12
letter *f.* carta 3
lettuce *f.* lechuga 10
library *f.* biblioteca 2
lie down *v.* acostarse (o → ue) 14
life *f.* vida 5
light *adj.* claro 11
like, as como 2
listen *v.* escuchar LP
listen *v.* oye 2
live *v.* vivir 3
living room *m.* salón 4
logical *adj.* lógico 12
look *v.* mirar 1
look for *v.* buscar 5
low *adj.* bajo 10
lunch *m.* almuerzo 8

M

made hecho 11
made up (*e.g., a hotel room*) *adj.* arreglado 13
magazine *f.* revista 12
maintain *v.* mantener 5
make a reservation hacer una reservación 13
make an order hacer un pedido 10
Make yourselves at home! ¡Están en su casa! 4
male cousin *m.* primo 4
malnutrition *f.* desnutrición 15
man *m.* hombre 4
manager *m., f.* gerente 5
March marzo 3
market *m.* mercado 8
married (to) *adj.* casado (con) 4
marry, to get married *v.* casarse (con) 4
May mayo 3
maybe, perhaps tal vez 11
me mí, me 5/8
means *f.* medidas 15
meanwhile *conj.* mientras tanto 5

meat *f.* carne 8
medicine *f.* medicina 14
meeting, reunion *f.* reunión 4
Merry Christmas! ¡Feliz Navidad! 9
Mexican *m., f.* mexicano(a) LP
milk *f.* leche 8
mirror *m.* espejo 13
Miss *f.* señorita (Srta.) 1
Monday lunes 3
money *m.* dinero 2
more / less than más / menos que 10
mother *f.* madre 2
mother-in-law suegra 4
mouth *f.* boca 14
move something *v.* mover (o → ue) 12
movie theater *m.* cine 3
Mr., sir señor (Sr.) 1
Mrs., ma'am *f.* señora (Sra.) 1
much, a lot mucho 2
museum *m.* museo 7
musician *m., f.* músico(a) 5
my mi(s) 1
my name is . . . me llamo... LP
my pleasure el gusto es mío 1

N

nature *f.* naturaleza 4
navigate *v.* navegar 6
near *adv.* cerca de 4
neck *m.* cuello 14
necktie *f.* corbata 11
need *v.* necesitar 2
neither, not . . .either tampoco 9
neither . . . nor ni... ni 9
nephew *m.* sobrino 4
never, not ever *adv.* nunca 4
new *adj.* nuevo 1
news *f.* noticias 12
newspaper *m.* periódico 3
next *adj.* próximo 9
Nicaraguan *m., f.* nicaragüense LP
nice *adj.* simpático, amable 1/9

Nice to meet you. Encantado., Mucho gusto. 1
niece *f.* sobrina 4
nine nueve 2
nineteen diecinueve 2
ninety noventa 2
no, none, not any ningún, ninguno 9
nobody, no one, not anyone nadie 5
noise *m.* ruido 13
nonrenewable resources *m.* recursos naturales no reno-vables 15
north *m.* norte LP
North American *m., f.* norteamericano(a) LP
nose *f.* nariz 14
not well *adj.* mal LP
nothing, not . . .at all nada 5
November noviembre 3
now *adj.* ahora 2
nuclear arms *f.* armas nucleares 15
nurse *m., f.* enfermero(a) 5

O

observe *v.* observar 6
October octubre 3
of / about what? ¿de qué? 3
of course cómo no 13
Of course! ¡Claro que sí! 3
offend *v.* ofender 8
office worker *m., f.* oficinista 5
old *adj.* viejo 1
older *adj.* mayor 4
olive *f.* aceituna 10
on Monday el lunes 3
On what date? ¿En qué fecha? 3
one uno 2
one-half kilo medio kilo 10
onion *f.* cebolla 10
open *v.* abrir LP
orange *f.* naranja 8
orange *adj.* naranja 11
orange color *adj.* anaranjado 11
organized *adj.* organizado 13

ought (should) *v.* deber 3
our(s) nuestro(s) 1
overcoat *m.* abrigo 11
overpopulation *f.* sobrepoblación 15
owner *m., f.* dueño(a) 10
ozone (depletion of) *m.* agotamiento del ozono 15

P

painting *m.* cuadro 13
pajamas *f.* pijama 6
Panamanian *m., f.* panameño(a) LP
pants *m.* pantalones 11
Paraguayan *m., f.* paraguayo(a) LP
parents *m.* padres 2
park *m.* parque 7
party *f.* fiesta 3
party, to go out (Spain) ir de marcha 13
pastry *m.; f.* pastel; torta 8
patient *m., f.* paciente 14
pay (for) *v.* pagar 11
peach *m.* durazno 10
pear *f.* pera 10
pen *m.* bolígrafo 9
pencil *m.* lápiz 9
pepper *m.* pimentón, pimiento 10
per month, monthly al mes 6
permit *v.* permitir 12
Peruvian *m., f.* peruano(a) LP
photo equipment *m.* equipo fotográfico 9
pick up *v.* recoger 3
pill *f.* pastilla 14
pineapple *f.* piña 10
pink *adj.* rosado 11
place *m.* lugar 4
plan *v.* planificar 12
plant *v.* plantar 15
plantation, farm *f.* hacienda 12
play *v.* jugar (u → ue) 4
play (*an instrument*) *v.* tocar (un instrumento) 7

play (*e.g., a stereo*) *v.* poner 9
play cards jugar (a las) cartas 7
play soccer jugar fútbol 7
police officer *m., f.* policía 5
politician *m., f.* político(a) 15
politics *f.* política 15
poor *adj.* pobre 15
popcorn palomitas de maíz 7
Portuguese *m., f.* portugués(a) LP
post office *f.* oficina de correos 12
postcard *f.* tarjeta postal 9
potatoes *f.* papas 8
poverty *f.* pobreza 15
practice *v.* practicar 3
prefer *v.* preferir (e → ie, i) 5
prejudice *m.* prejuicio 15
prepare *v.* preparar 6
pretty *adj.* bonito 1
prevent *v.* prevenir (e → ie, i) 15
price *m.* precio 10
primary school *f.* primaria 5
printer *f.* impresora 2
private *adj.* privado 13
prizes *m.* premios 10
problem *f.* preocupación, problema 15
produce *v.* producir 15
product *m.* producto 15
profit *f.* ganancia 10
protect *v.* proteger 15
provided (that) *conj.* con tal (de) que 13
public *m.* público 15
Puerto Rican *m., f.* puertorriqueño(a) LP
purple *adj.* morado 11
purse *f.* bolsa, cartera 11
pursue *v.* seguir (e → i, i) 5
put on *v.* ponerse 6
put on makeup *v.* maquillarse 6
put, turn on *v.* poner 4

Q

quality *f.* calidad 10
question *f.* pregunta 2

R

rain *f.* lluvia 6
rain *v.* llover (o → ue) 6
raise *m.* aumento 12
raise *v.* aumentar 12
read *v.* leer LP
realize *v.* darse cuenta (de) 15
receive *v.* recibir 3
recommend *v.* recomendar (e → ie) 12
recycle *v.* reciclar 15
red *adj.* tinto, rojo 8/11
red wine *m.* vino tinto 8
reduce *v.* reducir 15
refined *adj.* refinado 11
refuge for pilgrims *m.* albergue de peregrinos 13
regret *v.* sentir (e → ie, i) 12
remainder *m.* resto 13
remember *v.* recordar (o → eu) 8
renewable resources *m.* recursos naturales renovables 15
rent *v.* alquilar 13
rented *adj.* alquilado 6
request *v.* pedir (e → i, i) 12
researcher *m., f.* investigador(a) 5
resource *m.* recurso 15
responsible *adj.* responsable 15
rest *v.* descansar 2
return, go back *v.* volver (o → ue) 5
rice *m.* arroz 8
ridiculous *adj.* ridículo 12
right *m.* derecho 13
right now *adj.* ahora mismo 14
ring *m.* anillo 9
river *m.* río 6
room (*Latin America*) *m.* cuarto 6
room service *m.* servicio de comida 13
roommate *m., f.* compañero(a) de cuarto 2
Russian *m., f.* ruso(a) LP

S

sad *adj.* triste 4
salad *f.* ensalada 8
salary *m.* sueldo 5
sale *f.* venta 10
salesperson *m., f.* vendedor(a) 5
Salvadorian *m., f.* salvadoreño(a) LP
sandals *f.* sandalias 11
Saturday sábado 3
save (*money, time*) *v.* ahorrar 12
savings account *f.* cuenta de ahorros 12
say, to tell *v.* decir (e → i) 5
scarf *m.* pañuelo 11
school *f.* escuela 4
scientist *m., f.* científico(a) 5
scuba dive hacer submarinismo 7
seafood *m.* mariscos 8
See you later! ¡Hasta luego! 1
See you tomorrow! ¡Hasta mañana! 1
see, watch *v.* ver 3
sell *v* vender 10
send *v.* mandar 9
September septiembre 3
serious (*e.g., situation*) *adj.* grave 14
serious illnesses *f.* enfermedades graves 15
serve, to be of use *v.* servir (e → i, i) 5
seven siete 2
seventeen diecisiete 2
seventy setenta 2
share *v.* compartir 12
shave *v.* afeitarse 6
shaver *f.* máquina de afeitar 9
she ella 1
shirt *f.* camisa 11
shoe size *m.* número 11
short *adj.* corto 13
short (*in height*) *adj.* bajo 1
shortage of natural resources *f.* escasez de recursos naturales 15

shower *f.* ducha 13
sick, ill *adj.* enfermo 4
silver *f.* plata 9
similar to, as al igual que 7
since then *conj.* desde entonces 11
sing *v.* cantar 7
singer *m., f.* cantante 7
single *adj.* soltero, sencillo 4/13
single room *f.* habitación sencilla 13
sink *m.* lavabo 13
sister *f.* hermana 2
sister-in-law *f.* cuñada 4
sit down *v.* sentarse (e → ie) LP
six seis 2
sixteen dieciséis 2
sixty sesenta 2
size *(clothing)* *f.* talla 11
skate *v.* patinar 7
ski *v.* esquiar 7
skirt *f.* falda 11
sleep *v.* dormir (o → ue) 5
small *adj.* pequeño 1
snack *f.* merienda 5
snorkel *v.* hacer esnórquel 9
snow *f.* nieve 6
snow *v.* nevar (e → ie) 6
so (that) *conj.* para (que) 13
soap *m.* jabón 13
social worker trabajador(a) social 5
socks *m.* calcetines 11
soft drink *m.* refresco 3
solve *v.* solucionar, resolver (o → ue) 3/15
some unos, unas LP
some, any algún, alguno(s) 9
somebody, someone, anyone alguien 9
something for the home algo para el hogar 9
something, anything algo 8
sometimes a veces 4
son *m.* hijo 1
son-in-law *m.* yerno 4
soon *adv.* pronto 6

sore throat *m.* dolor de garganta 14
so-so más o menos LP
soup *f.* sopa 8
south *m.* sur LP
Spanish *(language)* español LP
Spanish *(nationality)* *m., f.* español(a) LP
speak *v.* hablar 2
species extinction *f.* extinción de animales 15
spend *(money)* *v.* gastar 5
spend *(time)* *v.* pasar 9
spinach *f.* espinaca 10
sports equipment *m.* equipo deportivo 9
spring *f.* primavera 6
stamp *f.* estampilla 12
stand up *v.* levantarse LP
stars *f.* estrellas 13
start, begin *v.* comenzar (e → ie) 5
stationery *m.* papel para cartas 9
steak *m.* bistec 8
stepbrother *m.* hermanastro 4
stepfather *m.* padrastro 4
stepmother *f.* madrastra 4
stepsister *f.* hermanastra 4
stereo *m.* estéreo 2
stew *m.* guisado 8
stick out *(e.g., one's tongue)* *v.* sacar 14
stockings *f.* medias 11
stomach *m.* estómago 14
strawberry *f.* fresa 10
street *f.* calle 13
strong *adj.* fuerte 15
student *m., f.* estudiante 1
study *v.* estudiar 2
successor sucesor(a) 11
sugar *m.* azúcar 8
suggest *v.* sugerir (e → ie, i) 11
suit *m.* traje sastre 11
suitcase *f.* maleta 13
summer *m.* verano 6
sunbathe tomar el sol 7
Sunday domingo 3

sunglasses *m.* anteojos de sol 11
sure *adj.* seguro 10
sweet *adj.* cariñoso, dulce 7
swim *v.* nadar 7
swimming pool *f.* piscina, alberca 7
swimsuit *m.* traje de baño 11

T

T-shirt *f.* camiseta 11
table *f.* mesa 13
take *v.* llevar 5
take a bath *v.* bañarse 6
take a shower *v.* ducharse 6
take a walk *v.* pasear 7
take care *v.* cuidarse 14
take off *v.* quitarse 6
take pictures sacar fotos 7
take, to drink *v.* tomar 2
take, to wear *(clothing)* *v.* llevar 9
tall *adj.* alto 1
tape (recording) *f.* cinta 7
tape recorder *f.* grabadora 2
tea *m.* té 8
teach *v.* enseñar 2
team *m.* equipo 7
technology *f.* tecnología 15
teeth *m.* dientes 6
telephone *m.* teléfono 2
telephone call *f.* llamada telefónica 13
television *m.* televisor 13
ten diez 2
Thanks for thinking of me. Gracias por pensar en mí. 15
that eso 3
that's why por eso 2
the el, la, los, las LP
the best *adj.* el mejor 9
the most____, the ____-est el (la) más + *adjective* 10
the sooner the better cuanto antes mejor 12
then luego, entonces 4/5
there allí 4
these movies estas películas 3

these newspapers estos periódicos 3
they ellos(as) 1
thin *adj.* delgado 1
think, to intend *v.* pensar (e → ie) 4
thirteen trece 2
thirty treinta 2
this esto 3
three tres 2
throat *f.* garganta 14
Thursday jueves 3
ticket *m.* boleto 13
time *m.* tiempo 4
tip *f.* propina 8
tired *adj.* cansado 4
to (a place) *prep.* hasta 14
to (on) the left a la izquierda 13
to (on) the right a la derecha 13
to agree estar de acuerdo 8
to be ser 1
to be cold tener frío 6
to be fashionable estar en onda 8
to be hot tener calor 6
to be hungry tener hambre 6
to be right tener razón 6
to be sleepy tener sueño 6
to be thirsty tener sed 6
to face the street dar a la calle 13
to feel like (*doing something*) tener ganas de + *infinitive* 7
to feel nauseated tener náuseas 14
to have an idea tener una idea 11
to have just (*done something*) acabar de + *infinitive* 8
two weeks ago hace dos semanas 6
toast *m.* brindis 8
toast, a piece of *m.* pan tostado 8
toast *v.* brindar 8
today *adv.* hoy 3

together *adv.* juntos 9
toilet *m.* inodoro 13
toilet paper *m.* papel higiénico 13
tomato *m.* tomate 8
tomorrow *adv.* mañana 3
tongue *f.* lengua 14
tonight *adv.* esta noche 3
too much *adj.* demasiado 12
toothache *m.* dolor de muelas 14
tourist guide guía turística 5
towel *f.* toalla 13
toxic wastes *m.* desechos tóxicos 15
toys *m.* juguetes 9
travel *v.* viajar 13
travel agent *m., f.* agente de viajes 5
traveler's check *m.* cheque de viajero 12
tree *m.* árbol 15
tremendous *adj.* tremendo 6
trip *m.* viaje 13
try *v.* probar (o → ue) 8
try on *v.* probarse (o → ue) 11
Tuesday martes 3
twelve doce 2
twenty veinte 2
twice dos veces 4
two dos 2
typewriter *f.* máquina de escribir 9

U

ugly *adj.* feo 1
umbrella *m.* paraguas 11
uncle tío 4
understand *v.* comprender 3
United States *m.* Estados Unidos LP
unless *conj.* a menos que 13
unpleasant *adj.* antipático 1
until *conj.* hasta que 13
Uruguayan *m., f.* uruguayo(a) LP

us nos 8
use *v.* usar 5

V

vegetables *f.* verduras 8
Venezuelan *m., f.* venezolano(a) LP
very muy 1
very often muchas veces 4
video camera *f.* vídeo cámara 9
video cassette player/recorder *f.* vídeocasetera 2
video game *m.* juego de vídeo 9
video movie *f.* película de vídeo 3
vineyard *m.* viñedo 7
violet *adj.* violeta 11
visit *v.* visitar 5

W

wake up *v.* despertarse (e → ie) 6
walk *v.* caminar, andar 2/13
want, love *v.* querer (e → ie) 3
wash (up) *v.* lavar(se) 6
wastebasket *f.* papelera 2
watch *m.* reloj 9
watch a soccer game ver un partido de fútbol 7
watch, look *v.* mirar 3
water *m.* agua 8
we nosotros(as) 1
we had a great time lo pasamos muy bien 9
we would like nos gustaría 4
weak *adj.* débil 15
wedding *f.* boda 9
Wednesday miércoles 3
welcome bienvenido 1
well bien, pues 1/2
Were those pleasant to you? ¿Te gustaron...? 7
west *m.* oeste LP
What? ¿Qué? LP
What career are you pursuing? ¿Qué carrera sigues? 5

Glosario inglés-español **trescientos sesenta y cinco 365**

What do you think? ¿Qué piensas? 10
What else? ¿Qué más? 10
What is your address? ¿Cuál es tu dirección? 2
What is your telephone number? ¿Cuál es tu número de teléfono? 2
What time is it? ¿Qué hora es? 3
What's the exchange rate? ¿A cómo está el cambio? 12
What's the meaning of . . . ? ¿Qué significa...? LP
What's the problem? ¿Qué tiene usted? 14
What's the temperature? ¿A cuánto está la temperatura? 6
What's the weather like? ¿Qué tiempo hace? 6
What's your name? (*informal*) ¿Cómo te llamas? LP
What's your name? (*formal*) ¿Cómo se llama usted? 1
When? ¿Cuándo? 3
Where? ¿Dónde? LP
Where are you from? ¿De dónde eres? LP
Where to? ¿Adónde? 3
white *adj.* blanco
white wine *m.* vino blanco 8
Who? ¿Quién? 1
Why? ¿Por qué? 3
widowed *adj.* viudo 4
wife *f.* esposa 1
winter *m.* invierno 6
with con 1
with me conmigo 3
With whom? ¿Con quién? 3
with you contigo 12
withdraw *(money)* *v.* sacar 12
without *conj.* sin que 13
woman *f.* mujer 4
work *v.* trabajar 2
working permit *m.* permiso de trabajo 15
world *m.* mundo LP
worried *adj.* preocupado 4
worry (about) *v.* preocuparse
(de), (por) 5/12
write *v.* escribir 1
writer *m., f.* escritor(a) 3

Y

yellow *adj.* amarillo 11
yesterday ayer 5
yet, still todavía 5
yogurt *m.* yogur 7
you tu, usted(es), vosotros(as) 1
you (*formal*), them los(as) 8
you (*informal*) te, os 8
You are welcome! ¡De nada! 3
young *adj.* joven 1
younger *adj.* menor 4
yours el tuyo, tu(s), vuestro(s) 1/2
youthful *adj.* juvenil 11

Z

zero cero 2

ÍNDICE

A

a
  + el = al, 13
  personal, 103
  with a person, 169
  with time expressions, 65
abbreviations of personal titles, 25
abrazo, 27
academic courses, degrees, 23, 46
accent marks
  in demonstrative pronouns, 80
  in past subjunctive, 307
  in verbs with double object pronouns, 190
  with present participle + direct object pronoun, 127, 184, 186
accepting an invitation, 71
accessories, 242
accommodations, 286
aconsejar, verb of volition, 267
action verbs, preterite tense, 142–143
activities, 159–159
address, forms of, 31
adiós, 4
adjectives
  agreement with nouns, 6, 32
  demonstrative, 80
  descriptive, 32–33
  feminine, 33
  of nationality, 6
  of quantity, 32
  placement of, 32–33
  plural, 32
  possessive, 52
  with **de,** 53
adverbs, 107–108
  and adverbial expressions, 108
  definition, 107
  formation of adverbs ending in **-mente,** 107
advice, giving, 289, 298, 310
affirmative
  and negative words, 204
  expressions, 204
  formal commands, 234
  informal **tú** commands, 227
age, asking and expressing, 137
ago: **hace** + preterite tense, 163
agreement of adjectives and nouns, 6, 32

al (a + el), 13
albergues, 285
alegrarse (de), verb of emotion, 271
alguien, 204
algún, alguno (-a, -os, -as), 204
All Souls' Day, 93
almorzar, present tense, 122
a menos que, conjunction of purpose, 254
antes de + infinitive, 295
antes (de) que, 295
appointments, 64, 65, 68, 70, 71
-ar verbs, 55–56
  commands, formal, 234
  commands, informal, 228
  future tense, 247–248
  present progressive with **estar,** 127
  present subjunctive tense, 251
  present tense, 55–56
  preterite tense, 142
  stem-changing verbs, 251
Argentina, 218, 219, 239
articles
  agreement with nouns, 12, 13
  definite, 12, 13, 304
  indefinite, 12, 13
  with parts of the body, 304
asking
  the time, 64–65
athletes, international, 168
Atitlán, Lake, 94
attitudes, expressing, 308
aunque, 295
AVE, Spain, 284

B

bank transactions, 262, 266
  vocabulary, 263–264
el barrio de la Candelaría, Bogotá, 219
bathroom items, 287
beber, imperfect tense, 193
beverages, 178–179
body parts, 304
Bogotá, Colombia, 218, 260
bolívar, 241
  Plaza Bolívar, 260
  Simon Bolívar, 241
bombilla, 222
buena onda, 154, 157
Buenos Aires, 222, 237
buildings, 117

buying
  clothes, 245

C

c → qu, change of spelling verbs, 235
c → z, change of spelling verbs, 163, 235
California, 280
cambio, 266
Camino de Santiago, 284
la Candelaria, 260
-car verbs
  command forms, 228, 235
  present subjunctive, 250
  preterite tense, 143
Caracas, Venezuela, 241, 249
cardinal numbers
  0 to 30, 16
  31 to 100, 47
  100 to 2,000, 136
  2,000+, 246
careers, 28, 29, 30, 114–115
el Casón del Buen Retiro, 284
cause-and-effect, expressing, 294
Central America, map, 8, 90
Centro de resolución de Controversias MÈxicoñ Estados Unidos, See CRC
certainty, expressing, 295, 327
Chile, 154, 199, 214
Christmas traditions, 199
classroom phrases and objects, 11–12
clauses, dependent and independent, 322
clothing, 242, 247
  sizes, American vs. European, 255
coffee, 259, 260
  in the Spanish-speaking countries, 261
college education (Hispanic countries), 43, 44, 155
Colombia, 218, 260, 279
colors, 244
comenzar
  command forms, 235
  present tense, 119
comer
  present tense, 73
  preterite tense, 142
commands,
  formal (polite), 227, 234–235
  informal, 222
  negative informal, 224, 227
como si, 322
comprar, future tense, 247

comparatives, 229, 230, 231
completed actions, expressing, 143, 164, 207, 295
conditional
  formation and use, 311–312
  versus imperfect tense, 312
  with past subjunctive, 312
conjunctions, 294, 295
conocer
  meaning of imperfect tense, 210
  meaning of preterite tense, 210
  present tense, 102
  versus **saber,** 104, 210
con tal (de) que, 294
contractions **al** and **del,** 13
contrary-to-fact statements, 312, 322
Costa Rica, 90, 113
countries
  capitals, 8–9
  naming, 6
  Spanish-speaking, 10
courses, academic, 46
CRC, 63
creer
  in expressions of doubt, 290
  preterite tense, 143
cuando, 295
curanto, 177

D

daily routine, discussing, 114, 127, 138
dar
  command forms, 228, 235
  present subjunctive, 252
  present tense, 102
  preterite tense, 163
dates, expressing, 66, 137
days of the week, 66
de
  + el = del, 13
  with dates, 137
  with a number, 237
  with possessive adjectives, 53
  with superlatives, 233
decir
  conditional tense, 311
  future tense, 248
  present participle, 127
  present tense, 123
  preterite tense, 163
declining an invitation, 71
definite articles, 12–13
  with dates, 70
  with the human body, 304
  with superlatives, 233

Índice **trescientos sesenta y siete** 367

definitions
 articles, 13
 demonstrative adjectives, 80
 direct object pronouns, 184–186, 189
 double object pronoun, 190
 kilo, 225
 nouns, 13
 pronouns, 28
 reflexive verbs, 138–139
 verbs, 28
del (de + el), 13
demonstrative adjectives and pronouns, 80
 neuter pronouns, 80
department store, items in, 200, 33, 242, 249
describing
 activities, pastimes, 142–143, 18–159
 clothing, 242
 future actions, 247
 health, 303
 household chores, 97
 past actions, 207
 pastimes, 158
 people, 33, 45, 95
 a house, 50, 95, 97, 286
 routine actions, 114, 127, 138
 weather, 132–133
 work places, 117
descriptive adjectives, 33
desear, verb of volition, 267
después (de) que, 108, 295
Día de los Muertos, 93
Día de los Reyes Magos, 199
direct object
 pronouns, 184–186, 189
discussing food, 178180
divertirse
 imperfect tense, 193
 present tense, 251
 present subjunctive tense, 251
doctor(a) versus médico(a), 302–303
doler + indirect object pronoun, 304
don (doña), 20
dormir
 present participle, 127
 present subjunctive tense, 251
 present tense, 122, 251
 preterite tense, 166
double object pronoun, 190
drinks, *See* beverages
dudar, verbs of uncertainty, 290

E

e → i stem-changing verbs, 122, 123, 166, 251

e → ie stem-changing verbs, 119–120, 166, 235, 251
ecotourism, 90–91, 113–114
Educación sin Fronteras, 321
educational system in Hispanic countries, 126
el, in dates, 70
el, la, los, las, 13, 14, 138
 with superlatives, 233
electronic equipment, 200, 201
en caso (de) que, 294
en punto, 68
environmental issues, 318, 325
equal comparisons, 230
-er verbs, 73
 commands, formal, 234
 commands, informal, 228
 future tense, 247–248
 imperfect tense, 193
 present progressive with **estar,** 127
 present subjunctive tense, 251
 present tense, 73
 preterite tense, 142–143
 stem-changing verbs, 251
ese (-a, -os, -as), 80
eso, 80
esperar, verb of emotion, 271
estar
 command forms, 228, 235
 expressions with, 100
 in present progressive tense, 127
 present subjunctive, 252
 present tense, 99, 102
 preterite tense, 164
 uses of, 100
 versus **ser,** 164
este (-a, -os, -as), 80
esto, 80
exchange programs for students, ?37
expressing
 actions, 163, 50
 advice, 267, 308
 attitudes, 308
 cause-and-effect, 294
 certainty, 295, 327
 completed actions, 164, 295
 dates, 66
 destination, 173
 emotion, 271, 308
 equal comparisons, 230
 future, 247, 250
 health-related matters, 225, 303
 hypothetical ideas, 311
 indefiniteness, 308
 intentions, 76
 likes and dislikes, 160, 169, 171, 309
 opinions, 326, 333

orders and events, 108
physical and mental states, 207
preferences, 69, 267, 308, 326
purpose, 173
repeated events and actions in progress, 127
time, 65, 172
uncertainty, 250, 290, 295, 308, 309
unequal comparisons, 230, 231, 235
uncertaintly, 290, 295, 308, 309
wants and wishes, 76, 250, 308
extending invitations, 282

F

family
 as a social unit, 23
 hispanic, 99
 members, 23, 95
FAO (Organización de las Naciones Unidas para la Agricultura y la Alimentación), 320
el Fondo Monetario Internacional, 270
food
 common snacks, 179
 ordering a meal, 178–180
 shopping, 214
 stores, 213
 tapas, 189
 types of, 178–179
 See also meals, mealtimes
formal
 commands, 234
 greetings, 24
forms of address, 24
friends and classmates, 45
fruits, 179, 222, 224
Fuentes, Carlos, 63
furnishings, 286
future tense, 247
 haber, 248
 irregular stems in, 248

G

g → gu change of spelling verbs, 235
Galicia, Spain, ?260, 270
-gar verbs
 command forms, 235
 informal commands, 228
 present subjunctive tense, 250
 preterite tense, 143
gender
 agreement, 13
 of nouns, 13

gestures, 72
gifts, 200–201
greeting and meeting others, 3, 4, 24, 27
grocery shopping, 222
Guatemala, 90, 92, 94
guessing from context, 215, 217
gustar
 + infinitive, 56, 69, 169, 171
 + noun, 171
 verb of emotion, 271
 with indirect object pronouns, 169, 171

H

haber, future tense, 248
había, 193
hablar
 command forms, 234
 past subjunctive, 308
 present tense, 55
hace + preterite tense, 143, 163, 164
 + time + **que,** 143
hacer
 conditional tense, 311
 describing weather, 132–133
 future tense, 248
 in time expressions, 143
 present tense, 102
 preterite tense, 163
hand gestures, 72
hasta luego, ?22
hasta que, 295
hay
 conditional tense, 311
 imperfect tense, 193
 preterite tense, 164
 verb form, 17
health, discussing, 225, 302, 303, 307, 310
Herrera, Carolina, 244
higher education (Hispanic countries), 126
Hispanic Americans, 280, 330
Hispanic culture
 All Souls' Day, 93
 Christmas traditions, 109, 199
 clothing sizes, 255
 coffee, 261
 educational system, 126
 families, 23, 44, 99, 161
 gestures, 72
 greetings, 3, 4, 24, 27
 grocery shopping, 222
 health care for travelers, 302, 307, 310
 hotels, 285, 286, 289
 language, 40
 mate, 222
 meals and mealtimes, 183
 names, 106
 nationalities, 6

pastimes, 69, 158–159, 160–161, 163, 214
religion in Latin America, 203, 208
religious holidays, 93, 94, 199
restaurant customs, 192
social situations, 27
sports, 163, 168
stores, 233, 242, 249
tapas bars, 189
transportation, 284, 293
world trade, 86, 87
holidays, 93, 94, 206
home / office terms, 50, 97
horoscope, 39
hostal, 285
hotels, 285, 286, 289
household chores, 07
human body, 304
hypothetical statements, 311

I

idioms
  with **tener,** 51
  with **estar,** 100
if clauses, 322, 327
imperfect subjunctive. *See* past subjunctive
imperfect tense
  and preterite, 207, 210–211
  formation, 194
  irregular verbs, 193
  -er, -ir verbs, 193
  translation, 193
  use, 194, 207–208
  versus conditional tense, 312
impersonal expressions of opinion, 271
indefinite articles, 12, 13
indicative versus subjunctive, 295, 326, 327
indirect object pronouns, 169, 171, 189–190
  in commands, 169
  in double object pronouns, 190
  with **doler,** 304
  with **gustar,** 169, 171
infinitives
  after **gustar,** 56, 69
  versus subjunctive, 326
informal greetings, 25
informal **tú** commands, 227
insistir (en), verb of volition, 267
Instituto Tecnológico y de Estudios Superiores de Monterrey (ITESM), 23, 43
international
  Monetary Fund, 270
  recruitment of athletes, 168
  study programs, 43
  trade, 86, 87

International Monetary Fund, 270
introductions, 24–25
invitations, 64, 68, 282
ir
  a, + infinitive, 78, 247
  commands, 228
  imperfect tense, 193
  present subjunctive, 251, 252
  present tense,78
  preterite tense, 163, 164
  versus **ser,** 164
-**ir** verbs, 73
  commands, 228, 234
  conditional,
  future tense, 247–248
  imperfect tense, 193
  present progressive with **estar,** 127
  present tense, 73
  preterite tense, 142, 143
  stem-changing verbs, 166
irse
  conditional tense, 311
  past subjunctive, 308

J

jewelry, 200
jugar, 122, 161
  versus **tocar,** 159

K

kilo, 225

L

leave-taking, 3, 4, 24, 25
lodging, Spain, 185, 285
leer
  present participle, 127
  preterite tense, 143
levantarse
  present tense, 139
  preterite tense, 143
likes and dislikes, expressing, 169, 171, 309
llegar
  command forms, 235
lodgings, 185, 232, 237
luego, 108

M

Mandela, Nelson, 7
maps
  Africa, 9
  Argentina, 218
  California, 280
  Central America, 8, 90
  Chile, 154
  Colombia, 218, 279
  Costa Rica, 90, 113

Equatorial Guinea, 9
Florida, 280
Guatemala, 90, 94
Mexico, 8, 20, 23
Panama, 90, 131
Portugal, 9
la Ruta Maya, 148, 150
South America, 8, 154
Spain, 9, 280, 283
Texas, 280
United States, 280
Venezuela, 218
marital status, 95
markets, open-air, 226
más... que, 229, 235
mate, 222
mayor(es), 230
meals, 183
  ordering in a restaurant, 180
  See also food
mealtimes, 183
meats, 179
Medellín, Colombia, 260
medical
  advice for travelers, 307, 314
  problems, 303, 310, 314
médico(a) versus **doctor(a),** 302, 303
meeting and greeting others, 3, 4, 24, 25, 37
mejor(es), 230
menor(es), 230
menos... que, 229, 230, 235
mental and physical states, 99
-mente, 107
Mexico, 20, 23
  Ecoturism, 150, 151
mi(s), tu(s), su(s), 52
Misa de Aguinaldo, Venezuela, 206
Misa de Aguinaldo, 206
molestar, verb of emotion, 271
mil, 246
money exchange, 266
months, 66
Monterrey, 21, 23, 155
Mount Avila, Venezuela, 241
Museo de la Estruxctura Abstractura, 284
Museo de Oro, Bogotá, Colombia, 160

N

NAFTA (North American Free Trade Agreement), 23, 63, 86
names
  last, 106
narrative writing, 152
nationalities, 6
Navidad, 199, 206
negatives
  commands, 224, 227
  expressions, 204
  formation of, 17

neuter demonstrative pronouns, 80
ni... ni, 204
ningún, ninguno(a), 204
la Nochebuena, 199, 206
noise, pollution, 325
North American Free Trade Agreement (NAFTA), 23, 63, 86
nouns, 6, 12, 13
  gender of, 12, 13
  plural, 14, 15
nosotros, present subjunctive, 251
nuestro(a, os, as), 52
numbers
  0 to 30, 16
  31 to 100, 47
  100 to 2,000, 136
  2,000 +, 246
  ordinal, uses of, 70
  telephone, 17
  with **de,** 35

O

o... o, 204
o → u stem-changing verbs, 166, 251
o → ue stem-changing verbs, 122, 166, 251
oír, preterite tense, 143
ojalá (que) + present subjunctive, 271
open-air markets, 226
opinions, expressing, 326, 333
ordinal numbers, in dates, 70
organizing information, 85
origin, expressing, 26

P

Panama,
  Canal, 90, 91, 132
  map of, 90, 131
para
  por and **para,** 172, 173
  que, 294
Parque Nacional del Café, 279
Parque Nacional Santa Rosa (Costa Rica), 114
Parque Nacional Tortuguero (Costa Rica), 114
Parque Nacional Volcán Peás (Costa Rica), 91
participles, present, 127
past (imperfect) subjunctive
  alternate **-se** forms, 308
  formation and use, 308
pastimes, 69, 158–159, 160–161, 214, 216
  in hispanic countries, 161
paying for purchases, 163

pedir
  present participle, 127
  present subjunctive, 251
  present tense, 123
  preterite, 166
  verb of volition, 267
pensar
  present subjunctive tense, 251
  present tense, 119, 251
  preterite tense, 142
peor(es), 229
permetir, verb of volition, 267
personal
  a, 103
  possessive adjectives, 52
  and **de,** 53
  titles, 24
Phoenix, Arizona, 302
physical and mental states, 99
Pirámide de la Luna, Teotihuacán, México, 21
placement
  of adjectives, 32–33
  of direct and indirect object pronouns, 185, 186
  of pronouns with subjunctive, 252
plurals
  of adjectives, 32
  of nouns, 14, 15
poder
  conditional tense, 311
  future tense, 248
  meaning of imperfect tense, 211
  meaning of preterite tense, 211
  present tense, 122
  preterite tense, 164, 211
polite (formal) commands, 227, 234–235
pollution, sources of, 318, 325
poner
  conditional tense, 311
  future tense, 248
  present tense, 102
  preterite tense, 163
por, uses of, 56, 172
possession, expressing, 53
  with **de,** 53
possessive adjectives, 52–53
el Prado, 284
preferences, expressing, 69, 267, 308, 326
preferir
  present tense, 119
  preterite, 166
  verb of volition, 267
preocuparse (de), verb of emotion, 271
present participles, 127
present progressive, 127

present tense, 76
  -ar verbs, 55, 56
  -er verbs, 55
  -ir verbs, 78
  irregular **yo** verbs, 102
  querer, 76
  reflexive verbs, 138–139
  stem-vowel change e → ie, 119
  ser, 28–29
  stem-vowel change **e → ie,** 119
  stem-changing verbs, 119–120, 122
  use of, 56
preterite tense, 101
  and imperfect. 207, 210–211
  -car, -gar, zar verbs, 143
  expressions used with, 143
  hay, 143
  irregular verbs, 163–164
  meanings of **poder, saber, querer,** 164
  reflexive verbs, 143
  regular verbs, 142–143
  spelling changes, 143
  stem-changing verbs, 143, 166
  use of, 143, 164, 207–208
primero, 108
professions, 28, 29, 30, 114–115
prohibir, verb of volition, 267
progressive present tense, 127
pronouns
  definition, 28
  demonstrative, 80
  direct object, 184–186
  double object, 190
  indirect object, 169
  and verb of volition, 268
  neuter demonstrative, 90
  placement with present subjunctive, 185–186
  reflexive, 138, 143
  subject, 28–29
¡pura vida!, 114

Q

quantities, 246
que, subjunctive after, 290, 291
  with subordination claude, 250
¿Qué onda?, 157
¡Qué regio!, 199
quejarse (de), verb of emotion, 271
querer
  conditional tense, 311
  + infinitive, 76, 248
  + present subjunctive, 250–251
  present tense, 76
  preterite tense, 164

R

Rastro, 284
reading strategies
  background knowledge, 215
  critically, 332
  guessing from context, 215, 217
  skimming and scanning, 150, 217
  summarizing, 277
recomendar, verb of volition, 267
recruitment of athletes, 168
la Red, 84, 276
reflexive
  pronouns, 138, 143
  verbs, 138–139
refusing an invitation, 60
relationships, social, 42, 44
relatives (family), 95
religion in Latin America, 203, 208
religious holidays, 199, 206
RENFE (Red Nacional de Ferrocariles Espa-oles), 284
repetir, preterite, 166
restaurants
  customs in Hispanic countries, 192
  ordering a meal, 180
  tapas bars, 189
los Reyes Magos, 206
rogar, verb of volition, 267
room, objects, furniture. 286
la Ruta Maya, 148, 150

S

saber
  command forms, 216
  conditional tense, 311
  future tense, 248
  meaning of imperfect tense, 210
  meaning of preterite tense, 210
  present subjunctive, 252
  present tense, 102
  preterite tense, 164
  versus **conocer,** 104, 210
sacar, command forms, 235
salir
  conditional tense, 311
  future tense, 248
el Salto Ángel, Venezuela, 219
Santiago, Chile, 155, 157
Santiago de Compostela, Galicia, Spain, 281
  Universidad de, 155, 284
scanning for information, 133

se, in double object pronouns, 173
seasons of the year, 132–133
sentence
  combining, 76
  negation, 17
seguir, 123
sentir(se),
  preterite, 166
  verb of emotion, 271
  conditional + past subjunctive, 312
ser
  command forms, 228
  imperfect tense, 193
  present subjunctive, 252
  present tense, 28–29
  preterite tense, 164
  uses, 28–29, 65
  versus **estar,** 164
servir
  present tense, 123
  preterite, 166
shopping, 218
  for clothes, 245
  for food, 224
  for gifts, 200–201
  specialty shops, 222, 224
siempre, 204
signs of the Zodiac, 39
sin que, 294
size chart (clothing), 255
skimming and scanning for information, 150, 217
la sobremesa, 183
snacks, common, 179
South America, map. 8
Spain
  hotels in, 283, 289
  maps, 9, 280, 283
  Santiago de Compostela, Galicia, 281
  transportation, means of, 293
  travel, 293
  university life, 44
  where to stay in, 285
Spanish-speaking countries, 10
specialty shops, 223
sports, 160, 168
  equipment, 201
  in hispanic world, 163
  international athletes, 168
stem-changing verbs
  e → i, 166, 251
  e → ie, 119–120, 166, 251
  o → u, 166, 251
  o → ue, 166, 251
  present subjunctive, 251
  preterite, 166
  u → ue, 251
  use of, 252
stores
  specialized, 223
  types of, 200, 233, 242, 249

su(s), 52
subject pronouns, 28–29
subjunctive, 250–252
  antes (de) que +, 295
  conjunctions of purpose +, 294
  conjunctions of time +, 295
  expressions of uncertainty +, 295
  impersonal expressions +, 271
  in purpose and in time clauses, 294
  ojalá que +, 271
  past (imperfect), 308, 312
  querer, desear, esperar +, 250, 252
  subordinate clause, 250
  uses of, 252, 290–291
  verbs of emotion +, 271
  verbs of uncertainty +, 290–291, 295
  verbs of volition +, 251–252, 267–268
  versus indicative, 326
  versus infinitive, 326
summarizing, 254, 326
sugerir, verb of volition, 267
superlatives, 232, 233

T

también, 204
tanto... como, 230
tan pronto como, 295
tanto(a, os, as)... como, 231
tapas, bars, 189
TEC, **Tecnológico de Monterrey,** 23, 43
el televisor versus **la televisión,** ?262
telling time, 64–65
temperatures, 135, 136
tener
  conditional tense, 311
  expressions with, 51, 134
  future tense, 248
  idioms with, 51, 158
  present tense, 49, 120
  preterite tense, 164
  + **que,** 95, 97

tico(a), 114
Tikal, 94
time
  conjunctions, 294, 295
  duration, 172
  of day, 64
  telling, 64–65
  24-hour system, 68
tinto, 260
titles, personal, 25
TLC (Tratado de Libre Comercio), 84, 86, 87
tocar versus **jugar,** 159
trabajar
  imperfect tense, 193
  preterite, 142
traer
  present participle, 127
  preterite tense, 163
trains, 284
transportation, means of, 43, 284, 293
Tratado de Libre Comercio (TLC), 86–87
traveling in Spain and Latin America, 284, 289, 293, 310
tú versus **usted,** 29
  informal **tú** commands, 227
  negative informal commands, 227
  turning down an invitation, 71
tutearse, 29
4-hour system of time, 68

U

Ud. *See* **usted(es)**
un (uno), una, unos, unas, 13
United States, Hispanic population, 328
Universidad Iberoamericana (UIA), 43
universities (Hispanic countries), 43, 44, 155
U.S., 280
  Hispanic population in, 330
  -Mexico Conflict Resolution Center, 63
  trade, 86, 87
usted(es)
  commands, 227, 234

  versus **tú,** 22, 29, 31
  versus **vosotros(as),** 28

V

vegetables, 222, 224
veintiún, 16
Venezuela, 28, 241
vender, future tense, 247
venir
  command forms, 234
  conditional tense, 311
  future tense, 248
  past subjunctive, 308
  present tense, 120
  preterite tense, 163
ver
  imperfect tense, 193
  preterite tense, 163
verbs
  action and non-action, 164
  definition, 28
  emotion, 271
  irregular forms, present subjunctive, 252
  irregular, imperfect, 193–194
  irregular stems in future tense, 248
  irregular **yo** forms in present indicative, 102
  of uncertainty, 290–291
  imperfect vs preterite, 207–208
  reflect/do not reflect physical actions, 163, 164
  volition, 267–268
  with stem-vowel change 119, 122
  with different meaning in preterite & imperfect, 210–211
  See also **-ar** verbs, **-er** verbs, **-ir** verbs
vestirse, 166
viajar, conditional tense, 311
Viño del Mar, Chile, 155, 199
visitar, future tense, 247
vivir
  conditional tense, 311
  present tense, 73
  preterite tense, 142

volver
  command forms, 234
  conditional tense, 311
  present subjunctive tense, 251
  present tense, 122, 251
  preterite tense, 142
vos, 29
vosotros, present subjunctive, 251
vosotros(as) versus **ustedes,** 28
vuestro(a, os, as), 52

W

wants and wishes, expressing, 76, 250, 308
weather, 132–133
weekdays, 66
wine, Chilean, 157
world problems, 318, 320
writing
  a narrative, 152
  a summary, 178
  combining sentences, 88
  organizing information, 88
  persuasively, 333
WWW (World Wide Web), **la Red,** 84

Y

yo forms of irregular verbs, 252
yerba mate, 222

Z

z → c change of spelling verbs, 163, 235
-zar verbs
  command forms, 235
  present subjunctive tense, 250
  preterite tense, 143
Zodiac signs, 39
zona del Rengo, 177

TEXT/PHOTO CREDITS

TEXT CREDITS

Lección 5, p. 126: Cortesía Sommerus S.A. Fundación Universitaria San Martín, Santa Fé de Bogotá D.C. **Perspectivas 4, p. 276** "Yahoo! De compras" Reproduced with permission of Yahoo! Inc. © 2000 by Yahoo! Inc. YAHOO! and the YAHOO! logo are trademarks of Yahoo! Inc. **p. 279** "Parque Nacional del Café" Reprinted with the permission of Jorge Iván Bedoya C. **Lección 13, p. 294:** "¡Por amor al arte!". *Clara, mensual con mil ideas,* Nº 44, mayo de 1996. Barcelona, España. Reprinted with permission. **Lección 14, p. 306:** "Natación contra el lumbago". *Clara, mensual con mil ideas,* Nº 58, julio de 1997. Barcelona, España. Reprinted with permission. **Lección 15, p. 321:** "Educación sin fronteras". Clara, mensual con mil ideas, Nº 48, septiembre de 1996. Barcelona, España. Reprinted with permission. **p. 325:** "El ruido también contamina". *Clara, mensual con mil ideas,* Nº 40, mayo de 1996. Barcelona, España. Reprinted with permission.

PHOTO CREDITS

Cover: © 1997 Artville, LLC; **Lección preliminar, p. 3:** Heinle; **p. 7 left:** AP/Eric Risberg/Wide World; **p. 7 right:** Juda Ngwenya/Reuters/TimePix; **p. 10:** Walter Bibikow/Index Stock Imagery; **Lección 1, p. 21 top left:** Heinle; **p. 21 top right:** Chartrands/DDB Stock Photo; **bottom:** Mark Godfrey/The Image Works; **p. 27 top:** Heinle; **p. 27 bottom:** Odyssey/Frerck/ Chicago; **p. 43:** Heinle; **p. 44:** CORBIS RF CD; **p. 77:** Heinle; **p. 78:** Heinle; **Lección 4, p. 91 top left:** Barry Winiker/Index Stock Imagery; **p. 91 top right: p. 4-2:** Dave G. Houser/CORBIS; **p. 91 bottom:** Will & Deni McIntyre/Getty Images; **p. 99:** Mitch Diamond/Index Stock Imagery; **p. 149 right:** CORBIS RF; **p. 151:** CORBIS RF; **pp. 152–153:** CORBIS RF; **Leccion 7, p. 155 top left:** Mark Harvey/DDB Stock Photo; **p. 155 left center:** Larry Dale Gordon/Getty Images; **p. 155 right:** Hubert Stadler/CORBIS; **p. 155 bottom left:** Dave B. Houser/CORBIS; **p. 168:** Reuters/CORBIS; **p. 189:** ROSMI/TimePix; **p. 206:** Peter Menzel/Stock Boston; **pp. 214–215:** Buddy Mays/CORBIS; **p. 215 right:** Walter Bibikow/Index Stock Imagery; **p. 219 top left:** Carl & Ann Purcell/CORBIS; **p. 219 top right:** Odyssey/Frerck/ Chicago; **p. 219 center:** Odyssey/Frerck/Chicago; **p. 219 bottom left:** DDB Stock Photo; **Lección 10 (Paso 4), p. 222:** Stuart Cohen/COMSTOCK; **p. 225:** Danny Lehman/CORBIS; **p. 226:** Inga Spence/Index Stock Imagery; **Lección 11, p. 247:** Reuters/CORBIS; **p. 249:** Powerstock-ZEFA/Index Stock Imagery; **Lección 12, p. 260 bottom:** Odyssey/Frerck/ Chicago; **p. 261:** ROMA Stock/Index Stock Imagery; **Lección 13, p. 281 top left:** Gaye Hilsenrath/Index Stock Imagery; **p. 281 top right:** Russell Burden/Index Stock Imagery; **p. 281 bottom:** Nik Wheeler/CORBIS; **p. 284:** Odyssey/Frerck/Chicago; **p. 285 left and right:** Heinle; **p. 302:** Kit Kittle/CORBIS; **p. 304:** Heinle

España

MAR CANTÁBRICO

FRANCIA

- Avilés • Gijón
- Santiago de Compostela
- La Coruña
- Lugo
- PRINCIPADO DE ASTURIAS
- Oviedo
- Santander
- Bilbao • San Sebastián
- PIRINEOS
- ANDORRA
- GALICIA
- Cordillera Cantábrica
- CANTABRIA
- PAÍS VASCO
- Pamplona
- COM. FORAL DE NAVARRA
- Pontevedra
- Vigo
- León
- Burgos
- LA RIOJA
- ARAGÓN
- CATALUÑA
- Palencia
- CASTILLA Y LEÓN
- R. Ebro • Zaragoza
- Lérida
- Zamora
- R. Duero • Valladolid
- Sistema Ibérico
- Tarragona
- Barcelona
- Braga
- Oporto
- Salamanca
- Segovia
- COMUNIDAD DE MADRID
- Sierra de Guadarrama
- Ávila
- ★ Madrid
- **MAR MEDITERRÁNEO**
- MENORCA
- PORTUGAL
- Coimbra
- R. Tajo
- Toledo
- ISLAS BALEARES
- MALLORCA
- Palma de Mallorca
- Cáceres
- CASTILLA-LA MANCHA
- Valencia
- EXTREMADURA
- Mérida
- Júcar
- EIVISSA (IBIZA)
- Lisboa ★
- Badajoz
- R. Guadiana
- Almadén • Ciudad Real
- Albacete
- COMUNIDAD VALENCIANA
- FORMENTERA
- Setúbal
- Sierra Morena
- Alicante
- Linares
- Córdoba
- Jaén
- Murcia
- REGIÓN DE MURCIA
- R. Guadalquivir
- ANDALUCÍA
- Cartagena
- Sevilla
- Granada
- **ISLAS CANARIAS**
- LANZAROTE • Arrecife
- Huelva
- Sierra Nevada
- Santa Cruz de la Palma
- Jerez de la Frontera
- Málaga
- Almería
- LA PALMA • Tenerife
- FUERTEVENTURA
- Cádiz
- GOMERA
- SANTA CRUZ
- Las Palmas
- Puerto del Rosario
- **OCÉANO ATLÁNTICO**
- Algeciras
- Estrecho de Gibraltar
- GRAN CANARIA
- Tánger
- Ceuta (Esp.)
- Malabo ★
- Melilla (Esp.)
- **MARRUECOS**
- GUINEA ECUATORIAL
- CAMERÚN
- ÁFRICA
- GABÓN

| 0 | 50 | 100 | 150 millas |
| 0 | 50 | 100 | 150 | 250 kilómetros |